पुरबियों का लोकवृत
वाया
देस-परदेस

धनंजय सिंह

पुरबियों का लोकवृत्त वाया देस-परदेस

राजकमल प्रकाशन

ISBN : 978-93-89577-51-8

मूल्य : ₹695

पहला संस्करण : 2020

प्रकाशक : राजकमल प्रकाशन प्रा. लि.
1-बी, नेताजी सुभाष मार्ग, दरियागंज
नई दिल्ली-110 002
शाखाएँ : अशोक राजपथ, साइंस कॉलेज के सामने, पटना-800 006
पहली मंजिल, दरबारी बिल्डिंग, महात्मा गांधी मार्ग, इलाहाबाद-211 001
36 ए, शेक्सपियर सरणी, कोलकाता-700 017
वेबसाइट : www.rajkamalprakashan.com
ई-मेल : info@rajkamalprakashan.com

मुद्रक : बी.के. ऑफसेट
नवीन शाहदरा, दिल्ली-110 032

PURABIYON KA LOKVRITT : Via Des-Pardes
Socio-Cultural History by Dhananjay Singh

क्रम

आभार

अपने शोध-अध्ययन के लिए मुझे जिन संस्थाओं, पुस्तकालयों, अभिलेखागारों, संग्रहालयों इत्यादि से सामग्री सहायता मिली है, वे हैं—राष्ट्रीय नाट्य विद्यालय, ध्वनि एवं वीडियो पुस्तकालय, दिल्ली; संगीत नाटक अकादमी पुस्तकालय, दिल्ली; साहित्य अकादमी पुस्तकालय, दिल्ली; राष्ट्रीय अभिलेखागार, दिल्ली; नेहरू मेमोरियल लाइब्रेरी एवं म्यूजियम, दिल्ली; इन्दिरा गांधी राष्ट्रीय कला केन्द्र, दिल्ली; जवाहरलाल नेहरू विश्वविद्यालय पुस्तकालय, दिल्ली; केन्द्रीय सन्दर्भ पुस्तकालय, दिल्ली विश्वविद्यालय; इतिहास विभाग पुस्तकालय, दिल्ली विश्वविद्यालय; भिखारी ठाकुर सामाजिक शोध-संस्थान, आरा; ख़ुदा बख़्श ओरियंटल पब्लिक लाइब्रेरी, पटना; केन्द्रीय माध्यमिक शिक्षक संघ, पटना; बिहार राष्ट्रभाषा परिषद्, पटना; भारतीय सामाजिक विज्ञान संस्थान परिषद्, कोलकाता; सामाजिक विज्ञान अध्ययन केन्द्र, कोलकाता; राष्ट्रीय पुस्तकालय, कोलकाता; भोजपुरी माटी, पश्चिम बंग भोजपुरी परिषद्, कोलकाता; नचाप, बाबू महादेव प्रसाद सिंह ग्राम, बक्सर, काशी नागरी प्रचारिणी सभा, बनारस; महात्मा गांधी संस्थान एवं संग्रहालय, मॉरीशस; नेशनल आर्काइव ऑफ मॉरीशस, मॉरीशस; नेशनल लाइब्रेरी ऑफ मॉरीशस, मॉरीशस; आप्रवासी घाट, मॉरीशस, भारतीय उच्च अध्ययन संस्थान, शिमला पुस्तकालय इत्यादि। मैं इन सभी के प्रति आभार प्रकट करता हूँ।

और जिन व्यक्तियों का मुझे अपने शोध-अध्ययन में सहायता मिली है, उनकी सूची तो बहुत लम्बी है। फिर भी जिन लोगों का मुझे अतिशय सहयोग एवं उत्साहवर्धन मिला है, उनका उल्लेख करके कृतज्ञता ज्ञापित करता हूँ। प्रो. रोनाल्ड पीटर डिसूजा (दिल्ली), प्रो. माधवन के पालात (दिल्ली), श्री रामशरण प्रहलाद (मॉरीशस),

डॉ. प्रभु महापात्र (दिल्ली), डॉ. क्वीनी प्रधान सिंह (शिमला), नेहरू स्मारक संग्रहालय एवं पुस्तकालय के निदेशक श्री शक्ति सिन्हाजी, डॉ. प्रदीप कुमार (दिल्ली), श्री ददन सिंह (नचाप, भोजपुर), डॉ. हितेन्द्र पटेल (कोलकाता), श्री रविशंकर प्रसाद (प्रकाश पब्लिकेशन, दिल्ली), श्री पुकार साह (लोरिकी गायक, कुसुम्हाँ)। बड़े भाई सरीखे प्रो. सदन झा का स्नेह ही है जो मुझे हर यथासम्भव अकादमिक मदद के लिए समय-असमय तैयार रहते हैं। जिन्हें औपचारिक आभार व्यक्त करना मेरे लिए गुस्ताख़ी होगी।

और अन्त में, जीवनसाथी पूर्णिमा और बेटी पीहू के स्नेह व सान्निध्य से ही मैं इस प्रयास में सफल हो सका हूँ।

भूमिका

'अधिकांश इतिहास मुख्य रूप से एक छुपी हुई आत्मकथा है।'

(के.एस. इंग्लिस, प्रसिद्ध ऑस्ट्रेलियन इतिहासकार)

यह तथ्य मेरे लिए भोजपुरी लोकाभिव्यक्तियों के बहाने भोजपुरी प्रवासियों के इतिहास लेखन के लिए बहुत सही साबित हुआ है। आज मुझे अपना गाँव छोड़े बीस जमा दो बराबर बाईस साल यानी लगभग दो युग[1] होने जा रहे हैं। दिल्ली के करखनिया इलाकों में अपने गाँव-जवार के प्रवासी मजदूर भाइयों से मिलने-जुलने, घर से लाए हुए घी-अचार के आदान-प्रदान, जैसे गाँव पर बहन-भाभी के प्रवासी पतियों के पास चिट्ठियाँ लिखा वैसे ही दिल्ली में फिर उन्हीं मजदूरों के घर चिट्ठियाँ लिखने का अनुभव, करखनिया इलाकों में लोकसांस्कृतिक कार्यक्रमों को देखने-सुनने और उनके बीच गाँव-घर-जवार की बातों से बनती दुनिया मेरे जेहन में उतरती गई और मैं उनकी दुनिया से अलग रहकर भी उन्हीं के बीच खुद को पाता गया। गरीबी हो या जीवन की जरूरतों को पूरा करने के लिए कभी खत्म न होने वाला संग्राम, रेल के सामान्य डिब्बे में उनके सफर की कहानी हो या अपनी जड़ से कटकर अकेलापन एवं प्रवास में असुरक्षित होने का अहसास हो या फिर प्रवास में उन्हें गाहे-बगाहे बेवजह पीट दिये जाने की घटनाएँ, 'बिहारी' नाम की गाली (मुझे भी तो अपने सीनियर सेकेंडरी स्कूल के दिनों में दिल्ली में हिन्दी की व्याकरणिक त्रुटियों की वजह से 'बिहारी हो क्या?' जैसे ताने सुनने पड़े हैं।) हो या फिर 'खोट्टा'[2] कहे जाने की संज्ञा, घर से 'बहरा' निकलकर भी ये घर के ही बने रहते हैं।

औपनिवेशिक दिनों में इन्हीं प्रवासी श्रमिकों के गाँव एवं शहर के बीच बँटी जिन्दगी की दास्तान बनी थी—बिदेसिया लोकसंस्कृति, जिसकी पड़ताल करने के दरम्यान मुझे बनिजिया और सिपहिया लोकसंस्कृति भी मिलती हैं। जो शोध के

---

1. भोजपुरी लोक संस्कृति में बारह वर्ष का एक युग (जुग) माना जाता है।
2. कलकत्ता में हिन्दी प्रदेश के मजदूरों के लिए सामान्य सम्बोधन 'हिन्दुस्तानी' है लेकिन 'खोट्टा' सम्बोधन में हीनता व घृणा का भाव है।

लिहाज से अब तक अनछुई थीं। इन्हें खोजने की दिशा में मैंने पाया कि भोजपुरी लोकाभिव्यक्तियों के भीतर साँस लेते इतिहास को निकालने का जो कुछ भी अध्ययन हुआ है, वह बहुत कम एवं एकांगी है। अधिकांशतः उपनिवेशवादी एवं राष्ट्रवादी नजरिये से देखा गया है। मतलब, इस प्रदेश से प्रवसन करने वाले श्रमिक के लिए सिर्फ सुख ही सुख, सफलता ही सफलता या फिर दुख, पीड़ा, अकेलापन, शोषण जैसे पद ही प्रयुक्त हुए हैं। उनके सफलता एवं त्रासदी की जटिल कहानी नहीं सुनाई गई है। इस अध्ययन में मैंने उनके हर्षित जीवन को भी खोजने का प्रयास किया है जो उनकी संस्कृति और इतिहास के तनावों से निर्मित हुई है। लोकसंस्कृति में जो एक दूरस्थ और अप्रासंगिक अतीत के कुछ परस्पर विरोधी प्रमाणों का एक समूह चित्र प्रतीत होता था, उस शीघ्र धूमिल होते हुए अतीत को मैं जानना चाहता था। यह मौका मुझे 2004 में मिला, जब मैंने अपना डॉक्टरल शोधकार्य दिल्ली विश्वविद्यालय में शुरू किया और उन्हीं दिनों सराय/सीएसडीएस एवं वीवी गिरि राष्ट्रीय श्रम संस्थान, भारतीय उच्च अध्ययन संस्थान, शिमला जैसी अकादमिक संस्थाओं में इस सिलसिले में परियोजना कार्य करने का मौका मिला। अब जब नेहरू स्मारक संग्रहालय एवं पुस्तकालय में लिखित दस्तावेजों एवं मौखिकता का गहन अध्ययन किया तो इन प्रवासियों के जीवन व संस्कृति के बारे में कुछ प्रचलित अवधारणाएँ झूठी साबित हुई हैं। एक तो यह कि भोजपुरी प्रदेश के ग्रामीण समाज ने केवल उपनिवेश के दिनों में ही प्रवास किया, जिन दिनों बिदेसिया लोकसंस्कृति का उद्‌भव होता है। लेकिन भोजपुरी लोकसंस्कृति में प्रवसन सम्बन्धों से निर्मित बनिजिया और सिपहिया जैसी संस्कृति भी मध्यकाल से ही मौजूद है। दूसरे यह कि भोजपुरी प्रदेश की सभी जातियाँ वीरतापूर्ण भावों से पूर्ण होती हैं। जबकि कोयरी-महतो एवं किसानों की कुछ सहयोगी जातियाँ (नाई, कुम्हार इत्यादि) बेहद शान्त स्वभाव वाली जातियाँ रही हैं। आज राजनीतिक एवं सामाजिक परिदृश्य बदलने से इनके जातीय चरित्र में बदलाव आ गया है। यह दुखद है। इनके उत्पीड़न सहन करने के बारे में जो लोक मुहावरे प्रचलित थे, जैसे कि 'कोयरी के देवता'। अब यह केवल मुहावरों में ही जीवित हैं। अब ये जुमले इनके लिए नहीं कहे जाते हैं। बल्कि उन कामों के लिए कहे जाते हैं, जैसा पहले उन जातियों का चरित्र था। तीसरे यह कि भोजपुरी लोकसाहित्य केवल ग्रामीण लोकसंस्कृति का उत्पाद है या फिर 'भोजपुरी लोकगाथाएँ केवल शहरी संस्कृति की उत्पाद हैं।'[1] चौथे यह कि भोजपुरी प्रदेश की सभी जातियाँ वीर जाति रही हैं।

1. कैथरिन सरवन श्रेवर, द ट्रांसमिशन ऑफ भोजपुरी एपिक्स टूवड्‌र्स नेपाल एंड बंगाल ओरल परफोरमेंस एंड सेलिंग ऑफ चैपबुक्स, (सम्पा. मॉली कौशल, चांटेड नैरेटिव्स द लीविंग कथा वाचना ट्रेडीसन) (दिल्ली : आईजीएनसीआईए, 2001) पृ. सं. 43-61—वो लिखती हैं—"This is also to break with the idea that the gatha is the product and it is the sign of vitality of an urban culture which has kept its specificity and strength."

II

'कुछ वर्षों बाद एक परदेसी अपने गाँव लौटा। खेत में धान का पौधा रोपे जाते वक्त उसने पिता से पूछा कि यह किस चीज का पौधा है? पिता ने कहा—बेटा! तुम्हें अपना गाँव और अपने पिताजी याद हैं और जिस अन्न को खाकर तुम पले-बढ़े, वो याद नहीं।'

(भोजपुरी प्रदेश का एक लोकप्रिय किस्सा)

'एक बार एक शहरी परिवार मेला घूमने गया, मेले में एक घंटे तक घूमे, अचानक उनका बेटा मेले में खो गया। पति-पत्नी दोनों उसे बहुत ढूँढ़ते हैं, लेकिन लड़का नहीं मिलता है। लड़के की माँ जोर-जोर से रोने लगी, बाद में उन्होंने पुलिस में रिपोर्ट दर्ज कराई। बहुत खोजबीन के बाद आधे घंटे में लड़का मिल गया। लड़के के मिलते ही पति गाँव का टिकट लेकर आया और सभी बस में बैठ गए। तभी पत्नी ने पूछा—'हम गाँव क्यों जा रहे हैं, अपने घर नहीं जाना है क्या?' इस पर पति बोला—'तू अपनी औलाद के बिना आधा घंटा नहीं रह सकती, मेरी माँ गाँव में पिछले दस साल से मेरे बिना कैसे जी रही होगी?'

(दिल्ली में प्रवासियों के बीच लोकप्रिय किस्सा)

गाँव और परदेस (दिल्ली) में मैंने ऐसे किस्से न जाने कितने ही लोगों के मुख से सुने होंगे। ऐसे किस्से सुनाए जाने के पीछे परदेस में भी अपनी जड़ से नाभिनालबद्ध लोगों का शायद यह तर्क होता है कि परिवार के पालन-पोषण व रोजी-रोटी के लिए अपने गाँव-घर से कट गए, अच्छी बात है लेकिन अपनी संस्कृति से मत कटो। शायद यही वजह है कि जब कोई परदेसी अपने गाँव आता है, तो उसके प्रति गाँव वाले बड़े संवेदनशील होते हैं। उसकी प्रत्येक गतिविधि पर उनकी पैनी निगाह रहती है और उनकी संवेदनशीलता में कई भाव भी मिले होते हैं। थोड़ा लालच भी होता है कि रोजमर्रा के जीवन में इस्तेमाल किए जाने वाली तम्बाकू, बीड़ी, पान जैसी चीजों से परदेसी उनकी सेवा करेगा, थोड़ी शंका होती है, थोड़ी उत्सुकता होती है यह जानने को कि शहर में वह कौन-सा काम करता था, कुर्सी वाला काम करता था या फिर कोई कल-कारखाना में लक्कड़-मेहनत वाला काम करता था, वगैरह-वगैरह। गाँव के लोग परदेसी की देह-धाजा, रुपैया-पैसा इत्यादि देखकर उससे स्नेह रखना चाहते हैं। कहावत है न—

परदेसी से प्रीति को, सबका मन ललचाय।
दो बात की खोट है, रहे न संग ले जाय। [1]

---

1. रामनरेश त्रिपाठी, ग्राम साहित्य, तीसरा भाग, (दिल्ली : आत्मा राम एंड संस, 1952), पृ. सं. 143

लेकिन उसकी भाषा, विचार, रहन-सहन, कपड़ा-लत्ता से लेकर पूरे व्यक्तित्व के प्रति आलोचनात्मक रवैया भी अपनाते हैं। शुरू में मैंने जिस किस्से का उल्लेख किया है, वह उनकी उसी सतर्कता की ओर इशारा करता है। औपनिवेशिक दिनों में परदेस से अपने गाँव लौटे कई लोगों को तो उनकी जाति से बाहर भी कर दिया गया है। फीजी से लौटने वाले गिरमिटिया मजदूर पंडित तोताराम सनाढ्य हों या फिर कम्पनी सरकार की फौज में नौकरी करने वाले सूबेदार सीताराम पांडेय हों। इनकी आत्मकथाएँ बताती हैं कि किन वजहों से उन्हें जाति-च्युत किया गया और कैसे उन्हें उनकी जाति में शामिल करने के लिए ग्राम पंचायत बटोरी गई और उसके लिए कर्मकांड करवाया गया।

अपने घर लौटे परदेसियों पर व्यंग्यात्मक कहावतें भी हैं। ये कहावतें प्रवास से लौटने पर उनकी बदली हुई भाषा व संस्कृति का मजाक उड़ाती हैं। यहाँ एकाध लोककहावतों का उल्लेख करने का लोभ संवरण नहीं कर पा रहा हूँ। 'देसी मुरगी, बिलायती बोल' या 'चार दिन के गैले मुरगा, मोर होके अइले।', 'अरब गए मुगल होके आए/बोले अरबी बानी/आब आब कहि पिया मोर मुअलें/खटिया तर रहल पानी।'[1] अर्थात् मुर्गा (परदेसी) चार दिन परदेस में क्या रहा, खुद को मोर (बड़ा आदमी) समझने लगा, प्रिय अरब क्या गए, मुगल बनके लौटे हैं, अरबी भाषा बोलने लगे हैं। वो खटिया पर सोये थे, 'आब-आब' चिल्लाते-चिल्लाते मर गए, जबकि पानी खटिया के नीचे ही रखा हुआ था।

III

बतौर मौखिकता (मुख्यतः मौखिक परम्परा) को इतिहास लेखन के लिए प्राथमिक स्रोत मानते हुए मैं इस शोध अध्ययन के शुरुआती दौर में इस उलझन में इतना फँसा हुआ था कि आखिर भोजपुरी प्रदेश के प्रवासी श्रमिकों का इतिहास लेखन कैसे करूँ? तब मेरे जेहन में दो तरह के रास्ते दिख रहे थे। एक तो यह कि मैं पहले से एक सैद्धान्तिकी तैयार कर लूँ, तब फिर मैं उस सैद्धान्तिकी के ढाँचे में इस शोध अध्ययन को निबद्ध करूँ। और दूसरा रास्ता था नहीं, पहले इम्पीरिकल अध्ययन किया जाए फिर उसके आधार पर जो सैद्धान्तिकी तैयार होगी, उसको तैयार किया जाए। और फिर मौखिकता में निहित तथ्यों की विश्वसनीयता का सवाल भी मेरे लिए बहुत चुनौतीपूर्ण था। मौखिकता में मौजूद तथ्यों की विश्वसनीयता की 'क्रॉस चेकिंग' के लिए और विषय से सम्बन्धित यथार्थ को गाढ़ा करने के लिए लिखित दस्तावेजों का मुआयना भी किया। लेकिन कुछ ऐसे

1. John Christian, Behar proverbs, (London : Kegan Paul, Trench, Trubner & Co. Ltd., 1891), p, 31.

महत्त्वपूर्ण विषय हैं जिन्हें सिर्फ मौखिकता ने ही संजो के रखा है। उन विषयों की ओर लेखन संस्कृति की नजर भी नहीं गई है।

प्रसिद्ध श्रम इतिहासकार इयान जे केर ने भारतीय सन्दर्भ में प्रवासी मजदूरों के प्रवसन के सम्बन्ध में पूछा था कि—'पिछले 500 वर्षों से यानी पन्द्रहवीं सदी से भारत में मजदूरों का विविध रूपों में प्रवसन होता रहा है, वह आज भी अज्ञात है। जब तक इसे जान नहीं जाते, तब तक हम इसे अधिकृत रूप से लिख नहीं सकते हैं कि पूर्व औपनिवेशिक दौर तक प्रवासी श्रमिकों में क्या तब्दीलियाँ आईं?'[1] मेरा यह अध्ययन उनके सवाल का उत्तरस्वरूप एक छोटा-सा प्रयास कहा जा सकता है।

मैंने इस अध्ययन में लोकसाहित्य से इतिहास की ओर और इतिहास से लोकसाहित्य की ओर सफर किया है। अध्ययन, विश्लेषण और लेखन की सुविधा के लिए प्रस्तुत शोध-प्रबन्ध को छह अध्यायों में विभक्त किया है—

पहला अध्याय 'प्रवसन-चक्र में देस-परदेस : लोकसंस्कृति के बदलते आयाम' पर है। इसमें प्रवसन-चक्र को एक जटिल पद के रूप में देखते हुए इसकी अवधारणात्मक समझ में देस से परदेस की ओर और परदेस से देस की ओर; 'लेबर' से 'वर्क' की ओर एवं 'माईग्रेशन' से 'सर्कुलेशन' की ओर बढ़कर देखने की वैचारिक पहलुओं पर विचार किया है। प्रवसन-चक्र के केन्द्र में बेशक परदेसी और उसके लोग हैं लेकिन उनके साथ-साथ हैं वो सारी चीजें जिन्हें वह अपनी व्यक्तिगत-सोच, सामाजिकता, आचार-विचार, घर-परिवार, भाषा-संस्कृति इत्यादि के जरिये समुदाय, जाति, धर्म, देस-परदेस की संस्कृति इत्यादि को प्रभावित करते जाता है और उनसे प्रभावित भी होते जाता है।

दूसरा अध्याय 'भोजपुरी की मौखिक परम्परा में श्रम प्रवसन : परिवर्तन और निरन्तरता' है। निःसन्देह भोजपुरी प्रदेश से होने वाले श्रम प्रवसन ने संस्कृति के दायरे में आने वाले रस्म-रिवाज, संस्कार, विश्वास, गीत, गाथा, नृत्य-नाट्य, कथा-कहानी, देवी-देवता इत्यादि को प्रभावित ही नहीं किया बल्कि बहुत कुछ नए सिरे से उन्हें पैदा भी किया है। अर्थात् श्रमिकों के प्रवसन से विविध प्रकार की लोकसंस्कृतियों का जन्म हुआ—जिसमें बनिजिया लोकसंस्कृति, सिपहिया लोकसंस्कृति एवं बिदेसिया लोकसंस्कृति प्रमुख हैं। इन लोकसंस्कृतियों में, जिनकी एक लम्बी मौखिक परम्परा रही है, प्रवसन के यात्रा अनुभव बेहद संवेदनशीलता से अभिव्यक्त हुए हैं। इस मौखिक परम्परा ने जिन लोगों की प्रवसन यात्रा एवं डेस्टीनेटिव अनुभवों को अपनी

1. Ian J. Ker, On the Move : Circulating Labour in Pre-Colonial, Colonial and Post-Colonial India, IRSH 51 (2006) International Institute Voor Sociale geschiedenis, PP. 85-109.

गोद में सहेजा है। उनकी कई श्रेणियाँ हैं, जैसे—अपने घर की कुछ सम्पत्ति बेच-बाचकर या पास-पड़ोस से उधार लेकर 'बनिजिया' (व्यापार) को जाने वाले व्यापारी, सैनिक, मजदूर एवं वे औरतें, जिन्हें मजबूरीवश गाँव-घर छोड़कर बाहर जाना पड़ा या गाँव घर पर नवेली स्त्रियों को अकेले रहना पड़ा इत्यादि प्रमुख हैं। भोजपुरी लोकसाहित्य में से यदि इनके अनुभव से निर्मित लोकसाहित्य को निकाल दिया जाए तो उसका आधा से ज्यादा भाग खाली हो जाएगा। वस्तुतः इस अध्याय में मैंने लोकसाहित्य में प्रवसन की समझ, श्रमिकों की प्रवास प्रक्रिया, प्रवास-काल, श्रम रूप, प्रवास स्थान, प्रवसन की प्रथाएँ, प्रवास हेतु आवागमन के साधन और नेटिव व डेस्टीनेटिव में संवाद के लिए संचार माध्यमों के बारे में विवेचन किया है। इसमें मैंने 'बनिजिया' और 'सिपहिया' को श्रम प्रवसन में सम्मिलित किए जाने की वजहों पर भी अपने तर्क रखे हैं। प्रवास प्रक्रिया के दौरान भोजपुरी समाज के किन संस्कारों, लोकविश्वासों, मान्यताओं, धारणाओं इत्यादि में परिवर्तन आए हैं और कौन-सी चीजें अभी बनी हुई हैं? जिन्हें लोकसाहित्य ने अपनी आँचल में सहेज कर रखा है।

तीसरा अध्याय 'श्रमिक-व्यापारियों की गतिशीलताः बनिजिया लोकसंस्कृति' है। भोजपुरी के मौखिक आख्यान समुदाय विशेष द्वारा प्रस्तुत किए जाते रहे हैं, वो भी पिछड़ी दलित-जातियों (श्रमशील समुदाय) द्वारा। इन मध्यकालीन आख्यानों में सोरठी बृजभार, राजा भरथरी, गोपीचन्द, लोरिकायन, आल्हा-ऊदल, कुँवर विजई, शोभनायक बनजारा, रानी सारंगा के गीत, सती बिहुला उर्फ बाला लखंदर, लचिया रानी के गीत, राजा अहेरी और रानी बलकी का किस्सा, रेशमा चुहड़मल, हिरनी-बिरनी या पोसन सिंह का गीत इत्यादि प्रमुख हैं। उन्नीसवीं सदी के उत्तरार्द्ध में औपनिवेशिक ब्रिटिश अधिकारियों ने इनमें से कुछेक लोक आख्यानों का संकलन कर प्रकाशित किया था और बाद में चलकर भारतीय राष्ट्रवादियों ने भी संरक्षण हेतु इनका संकलन एवं प्रकाशन किया परन्तु बीसवीं सदी पूर्वार्द्ध से लोक आख्यानों के प्रकाशन ने एक उद्योग का रूप ले लिया और वह उद्योग चौपटिया किताबों के रूप में उभरा, जिसका व्यापक पैमाने पर व्यापार होने लगा। दरअसल इस अध्याय में मैंने बनिजिया लोकसंस्कृति की अवधारणा स्पष्ट करते हुए यह जानने की कोशिश की है कि भोजपुरी के लोक गीत एवं लोक आख्यान, उनके गायकों का पेशा एवं उनकी सामाजिक पहचान, लोक आख्यानों के लेखक, प्रकाशक एवं उनके विक्रेता इत्यादि सब प्रवासी श्रमिक-व्यापारियों के सामाजिक-सांस्कृतिक इतिहास की कैसी छवि निर्मित करते हैं? कालान्तर में उनके परम्परागत व्यवसायों में किस तरह की तब्दीलियाँ आईं? नया पेशा एवं प्रवासी जीवनानुभवों से उनके पारिवारिक जीवन में आने वाले बदलावों को भोजपुरी की मौखिक परम्परा ने किस रूप में अभिव्यक्त किया है।

चौथा अध्याय 'श्रम बाजार में भोजपुरिया जवान : सिपहिया लोकसंस्कृति' पर केंद्रित है। यह निर्विवाद है कि भारतीय इतिहास में भोजपुरिया सैनिकों की क्रान्तिकारी भूमिका 17वीं शताब्दी से शुरू होती है और सन् 1957 के स्वाधीनता संग्राम में 'सैनिक विद्रोह' के रूप में अपने चरम उत्कर्ष पर पहुँचती है। इस अध्याय में यह जानने का प्रयास है कि शौर्य मानसिकता की निर्मिति में भोजपुरी की मौखिक परम्परा कैसी भूमिका निभाती है? शौर्य की मानसिक निर्मिति में मैंने मौखिक परम्परा के दायरे में आने वाले मिथकों, लोकगाथाओं, लोककहावतों एवं लोकगीतों को बतौर प्राथमिक स्रोत के रूप में इस्तेमाल किया है। ये इस प्रदेश की प्रत्येक जाति की अपनी-अपनी लोकगाथाएँ हैं। सबके अपने-अपने वीर हैं। उपनिवेश पूर्व एवं औपनिवेशिक दिनों में इन सिपाहियों को मिले सम्बोधन 'पुरबिया', 'बक्सरिया', 'तिलंगवा' जैसे पदों की संकल्पनाओं को स्पष्ट किया है। मुगल शासन से लेकर अंग्रेजी राज तक भोजपुरी प्रदेश के सैनिक सिपाहियों के जातीय चरित्र में आए परिवर्तनों पर भी चर्चा की गई है। भोजपुरिया जवानों की बड़ी विशेषताओं में यदि वीरता सर्वोपरि है तो उनकी धर्मभीरुता एवं जातिभीरुता भी कम बड़ी विशेषता नहीं रही है।

पाँचवाँ अध्याय 'प्रवासी मजदूर : बिदेसिया लोकसंस्कृति' है। बिदेसिया लोकसंस्कृति औपनिवेशिक, आर्थिक, सामाजिक एवं सांस्कृतिक वास्तविकता थी। इस अध्याय में मैंने यह जानने का प्रयास किया है कि औपनिवेशिक दौर में भोजपुरी लोकसंस्कृति ने अपने आँचल में प्रवासी मजदूरों को किस रूप में दर्ज किया है। यह अध्याय लोकसाहित्य से इतिहास और इतिहास से लोकसाहित्य में आवाजाही का नतीजा है। इस अध्याय में बिदेसिया के उद्भव और विकास की खोज की गई है। लोकसंस्कृति में कलकत्ता और कलकत्ता में प्रवासी मजदूरों की मौजूदगी की पड़ताल की है। प्रवसन की ऐतिहासिक परिस्थितियों के परिणामस्वरूप परम्परागत मिथकों में बदलाव एवं नए मिथकों के सृजन का भी आख्यानात्मक अध्ययन किया है। भोजपुरिया श्रमिक समुदाय के लिए रेलगाड़ी औपनिवेशिक दौर से ही प्रवसन की प्रतीक रही है, जिसकी झलक मौखिक परम्परा में मिलती है। मौखिक आख्यानों में गिरमिटिया मजदूरों की मौजूदगी केवल गुलामी के रूप में होते हुए भी इस अध्याय में उनकी मुक्ति की खोज भी की गई है।

छठा अध्याय 'देस-परदेस की स्त्री' है। प्रस्तुत अध्याय दो उप-शीर्षकों में विभाजित है। पहले उप-शीर्षक में स्त्री वैचारिकी के तहत पति के प्रवसन के दौरान दाम्पत्य जीवन में आशा-निराशा की कहानी का जायजा लिया है। प्रवास के उपरांत परदेसी की स्त्री के पारिवारिक व सामाजिक सम्बन्धों को निर्धारित करने में क्या उसके वर्ग, धर्म व जाति की भी कोई भूमिका होती है? उसकी स्मृति और इतिहास के बीच कैसा तनाव रहा है? मौखिक परम्परा में उसके नैतिक आग्रह किस रूप में मिलते हैं? पति परदेस से लौटकर उसकी पवित्रता को लेकर कोई सवाल भी

करता है क्या? दूसरे उप-शीर्षक में उन स्त्रियों की सामाजिक-सांस्कृतिक जीवन को समझने की कोशिश है जो इस क्षेत्र से मजबूरीवश पलायन करती हैं और 'उढ़री' जैसे सम्बोधनों से जानी जाती हैं। इन्हें मैंने कलकत्ता के जूट कारखानों में काम करने वाली प्रवासी औरतों और भोजपुरी लोकसाहित्य के अन्त:सम्बन्धों के रूप में परिभाषित करने की कोशिश की है। यहाँ उनके प्रति लोकसमझ की सामाजिक-सांस्कृतिक बर्तावों की भी पड़ताल की गई है। इन सभी महत्त्वपूर्ण सवालों के उत्तर लोकसाहित्य जितनी शिद्दत व जीवन्त रूप में संजोये हुए है, उतने अन्य साहित्य नहीं।

और अन्त में उपसंहार है, जिसमें तमाम विवेचन, विश्लेषण एवं मान्यताओं का निष्कर्ष है।

1

प्रवसन-चक्र में देस-परदेस : अवधारणा और लोकसंस्कृति के बदलते आयाम

वृक्ष स्थिर नहीं रहते,
जड़ों के साथ हैं;
और जड़ें वहीं जाती हैं, जहाँ जल हो।[1]

—प्रेम माथुर

आजीविका की तलाश में भटकने वाले लोगों को इसी रूप में देखा जा सकता है। पहले परदेसी अनुभव से मन और झोला नहीं भरा तो फिर चल पड़े किसी और मुल्क की ओर। उनकी यह बड़ी पीड़ा रहती है कि वे जिस-जिस स्थान पर प्रवास करते हैं, उस पर अपना अधिकार नहीं जमा पाते जैसा वे अपनी जन्मभूमि के प्रति महसूस करते हैं। उनके लिए जन्म-भूमि भले ही कठिनाई भरी क्यों न हो। वह नाल उनसे काटी नहीं जा सकती है। साए गहराते जाते हैं और प्रियजन बिछुड़ते जाते हैं, क्रूर प्रतियोगी संसार में, जीवनयापन के दबाव जब आत्मा को क्षति पहुँचाते हैं तब बचपन की भोली-भाली, सुखद स्मृतियाँ तीव्र हो जाती हैं। दुविधा में झूलते रहते हैं—ना घर के, ना घाट के। प्रवसन-चक्र के फेरे में पड़े रहते हैं लेकिन अपनी मेहनत से देस और परदेस दोनों को आबाद करते जाते हैं। इनकी भूमिका पर दुनिया की निगाह तब पड़ती है जब ये सत्ता में दखलन्दाजी देने लगते हैं। ब्रिटिश उपनिवेशों में गए गिरमिटिया की आज तीसरी पीढ़ी एक ओर शासन की बागडोर सँभाल रही है तो दूसरी ओर वहाँ से फिर किसी अन्य मुल्क में प्रवास करने को मजबूर हैं। फीजी, त्रिनीडाड, सूरीनाम, दक्षिण अफ्रीका इत्यादि मुल्क से बड़ी संख्या में लोगों का प्रवसन अन्य देशों में हो रहा है।

1. ब्रिज वी. लाल (अनुवाद—सत्या श्रीवास्तव), फीजी यात्रा आधी रात से आगे, (दिल्ली : नेशनल बुक ट्रस्ट, 2005), पृ. सं. 118

भारतीय चक्र-सिद्धान्त में चार युग बताए गए हैं। सतयुग, त्रेता, द्वापर और कलियुग। एक प्रकार का स्वर्णयुग गिरता हुआ अंधकार युग तक आता है और बीच में एक पीत-युग तथा एक धुँधला युग मिलता है। यह इतिहास का विशेष दृष्टिकोण है जिसमें उत्थान और पतन दोनों शामिल हैं। अपने 'इतिहास-चक्र' नामक पुस्तक में राममनोहर लोहिया ने विचार किया है कि 'पतन के बाद उत्थान भी आता है। इसमें कितनी समता है मानव जीवन की घटनाओं से, जहाँ लोग बुराई के विरुद्ध अपनी लड़ाई में जीतते हैं, महानता और शक्ति की ऊँचाई प्राप्त करते हैं, अच्छाई और सौन्दर्य की उच्चतम चोटियों पर पहुँचते हैं और तब आत्मा थक जाती है। फिर वे बिखराव, कमजोरी और उद्देश्यहीनता के गर्त में गिरने लगते हैं और अंधकार के बाद के अनिवार्य प्रकाश के सहारे फिर आत्मा खिलती है और फिर उठाना मुमकिन होता है। इतिहास के हिन्दू-दृष्टिकोण ने अपना महत्त्व बहुत कुछ नष्ट कर लिया है और जो कुछ दूसरी अन्य सभ्यताओं ने इतिहास को खोजने की कोशिश की या अब भी कर रही हैं, उसे दर्शन या धर्म मान लिया है। इससे जहाँ जीवन के शाश्वत पहलुओं के बारे में दिलचस्पी पैदा हुई, वहीं जो नश्वर है, उसकी ओर समुचित ध्यान नहीं दिया गया। परिणामस्वरूप भारतीय दिमाग अक्सर निष्क्रियता या आडम्बर में गिर गया। एक कोशिश यह भी की गई कि इतिहास के इस गहन और मूल्यवान दृष्टिकोण को रूपक मान कर लोगों की जिन्दगी के चक्र के चार युगों में संस्कृत नाम लगता है कि गणित के अंकों पर आधारित है, एक से चार, 'कलि' एक है और 'सत' चार। इतिहास के एक विशुद्ध चक्र-सिद्धान्त की ऐसी रूपक-व्याख्या न तो उचित है और न ही उसके नतीजे अच्छे निकलते हैं। इस दृष्टिकोण का सबसे बड़ा व आवश्यक गुण यह है कि यह भौतिक घटनाओं को, अच्छे और बुरे दोनों रूपों को ही अस्थायी मानता है। न तो बुराई खत्म होती है और न अनिवार्य रूप से शक्ति खत्म होने के बाद लोगों को गिरना जितना आवश्यक है उनका उत्थान भी उतना ही अनिवार्य है। चारों युगों में एक निश्चित अवधि दी गई है, जो बेशक ऐतिहासिक से काल्पनिक अधिक है। लेकिन भारत के ऋषियों को साधुवाद कि उसने हर युग को उसके पिछले युग से आधी ही अवधि दी।'[1]

इतिहास का चक्र-सिद्धान्त केवल भारतीय दिमाग की विशेषता नहीं है। बल्कि बीसवीं सदी में पश्चिमी योरोप और अमरीका में भी प्रकट हुए हैं। लेकिन यहाँ और विस्तार में जाना प्रासंगिक नहीं है। यहाँ प्रवसन के चक्र-सिद्धान्त को समझना प्रासंगिक है। अन्य बड़ी परिघटनाओं की तरह प्रवसन भी इतिहास की एक बड़ी परिघटना रही है। इसका चक्र-सिद्धान्त बेहद जटिल है। इसे उत्थान-पतन के सिद्धान्त की तरह नहीं समझा जा सकता है बल्कि इसके लिए अजीब विडम्बना के रूप में

1. राममनोहर लोहिया, इतिहास-चक्र, (दिल्ली : राजकमल प्रकाशन), पृ. सं. 15

देखते हुए यह कहा जा सकता है कि प्रवासियों के लिए जो मुल्क देस था, वही मुल्क अगली पीढ़ी के लिए परदेस हो जाता है और इसके साथ वह परदेस भी उसके लिए परदेस रहता है। अपने खून-पसीने से उसे अपना बनाता है तब तक उसकी अगली पीढ़ी के लिए कहीं और किसी अन्य देस की ओर प्रस्थान करने की नियति तैयार हो जाती है। ऐतिहासिक परिस्थितियों का दबाव किसी अन्य परदेस की ओर जाने को विवश कर देता है। प्रवसन का यह चक्र वृत्ताकार या होरिजेंटल नहीं, उत्थान-पतन की तरह नहीं बल्कि इसकी दिशा बहुआयामी होती है। जिधर दाना-पानी दिखा या दिखाया गया या फिर भगा दिया गया। इस तरह प्रवसन-चक्र एक जटिल पद मगर बहुआयामी व सतत गतिशील प्रक्रिया है। इसमें विभिन्न समय एवं स्थानों पर होने वाली अविरल गतिशीलता की प्रभाव प्रक्रिया अन्तर्गुंथित है। इसकी अवधारणात्मक समझ में जो वैचारिक पहलू उभरते हैं, वो हैं—देस से परदेस की ओर और परदेस से देस की ओर; 'लेबर' से 'वर्क' की ओर एवं 'माईग्रेशन' से 'सर्कुलेशन' की ओर बढ़कर देखना। कुछ इस तरह भी कहा जा सकता है कि प्रवसन-चक्र के केन्द्र में बेशक परदेसी और उसके लोग हैं लेकिन उनके साथ-साथ हैं वो सारी चीजें जिन्हें वह अपनी व्यक्तिगत-सोच, सामाजिकता, आचार-विचार, घर-परिवार, भाषा-संस्कृति इत्यादि के जरिये समुदाय, जाति, धर्म, देस-परदेस की संस्कृति इत्यादि को प्रभावित करता चलता है और उनसे प्रभावित भी होते चलता है। प्रभावन की गतिशीलता भूमंडलीकरण के दरम्यान जितनी तेजी से फैली है, उतनी तीव्रता से उसके पहले कभी नहीं फैली। प्रवसन का यह विस्तारण स्थान से लेकर पेशे तक में हुआ, जिससे लोकसंस्कृति भी जनसंस्कृति और लोकप्रिय संस्कृति में घुसने लगी और इस तरह घुस गई कि इनके बीच का फाँक खत्म-सा हो गया।

लोकसंस्कृति के बदलते आयाम

सूचना प्रौद्योगिकी तथा कम्प्यूटर-रोबोटिक तकनीकों की पीठ पर सवार पूँजीवाद ने जहाँ एक ओर वैश्वीकृत 'उन्मुक्त' अर्थव्यवस्था को जन्म दिया है तो दूसरी ओर सामाजिक-सांस्कृतिक धरातल पर मध्ययुगीन विचारधारा धर्म की संस्कृति की पुनरावृत्ति को प्रोत्साहित किया है। मध्ययुगीन विचारधारा, जाहिर है, मिथ्याचेतना पर आधारित होती है जो लोक के विवेक को स्थायी रूप से कुन्द करने की कोशिश करती है परन्तु लोक की द्वन्द्वात्मकता में मध्ययुगीनता के खिलाफ संघर्षरत भौतिक चेतना का भी अपना एक इतिहास रहा है जो लोक को मानवीय मूल्यों से सुसज्जित करके उसे शोषणमुक्त करने का प्रयास किया है। यह उप-अध्याय लोकसंस्कृति के विभिन्न आयामों पर चर्चा करता है, मसलन—लोकसंस्कृति के भविष्य को लेकर किस तरह की विचार दृष्टियाँ सामने आई हैं? जिसे संचार क्रान्ति, भूमंडलोकरण,

उदारीकरण, बाजारीकरण इत्यादि कहा जा रहा है। क्या ये सभी साम्राज्यवाद के वैचारिक अस्त्र नहीं हैं? फिर इनसे लोकसंस्कृति कैसे मुकाबला कर सकेगी? भोजपुरी लोकगीतों में संचार माध्यमों की जो परम्परा रही है, वो वर्तमान परिदृश्य में इनके लिए हानिकारक सिद्ध हो रहे हैं या फिर उनकी समृद्धि में सहायक सिद्ध हो रहे हैं? सूचना प्रौद्योगिकी से भोजपुरी समाज, विशेष रूप से परिवार व दाम्पत्य जीवन में कैसा बदलाव आ रहा है? और मिथकीय चरित्रों में यह बदलाव किस रूप में दिखाई पड़ रहा है? संचार-क्रान्ति के युग में भोजपुरी लोकसंस्कृति ग्रामीण युवकों एवं शहरी युवतियों के प्रति कैसा व्यवहार कर रही है?

लोक एक गतिशील सांस्कृतिक संरचना है। वस्तुत: यह उस सामूहिक विवेकशील जीवन-पद्धति का नाम है जो सहज, सरल और भौतिकवादी होने के साथ-साथ अपनी जीवन्त परम्पराओं को अपने दैनिक जीवन के संघर्ष से जोड़ती चलती है। यह लोकमानस को आन्दोलित करने का सामर्थ्य रखती है। यहाँ व्यक्ति विशेष महत्त्वपूर्ण नहीं होता है। सामूहिक अनुभव और संघर्ष से उत्पन्न रागात्मकता महत्त्वपूर्ण होती है। जो सभी विभेदों का अतिक्रमण कर मानवीयता को प्रतिष्ठित करती है। एक समाजशास्त्रीय अवधारणा के रूप में उसे समझने की चेष्टाएँ अक्सर उसकी अन्दरूनी गतिशीलता और परिवर्तनशीलता की अनदेखी करती चलती हैं। इसके चलते यह मान लिया जाता है कि लोकसंस्कृति प्राक्-आधुनिक समाज की संस्कृति है और इस समाज के विघटन के साथ लोक को भी अन्तत: विघटित होना ही है। समाज विज्ञानों के पास एक ऐसे लोक की कल्पना ही नहीं है जो आधुनिकता के थपेड़े खाकर भी जीवित रह सके। सच्चाई यह है कि वास्तविकता के धरातल पर लोक न सिर्फ विद्यमान है बल्कि अपार जिजीविषा के साथ सामाजिक-सांस्कृतिक बदलाव के साथ कदम मिलाते हुए वह निरन्तर अपने को बदलने का प्रयत्न भी कर रहा है। वह हमेशा परिवर्तनशील है। अपने को रूपान्तरित करने की प्रक्रिया में लगातार वह अपनी उत्तरजीविता के रहस्यों को पाने का प्रयत्न करता है।

लोक-संस्कृति के भविष्य को लेकर हमारे यहाँ भी गहरी चिन्ता है। विकास और प्रगति की हवस जैसे-जैसे बढ़ रही है, यह चिन्ता बढ़ती जा रही है कि मनुष्य की कामनाओं का सैलाब उसे जड़ों से उखाड़कर वैश्विक कही जा रही एकरूप संस्कृति के महासागर में ठेल देगा। यह आशंका पूरी तरह बेबुनियाद और अप्रत्याशित भी नहीं है। लोक का सामना कामनाओं की बेरोक-टोक स्वतंत्रता पर आधारित जिस भोगमूलक संस्कृति से हो रहा है, उसके पीछे साम्राज्यवाद की अनियंत्रित ताकत भी है। यह किसी भी समाज की बुनियादी मानवीय आकांक्षाओं को नकारकर अपने निजी हितों के अनुकूल, उसकी प्राथमिकताओं को मोड़ने में समर्थ है। उसके लिए लोक का सामुदायिक मंगलवाद कोई मायने नहीं रखता है।

इसी डर के चलते लोकसंस्कृति के भविष्य को लेकर तीन तरह की विचार-दृष्टियाँ दिखाई पड़ती हैं—संरक्षणवादी, नियतिवादी और बहुभाषिकतावादी। पहली दृष्टि में विकास की जययात्रा में लोक को रौंद दिये जाने से बचाने का आग्रह है तो दूसरी दृष्टि में लोक को बचाया नहीं जा सकता। इसलिए हमें अपने समय की वर्चस्वशाली संस्कृति को अपनी अपरिहार्य विवशता मानकर अपना लेना चाहिए। पहली दृष्टि में लोक की रक्षा के लिए सांस्कृतिक रणनीति तैयार कर प्रतिरोध की शक्ति जुटाने का आह्वान है तो दूसरी दृष्टि में लोकसंस्कृति, जनसंस्कृति की स्थानापन्न है।

संरक्षणवादियों का विश्वास है कि राज्य अपने प्रयत्नों से लोक संस्कृति को जीवित रखने के लिए संकल्पित हो तो उसे बचाया जा सकता है। यह एक तरह का सरल आशावाद है। बकौल जय प्रकाश 'लोक के संरक्षण की गुहार उस राजसत्ता से की जा रही है जिसने विकास की प्राथमिकताओं के नाम पर प्रारम्भ से ही परम्पराओं को नजरअन्दाज किया है, यद्यपि उसकी भंगिमाओं में संस्कृति और परम्पराओं को सम्मान देने वाली आधुनिक संस्थाओं सरीखी उदारता परिलक्षित होती है।'[1] संस्कृति से सम्बन्धित अकादमियों के कार्यकलापों में आखिर जो कुछ भी हम देखते हैं वह राजसत्ता की उदार मुद्रा के अलावा और क्या है! बेशक यह एक खुला और निर्लज्ज छल है। इस तरह के प्रायोजित प्रयत्नों से लोक और उसकी संस्कृति का संरक्षण, जाहिर है, हरगिज मुमकिन नहीं।

दूसरी तरफ नियतिवादी हैं जो मासकल्चर और लोकसंस्कृति में बहुत फर्क करते हुए मासकल्चर से मुकाबला कर सकने में लोक-संस्कृति को असमर्थ पाते हैं और मानते हैं कि उसके आगे समर्पण कर देने के अलावा और कोई रास्ता नहीं है। मासकल्चर को वे हमारे समय का यथार्थ जानकर संस्कृति-मात्र की नियति मानते हैं। यह कुछ वैसा ही है कि मरणासन्न रोगी को बगैर किसी उपचार के मरने छोड़ दिया जाए, क्योंकि मृत्यु उसकी आसन्न नियति है।

गौरतलब है कि पहली दोनों विचार-दृष्टियाँ लोक के विसर्जन को कभी-न-कभी घटित होने वाली सच्चाई समझती हैं। दूसरी बात यह है कि स्वयं लोक के भीतर विकसित हो रहे प्रतिरोधों को वे पहचानने की कोशिश नहीं कर पातीं और परम्परा की आन्तरिक शक्ति को समझने में चूकती मालूम पड़ती हैं। तीसरी बात यह है कि दोनों ही दृष्टियाँ लोक को अन्ततः नृतात्विक प्रत्यय की तरह बरतती हैं, उसके सतत् रूपान्तरणशील स्वभाव को भूल बैठती हैं और उसे संरक्षागार की वस्तु हो जाने की नियति से अलहदा नहीं देख पातीं। चौथा और अत्यन्त महत्त्वपूर्ण तथ्य यह है कि पौर्वात्यवाद या कि साम्राज्यवाद का विचारधारात्मक प्रभाव इन दोनों ही विचार दृष्टियों पर देखा जा सकता है। अनायास नहीं है कि संरक्षणवादी और नियतिवादी

1. मड़ई (सम्पा. कालीचरण यादव), 2000, पृ. सं. 84

भी, लोक को निम्नतर कोटि की सामाजिक संरचना मानकर उसके उद्धार या विघटन का रास्ता सुझाते हैं। वे लोक को प्राय: स्वायत्त इकाई समझते हैं जो मानों अन्य सांस्कृतिक घटकों से बिल्कुल अलग हो। यह मान्यता भी कहीं गहरे पैठ चुकी है कि केवल भौतिक विकास ही लोक की स्वायत्तता को भंग कर उसे मुख्यधारा में ला सकता है। संरक्षणवादियों के लिए विकास की मुख्यधारा का स्वरूप आधुनिक है जबकि नियतिवादियों के लिए वह उत्तर-आधुनिक है।

यह तीसरी दृष्टि बहुभाषिकतावादी रचनात्मक है। जो बच्चों की स्कूली शिक्षा के दौरान बनती है। इसी दौर में वह अपनी मातृभाषा से 'संवेदनात्मक ज्ञान' और 'ज्ञानात्मक संवेदना' की ओर बढ़ता है। यह दृष्टि एन.सी.ई.आर.टी. की राष्ट्रीय पाठ्यचर्या की रूपरेखा 2005 के भीतर से उभरी है—'बहुभाषिकता, जो बच्चे की अस्मिता का निर्माण करती है और जो भारत के भाषा परिदृश्य का विशिष्ट लक्षण है, उसका संसाधन के रूप में उपयोग, कक्षा की कार्यनीति का हिस्सा बनाना तथा उसे लक्ष्य के रूप में रखना रचनात्मक भाषा शिक्षा कार्य है। यह केवल उपलब्ध संसाधन का बेहतर इस्तेमाल नहीं है बल्कि इससे यह भी सुनिश्चित हो सकता है कि हर बच्चा स्वीकार्य और संरक्षित महसूस करे और भाषिक पृष्ठभूमि के आधार पर किसी को पीछे न छोड़ा जाए।'[1] उपर्युक्त तीनों दृष्टियों में से सबसे कारगर बहुभाषिकता वाली दृष्टि ही है। हिन्दुस्तान के जिन क्षेत्रों में वहाँ की स्थानीय भाषा में शिक्षण का काम हुआ है, उन क्षेत्रों में साक्षरता की बयार से वहाँ की लोकसंस्कृति समृद्ध हुई है। मिसाल के लिए बंगाल और केरल जैसे प्रदेश उल्लेखनीय हैं।

आधुनिकता के सन्दर्भ में मुख्यधारा विकास के लिए भारी एवं नित्य नवीन प्रौद्योगिकी का सहारा लेती है और वह लोक को पिछड़ी हुई अर्थात प्राक्-आधुनिक प्रौद्योगिकी को सामाजिक उत्पादन के लिए अयोग्य समझकर श्रम को संगठित करने वाली प्रौद्योगिकी का विकल्प प्रस्तुत करती है। इससे आगे बढ़कर उत्तर-औद्योगिक परिदृश्य में लोक की प्रौद्योगिकी सीधे अत्याधुनिक और सूक्ष्म प्रौद्योगिकी से टकराती है और एक नजर में ही निरर्थक दिखाई देने लगती है। उत्तर-औद्योगिक युग की तथाकथित मुख्यधारा से लोक का कोई मेल नहीं और उसमें शामिल होने का एक ही अर्थ है—अपनी पहचान से वंचित हो जाना। जाहिर है, उच्चतर-प्रौद्योगिकी निम्नतर-प्रौद्योगिकी को विस्थापित कर देती है। विस्थापन की इसी प्रक्रिया में परम्परा अपनी नई अर्थवत्ता की तलाश करती है अथवा बदले हुए परिवेश के अनुकूल वह स्वयं को ढालने का प्रयत्न करती है। प्रगति और परम्परा के इसी सन्तुलन के जरिए लोक अपने को रूपान्तरित करता है। उसकी निजी दिशा ऐसे ही प्रयत्नों में रूपायित होती है। लेकिन साथ ही यदि बहुभाषिकतावादी दृष्टि के साथ हमारी नई

1. राष्ट्रीय पाठ्यचर्या की रूपरेखा, (दिल्ली : एन.सी.ई.आर.टी., 2005), पृ. सं. 41

पीढ़ी शिक्षा ग्रहण करती है, तो लोकसंस्कृति के बचाव के लिए बहुत चिन्ता करने की आवश्यकता महसूस नहीं होगी।

भारतीय समाज परम्परा और प्रगति के इस सन्तुलन को साध लेने में सदैव तत्पर रहा है। दीपावली के पर्व में दीप जलाकर रोशनी करने की सदियों पुरानी परम्परा को बिजली के लट्टुओं ने एक नया मोड़ दिया है और दीपकों की भाँति पंक्तियों की जगह झालर के रूप में इन लट्टुओं की पाँतें सजाने की युक्ति अब लगभग प्रथा का रूप ले चुकी है। इससे दीप प्रकाशित करने की भावना और उसके औचित्य पर कोई फर्क नहीं आया। पर्व-भावना परम्परा से आती है और नई तकनीकी के बावजूद वह अक्षुण्ण बनी रहती है। यही वह सन्तुलन है जिसे कायम रखकर परम्परा स्वयं प्रगतिगामी बनती है।

भारतीय लोक जीवन में परम्परा अतीत की वस्तु नहीं बल्कि वर्तमान का जीवन्त अनुभव है। उसकी सतत् परिवर्तनशीलता उसे जीवित रखती है क्योंकि मानवीय उद्यम का निरन्तर विनियोग उसे अथक सृजनशील बनाए रखता है। इसलिए सूक्ष्म प्रौद्योगिकी के चमत्कारों के बीच भी आशा की जा सकती है कि वह अपनी उत्तरजीविता के नए सन्दर्भों की खोज करती रहेगी। यह जरूर है कि इस प्रयत्न में परम्परा के अन्दरूनी बदलाव की आकांक्षा इतनी प्रबल हो उठे कि वह अपने को जज्ब न कर सके और बदलाव से गुजरकर उसका बाहरी रूपाकार एकाएक पहचान में न आ पाए। लेकिन उसका सारतत्त्व इस प्रक्रिया में बिला जाएगा, ऐसा मानने का कोई कारण नहीं है। मुख्यधारा के साथ लोक का सम्बन्ध संवादी है, विवादी नहीं। यह नए किस्म का लोक है, विकसित और आधुनिक लोक। अपनी आस्था में दीप्त, अपने कर्म जीवन में उद्यमशील और संघर्षरत लोक। प्रौद्योगिकी उसे बदलेगी, बिगाड़ न सकेगी।

दरअसल जिसे मुख्यधारा कहा जा रहा है, वह वर्चस्वशाली संस्कृति है। शास्त्र उसका वैचारिक अस्त्र है। ऐसे ही वैचारिक अस्त्रों से लोक आज घिरा हुआ है। विकास, मुक्त बाजारवाद, उदारीकरण, आर्थिक एकीकरण, भूमंडलीकरण या आधुनिक प्रौद्योगिकी की अवधारणाएँ गहरे अर्थों में साम्राज्यवाद के वैचारिक हितों से उपजी हैं। सामाजिक अध्ययन के लिए रॉबर्ट रेडफील्ड द्वारा दी गई युक्ति 'ग्रेट ट्रेडीशन' और 'लिटिल ट्रेडीशन' मूलतः 'महान परम्परा' (वर्चस्वशाली) और 'लघु परम्परा' (लोक परम्परा) की ही रूपक है। पश्चिम में नृतत्वशास्त्र लघु परम्पराओं का अध्ययन महान परम्परा के केन्द्रीय परिप्रेक्ष्य से करता है। महान परम्परा साम्राज्यवाद द्वारा समर्थित है। वास्तव में लोक का सामना इसी साम्राज्यवाद से है। बाहर और भीतर दोनों ओर से यह आक्रमण कर रहा है। उसकी क्रूर महत्त्वाकांक्षा सब कुछ को अपना शिकार बना लेने पर उतारू है। प्रौद्योगिकी के परिवर्तनों और उसके सांस्कृतिक प्रभावों को अनुकूलित कर सकने में लोक की क्षमता सन्देह से परे है लेकिन जिन मूल्यों और निहितार्थों, बल्कि जिस तरह की मूल्यहीनता और

नैतिक क्षरण के साथ उच्च प्रौद्योगिकी ने समाज पर हस्तक्षेप किया है, उससे लोक का संकट अत्यन्त घातक और आकस्मिक हो उठा है। मूल्य ध्वंस की ऐसी स्थिति आधुनिकता और उद्योगवाद की वृहद् प्रौद्योगिकी ने भी पैदा नहीं की थी, जैसी कि इन दिनों उत्तर औद्योगिक दृश्य में दिखाई पड़ती है। इसका कोई लक्ष्य नहीं, कोई स्वप्न नहीं। वह तीव्र गति से भाग रही है। आदर्शों को रौंदती हुई, इतिहास को रद्द करती हुई, मानवीय संवेदनशीलता को दरकिनार करती हुई, वह मुक्त बाजार, मुक्त अर्थ और मुक्त संस्कृति की अंधी कामना-वीथियों में गर्वोन्नत विचरण कर रही है। उसके लिए सब कुछ खरीद-बिक्री के योग्य है, चाहे वह संस्कृति हो या मानवीय संवेदना।'[1] हर चीज बाजार में पहुँचकर ही सार्थक हो सकती है। जो उपयोगी है, वही प्रासंगिक हैं। उपयोगिता ही अर्थवत्ता है। इस सम्बन्ध में डॉ. अजय तिवारी के इस कथन का उल्लेख करना महत्त्वपूर्ण होगा कि 'बाजार इस मूल्य (उपयोगिता) को समझता है और लोकसंस्कृति को भी मोल-तोल की वस्तु बना देता है। वह लोक संस्कृति की स्थानीयता और आंचलिकता में निहित शक्ति को जानता है और उसे एथनिक (नृजातीय) गुण की तरह इस्तेमाल करता है। उसे अपने मूल सन्दर्भ से हटाकर सजावट की वस्तु बना देता है।'[2] लोक संस्कृति के समक्ष यह बहुत बड़ी चुनौती है। बाजार के पास उच्च प्रौद्योगिकी है और उसकी पहुँच बहुत भीतर तक है। वह लोक के सारतत्व को प्रभावित करने की क्षमता रखती है।

आइए देखते हैं कि कैसे लोकपरम्परा में प्रवसन के शुरुआती दौर में देस और परदेस के बीच संवाद कायम करने के लिए पवन, बादल जैसे गतिशील प्राकृतिक स्रोत संचार माध्यम के रूप में दिखाई पड़ते हैं। मध्यकालीन मौखिक परम्परा में काग, भौंरा, कबूतर, बाज, हिरणी, सुग्गा, घोड़ा जैसे पशु-पक्षी सन्देश वाहक के रूप में मिलते हैं। लेकिन जब लेखन संस्कृति लोक के पास पहुँचती है तब लोक परम्परा में जाति विशेष (कायस्थ जाति) चिट्ठी लिखने व वाचन का काम करती हुई दिखाई पड़ती हैं। कालान्तर में धीरे-धीरे साक्षरता जाति, पास-पड़ोस एवं घर के पुरुष सदस्य में आती है। साक्षरता की बयार उस स्त्री तक भी पहुँचती है, जो घर की चहारदीवारी में कैद रहती थी। जिसे अपने पति को हाले-दिल सुनाने थे। फिर आती है सूचना प्रौद्योगिकी। सूचना प्रौद्योगिकी पुनः उसे मौखिक परम्परा की ओर ले जाती है परन्तु साक्षरता के साथ। फिर भी उसे अलगाव का बोध बना हुआ है। इसी तरह लोकसंस्कृति में संचार माध्यमों के क्रमिक-विकास के साथ आवागमन के साधनों में भी हुए परिवर्तन को देखा जा सकता है। प्रवसन की वजह से पारिवारिक/दाम्पत्य सम्बन्धों में अलगाव लाजिमी है। अलगाव अकेलापन पैदा करता है। अकेलापन

1. मड़ई (सम्पा. कालीचरण यादव), 2000, पृ. सं. 86
2. रमेश उपाध्याय (सम्पा.), संस्कृति और व्यावसायिकता, (दिल्ली : शब्दानुसंधान प्रकाशन, 2007), पृ. सं. 42

स्मृति और वर्तमान इतिहास के बीच द्वंद्व पैदा करता है। ऐसे में अपना प्रिय बहुत याद आता है। इतना कि वह मानवेतर जीवों से एकालाप (वार्तालाप) करने लगता है। वह उसके पास अपना सन्देश देने लगता है। यह स्थिति उन स्त्रियों के साथ होती है, जिनके पति विवाह करते ही आजीविका की तलाश में पत्नी को घर पर छोड़कर परदेस चले जाते हैं। भोजपुरी के निम्नलिखित जँतसार गीत को देखें—

ननदि के अँगना चनन घन गछिया हो रामा।
ताहि चढ़ि बोलेला कागवा छुलछन हो रामा।
देबऊ रे कागवा, दुधा भात दोनिया हो रामा।
खबर ना ला दे बलम परदेसिया हो रामा।[1]

पति परदेस में है। ननद के आँगन (ससुराल) में चन्दन की घनी गाछ है। उस पर सुलछण कौवा बोल रहा है। वह कौवे से परदेसी बालम की खोज खबर लाने को निहोरा कर रही है। पत्नी ससुराल के आँगन को अपना नहीं समझ रही है। उसमें परायापन का बोध बना हुआ है। पर्दा प्रथा की वजह से वह पति की अनुपस्थिति में प्रवासी जीवन जी रही है। इस गीत में 'कागा' (कौवा) को सन्देश वाहक बनाया गया है। कहने की आवश्यकता नहीं है कि 'काग' पालतू पक्षी नहीं है। वह आँगन के चन्दन, नींबू या फिर छप्पर पर आकर स्वयं बैठता है। लेकिन तोता एक पालतू पक्षी होता है। आमतौर पर वह भोजपुरी प्रदेश के उच्च वर्गीय समाज में पाला जाता है। मतलब काग से सन्देश पहुँचाने वाली स्त्री की अपेक्षा तोते से सन्देश पहुँचाने वाली स्त्री का स्टेटस ऊँचा है। काग से सन्देश भेजने वाली स्त्री की आर्थिक स्थिति ऐसी नहीं है कि मनोरंजन के लिए वह भी तोता पाले। पर्दा-प्रथा दोनों ही समाजों में है। जिसकी वजह से स्त्री घर से बाहर नहीं निकल सकती है। संचार का कोई साधन नहीं है। अकेले में अपने प्रवासी पति की खबर लाने का निवेदन कर रही है। इसी तरह निम्नलिखित जँतसार गीत पर गौर करें—

बारह बरिस के उमरिया तऽ, हरि मोर बिदेसे गइले।
केकरा के बदबो कयथवा, चिठी लिखी भेजब।
छोटका देवरवा बदबो कयथवा, चिठी लिखी भेजब।[2]

बारह वर्ष की उम्र में उसका पति बिदेस चला गया। अब वह किसको कायस्थ बनाए ताकि उसकी चिट्ठी लिख भेजे। प्रवासी की पत्नी अपने देवर से चिट्ठी लिखवाकर अपने प्रिय को सन्देश भेज रही है। गीत की पंक्तियाँ यदि सामाजिक

---

1. शाहिद अमीन, सम्पा., ए कॉनसाइज इनसायक्लोपीडिया ऑफ नॉर्दर्न पीजेंट लाइफ (दिल्ली : मनोहर पब्लिशर्स, 2005), पृ. सं. 267
2. हूज फ्रेजर, द फोकलोर फ्रॉम गोरखपुर (न्यू), (कलकत्ता : जॉरनल ऑफ द एशियाटिक सोसायटी ऑफ बंगाल, भाग 1, सं. 1, (1883), पृ. सं. 5 इसे भी देखिए, कृष्णदेव उपाध्याय, भोजपुरी लोकगीत, भाग-2, (प्रयाग : लोकसंस्कृति शोध संस्थान, संस्करण, 1966),

संरचना की सूचना दे रही हैं तो दूसरी ओर सामाजिक परिवर्तन की ओर भी संकेत कर रही हैं। भारतीय भोजपुरी समाज में पढ़ने-लिखने की पेशा जाति विशेष कायस्थों का था। हालाँकि ब्राह्मण जाति भी पढ़ने-लिखने के पेशे में थी। लोकसाहित्य में उसकी उपस्थिति मात्र 'पतरा' वाचन या कथा वाचन तक ही सीमित है। भारतीय समाज में जाति विशेष की साक्षरता की यह स्थिति पूर्व औपनिवेशिकता की ओर संकेत कर रही है। यह गीत हमें यह तो सूचित नहीं करता कि इसमें किस जाति का उल्लेख हुआ है, परन्तु वह कायस्थ नहीं है। छोटा देवर पढ़-लिख गया है। मतलब लिखने पढ़ने का काम कायस्थों का था। साक्षरता अब परिवार में आ रही है।

प्रवसन से निर्मित लोकसंस्कृति में संचार माध्यम के रूप में 'बटोहिया' नाम का एक महत्त्वपूर्ण प्रत्यय है। बटोहिया शब्द 'बटोही' का भोजपुरीकरण है। बटोही पथिक, राही, राहगीर को भी कहते हैं। दरअसल बटोहिया की अवधारणा भोजपुरी लोकसंस्कृति में प्रवासी पुरुषों एवं उनकी पत्नियों के सन्देश को एक दूसरे के पास पहुँचाने वाले सन्देश वाहक के रूप है। वह एक ऐसा सन्देश वाहक है जो न केवल प्रवासी पुरुष और उसकी पत्नी के सुख-दुख की खबर उनके पास पहुँचाता है बल्कि शहर और गाँव के बीच बटी उनकी जिन्दगी को जोड़ने की कोशिश भी करता है। लोकसाहित्य में इस प्रत्यय का प्रयोग पहली बार कब हुआ, बताना कठिन है। परन्तु बहुत पहले भोजपुरी लोकगीतों में स्वाँग करने वालों में 'गुदरराय' का नाम लिया जाता है, जिनके गीतों में बटोही की संकल्पना की बात सुनी गई है। सहनी पट्टी (बक्सर) निवासी रामसकल पाठक द्विजराम की 'सुन्दरी विलाप' ऐसी ही गीत रचना सन् 1906 ई. में प्रकाशित हुई बताई जाती है और इससे भी पहले सन् 1857 के गदर से प्रभावित होकर दिल्ली से भोजपुरी क्षेत्र (हथुआ महाराज के राज मीरगंज) की तरफ भागकर नाचने-गाने वाले एक विस्थापित परिवार में 'सुन्दरीबाई' ऐसे ही गीत और कौतुक के लिए लोकप्रिय हो चुकी थी। सुन्दरी अपने लोकनृत्य नाट्य में एक तमाशा प्रस्तुत करती थी, जिसमें सुन्दरीबाई का पति परदेस में धनोपार्जन के लिए चला जाता है। सुन्दरी कहती है—

आम बगइचा घने बाग, ताही बीच डगर लगी हो।
आमवा के डाढ़ि धरले, नयनवा से नीर ढरे हो।[1]

जब्बार (बटोही) कहता है—

बात त पूछेला बटोहिया, काहे धनि ठाढ़ि भई हो।
केकर जोहेलू बाट, नयनवा से नीर ढरे हो।[2]

1. केदार चौधरी, भिखारी ठाकुर के नाटकों में लोकजीवन, (दिल्ली : जे.एन.यू., एम.फिल. शोधकार्य, अप्रकाशित, 1993), पृ. सं. 63
2. वही, पृ. सं. 63

इस वार्ताक्रम में सुन्दरीबाई अपने प्रियतम के रूप-वर्णन नख-शिख वर्णन जैसा प्रस्तुत करती है और अन्त में कहती है—

लिख के ना भेजा एको पाति, सुधि बिसरइले हो।[1]

इसके प्रत्युत्तर में जब्बार (बटोही) कहता है।

सूप भर लेई धन सोनवा, मोतियन माँग भर हो।
तजि द बिअहुआ के आस, तु हमरा संग चलु रे।[2]

इस पर सुन्दरी कहती है—

आग लगइबो, तोहरे सोनवा, मोतियन बजर पड़ो रे।
कबहूँ लवटिहें निरमोहिया, इंहै टेक पड़ो रे।[3]

सुन्दरीबाई द्वारा प्रस्तुत यह स्वाँग उन दिनों लोगों की जुबान पर था। 20वीं सदी के दूसरे दशक में भोजपुरी भाषा में राष्ट्रीय गीत लिखने वाले रघुवीर नारायण सिंह 'बटोहिया' के नाम से प्रसिद्ध हुए। उनका 'सुन्दर सुभूमि भइया भारत के देसवा से, मोर प्रान बसे हिम खोह रे बटोहिया' गीत हिन्दुस्तान में घूमने वाले उन सभी बटोहियों को सम्बोधित था जो व्यापारी थे, सैनिक थे, कुली थे इत्यादि। ठीक इसके कुछ ही दिनों बाद भिखारी ठाकुर (सन् 1887-1970) अपने बिदेसिया नाटक में बटोहिया नाम की अवधारणा लेकर आते हैं। इस नाटक में प्यारी सुन्दरी को कलकत्ता कमाने जा रहा एक बटोही मिलता है। ध्यान हो कि यह बटोही भी एक कलकत्तिया मजदूर है। प्यारी सुन्दरी इस बटोही से अपनी सारी कथा व्यथा सुनाती है और अपने पति की पहचान भी बताती है—

करिया ना गोर बाटे, लामा नाहीं हउवन नाटे,
मझिला जवान साम सुन्दर बटोहिया।
घुठी प ले धोती कोर, नकिया सुगा के ठोर,
सिर पर टोपी, छाती चाकर बटोहिया।
पिया के सकल के तूँ मन में नकल लिखऽ,
हुलिया के पुलिया बनाईलऽ बटोहिया।[4]

---

1. केदार चौधरी, भिखारी ठाकुर के नाटकों में लोकजीवन, (दिल्ली : जे.एन.यू., एम.फिल. शोधकार्य, अप्रकाशित, 1993), पृ. सं. 63
2. वही, पृ. सं. 63
3. वही, पृ. सं. 63
4. नागेन्द्र प्रसाद सिंह एवं वीरेन्द्र नारायण सिंह यादव, सम्पा., भिखारी ठाकुर रचनावली, (पटना : बिहार राष्ट्रभाषा परिषद्, 2005), पृ. सं. 38

यानी वह न तो काला है, न गोरा; न लम्बा है न छोटा; बल्कि वह मँझले कद की चौड़ी छाती वाला साँवला व सुन्दर जवान है। जिसके घुटने तक धोती है, नाक तोते की चोंच-सी है, सिर पर टोपी पहने हुए है। बटोही प्यारी सुन्दरी को सांत्वना देकर कलकत्ता चल देता है। खोजते-खोजते वह वहाँ पहुँचता है जहाँ बिदेसी अपनी रखैल सलोनी के साथ चौपड़ खेल रहा है। 'बइठि के सलोनी पास, खेलत रहलन तास।' पहले तो बटोही उस निर्मोही कलकत्तिया बिदेसी की भर्त्सना करता है और फिर याद दिलाता है कि सुन्दर साँवरे वर्ण वाली उसकी प्यारी धनिया किस हाल में है—

तोहरा मेहरिया के कटि हो केहरिया के, देखकर होइहें वान हो बिदेसिया।
माथवा के बरवा भँवरवाँ समान बाटे; मुँहवा दीपकवा बरत बा बिदेसिया।[1]

बात बिदेसी को लग जाती है। रखैल को देखकर बटोही बिदेसी को वेश्या के खतरों से सावधान करता है—

छोड़ि दऽ अधरम, मिजाज कके नरम तू, मनवा में कर लेहु सरम बिदेसिया।
धरम के नाव पर, चढ़ि के मउज कर, हर बिरहिनिया के दुख हो बिदेसिया।[2]

इस तरह बटोहिया न केवल प्रवासी पति और उसकी पत्नी का संवदिया है बल्कि वह उनके सुख-दुख में शामिल हो गया है और उनके इर्द-गिर्द या उनमें हो रहे गलत को ठीक भी कर रहा है। बटोही सदा नेटिव संस्कृति की तरफदारी करता है।

यह कहना अनावश्यक नहीं होगा कि परदेस में नौकरी करते हुए महिला सहकर्मी के साथ सम्बन्ध बन सकता है। दोनों दाम्पत्य की तरह रह सकते हैं। यह स्वाभाविक है। शहर की वह स्त्री साक्षर हो सकती है। घर लौटे अपने पुरुष सहकर्मी की आई चिट्ठी का जवाब भी भेज सकती है। जैसा कि भिखारी ठाकुर के बिदेसिया नाटक में बिदेसी कलकत्ता में सलोनी के साथ रहता है। ऐसी ही स्थिति में पति की चिट्ठी का इसने (सौतन) जवाब भेजा है। पत्नी बेचैन हो उठती है—

हे राम आई रे गइली सवती के चिठिया हो ना।
हे राम मोर पाहुन भइले बिदेसिया हो ना।[3]

---

1. नागेन्द्र प्रसाद सिंह एवं वीरेन्द्र नारायण सिंह यादव, सम्पा., भिखारी ठाकुर रचनावली, (पटना : बिहार राष्ट्रभाषा परिषद्, 2005), पृ. सं. 42
2. वही, पृ. सं. 46
3. कमला सिंह, पूर्वांचल के श्रम लोकगीत, (इलाहाबाद : परिमल प्रकाशन, 1991), पृ. सं. 73-74

पत्नी ने सुना था कि पति ने वहाँ कोई सौतन रख ली है। इसीलिए तो 'पाहुन बिदेसिया' ने नहीं आने की चिट्ठी भेजवाई है। लेकिन अब सिपाही सइयाँ तो अन्तर्देशी, लिफाफे का कोई जवाब ही नहीं दे रहा है कि उसे वह चिट्ठियाँ मिली या नहीं। इसीलिए वह इस बार बैरंग (Bearing Letter)* के जरिए पूछ रही है—

मिलल कि ना, अन्तरदेशी लिफाफा, इ बतइबऽ कि ना।
बैरन में पूछतानी साफा सिपाही सइयाँ, अइबऽ कि ना।[1]

उपर्युक्त गीतों को ऐतिहासिक परिप्रेक्ष्य में देखने पर यह समझ बनती है कि भोजपुरी प्रदेश से किसान मजदूर पहले कलकत्ता, आसाम, बर्मा आदि जाते थे और सन् 1980 के दौर में उसकी रोजगार नगरी पंजाब-दिल्ली, सूरत, अहमदाबाद, मुम्बई इत्यादि हो गई। 'कलकत्तिया' पिया को बुलाने वाली पत्नी अनपढ़ है। इसीलिए गीतों में वह स्वयं चिट्ठी लिखकर भेजते हुए नहीं दिखाई पड़ती है। बल्कि वह गाँव के कायस्थ या पास-पड़ोस से या अपने घर के किसी सदस्य (देवर इत्यादि) से पत्र लिखवाती है। लेकिन 'रजधनिया' (दिल्ली) पिया की पत्नी में काफी बदलाव आ गया है। उसकी पत्नी पढ़ना-लिखना सीख गई है। वह स्वयं पत्र लिखकर भेजती है। इधर उसका पिया मनोरंजन के लिए अपने पसन्दीदा गायकों/गायिकाओं की कैसेट, सीडी कैसेट, टी.वी., डी.वी.डी. या सी.डी. प्लेयर पर देखता-सुनता है। यह दौर का तकनीकी बदलाव है।

इतिहास के आइने में तथाकथित औद्योगिक दौर को डाक-व्यवस्था ने यदि नेटिव (गाँव) और डेस्टीनेटीव (प्रवास स्थान) के बीच की दूरी को कम किया था तो अब उत्तर-औद्योगिक दौर में संचार की उच्च प्रौद्योगिकी ने दूरियों और समय को पाट दिया है। यही वजह है कि मध्ययुग या औद्योगिक दौर में लोक में जो बारहमासा, चौमासा जैसे गीतों का रूप पाया जाता था, आज लोक उनकी रचना नहीं कर रहा है। अब अगर लोक के पास वह भाव-बोध ही नहीं रहा तो स्वाभाविक है कि उसकी लोकसांस्कृतिक अभिव्यक्ति कैसे सम्भव हो सकती है। परन्तु इसका तात्पर्य यह भी नहीं है कि उन दिनों की सभी सांस्कृतिक विधाओं की समाप्ति हो गई है। प्रवसन से निर्मित पूर्वी लोकगीत और बिरहा आज बहुत लोकप्रिय हैं। आज संचार माध्यमों में टेलीफोन, मोबाइल की पहुँच जनसाधारण तक हो गई है। गाँव भी अछूता नहीं रहा बल्कि वह संचार माध्यमों से लैस हो

---

* बैरंग पत्र को भेजने वाला उस पर कोई टिकट नहीं लगाता है। पावती व्यक्ति उस पत्र का डाक शुल्क चुकाता है। लोक परम्परा में बैरंग का महत्त्व बहुत गम्भीरता से लिया जाता है।

1. बलम भोजपुरिया, देवी व बलमा बिहारी के सुपरहिट भोजपुरी धमाका, पुरुवा बयार, (दिल्ली : प्रकाश पब्लिकेशन, 2006 के आसपास)

गया है लेकिन उसकी अर्थव्यवस्था वही ढाक के तीन पात की तरह है। प्रवसन जारी है। पति परदेस में हैं। पत्नी घर पर। पति की अनुपस्थिति शाल (पीड़ा) दे रही है। फोन पर वह अपना दर्द बयाँ कर रही है—

तोहे फोनवा पऽ केतना बताईं, तोहरा मनवा के कइसे मनाई,
बहे जब-जब पुरवइया हो, मन बिगड़े सइयाँ हो।
घर आ जा, सजन घर जल्दी आ जा।[1]

फोन पर वह कितना कुछ कह सकती है। वह (पति) तो फोन पर याद करता नहीं, उसे ही याद करना पड़ता है। 'पुरबइया' हवा जब-जब बहती है मन 'बिगड़ने' (भटकने) लगता है। इसलिए वह गाड़ी (रेलगाड़ी) धरकर घर आ जाए—

आज गाड़ी धऽ लीं महाबोधी ए राजा जी।
सुते के मनवा करे रउवा गोदी ए राजाजी।
हाथ के मोबाइल धरी पॉकीट में, फटाक ए राजा जी।[2]

परन्तु वह 'फटाक' से (तुरन्त) गाड़ी (रेलगाड़ी) कैसे धर ले? उसे शहर में कमाने के निमित्त आए हुए कितना दिन हुआ ही! कई महीने तो बेरोजगार ही रहा। कुछ और महीना काम कर ले तब घर जाने की बात सोचे। महँगाई का जमाना है। टेलीफोन बूथ पर जाकर पत्नी फिर अपने परदेसी पति को फोन लगाती है और कहती है—

गिरऽ ता बिल, जान ऽ ता दिल, हम जानऽतानी महँगाई बा।
बोली ए राजा जी, रउवा बोलिए में मिठाई बा।[3]

फोन का बिल बढ़ रहा है। इस बात को जानता है उसका दिल और दिल यह भी जानता है कि महँगाई का जमाना है। फिर भी वह उससे बोले, क्योंकि उसकी बोली में मिठाई का आनंद आ रहा है और उसका मन भरता जा रहा है—

गिरऽ ता बिल बाकि भरऽ ता दिल, हम जानऽतानी महँगाई बा।
बोली ए राजाजी, रउवा बोलिए में मिठाई बा।[4]

एक तरफ पत्नी का प्रवासी पति से फोन पर बात करने का आग्रह है तो दूसरी तरफ वह पति से टी.वी. लाने की माँग भी कर रही है। पत्नी महँगाई के जमाने

1. बैजनाथ प्रसाद साह, सम्पा., पवन सिंह के लोकगीत, (दिल्ली : प्रकाश पब्लिकेशन, 2006, प्रकाशन वर्ष अनुमानित), पृ. सं. 56
2. वही, पृ. सं. 12
3. वही, 56
4. वही, 56

को तो जानती है लेकिन घर की गरीबी को नहीं देख रही है। पति फोन पर पत्नी से बात करते हुए इस झूमर गीत में सोचता है—

देखत नइखी घर के गरीबी हो, धनि माँगत बाड़ी टी.बी. हो।
फोनवा पऽ कहताड़ी जल्दी से आ जा, जल्दी तू आजा, टी.बी. लेके आजा।[1]

पति करे तो क्या करे। अन्ततः वह पत्नी को घर आने का सन्देशा सुनाता है। पत्नी खुश होकर अपनी सहेली से इस झूमर गीत में गाती हुई कहती है—

सइयाँ छुटी ले के आवत बाड़े घरवा, तले टेलीफोन आइल हा।
हम जाए के रही नइहरवा, तले टेलीफोन आइल हा।
हम नाहीं जाइब नइहरवा, तले टेलीफोन आइल हा।[2]

अब तो वह स्मार्ट फोन पर वीडियो कॉलिंग भी करने लगा है। वह स्वजनों से और गहरे रूप में जुड़ने लगा है।

मध्यकालीन या उपनिवेशकालीन लोकसाहित्य में घोड़े पर चढ़कर आवाजाही करने का चित्रण खूब हुआ है। लेकिन बनिज के लिए 'बरधी' (बैलों) का इस्तेमाल होता हुआ मिलता है। प्रेम लोकगाथा 'शोभनायक बनजारा' में शोभा और उसके ससुर सोलह सौ बैलों से व्यापार करते हैं। 'रामा सोरह सौ रहे उन्ह के बरधिया रे ना।'[3] लोकगीतों में सिपाही या व्यापारी अपने घर घोड़ा पर चढ़कर आते हुए दिखाई पड़ते हैं। जैसे—'घोड़वा चढ़ल आए, राजा के छोकड़वा।' या 'ए राम घोड़वा चढ़ल सवदागर अइले; पानी के पियासल भइले हो राम।' दरअसल, उन दिनों राजपूत योद्धा और घोड़ा एकाकार हो गए हैं। घोड़ा प्रतिष्ठा का प्रतीक हो गया था। आज भी भोजपुरी प्रदेश ही नहीं बल्कि समस्त उत्तर भारत में वह प्रतिष्ठा का प्रतीक बना हुआ है। इसके साथ ही यह भी दिलचस्पी का विषय है कि किस प्रकार शौर्य की अवधारणा विकसित हुई और उसके साथ-साथ घुड़सवार योद्धा के महत्त्व में वृद्धि हुई। भोजपुरी की वीरगाथात्मक गाथाओं को उसी मानसिकता के रूप में देखा जाना चाहिए। लेकिन जो श्रमिक हैं, लोकगीतों में उनके घर आगमन के समय कोई सवारी नहीं दिखाई देती है। हाँ, उनके प्रस्थान के लिए रेल या जल

1. ज्योति कुमारी (17 वर्ष), कुसुम्हाँ (आरा) भोजपुर, 14 मई, 2008 (रिकॉर्ड)
2. वही
3. जी.ए. ग्रियर्सन, सेलेक्टेड स्पेसीमेंस ऑफ द बिहारी लैंग्वेज, भाग-2, द बिहारी डाइलेक्ट, द गीत नयका बनजरवा, जे.डी.एम.जी., वॉल्यूम 43, (1889), पृ. सं. 501

जहाजों की उपस्थिति खूब मिलती है। जो औपनिवेशिक दौर को दर्शाती है। जरा इन गीतों पर ध्यान दें—'रेलिया बैरन पिया को लिये जाए रे', 'रेलिया बैरी ना जहजिआ बैरी,•से पइसवा बैरी ना। सइयाँ के लेके गईल बिदेसवा, से पइसवा बैरी ना।', 'रेलिया से उतरे जहजिआ पऽ चढ़ले पिया रंगुनवा गइले ना, हमरी झुलनी के नगीनवा पिया रंगूनवा गइले ना।', 'हमरे बलमुआ जहजिआ के नौकर फिरंगिआ के नौकर, भेज दीहिन ककही रूमाल गोरिया।' इत्यादि। हिन्दुस्तान में अंग्रेजी सरकार ने 1853 ई. में रेलवे लाइन का विस्तार किया था। भोजपुरी प्रदेश में 19वीं सदी के आठवें दशक में रेलवे लाइन जनता के लिए खुल चुकी थी। उन दिनों से लेकर आज तक भोजपुरी प्रवासी श्रमिकों के लिए रेलगाड़ी ही उनके नेटिव से डेस्टीनेटिव और डेस्टीनेटिव से नेटिव तक पहुँचाने में अहम रही है। रेलों के बारे में अगर यह कहा जाए कि रेल श्रम प्रवसन की प्रतीक है तो इसे अतिशयोक्ति में नहीं लिया जाना चाहिए।

आज खाड़ी या अन्य इंडोनेशियाई देशों में इस प्रदेश से कुशल व अकुशल श्रमिकों का पलायन हो रहा है। इस वजह से हवाई जहाज एवं सऊदी अरब जैसे पद भोजपुरी लोकगीतों में प्रयुक्त होते हुए दिखाई पड़ते हैं। परन्तु उसके लिए भी उन्हें दिल्ली जैसे महानगरों में रेलगाड़ी से ही प्रस्थान करना पड़ता है। इसलिए उन्हें अपने घर से एयरपोर्ट तक का सफर रेलगाड़ी से ही करना पड़ता है। अन्तर्राष्ट्रीय एवं अन्तर्देशीय प्रवसन के लिए भोजपुरी प्रदेश के जिला मुख्यालयों आरा, छपरा, सीवान, बक्सर, डुमराँव, सासाराम, मुगलसराय, गाजीपुर, बेतिया, मोतीहारी, चम्पारण, देवरिया, बस्ती, बलिया इत्यादि से बड़े शहरों की ओर जाने वाली रेलगाड़ियाँ सालोंभर भरी हुई आती-जाती हैं। उन गाड़ियों में जनसाधारण एक्सप्रेस, श्रमजीवी एक्सप्रेस, महाबोधी एक्सप्रेस, विभूति एक्सप्रेस, मगध एक्सप्रेस, जनसम्पर्क एक्सप्रेस, जनता एक्सप्रेस, एर्नाकुलम एक्सप्रेस, लालकिला एक्सप्रेस, फरक्का एक्सप्रेस, विक्रमशिला एक्सप्रेस, महानंदा एक्सप्रेस, वैशाली एक्सप्रेस, लिच्छवी एक्सप्रेस, पुरुषोतम एक्सप्रेस, भागलपुर एक्सप्रेस इत्यादि प्रमुख हैं। यही गाड़ियाँ इस क्षेत्र के मजदूरों को दिल्ली, पंजाब, मुम्बई, कलकत्ता, आसाम, अहमदाबाद, सूरत जैसे औद्योगिक नगरों तक पहुँचाती हैं और ये गाड़ियाँ लोकगीतों में भी आती हैं। जैसे—'आज गाड़ी धऽ लीं महाबोधी ए राजा जी', 'चुम्मा दे के तू छोड़वलू हो, हमार मगध इसपिरेस', 'लिछवी से हमरा के घरे पहुँचाई दऽ', 'भइया गाड़ी धइके आजा राजधानी से'[1] इत्यादि। ये रेलगाड़ियाँ उन्हें जिला मुख्यालयों तक छोड़ देती हैं।

1. प्रस्तुत गीत पंक्तियाँ गायक पवन सिंह, विष्णु ओझा और देवी के गाए हुए गीतों से ली गई हैं। गौरतलब है कि भोजपुरी गायक का घर (नेटिव स्थान) जिस रेलवे लाइन के रूट पर होता है, उसके गीतों में उसी रूट से आने-जाने वाली रेलगाड़ियों का नाम आता है।

परन्तु वहाँ से घर पहुँचने के लिए उन्हें बस या मोटरगाड़ी लेनी पड़ती है। निम्नलिखित गीत में एक प्रवासी पति मोटरगाड़ी (मार्शल) से घर लौट रहा है—

सब कोई आवेला अयदल पैदल, पियवा मार्सल चढ़ि आवे हो लाल।
सब कोई देखेला आजन-बाजन, पियवा हमके निरेखेला हो लाल।
रहलू तू ए धनिया राजा के लइकिया, कसबिनिया काहे बनलू हो लाल।
रउवा त रहि ए पियवा राजा के लइकवा, तू भेड़ूवा काहे बनल हो लाल।[1]

उसका पति मार्शल कार पर आ रहा है और वह उसको निरखते जा रहा है। वह देखता है कि उसकी पत्नी 'कसबिन' का वेश-भूषा बनाए हुए है। वह पूछ बैठता है कि वह तो राजा की लड़की थी, 'कसबिन' क्यों बन गई । पत्नी फट से प्रतिप्रश्न कर बैठती है कि वह तो राजा का लड़का था, वह 'भेड़ूवा' (Agents for femal sex worker) क्यों बन गया। इस तरह हम देखते हैं कि देवर का हाई स्कूल में पढ़ना, पति का मार्शल कार से घर आना जैसे तथ्य समसामयिक हैं। आज भोजपुरी प्रदेश में मार्शल कार से घर आना ठीक वैसे ही ताकत एवं सामाजिक प्रतिष्ठा की बात हो गई है जैसे भोजपुरी की मध्यकालीन लोकगाथाओं या गीतों में घोड़े पर चढ़कर आने वालों की होती थी। इस प्रकार भोजपुरी की मौखिक परम्परा कई अर्थों में जीवित निरन्तरता में अपना विस्तार रच रही है। यह निरन्तरता ही वस्तुतः उस लोक की प्राण शक्ति है। यही उसकी जिजीविषा का रहस्य है कि परम्परा उसके हर क्षण अपने अस्तित्व की प्रासंगिकता की खोज में जुटी रहती है, निरन्तर पुनर्नवा और सृजनात्मक बनी रहती है। यह बात भारतीय लोक परम्परा के सन्दर्भ में भी अक्षरशः लागू होती है।

भारतीय संस्कृति में शिव एक ऐसे मिथक हैं जो लोकसंस्कृतियों के स्वभाव के अनुकूल हैं यानी सहज, सरल, भोला, अक्खड़, निर्भीक। सभी के लिए मंगल कामना लिये रहते हैं। जरा इस चैता गीत को देखिए—

रामा शिव बाबा चलले पुरुबी बनिजिया हो रामा।
लादि लिहले, भंगिया धतुरवा हो रामा, लादि लिहले।[2]

यहाँ शिव एक देवता न होकर किसान की तरह जीवनयापन करने एवं जूझने वाले एक आम गृहस्थ हो गए हैं जिन्हें घर-गृहस्थी तंदुरुस्त करने के लिए 'पुरुबी बनिजिया' की ओर प्रवास करना पड़ रहा है। 'बनिज' हेतु प्रवसन

1. ज्योति कुमारी (17 वर्ष), कुसुम्हाँ (आरा) भोजपुर, 14 मई, 2008 (रिकॉर्ड)
2. कृष्णदेव उपाध्याय, हिन्दी प्रदेश के लोक (ग्राम) गीत, (इलाहाबाद : साहित्य भवन (प्रा.) लि., 1990), पृ. सं. 98

का इतना व्यापक दबाव है कि मिथकीय चरित्र भी सांस्कृतिक अभिव्यक्तियों में मानवीय क्रिया-व्यापार करते हुए दिखलाई पड़ते हैं। मध्यकाल में 'बनिज' हेतु प्रवसन भोजपुरी समाज ही नहीं, बल्कि समस्त भारत में सामन्ती ढाँचे को कमजोर करके व्यापारिक उन्नति करने में बड़ी अहम भूमिका निभा रहा था। गौरतलब है कि भक्तिकालीन साहित्य का दौर वही है। भक्तिकालीन साहित्य को लोकजागरण का साहित्य भी कहा जाता है। बाजार के बढ़ते दबाव के फलस्वरूप सामन्ती ढाँचा कमजोर हुआ, समाज करवटें बदलने लगा, श्रमशील जातियों की आर्थिक स्थिति सुदृढ़ हुई, आत्मसम्मान की भावना जगी। ऐसे में संघर्ष का होना लाजिमी था। दूसरे शब्दों में, भक्तिकालीन साहित्य का सारा संघर्ष मिथकीय चरित्रों के बहाने ही लड़ा गया है। सभी भक्त व संत कवियों ने अपने युग के सामाजिक सन्दर्भों में मिथकीय चरित्रों का सृजनात्मक प्रयोग किया है। मिथकीय चरित्रों में यह बदलाव युग की परिस्थितियों के दबाव के कारण हुआ। ठीक इसी तरह का बदलाव आज उच्च-प्रौद्योगिकी के दौर में भी देख रहे हैं। जरा इस झूमर गीत पर गौर फरमाएँ—

आइल बा नयका हो जबाना, भोला बाबा हीरो बनले ना।
पहिले घूमत रहन बसहा बैल पऽ, अब खोजत बाड़न मोटर कारवा होना।
पहिले खात रहन भाँग धतूरा, अब खोजत बाड़न पूड़ी कचौड़िया होना।[1]

'नयका जबाना' (नए जमाने) में शिव बाबा का चरित्र एक तरफ आधुनिक ज्ञान-विज्ञान प्रौद्योगिकी के अनुसार ढलता जा रहा है तो दूसरी तरफ लोकसमाज में प्रचलित व्यंजनों को स्वीकारता जा रहा है। यहाँ भोले बाबा की छवि प्रौद्योगिकी एवं स्थानीयता के मेल से बनी है। इस मेल से शिव बाबा के सामुदायिक मंगलवाद में कोई कमी नहीं आई है। बल्कि आज भोला बाबा के लिए 'बसहा बैल' के स्थान पर मोटरकार एकदम उपयुक्त सवारी है। आज पूड़ी-कचौड़ी भोजपुरी लोक समाज में आतिथ्य सत्कार के अच्छे व्यंजन हैं। इस सत्कार के जरिए लोक भोला बाबा को अपने समाज एवं युग के निकट ला रहा है। यही परम्परा की प्रगति है जो निरन्तर नए आयाम देती रहती है।

पिछले कुछ वर्षों से हिन्दुस्तान में समलैंगिक अधिकार के लिए आन्दोलन चल रहा है। पश्चिम के कई देशों में समलैंगिकता को बहुत पहले ही कानूनी अधिकार मिल गया था। यहाँ जब उसे कानूनी हक दिया गया तो कुछेक राजनीतिक शक्तियों द्वारा नैतिकता के आधार पर भारी विरोध हुआ। ऐसा नहीं है कि समाज में पहले समलैंगिकता नहीं थी, निश्चित रूप से थी, परन्तु समाज में उसे विकृति

1. ज्योति कुमारी (17 वर्ष), कुसुम्हाँ (आरा) भोजपुर, 14 मई, 2008

के रूप में देखा जाता था और आज भी देखा जाता है। तभी तो लड़की का लड़की से की गई शादी की अखबार में छपी खबर को पढ़कर प्रवासी भोजपुरी युवक अपने मित्र से आश्चर्य प्रकट करता है—

आज के ताजा खबर बाटे छपल बा अखबार, सुन इयारवा रे
एगो लइकी शादी कइले बिया लइकी से यार।[1]

वह कहता है कि अजब-गजब की लीलाएँ हो रही हैं। यदि ऐसे होगा, तो बच्चे कहाँ से पैदा होंगे। लड़कों का तिलक नहीं चढ़ेगा, लड़की वाले कन्यादान नहीं करेंगे, वह अपने यार से कहता है कि इस समाचार को गाँव जाकर वह जरूर सुनाए। लेकिन अब यह सिर्फ समाचार ही नहीं रहा, बल्कि सरकार ने इसे तो कानूनी जामा पहना दिया—

लइके से लइका के होई अब शादी, कोट से आजादी हो गइल।
लइका लइके से मनइहें हनीमून, नया कानून बन गइल।[2]

लोक ने इस कानून पर भी आश्चर्य प्रकट किया और व्यंग्य भी किया।

यह सच है कि लोक अपने स्वभाव में बेहद लचीला होता है। परन्तु इतना भी नहीं कि तत्काल सामाजिक परिवर्तनों को वह फौरन स्वीकार कर ले। कई बार वह सांस्कृतिक तत्वों को स्वीकर करने में सदियाँ लगा देता है। शहरी युवतियों और ग्रामीण नवयुवकों के फैशनपरस्ती को लोक हमेशा अपना निशाना बनाता है। भोजपुरी के सुप्रसिद्ध नाटककार भिखारी ठाकुर से लेकर आज के खेसारी लाल यादव तक ने फैशनपरस्ती पर खूब व्यंग्य किया है। आज भी लोक जानता है कि यह फैशनपरस्ती भोगवादी जीवन शैली का अंग है। इसीलिए वह जावा गाड़ी पर घूमने वाली, जिंस पाइंट पहनने वाली, चश्मा लगाने वाली, हाथ में मोबाइल लेने वाली, बीयर पीने वाली, नाचने वाली शहरी लड़कियों पर खूब छींटाकशी करता है और उनसे मर्दवादी आनन्द भी लेता है—

जावा गाड़ी पऽ घुमतिया, घुमेले फटीचरी आइ हो दादा।
जिंस पाइंट चश्मा लगा के, बने शहरी हो।[3]

---

1. पवन सिंह के लोकगीत, (दिल्ली : प्रकाश पब्लिकेशन, प्रकाशन वर्ष नहीं दिया गया है।), पृ. सं. 30
2. अजित कुमार, (उम्र, 21 वर्ष), सीवान, बिहार, 12 नवम्बर, 2009
3. निरहुआ कमाल कइले धमाल, दिनेश लाल यादव व खुश्बूराज के भोजपुरी धाँसू गीत, (दिल्ली : हीरानंद पब्लिकेशन, प्रकाशन वर्ष नहीं दिया गया है) पृ. सं. 19

या फिर,

हाथ में मोबाइल इनके ओठन पे स्माइल,
बगल सामने ऊपर नीचे मारे ले स्टाइल,
पास पड़ोसी सब लोगन के निकले दम-दम,
बेबी बीयर पी के नाचे छमक-छम, छमक-छम। [1]

इन गीतों पर ध्यान दें। लोक संस्कृति देख रही है कि शहर की युवतियों को आधुनिक प्रौद्योगिकी अपने चपेट में ले चुकी है। इस प्रौद्योगिकी ने उन्हें अपना कुछ देकर उनका सब कुछ ले लिया है। लेकिन लोकसंस्कृति इस प्रौद्योगिकी की छल को जानती है। उन युवतियों पर व्यंग्यात्मक टिप्पणी एक तरह से प्रौद्योगिकी की पीठ पर सवार सांस्कृतिक साम्राज्यवाद पर टिप्पणी है। सांस्कृतिक साम्राज्यवाद पश्चिमी जीवन-शैली है। भारतीय लोकसंस्कृति उसे स्वीकार नहीं करती है क्योंकि उसमें सामुदायिक मंगलवाद की भावना नहीं है यानी वह स्वार्थ की अंधी संस्कृति है। गाँव पर माँ-बाप को अकेला छोड़ गया बेटे पर व्यंग्यात्मक टिप्पणी इस गीत में देखिए—

माई बाबू के छोड़ी के नगरिया हो, शहरिया चलि गइल बबुआ।
सूट-बूट पतलून पहिनलऽ, गरदन बीचे टाई।
बॉबी अइसन चूल बड़वलऽ, पूरा मोछ सफाई।
साथे-साथे लेके घुमेलऽ मेहरिया हो, शहरिया चलि गइल बबुआ। [2]

माता-पिता को घर छोड़ बेटा पत्नी को लेकर शहर चला गया। सूट-बूट पतलून पहना और गर्दन बीच में टाई बाँधा, बॉबी जैसा बाल कटवाकर मूँछे भी साफ करवा ली और पत्नी के संग शहर में घूम-फिर रहा है। इस गीत में भी पश्चिमी जीवन शैली का विरोध अभिव्यक्त हुआ है।

इन गीतों में अंग्रेजी के जो पद प्रयुक्त हुए हैं, जैसे—टेलीफोन, बिल, फोनवा, मोबाइल, पाकीट, बैरन, टी.बी., मार्शल, जावा, मारुति, फटीचरी, जिंस, पाइंट, स्माइल, मिसाइल, बेबी, बीयर, डिम्पल, डिस्को, सूट-बूट, टाई, बॉबी, हनीमून, वगैरह-वगैरह। ये शब्द भोजपुरी भाषा को बिगाड़ने या खत्म करने के लिए नहीं आए हैं। बल्कि अंग्रेजी के ये शब्द नवीन अर्थ छवियों को साकार करने में मददगार हैं। नई संवेदनाओं की अभिव्यक्ति के लिए प्रयुक्त हुए हैं। दूसरे, ये शब्द पश्चिमी

1. मनोज तिवारी 'मृदुल' की भोजपुरी चटनी, (दिल्ली : प्रकाश पब्लिकेशन, प्रकाशन वर्ष नहीं दिया गया है), पृ. सं. 24
2. मुन्ना सिंह के भोजपुरी लोकगीत, (दिल्ली : प्रकाश पब्लिकेशन, प्रकाशन वर्ष नहीं दिया गया है), पृ. सं. 23

जीवन मूल्यों को स्पष्ट करके उनका विरोध करने के निमित्त आए हैं। तीसरे, भोजपुरी समाज इन शब्दों से रूबरू हो चुका है अर्थात् ये शब्द भोजपुरी भाषा में अब घुल-मिल गए हैं।

निष्कर्ष

नि:संदेह लोक में अपार जिजीविषा है। अब तक लगातार वह हर तरह के प्रौद्योगिकीय परिवर्तनों को झेलता आया है। उद्योगवाद की आँधी में वह अडिग रहा। अब उत्तर-उद्योगवाद की प्रौद्योगिकी के साथ भी वह सन्तुलन कायम कर सकेगी ऐसी आशा की जा सकती है, उसका बाहरी ढाँचा भले ही बदल जाए, उसकी अन्तरात्मा नहीं बदलेगी। उसकी मानवीय दृष्टि, लोकमंगल की भावना, मानवीयता के प्रति गहरा आस्तिक बोध, उसका प्रकृत राग उसे बचाएगा। उसकी श्रम चेतना प्रकृति के साथ उसके सम्बन्ध को अक्षुण्ण रखेगी। हो सकता है कि लोक-संस्कृति की कतिपय रूपात्मक संरचनाएँ मास कल्चर या पॉप कल्चर की उदग्र भंगिमाओं में अभिव्यक्ति पाने लगें, बल्कि यह भी सम्भव है कि उसका सारा रूप-पक्ष बाजार के पॉपुलिस्ट मुहावरों की भेंट चढ़ जाए, लेकिन मानवीय जिजीविषा हमेशा बाजार में सक्रिय नव-डार्विनवाद का विरोध किए बिना नहीं रह सकती, इसमें शक नहीं। समय के साथ अब एक ऐसा रूपांतरणशील लोक विकसित होगा जो पॉप कल्चर मुद्राओं में ढलकर भी संघर्षशील लोक होगा। प्रतिवाद उसकी शक्ति है, सच कहा जाए तो बहुभाषिकता वाली दृष्टि से जैसे ही वह सम्पन्न हो जाएगा, वह वर्चस्व की संस्कृति के विरुद्ध सक्रिय रह कर ही अपनी पहचान कायम रखेगा।

2

भोजपुरी की मौखिक परम्परा में श्रम प्रवसन परिवर्तन और निरन्तरता

भारतीय इतिहास में भोजपुरी प्रदेश श्रमिक उत्पादन के लिए बहुत सस्ता एवं उर्वर क्षेत्र रहा है। आजीविका की खोज में इस क्षेत्र से लोगों का सुदूर प्रदेशों में प्रवसन प्रक्रिया का साक्ष्य मध्यकाल से ही मिलता है। इस प्रदेश से जितने भी प्रकार के लोगों का प्रवसन हुआ है, उनमें श्रमिक, सैनिक और छोटा व्यापारी वर्ग प्रमुख हैं। वस्तुतः ये तीनों मध्यकाल में व्यापारिक उन्नति के उपज थे। यहाँ फ्रेडरिक एंगेल्स की उस बात का उल्लेख करना महत्त्वपूर्ण होगा, जिसे उन्होंने यूरोपिय पुनर्जागरण के सन्दर्भ में कहा था कि जब व्यापार में क्रान्ति शुरू हुई तो सामन्ती ढाँचा कुछ कमजोर पड़ा और सामन्ती ढाँचे में दबे हुए किसानों व कारीगरों को करवट बदलने का मौका मिला। यही स्थिति क्या मध्यकालीन भारत के सन्दर्भ में भी लागू नहीं होती है? इन्हीं किसानों व कारीगरों के भीतर से छोटे-छोटे व्यापारी निकले, सैनिक जवान निकले और बाहर जाकर श्रम करने वाले श्रमिक निकले। इस नए स्वतंत्र वर्ग ने अपनी भूमिका की पहचान कर ली थी। कालान्तर में इसने तमाम तरह के आन्दोलनों को जन्म भी दिया। इससे देश की आर्थिक, सामाजिक और सांस्कृतिक परिदृश्यों में बदलाव आया। मध्यकाल में इन्हीं लोगों की सबसे अधिक जनसंख्या थी। इस तथ्य की ओर आर्थिक इतिहासकार ए.आई. चिचेरोव का भी ध्यान गया है। उन्होंने लिखा है—'सामन्तकालीन भारतवर्ष में सबसे अधिक जनसंख्या कारीगरों, व्यापारियों और तरह-तरह के मजदूरों की थी। इस जमाने में इनकी बड़ी वृद्धि हुई।'[1] औपनिवेशिक दौर में इनकी प्रवसन की परम्परा अपने चरम पर पहुँच गई थी। आज भी इस क्षेत्र से प्रवास करने की वास्तविकता उसी मात्रा में जारी है—आन्तरिक (अन्तर्देशीय) एवं बाहरी (अन्तर्राष्ट्रीय), दोनों ही स्तर पर। लेकिन यह अधिकतर तीसरा वर्ग यानी श्रमिकों का है। इस तीसरे वर्ग के कुछ श्रमिकों ने प्रवास में अपने परम्परागत पेशे के अनुकूल काम किया तो कुछेक ने नए

1. ए.आई. चिचेरोव, मुगलकालीन भारत की आर्थिक संरचना, अनुवाद—मंगलनाथ सिंह, (दिल्ली : ग्रंथ शिल्पी प्रकाशन, 2003), पृ. 133

पेशों को चुना। उपनिवेश के दिनों इनका आन्तरिक प्रवसन यदि कलकत्ता, आसाम, झरिया, धनबाद, मोरंग (नेपाल) में हुआ था और बाहरी प्रवसन के लिए अंग्रेज व अन्य इन्हें बर्मा, सिंगापुर, मॉरीशस, फीजी, गुयना, त्रिनिदाद, दक्षिण अफ्रीका, युगांडा, नेटाल, वेस्ट इंडिज, सूरीनाम, नीदरलैंड, मेडागास्कर इत्यादि अपने उपनिवेशी देशों में ले गए थे तो आज दिल्ली, पंजाब, सूरत, अहमदाबाद, वापी, मुम्बई जैसे इलाके भोजपुरिया मजदूरों के प्रवसन क्षेत्र बने हुए हैं और बाहरी प्रवसन पिछले दो-तीन दशकों से इस क्षेत्र से दुबई, सऊदी अरब जैसे खाड़ी देशों को सस्ते मजदूर उपलब्ध हो रहे हैं। भोजपुरी श्रमिकों के प्रवसन की यात्रा बहुत लम्बे समय से एक बड़ी वास्तविकता रही है। लोकसाहित्य ने इनके प्रवसन को अपने भीतर मौलिक रूप में अभिव्यक्त किया या इसे यूँ कहें तो शायद ज्यादा सही होगा कि इन लोगों ने अपने अनुभवों को सृजनात्मक रूप देकर लोक की मौखिक परम्परा को समृद्ध किया।

भोजपुरी प्रदेश से होने वाले श्रम प्रवसन ने संस्कृति के दायरे में आने वाले रस्म-रिवाज, संस्कार, विश्वास, गीत, गाथा, नृत्य नाट्य, कथा-कहानी, देवी-देवता इत्यादि को प्रभावित ही नहीं किया बल्कि बहुत कुछ नए सिरे से उन्हें पैदा भी किया है। अर्थात् श्रमिकों के प्रवसन से विविध प्रकार की लोकसंस्कृतियों का जन्म हुआ—जिसमें बनिजिया लोकसंस्कृति, सिपहिया लोकसंस्कृति एवं बिदेसिया लोकसंस्कृति प्रमुख हैं। इन लोकसंस्कृतियों की एक लम्बी मौखिक परम्परा रही है। इनमें प्रवसन के यात्रा-अनुभव बेहद संवेदनशीलता से अभिव्यक्त हुए हैं। इस मौखिक परम्परा ने जिन लोगों की प्रवसन यात्रा एवं परदेसी अनुभवों को अपनी गोद में सहेजा है। उनकी कई श्रेणियाँ हैं, जैसे—अपने घर की कुछ सम्पत्ति बेच-बाचकर या पास-पड़ोस से उधार लेकर 'बनिजिया' (व्यापार) को जाने वाले व्यापारी, सैनिक, मजदूर एवं वे औरतें, जिन्हें मजबूरीवश गाँव-घर छोड़कर बाहर जाना पड़ा या गाँव-घर में छूटी हुई स्त्रियाँ इत्यादि प्रमुख हैं। भोजपुरी की मौखिक परम्परा में से यदि इनके अनुभव से निर्मित लोकसाहित्य को निकाल दिया जाए तो उसका आधा से ज्यादा भाग खाली हो जाएगा। दूसरे शब्दों में, हिन्दुस्तान के सबसे बड़े भाषायी क्षेत्र भोजपुरी प्रदेश से होने वाले प्रवसन से निर्मित तीन लोक-परम्पराएँ रही हैं—बनिजिया लोकपरम्परा, सिपहिया लोकपरम्परा और बिदेसिया लोकपरम्परा। इनमें सामाजिक व सांस्कृतिक रूप से विभिन्नताएँ होने के बावजूद इन तीनों की संवेदनाएँ आपस में आदान-प्रदान करती रही हैं।

प्रस्तुत अध्याय में भोजपुरी की मौखिक परम्परा में प्रवसन की समझ, श्रमिकों की प्रवास प्रक्रिया, उनका श्रेणीकरण, प्रवास-काल, श्रम रूप, प्रवास स्थान, प्रवसन की प्रथाएँ, प्रवास हेतु आवागमन के साधन और नेटिव व डेस्टीनेटिव में संवाद के लिए संचार माध्यमों पर केंद्रित किया है। प्रवास-प्रक्रिया के दौरान भोजपुरी समाज के किन संस्कारों, लोकविश्वासों, मान्यताओं, धारणाओं इत्यादि में परिवर्तन आए हैं? और कौन-सी चीजें अभी बनी हुई हैं? जिन्हें लोकसाहित्य ने अपने आँचल में सहेजा है।

लोकगीतों में प्रवसन की परम्परा

लोकसाहित्य ने प्रवसन को लेकर जिन धारणाओं की समझ पैदा की है, वो हैं—प्रवसन अपनी जड़ से उखड़ने, अपने आत्मीय लोगों से बिछड़ जाने, अधिक मात्रा में श्रम करने, फिर भी श्रम का ठीक से मूल्यांकन न हो पाने, प्रवास के भूगोल व समाज-संस्कृति से अनभिज्ञ रहने, उस समाज में अजनबीपन महसूस करने के सन्दर्भ में आता है। प्रवसन से उत्पन्न होने वाली सुखद स्थितियों को भी अभिव्यक्ति मिली है। लेकिन लोकसाहित्य ने अधिकांशत: प्रवसन सम्बन्धों को विलेन रूप में ही देखा है। बेशक प्रवसन के परिणामस्वरूप ही भोजपुरी समाज अपनी जीविकोपार्जन के लिए सक्षम हुआ है।

लोकसाहित्य एवं स्मृतियों के भीतर से प्रवसन सम्बन्धों का अध्ययन जितना दिलचस्प है उतना ही जटिल भी। दिलचस्प इसलिए कि मौखिक परम्परा में विशेषरूप से लोकगीतों में प्रवसन को ऐतिहासिक सन्दर्भों में यानी उनके प्रवास काल एवं प्रवास प्रकृति की दृष्टि से अवलोकन करते ही यह तर्क ख़ारिज हो जाता है कि भोजपुरी भारतीय समाज भूमि से बँधा या जकड़ा हुआ समाज था या अपना घर-बार छोड़कर अंजान दुनिया की ओर कभी जाना नहीं चाहता था या फिर भोजपुरी प्रदेश से प्रवसन की शुरुआत औपनिवेशिक दौर से ही शुरू हुई। लोकगाथाओं एवं लोकगीतों में प्रयुक्त अधिकांश पद स्पष्ट रूप से संकेत करते हैं कि सदियों से भोजपुरी समाज मजबूरी ही नहीं, बल्कि बेहतर अवसरों की तलाश में एक जगह से दूसरी जगह भटकता रहा है। प्रवसन की यह प्रवृत्ति (गतिशीलता) पूरे भारतीय समाज पर भी लागू होती है।[1] और जटिल इसलिए कि एक तो मौखिक परम्परा को लोक जीवन का पूरी तरह प्रतिबिम्बन मानकर चलने पर समय, स्थान, सामाजिक परिवर्तन इत्यादि की पकड़ कई स्थलों पर ढीली पड़ जाती है और वह जीवन एवं घटनाओं का सीधा प्रस्तुतीकरण ही नहीं बल्कि प्रति-प्रस्तुतीकरण भी है। इस प्रक्रिया में मौखिक परम्परा में अनेक ऐसे तत्व प्रवेश कर जाते हैं जो उसके सामाजिक एवं ऐतिहासिक अध्ययन में साधक न होकर बाधक हो जाते हैं। इसलिए लोकसाहित्य को इतिहास के निकट लाना और इतिहास को लोकसाहित्य के पास ले जाना एक नया बौद्धिक श्रम की माँग करता है। यह अतिरिक्त बौद्धिक श्रम अध्ययन की प्रविधि विशेष को लेकर है। बेशक मौखिक परम्परा की परिभाषा सरल नहीं है, वह भी किसी खास विषय को लेकर। नि:सन्देह परम्परा के साथ अनेक जटिल सवाल जुड़े हुए हैं। शाब्दिक अर्थ में ऐसे सब विचार, विश्वास, प्रथाएँ, व्यवहार, प्रकार, जीवन-मूल्य और सांस्थानिक रूप, एक पीढ़ी से दूसरी पीढ़ी को दिए जाते हैं, परम्परा के दायरे में आते हैं। इन्हीं तत्वों में परिवर्तन एवं निरन्तरता की प्रवाह से परम्परा अस्तित्ववान बनी रहती है।

---

1. मोतीचन्द्र, सार्थवाह, (पटना : बिहार राष्ट्रभाषा परिषद्, 1953), 52-67. ब्रिज वी लाल, फीजी यात्रा आधी रात से आगे, (दिल्ली : नेशनल बुक ट्रस्ट)

प्रस्तुत अध्याय का मूल मकसद यही है कि भोजपुरी प्रदेश से होने वाले प्रवसन की कैसी परम्परा रही है? उसमें क्या परिवर्तन हुए और निरन्तरता के कौन से तत्व अभी बने हुए हैं? तो इसके लिए यहाँ मैं लोकसाहित्य विशेष रूप से लोकगीतों (भोजपुरी के कैसेट गीतों में भी) में प्रयुक्त पदों का अवलोकन कर रहा हूँ। मेरा यह अवलोकन लोकसाहित्य से इतिहास में और इतिहास से लोकसाहित्य में आवाजाही की कोशिश है। एक लाचारी[1] गीत है—'अपने त गइले सइयाँ पूरबी रे बनिजिया।'[2] इस लाचारी गीत में 'पूरबी बनिजिया' का सन्दर्भ यह है कि भोजपुरी प्रदेश से पूरब दिशा अर्थात् बंगाल, आसाम, कलकत्ता, मोरंग जैसे क्षेत्रों में व्यापारियों का विविध प्रकार के सामानों का व्यापारिक चलन रहा है। यह व्यापारिक चलन भारतीय इतिहास में मध्यकाल से लेकर अंग्रेजी राज होते हुए आजाद भारत में कुछेक दशकों तक रहा है।[3] भोजपुरी की लोकगाथाओं व गीतों में वर्णित समाज व संस्कृति एवं उन्हें गाने वाले गायकों को जातीय दृष्टि से देखने पर पता चलता है कि इस प्रदेश से व्यापारियों ने अधिकांशत: अपने जातीय पेशे के अनुकूल ही उत्पादों का व्यापार किया है। मसलन, अहीर माल-मवेशियों एवं दूध-घी का व्यापार करते थे, तेली अनाजों (दाल-चावल) का, नोनिया सोरा (Saltpetre) का, नेटुआ शहद इत्यादि का, भेड़िहार कंबल का, मल्लाह अपनी नावों से दूसरे व्यापारियों का समान ढोते थे, जैसे बंजारा जाति मुगल काल में सेना की खाद्य सामग्रियाँ ढोती थी, जुलाहे हस्तकरघे उद्योग से निर्मित सामानों का, मुस्लिम जोगी गीत गाकर इत्यादि वगैरह। ये जातियाँ बहुत छोटे स्तर पर अपने उत्पादों का व्यापार करती थी, जिसमें उनकी श्रमशीलता ही प्रमुख थी। यहाँ इस बात का उल्लेख करना अनावश्यक नहीं होगा कि आज बनिजिया से सम्बन्धित लोकगीतों की रचना या फिर गायन नहीं हो रहा है। स्पष्ट है कि मौजूदा दौर में इस क्षेत्र में व्यापार की जो संस्कृति है, उसमें इन श्रमिक व्यापरियों की उपस्थिति लगभग शून्य हो गई है। वैसे भी उपनिवेश पूर्व और उपनिवेश के दिनों में जैसा कि कुछेक इतिहासकारों का कहना है कि इन भोजपुरिया व्यापारियों की व्यापार की दुनिया में कोई बड़ी हस्तक्षेपी भूमिका नहीं थीं।[4]

---

1. इसे अलचारी गीत भी कहा जाता है। लोकगीत का रूप है। लाचारी से शाब्दिक रूप में स्पष्ट है कि शुरू में इसे लाचारवश में होकर गाया गया होगा। लाचार की स्थिति पति के परदेस गमन की वजह से है।
2. हूज फ्रेजर, द फोकलोर फ्रॉम गोरखपुर (न्यू), (कलकत्ता : जॉरनल ऑफ द एशियाटिक सोसायटी ऑफ बंगाल, भाग, 1, सं. 1, (1883), पृ. सं. 7- 8 इसे भी देख सकते हैं—कृष्णदेव उपाध्याय, हिन्दी प्रदेश के लोक (ग्राम) गीत, (इलाहाबाद : साहित्य भवन (प्रा.) लि., 1990), 100-101, इसके अलावा इसे भी देखिए, बेचनराम राजभर गायक, भोजपुरी लाचारी, पारम्परिक लोकगीत (नोएडा : टी-सीरीज सुपर कैसेट इंडस्ट्रीज लि., 1995), साइड ए, तीसरा गीत
3. जार्ज ए. ग्रियर्सन द्वारा सम्पादित 'द गीत नयका बनजारा' लोकगाथा में मध्यकालीन व्यापारिक संस्कृति को पर्याप्त अभिव्यक्ति मिली है और फिर भोजपुरी प्रदेश में बनिजिया की एक लम्बी लोकपरम्परा रही है।
4. जहार सेन, इंडो-नेपाल टेड इन द नाइनटिन्थ सेंचुरी, (कलकत्ता : फीमा केएलएम प्रा.लि., 1977), इसे देखिए, कैथरिन सरवन श्रेइवर, टेलर्स ऑफ टेल्स, सेलर्स ऑफ टेल्स इन सोसायटी एंड सर्कुलेशन मोबाइल प्यूपल एंड इंटीरेंट कल्चर्स इन साउथ एशिया 1750-1950, सम्पा. क्लाउडे मरकोविट्स, जैक्स पॉचेपेडास एंड संजय एंड सुब्रमनियम, (दिल्ली : परमानेंट ब्लैक, 2003), पृ. सं. 287

एक अन्य गीत एक दूसरे तरह के श्रमिक संस्कृति का जायजा लेता है—'हमरा सइयाँ के लाँब-लाँब केसिया/जैसे लागे मुगल पठानवा गे गोरिया।'[1] इस गीत का नायक भोजपुरिया मजदूर-सिपाही है। यहाँ 'जैसे लागे मुगल पठानवा' पर गौर फरमाने की आवश्यकता है। गीत का प्रसंग यह है कि एक विरहिणी है, पति परदेसी है। विरहिणी पत्नी अकेलेपन की अवस्था में एक बटोही से अपने पति को बुलावा भेजती है। बटोही से वह अपने पति की पहचान मुगल पठान जैसा बताती है। वस्तुत: पति का शारीरिक सौष्ठव मुगल पठान की तरह होना, इस बात की ओर इशारा करता है कि चूँकि भारतीय इतिहास के मध्यकाल में पठान एवं मुगल विजेता जाति रही है तो जाहिर है कि वह श्रेष्ठता के क्रम में आम जनता में रोल मॉडल की स्वीकृति पाएगी। उन दिनों शेरशाह और मुगलिया सल्तनत में भारी संख्या में भोजपुरिया जवान सैनिक के रूप में नौकरी करते थे। ध्यान हो कि इन्हीं भोजपुरिया जवानों की वजह से पठान शेरशाह एक बड़ी शक्ति के रूप में उभरा था। एक और गीत 'पनिया के जहाज से पलटनिया बनि अइह पिया।'[2] यह पूर्वी गीत है। इस गीत-पंक्ति में भी पलटनिया सिपाहियों की अभिव्यक्ति हुई है। कम्पनी राज में भी भोजपुरियों का पलटन में भर्ती होना एक लोकप्रिय शगल था। तभी तो पत्नी अपने पिया से पानी के जहाज से 'पलटनिया' बनकर लौटते समय बंगाल से सिंदूर माँगती है।[3] इन गीत पंक्तियों से स्पष्ट होता है कि उपनिवेश पूर्व या उपनिवेश के दिनों में सैनिकों की पत्नियों द्वारा शृंगारिक प्रसाधनों की माँग की जाती

---

1. शाहिद अमीन, सम्पा., ए कॉनसाइज इनसायक्लोपीडिया ऑफ नॉर्दर्न पीजेंट लाइफ (दिल्ली : मनोहर पब्लिशर्स, 2005), पृ. सं. 392-393
2. शारदा सिन्हा (गायिका)—केकरा से कहाँ मिले जाला, टी-सीरीज, सुपर कैसेट्स इंडस्ट्रीज लि. नोएडा, उ.प्र., 1985
3. इस गीत को महेन्दर मिसिर ने लिखा है। इस गीत की रचनाकाल की कोई निश्चित तिथि नहीं है। वे भिखारी ठाकुर के समकालीन थे परन्तु अपने पूर्वी गीतों के माध्यम से भिखारी ठाकुर से पूर्व वे लोकप्रिय हो चुके थे। भिखारी ठाकुर का रचनात्मक दौर 20वीं सदी के दूसरे दशक के बाद का रहा है। अत: अनुमान लगाया जा सकता है कि महेन्दर मिसिर का यह गीत प्रथम विश्वयुद्ध के दौरान लिखा गया होगा क्योंकि मौजूदा दौर में भोजपुरी पट्टी से पहले की अपेक्षा पर्याप्त संख्या में लोगों को पलटन में भर्ती किया जा रहा था। मुगलकाल एवं कम्पनी काल में भोजपुरिया सैनिकों के सन्दर्भ में विभिन्न प्रकार के समृद्ध आँकड़ों के साथ प्रो. डी.एच.ए. कोल्फ ने 'नॉकर, राजपूत एंड सिपॉय : द एथनोहिस्ट्री ऑफ द मिलिटी लेबर मारकेट इन हिन्दुस्तान, 1450-1850', (कैम्ब्रिज : कैम्ब्रिज यूनिवर्सिटी प्रेस, 1990) लिखी है। आर.के. सक्सेना की रचना 'द आर्मी ऑफ द राजपूतस : ए स्टडी ऑफ एटीन्थ सेन्चुरी राजपुताना, (उदयपुर : सरोज प्रकाशन, 1989)' अभिलेखीय तथ्यों पर आधारित है तथा डेविड ओमिसी की रचना 'द सिपॉय एंड द राज 1869-1940 (लंदन : मैकमिलन, 1994)' एक साधारण सिपाही के सामाजिक-सांस्कृतिक दृष्टिकोण पर रोशनी डालती है और सीमा अल्वी की रचना 'द सिपॉय एंड द कम्पनी : टेडीशन एंड टांजिशन इन नॉर्दर्न इंडिया, 1770-1830 (दिल्ली : ऑक्सफोर्ड यूनिवर्सिटी प्रेस, 1995) सैन्य इतिहास की रचनाओं में सुखद योगदान है। यह भारत में ब्रिटिश सेना के साधारण सिपाही की सामाजिक पृष्ठभूमि को प्रस्तुत करने वाले अभिलेखागारी दस्तावेजों की तह में गई हैं और ब्रिटिश शासक वर्ग के बदले राजनीतिक और आर्थिक हितों की रोशनी में उस सैनिक की स्थिति में हुए परिवर्तनों का अध्ययन किया है।

रही है। और जैसा कि औरंगजेब के जमाने में फैंकिस बर्नियर भी लिखता है—'एक अदना सिपाही भी अपनी पत्नी-बच्चों को कुछ न कुछ गहने अवश्य पहनाता है।'* लोकनाटक 'जालिम सिंह' नाटक में एक राजपूत सिपाही की प्रेम कहानी निम्न-जातीय समाज में विवाह औपनिवेशिक शासनकाल में ही परिणत होती है।

कुली प्रथा के तहत हुए प्रवसन को लेकर एक गीत है—'भोली अरकाटी देख हमें भरमाया हो,/कलकाता पार जाओ पाँच साल रे बिदेसिया।'[1] यह लोकगीत फीजी में गाया जाता है। कहने की आवश्यकता नहीं होनी चाहिए कि सन् 1834 से लेकर 1920 तक कुली प्रथा जारी रही। तो फीजी में 1879 ई. में गए मजदूर अपनी दर्दभरी दास्तान गाते हुए कहते हैं कि अरकाटी ने हमें भोला-भाला जानकर छल से कलकत्ता डिपो भेजा, जहाज में ठूँस-ठूँसकर लादा और फीजी द्वीप भेज दिया। अब यहाँ हाड़तोड़ मेहनत कर रहे हैं। फिर भी हमें ऊपर से कुलम्बरों के कोड़ों की मार सहनी पड़ रही है। यहाँ 'अरकाटी' 'Recruiters' शब्द का भोजपुरीकरण है। अनुबन्ध प्रथा को बहाल किए जाने में इन अरकाटियों की बड़ी भूमिका थी। वस्तुतः इनकी कई श्रेणियाँ थीं। कुछ अरकाटी सरकारी थे, कुछ अर्द्ध-सरकारी थे तो कुछ अरकाटी कमीशन पर थे।[2] बहरहाल, लोकगीतों या अन्य साहित्यिक[3] स्रोतों के अवलोकन से पता चलता है कि बहुत सारे मजदूरों को इन अरकाटियों द्वारा गुमराह करके कलकत्ता भर्ती डिपो लाया जाता था और वहाँ से फिर उन्हें गन्ना बागान वाले उपनिवेशों में भेज दिया जाता था। लेकिन मॉरीशस के प्रसिद्ध साहित्यकार प्रहलाद रामशरण ने अपने परदादा के मॉरीशस आने के बारे में जो किस्सा बताया है, वह एक दूसरी ही तस्वीर पेश करता है। इस किस्से का यहाँ उल्लेख अनावश्यक नहीं होगा। वे लिखते हैं—'मेरे परदादा, आरा जिले के किसी गाँव के थे। वे पत्नी सहित सन् 1868 में मॉरीशस पधारे थे। जब वे भारत में थे तब उनके परिवार में उनकी पत्नी, उनके भाई और उसकी पत्नी रहते थे। एक दिन खेत से वे लौट रहे थे तब उनकी छोटी भावज अपने पति का भोजन लिए खेत जा रही थी किन्तु रास्ते में वह कुछ फाँकती जा रही थी, यह देख उनको बड़ा गुस्सा आया। क्योंकि स्त्री जाति को रास्ते चलते कुछ खाना असभ्य समझा जाता था। इनसे सहा नहीं गया और जैसे ही वह पास से गुजरी, उन्होंने कुदाल की मुट्ठी उसके हाथ पर दे मारी। हाथ टूट गया और भावज को अस्पताल ले जाना पड़ा। कुछ दिनों बाद हाथ तो अच्छा हो गया, पर जब-जब भावज का पति घर नहीं होता, तब-तब वह उन्हें तरह-तरह के ताने देती

---

* फैंकिस बर्नियर, बर्नियर की भारत यात्रा, अनुवाद—गंगा प्रसाद गुप्त (दिल्ली : एन.बी.टी., 2001) 139

1. धीरा वर्मा (लेख—फीजी के लोकगीत : मौखिक दस्तावेज), गगनांचल, त्रैमासिक पत्रिका, (दिल्ली : भारतीय सांस्कृतिक सम्बन्ध परिषद्, अप्रैल-जून 2000), पृ. सं. 208
2. जी.ए. ग्रियर्सन एंड मेजर पीचर, इन्कॉयरी इन्टू इमीग्रेशन प्रोसिडिंग्स, संख्या 9-15, रेवेन्यू एंड एग्रीकल्चरल डिपार्टमेंट, अगस्त 1883, पृ. सं. 1020-21
3. देखिए, प्रेमचन्द की 1925 ई. में लिखित कहानी 'शुद्रा'।

रहती। जब इनसे सहा न गया, तब पति-पत्नी ने मिरिच जाने का निश्चय कर लिया और एक दिन किसी को कुछ कहे बिना वे कलकत्ता चले आए और वहाँ से मॉरीशस पहुँच गए।'[1] बहरहाल, कुली प्रथा के तहत हुए प्रवसन को दर्शाने वाला मॉरीशस का एक बहुत लोकप्रिय गीत है—'कलकाता से छूटल जहाज पाँवरिया धीरे चलऽ'।[2] अनुबन्ध प्रथा के तहत हुए श्रम प्रवसन की छवि लोकगीतों में बेहद कारुणिक रूप में है। हूज टिंकर के लफाज में कहें तो वह (Indentureship) गुलामी की नई प्रथा के रूप में था। लेकिन गिरमिटयाओं की तीसरी पीढ़ी आज भारत की वास्तविकता को देखकर यह टिप्पणी करती है कि अच्छा हुआ, जो इस देश की जातीय विषमताओं व सामाजिक संस्कारों को समुद्र की लम्बी यात्राओं ने खत्म कर डाला।

इसी तरह और भी गीत हैं जिनमें श्रम प्रवसन की मर्मस्पर्शी छवि हैं। यह गीत आज भी बहुत लोकप्रिय हैं। 'रेलिया बैरी ना जहजिया बैरी/से पइसवा बैरी ना। सइयाँ के लेके गइल बिदेसवा/से पइसवा बैरी ना।'[3] इसमें भी औपनिवेशिक श्रम प्रवसन की अभिव्यक्ति है। पति परदेस चला गया है। पत्नी सोच रही है कि रेल या जहाज उसके बैरी नहीं हैं बल्कि घर में कुछ है ही नहीं, इसलिए पैसे का अभाव ही बैरी है। यह गीत कुली प्रथा के तहत हुए श्रम प्रवास की ओर संकेत कर रहा है। इसी क्रम में जरा निम्नांकित गीत पर भी गौर कर लिया जाए—

लागल झुलनिया के धाका, बलम कलकाता निकल गए।
रेलिया से उतरे, जहजिया प चढ़ले पिया, रंगूनवा गइले ना।[4]

मतलब, पत्नी की झुलनी का धक्का लगने से प्रियतम कलकत्ता के लिए निकल चला। रेल से उतरा, जहाज पर चढ़ा, रंगून (यंगून) पहुँचा। ध्यातव्य है कि रंगून, मलाया, श्रीलंका इत्यादि हिन्दमहासागरीय द्वीपों की ओर 19वीं सदी के उत्तरार्द्ध में कंगनी प्रथा* के तहत भी इस क्षेत्र से लोगों का बेहतर अवसरों की खोज में जाना

1. प्रहलाद रामशरण, मॉरीशस : हिन्दमहासागर में एक नवोदित राष्ट्र, (दिल्ली : राजपाल एंड संस, 1988), पृ. 75
2. सरिता बुद्धु, मॉरीशस में भोजपुरी की परम्पराएँ, (दिल्ली : प्रभात प्रकाशन, 2003)
3. तोताराम सनाढ्य, भूतलेन की कथा (सं.) योगेन्द्र यादव व ब्रिज वी लाल, (दिल्ली : सरस्वती प्रेस, 1994) 20
4. राही मासूम रजा, आधा गाँव, उपन्यास, (दिल्ली : राधाकृष्ण प्रकाशन, 1966) 3, 7 अक्टूबर, 2005 को अज्ञात ऑडियो कैसेट से पेनआउट।

* www.nlb.gov.sg/biblioasia/vol.3/no.3/Oct-2007, पृ. सं. 6 : 19वीं सदी के उत्तरार्द्ध में मलाया के विकास हेतु श्रमिकों को एक नए तरीके से भर्ती किया गया। जिसे 'कंगनी प्रथा' के नाम से जाना गया। इस प्रथा के तहत सन् 1938 तक अधिकतर मलयन कॉफी और रबर के बागानों के लिए श्रमिकों की खपत की गई। वास्तव में 'कंगनी' शब्द तमिल का है जिसका अर्थ होता है—निगरानी करनेवाला या श्रेष्ठ व्यक्ति। लेकिन यहाँ इसके ठीक विपरीत अनुबन्ध प्रथा में जो अधिकतर पुरुष प्रवासी मजदूर थे, उन्हें कंगनी प्रथा ने मलाया में खड़ंजा बिछाने के काम में बहुत लोगों को लगाया गया।

हुआ। यह गीत सम्भवतः उसी प्रथा की प्रवास-प्रक्रिया की सांस्कृतिक अभिव्यक्ति है, जिसमें पति रात-दिन मेहनत करके पत्नी के लिए कलकत्ता से तीन पतिया झुलनी लाने का संकल्प ले रहा होता है। भोजपुरी बेल्ट से बीसवीं सदी के दूसरे से लेकर पाँचवें दशक तक कलकत्ता की तरफ भारी संख्या में पलायन हुआ। आधिकारिक रिपोर्टों ने संगठित क्षेत्र के प्रवासी मजदूरों के सम्बन्ध में काफी विस्तार से ब्यौरा दिया है। एक गीत की पंक्तियाँ हैं—

के हो जइहें हाजीपुर, के हो जइहें पटना।
के हो जइहे कलकातावा नौकरिया ए बिरना।
ससुर जइहें हाजीपुर, भसूर जइहे पटना।
पिया जइहें कलकातावा नोकरिया ऐ बिरना।[1]

इस गीत में परिवार के सभी मर्द सदस्य बाहर कमाने चले गए हैं। निम्नलिखित कजरी[2] गीत में भी नौकरी की चर्चा हुई है, जिसमें पत्नी परदेसी पति को नौकरी छोड़कर घर आने की विवशतापूर्ण निहोरा कर रही है—

अमवा मोझर गैले महुआ टपक गैले।
केकरा से पठावो सनेसवा॥
रे निरमोहिया छोड़ दे नोकरिया॥ 1॥[3]

इस कजरी गीत का नायक नवाब की कचहरी में नौकरी करता है। यहाँ 'नौकरी' पद व्याख्या-सापेक्ष है। दरअसल मध्यकाल और औपनिवेशिक दौर में नौकरी शब्द

1. श्रीधर मिश्र, भोजपुरी लोकसाहित्य : सांस्कृतिक अध्ययन, (इलाहाबाद : हिन्दुस्तानी अकादमी, 1971) 181
2. कजरी लोकगीत की उत्पत्ति के बारे में किंवदंती है कि मिर्जापुर में प्रचलित लोककथा के अनुसार कजली नाम की स्त्री का पति परदेस गया था। वर्षा ने जले पर नमक छिड़कने का काम किया। वह अष्टभुजी पर कज्जल वाली देवी के आस-पास घूम-घूमकर पति मिलन के लिए विलाप करने लगी और उसके गीत कजरी के नाम से लोकप्रिय हुए। कजरी संगीत विधा की उत्पत्ति के बारे में ग्रियर्सन ने भी लिखा है—'A very famous forest, According to Harischandra, the author of Hindi Bhasha, there was once in Central India a Rajput prince named Dadu Ray, in Whoose time no Musalman dared touch the ganges. He was much beloved by his subjects, on his death; a peculiar kind of song, called Kajari, was was invented in his memory. It received this name for two reasons: First that the Kajari forest was situated within his dominions; and second, that the third of the month on which this song is most sung is known in the Purannas as the Kajjali tij. According to tradition, Alha finally disappeared into this forest, and is now lying there perdu awaiting his opportunity for issuing from it again. The Kajjali Ban is a stock locality in modern legends.'' द सांग ऑफ आल्हा मैरिज, इंडियन एंटिक्वेरी, वाल्यूम 54, पृ. सं. 209-227
3. हूज फ्रेजर, फोकलोर फ्रॉम इस्टर्न गोरखपुर, जे.ए.एस.बी., वाल्यूम 52, भाग 1, (हिस्ट्री, एंटीक्वीटिज एंड सी.), (संख्या 1 से 4, 1983 विद 23 प्लेट्स), पृ. सं. 1-27

प्रवासी श्रमिक-सिपाहियों के लिए प्रयुक्त होता था। जिसमें हीनतर सेवा प्रदान करने भी भावना मिली हुई थी। परम्परागत भारत में आमतौर पर लम्बी दूरी की सेवा के लिए दरवान के रूप में नौकर होता था। जैसे कि ब्रिटिश इंडिया कम्पनी की आर्मी थी। 19वीं सदी में नौकर एक सर्वेंट था जिसे सालाना नगद मजदूरी मिलती थी।[1] बाद में चलकर नौकरी शब्द का अर्थ-विस्तार हुआ। 'नौकर' केवल प्रवास में श्रम करने वाले श्रमिक के लिए नहीं रह गया, बल्कि सभी श्रमिकों के लिए प्रयुक्त होने लगा है।

यह बड़ी भयानक सच्चाई है कि भोजपुरी क्षेत्र से 20वीं सदी के शुरुआती दशकों में खेतिहर किसानों एवं मजदूरों का बड़े पैमाने पर पलायन हुआ। यह पलायन इतना हुआ कि लोग काफिला के काफिला कलकत्ता, आसाम जैसे औद्योगिक व बागानी नगरों की ओर खिसकने लगे। कलकत्ता में जूट उद्योगों में प्रवासी श्रमिकों की उपस्थिति के सन्दर्भ में औपनिवेशिक आधिकारिक लेखनों में उनके आँकड़े उपलब्ध हैं। 1905 ई. में बी. फोले नामक एक अंग्रेज अधिकारी ने अपनी रिपोर्ट में लिखा है—'20 वर्ष पहले जूटमिलों में सारे मजदूर बंगाली थे। अब उनका स्थान संयुक्त प्रान्त और बिहार के हिन्दुस्तानियों ने ले लिया। ...जिसका परिणाम यह हुआ कि आज अधिकांश मिलों में दो तिहाई मजदूर देहाती हैं।'[2] बी. फोले के इस कथन को निम्नलिखित तालिका के माध्यम से आँकड़ों में देखा जा सकता है—

परिशिष्ट-I : 1921-41 में जूट मिल मजदूरों के मूल-क्षेत्र (आँकड़े प्रतिशत में)

वर्ष	बंगाल	बिहार	उड़ीसा	संयुक्त प्रान्त	मद्रास	मध्य प्रान्त	अन्य
1921	24.1	33.4	11.4	23.1	4.6	—	3.2
1928	24.8	37.1		15.7	11.2	9.1	1.9
1929	1.7	60.0		5.0	14.0	4.0	—
1941	11.6	43.1	3.4	36.4	1.6	—	0.8

स्रोत : रणजीत दास गुप्त—'Factory Labour in Eastern India : Sources of Supply, 1855-1946 : Some preliminary findings', The Indian Economic and Social History Review, Vol. 8, No. 3, 1976, P. 276, Table-6, जिसमें 1928 का कॉलम शामिल नहीं है जो डब्ल्यू.बी.एस.ए., वाणिज्य विभाग (W.B.S.A., Commerce Branch) अप्रैल 1930, 7.12 से लिया गया है। 1921

1. डी.एच.ए. कोल्फ, नॉकर, राजपूत एंड सिपॉय : द एथनोहिस्ट्री ऑफ द मिलिट्री लेबर मारकेट इन हिन्दुस्तान, 1450-1850' (कैम्ब्रिज : कैम्ब्रिज यूनिवर्सिटी प्रेस, 1990), पृ. सं. 76
2. दीपेश चक्रवर्ती, रिथींकिंग वर्किंग क्लास हिस्ट्री-बंगाल—1890-1990, (कलकत्ता : ऑक्सफोर्ड यूनिवर्सिटी प्रेस, 1989), पृ. सं. 102 से लिया गया है।

से सम्बन्धित आँकड़े समस्त श्रमिक बल पर लागू होते हैं और 1928 के आँकड़ों का सम्बन्ध 25 जूट मिलों से है। 1929 के आँकड़े अनुमानित हैं और 1941 के आँकड़े ज़गदल क्षेत्र में मिल-मजदूरों के नमूना सर्वेक्षण से लिए गए हैं। इसीलिए वे समस्त मजदूर वर्ग का प्रतिनिधित्व नहीं करते हैं। यहाँ बिहार और संयुक्त प्रान्त के मजदूरों की संख्या को जोड़कर देखने पर भोजपुरी प्रवासी श्रमिकों की संख्या का अन्दाजा लगाया जा सकता है। 1921 में बिहार और संयुक्त प्रान्त के मजदूरों की संख्या 33.4 और 23.2 को जमा करने पर 56.6 यानी पूरे मिल-मजदूरों के आधे से अधिक संख्या में हैं वहीं 1941 के प्रतिशत आँकड़ों पर गौर करते हैं तो पता चलता है कि 43.1 जमा 36.4 बराबर 89.5 है। यह स्थिति केवल संगठित क्षेत्र में उपस्थित भोजपुरी प्रवासी श्रमिकों की है। असंगठित क्षेत्र के सन्दर्भ में इस तरह का कोई आँकड़ा मौजूद नहीं है। यदि इस क्षेत्र के आँकड़े भी मौजूद होते तो उनके योगफल को देखकर अन्दाजा लगाया जा सकता कि उपर्युक्त गीत की आधार भूमि कितनी वास्तविक है।

लेकिन समय के साथ हालात बदले और आजादी के बाद तीसरा दशक आते-आते कलकत्ता की जूट मिलें एक के बाद एक बंद होती गईं। प्लास्टिक का जलवा कायम हुआ तो जूट उत्पादों की महत्ता घट गई। जूट मिलों में तालाबंदी उन दिनों अखबारों की सुर्खियाँ हुआ करती थीं। बाद में यह सामान्य प्रक्रिया हो गई। आज ज्यादातर मिलों की हालत खस्ता है और मजदूर बेहाल हैं। बिहार, उतर-प्रदेश, उड़ीसा, आंध्रप्रदेश व तमिलनाडु के लाखों प्रवासी श्रमिक इन मिलों में काम करते थे। सस्ता श्रम और जल परिवहन की उत्तम व्यवस्था ने कलकत्ता के जूट उद्योग को बुलंदी पर पहुँचाया। कलकत्ता एवं इसके उपनगरीय क्षेत्रों में जूट मिलों का इतिहास लगभग दो सौ वर्षों का है। हुगली नदी के दोनों किनारों पर दो सौ से अधिक जूट मिलें स्थापित हुईं और कहा जा रहा है कि अब उनमें से सिर्फ लगभग तिरेपन के आस-पास ही बची हैं। पिछली सदी के आठवें दशक में एक के बाद एक मिलें रुग्णावस्था में जाने लगीं और भोजपुरी प्रदेश के मेहनती कलकतिया बालम अब पश्चिम की ओर रुख करने लगे, यानी वे मुम्बई, सूरत, दिल्ली व पंजाब की ओर प्रस्थान करने लगे। डेस्टीनेशन बदल गया।[1] 'सइयाँ गइलन सूरत', चली ना दिल्ली पंजाब, बिहार पिया छोड़ देवे के'[2] यह गीत पिछली सदी के सातवें-आठवें दशक के दौरान दिल्ली-पंजाब की तरफ हुए प्रवसन के फलस्वरूप निर्मित हुआ है। इस

1. ठीक यही स्थिति औपनिवेशिक दौर में फीजी में गए गिरमिटिया मजदूरों की तीसरी पीढ़ी की है। हालाँकि वहाँ इसकी वजह राजनीतिक उथल-पुथल है। विशेष अध्ययन के लिए गिरमिटिया इतिहासकार ब्रिज वी लाल की पुस्तकें यथा—'चलो जहाजी' या फिर Bittersweet देखिए। उनकी यह चिन्ता जायज है कि 'किसी भी स्थान को अपना घर कहने के लिए वहाँ कितनी पीढ़ियों को रहना पड़ता है?', फीजी यात्रा : आधी रात से आगे, (दिल्ली : एन.बी.टी., 2005), पृ. सं. 26
2. गीता रानी, छौड़ा सब कुछ माँगेला, कैसेट अलबम (दिल्ली : टी-सीरीज, 2002)

गीत में पहली बार पत्नी भी परदेस जाने की बात कर रही है। वह कहती है कि बिहार में क्या रखा हुआ है कि यहाँ रहा जाए। करवंदिया पहाड़ (रोहतास जिला का प्रसिद्ध पहाड़) से गिट्टी तोड़कर जो कुछ भी रोजी-रोटी चलती थी वह भी बंद हो गई है। अब तो यहाँ भुखमरी, अकाल, सूखा, डकैती, पाकिटमारी, अपहरण, बलात्कार जैसी चीजें आए दिन घटित होती रहती हैं। इस विषय में सरकार कुछ भी नहीं सोच रही है। इससे तो बाल-बच्चे भूखों मर जाएँगे। वह कहती है कि उसके गाँव (सिलवास, रोहतास जिले का एक बड़ा कस्बा) के कई लोग पंजाब में हैं।[1] चलकर उन्हीं के पास रहा जाएगा। यह गीत चूँकि लालू प्रसाद यादव के शासन काल में लिखा गया है। इसलिए उस दौर के बिहार प्रदेश की आर्थिक स्थिति का जायजा लिया गया है या फिर इसे यूँ भी कह सकते हैं कि यह गीत संस्कृति का राजनीतिकरण भी करता है। हालाँकि यह एक अलग शोध का विषय है।

पिछली सदी के आठवें दशक के दौरान जनता पार्टी की सरकार बनने के बाद सरकार से वीजा में सहूलियत क्या मिली कि भोजपुरिया मुसलमानों में तो खाड़ी देश जाने की जैसे होड़-सी लग गई और करीब हर दूसरे-तीसरे घर का मुसलमान खाड़ी देशों की ओर रुख करने लगा। हिन्दू मजदूर भी पीछे नहीं रहा। वीजा की सहूलियत और रुपये की तुलना में दरहम, दीनार व रियाल की अधिक कीमतें लोगों को अपनी ओर खींचने लगी और लोग अपनी माटी को छोड़ विदेशी सरजमीं को गले लगाने लगे। खाड़ी देशों में हुए प्रवसन को लेकर आज भोजपुरी लोकगीत आने लगे हैं—'बलमा रहेला हमार सउदी' या फिर 'सइयाँ अरब गइले ना।'[2] ध्यान हो कि खाड़ी या अन्य देशों में जाने वाले मजदूर कलकतिया या रजधनिया मजदूरों की अपेक्षा ज्यादा समय तक प्रवास में रहते हैं। जैसे औपनिवेशिक दौर में गिरमिटिया मजदूर पाँच वर्ष से पहले अपने घर नहीं आ सकता था, ठीक वैसे ही ठेकेदारी के जरिए खाड़ी देशों में गए ये मजदूर दो-एक वर्ष से पहले घर नहीं आ पाते हैं। इन मजदूरों से काम करवाकर मजदूरी न देने या इनका पासपोर्ट छीन लिये जाने की घटनाएँ आए दिन अखबार की सुर्खियों में होती हैं। इनके साथ भी धोखाधड़ी करने की शुरुआत मजदूर मुहैया करवाने वाली एजेंसियों से होती है।[3] अरकाटियों की तरह इन्हें भी उन विदेशी कम्पनियों से कमीशन मिलता है। इस सम्बन्ध में इस पुस्तक के पाँचवें अध्याय में विस्तार से चर्चा की गई है। बहरहाल, ये दोनों ही गीत उस समय निर्मित होते हैं जब इन स्थानों पर प्रवास करने की अवधि को एक दशक बीत चुके होते हैं।

1. पंजाब में बिहार एवं पूर्वी उत्तर प्रदेश के प्रवासी मजदूरों के बारे में विस्तार से देखिए— अरविंद मोहन की पुस्तक, 'प्रवासी मजदूरों की पीड़ा' (दिल्ली : राधाकृष्ण प्रकाशन, 1998)
2. खेसारी लाल, बलमा रहेला हमार सउदी रे भौजी, वीडियो कैसेट अलबम (एंगल म्यूजिक : 2009)
3. मनोज कृष्ण, खुदकुशी की खाड़ी, (दिल्ली : जनसत्ता दैनिक हिन्दी समाचार पत्र, 28 नवम्बर, 2006) Atul Aneja, Growing Assertion of Asian Workers in the Gulf, (Delhi : The Hindu, Daily English Newspaper, 22nd May, 2007)

इस तरह हम देख सकते हैं कि 'पूरबी बनिजिया', 'मुगल पठानवा', 'पलटनिया', 'अरकाटी', 'पाँच साल', 'कलकाता पार', 'रेलिया', 'जहजिया', 'बिदेसवा', 'रंगूनवा', 'दिल्ली-पंजाब', 'सउदी', 'अरब' इत्यादि सभी पदों से प्रवास काल, श्रम रूप, प्रवास प्रक्रिया, प्रवास स्थान, प्रवास हेतु आवागमन के साधन इत्यादि की सूचनाएँ मिल जाती हैं। ये सभी पद भोजपुरी क्षेत्र से हुए विविध प्रकार के प्रवास सम्बन्धों को द्योतित कर रहे हैं। यहाँ 'साहित्य समाज का दर्पण होता है' तर्क के आधार पर यह कहना अनुचित नहीं होगा कि उस अलिखित इतिहास के समानांतर लोकसंस्कृति अपनी उपस्थिति दर्ज करती चली आ रही है। लेकिन प्रवसन से प्रवासी भोजपुरिया समुदाय के जातीय संरचना में आए परिवर्तन सम्बन्धी विषय भोजपुरी की मौखिक परम्परा में अतीत एवं वर्तमान लगभग मौन दीखते हैं।

उपर्युक्त गीतों में प्रयुक्त पद प्रवसन के कारणों की ओर भी संकेत कर रहे हैं। प्रवसन की संस्कृति निर्माण की पृष्ठभूमि में भारतीय आर्थिक इतिहास में उल्लेखित 'पुल' (स्वेच्छा) और 'पुश' (मजबूरी) फैक्टर्स को खोजा गया है। इसके इतर जाकर अन्य फैक्टर्स (कारणों) को नहीं खोजा गया है। पहले हमने जिन पंक्तियों का उल्लेख किया है, वे भी 'पुल' और 'पुश' फैक्टर्स के अन्तर्गत ही अपनी निर्मिति की गवाही दे रही हैं। इन दो फैक्टर्स के अतिरिक्त अन्य कारण भी हमें मिलते हैं। उदाहरण के लिए—भिखारी ठाकुर के बीसवीं सदी के दूसरे दशक में लिखित 'बिदेसिया' नाटक लेते हैं। यह नाटक प्रवसन सम्बन्धों पर ही आधारित है। इस नाटक की शुरुआत में बिदेसी और सुन्दरी (पति-पत्नी) के संवाद भारतीय आर्थिक इतिहास में चर्चित 'पुल' और 'पुश' फैक्टर्स की बजाय एक नए फैक्टर की ओर इशारा करते हैं और साथ ही प्रवसन-प्रक्रिया की नेटवर्किंग से भी वाकिफ कराते हैं। दोनों पात्रों के संवादों को देखने की जरूरत है—

'बिदेसी—हो प्रान प्यारी, सुनातारू?

प्यारी सुन्दरी—का कहतानी, ए स्वामी जी?

बिदेसी—एगो सलाह बा

सुन्दरी—भला कवन सलाह बाटे?

बिदेसी—सलाह बा कि हमार मन करता जे तनी कलकत्ता से जाके हो अइती।

सुन्दरी—रउआ कलकत्ता जाए के कहत बानें, रउवा कवना बात के तकलीफ बाटे?

बिदेसी—हमरा कवनो बात के दुख-तकलीफ नईखे, बाकी हमार दोस्त अइलऽहँ कलकत्ता से। कलकत्ता के समाचार सुनि के हमरो तबियत कइले बा कि हमहूँ जाइब। पन्द्रह दिन में लवटि के चलि आइब।'[1]

1. नागेन्द्र प्रसाद सिंह एवं वीरेन्द्र नारायण सिंह यादव, सम्पा., भिखारी ठाकुर रचनावली, (पटना : बिहार राष्ट्रभाषा परिषद्, 2005), पृ. सं. 29

जरा इस संवाद के अन्तिम पंक्तियों पर गौर करें—सुन्दरी का सवाल कि आपको किस चीज की कमी है, जो कलकत्ता जाओगे? बिदेसी का जवाब है कि उसे किसी चीज की दु:ख-तकलीफ नहीं है लेकिन उसका दोस्त कलकत्ता से आया है और उससे वहाँ के बारे में सुनकर उसका भी मन कलकत्ता घूमने का कर रहा है और वह पन्द्रह दिन में लौट आएगा। किसी चीज की तकलीफ न होना, दोस्त से कलकत्ता के बारे में सुनकर वहाँ जाने के लिए 'तबीयत' हो जाना और पन्द्रह दिन में लौट आने की बात—को हम प्रवसन हेतुओं—'स्वेच्छा' या 'मजबूरी' दोनों में से किसका नाम लेंगे? भोजपुरी क्षेत्र से प्रवसन के लिए जिम्मेदार कारण 'पुलेतर' और 'पुशेतर' भी हैं। 'स्वेच्छा' या 'मजबूरी' के अलावा 'एक दूसरे की देखा-देखी में धनार्जन या रोजी-रोटी के निमित्त जाने वालों या फिर घर से नाराज होकर भाग जाने वालों को' हम किस थ्योरी में श्रेणीबद्ध करेंगे? मामला बड़ा जटिल है। प्रवसन का एक कारण यह भी सामने आ रहा है कि अधिक नगरीय प्रभाव स्वीकार करने वाले ग्रामवासी परिवार के मुखिया की सत्ता को बहुत दमनकारी मानते हैं। किसी छोटे भाई के पास अपना जेब खर्च या अपने रोज के खर्च की बीड़ी ही खरीद सके। खननी खुर्द गाँव, भोजपुर से आया हुआ अशोक सिंह ने कुछ ऐसा ही बतलाया—'छोटों को कुछ जेब खर्च और दिमागी राहत की जरूरत होती है और यह बात प्रत्येक संयुक्त परिवार में लागू होती है। बड़े भाई साहब से पॉकिट खर्च के लिए कुछ माँगो तो डाँटने के अलावा कुछ नहीं कहते हैं।'[1] अब इस सामान्य तर्क—'स्वेच्छा' या 'मजबूरी' में काम करने गए लोगों को श्रेणीबद्ध करके काफी अध्ययन हो चुका है। लेकिन उपर्युक्त तर्कों के सम्बन्ध में क्या कहा जा सकता है, जो लोकसंस्कृति एवं मौखिक स्रोत के क्षेत्र से निकलकर आ रहे हैं। प्रवसन की सम्पूर्ण संस्कृति के अध्ययन के लिए हम इन नए 'फैक्टरर्स' को नजरअन्दाज नहीं कर सकते हैं। सबसे महत्त्वपूर्ण बात तो यह है ही कि 'जीविका के स्रोत जब सूखने लगते हैं तब लोग बेहतर जिन्दगी के लिए दूसरे अवसरों की तलाश में स्थानांतरण करते ही हैं। यह एक प्राकृतिक प्रक्रिया है।'[2]

देस-परदेस के लोकविश्वास एवं लोकसंस्कार

लोकविश्वास एवं लोकसंस्कार दोनों ही मौखिक परम्परा के अंग हैं। वस्तुत: 'विश्वास एवं संस्कार एक-दूसरे के आस-पास रहा करते हैं। लेकिन दोनों के बीच बहुत ही सूक्ष्म-सा अन्तर होता है। विश्वास एक तरह की मानसिक व्यवस्था है, धारणा है। और अवधारणा के वशीभूत होकर जब हम कुछ करते हैं तो वही संस्कार

1. खननी खुर्द, भोजपुर, बिहार निवासी अशोक सिंह से मैंने यह साक्षात्कार 20 जुलाई, 2010 को सरोजिनी नगर, दिल्ली में लिया।
2. ब्रीज वी लाल, फीजी यात्रा आधी रात से आगे, (दिल्ली : नेशनल बुक ट्रस्ट, 2005)

में बदल जाता है। विश्वास और संस्कारों के उद्भव के मूल में होते हैं—आशंका और भय। क्षय और क्षति का भय व आशंका। लोकसमाज अशुभ और अमंगल से रिहाई पाने के उद्देश्य से नानाविध संस्कारों का आश्रय लेता है।'[1] भोजपुरिया श्रमिक-व्यापारियों, सिपाहियों, मजदूरों के प्रवसन की परम्परा को समझने में उनकी यात्रा सम्बन्धी लोकविश्वास एवं लोकसंस्कार भी महत्त्वपूर्ण भूमिका निभाते हैं। यहाँ यह महत्त्वपूर्ण सवाल है कि भोजपुरी की मौखिक परम्परा में प्रवास यात्रा के लिए उनकी किन लोकविश्वासों एवं संस्कारों की अभिव्यक्ति मिलती है? समकालीन दौर में उनमें क्या परिवर्तन आए हैं और कौन से विश्वास एवं संस्कार अभी बने हुए हैं? इन चन्द सवालों से मुखातिब होने के लिए घाघ और भड्डरी* जैसे लोक कवि हमें मदद करते हैं। इन दोनों ने यात्रा सम्बन्धी विश्वासों एवं संस्कारों की जो समझ बनाई है, उनका समस्त भोजपुरिया समाज अनुपालन करता रहा है। रामनरेश त्रिपाठी ने ग्रामसाहित्य के संकलन में इन दोनों लोककवियों के मौखिक लोकोक्तियों को शामिल किया है। लोकसमाज में प्रचलित घाघ एवं भड्डरी की कहावतें जिन विश्वासों का निर्माण करती हैं एवं जिन संस्कारों को करने के लिए प्रेरित करती हैं, उनसे पता चलता है कि किस दिन किस दिशा में यात्रा करनी चाहिए, किस दिशा में किस समय और क्या खाकर जाना चाहिए? प्रस्थान करते समय कौन-सा दृश्य किस बात का प्रतीक होता है। यात्रा सम्बन्धी ये प्रतीक काबिलेगौर हैं—

मंगर बुद्ध उत्तर दिसि कालू।
सोम सनीचर पुरब न चालू।
जे बिहफै को दक्खिन जाय।
बिन गुनाहे पनही खाय।[2]

यानी मंगलवार और बुधवार को उत्तर दिशा में, सोमवार और शनिवार को पूर्व दिशा में दिशा-शूल होता है। बृहस्पतिवार को जो दक्षिण जाता है, वह बिना अपराध के ही जूता खाता (दंड पाता) है।

बुध कहैं मैं बड़ा सयाना।
मोरे दिन जिनि किहसो पयाना।

---

1. पीयूष दईया, सम्पा. लोक, लेख-मानस मजूमदार, (उदयपुर : भारतीय लोक कला मंडल, 2001), पृ. सं. 309

* कहा जाता है कि घाघ और भड्डरी बादशाह अकबर के जमाने में पैदा हुए थे। दोनों की जन्मभूमि के बारे में कोई पुख्ता जानकारी नहीं मिलती है। परन्तु अधिकांश भोजपुरी लोकोक्तियाँ इन दोनों के नाम से प्रचलित हैं। कुछ कहावतों में इन दोनों के नामों का उल्लेख पाया जाता है।

2. रामनरेश त्रिपाठी, ग्राम साहित्य, तीसरा भाग, (दिल्ली : आत्मा राम एंड संस, 1953), पृ. सं. 189 इसे भी देखें, विष्णुकान्त पाठक, सम्पा., घाघ भड्डरी की कहावतें, (दिल्ली : प्रकाश पब्लिकेशन, प्रकाशन वर्ष नहीं अंकित है।)

कौड़ी से नहिं भेंट कराऊँ।
खेम कुसल से घर पहुचाऊँ।
एक पहर जो परखै मोहिं।
सोने क छत्र धराऊँ तोहिं।[1]

अर्थात् बुधवार कहता है कि मैं बड़ा चतुर हूँ। लेकिन मेरे दिन कहीं जाना मत। मैं कौड़ी से भी भेंट नहीं होने देता हूँ। क्षेम-कुशल से घर जरूर पहुँचा देता हूँ। पर तुम एक पहर तक रुककर चलोगे, तो तुम्हारे सिर पर सोने का छत्र धरा दूँगा अर्थात् तुम्हारा काम सिद्ध कर दूँगा।

पुरुबे गुधूली पश्चिम प्रात।
उत्तर दुपहर दक्खिन रात॥
का करै भद्रा का दिकसूल।
कहै भड़र सब चकना चूर॥ [2]

मतलब, पूर्व दिशा में जाना हो तो गोधूली के समय, पश्चिम को प्रात:काल, उत्तर को दोपहर में और दक्खिन को रात में प्रस्थान करें तो न भद्रा का डर, न दिशा-शूल का ।

रवि ताम्बूल सोम के दरपन। भौमवार गुर धनियाँ चरवन॥
बुद्ध मिठाई बिहफै राई। सुक्र कहे मोहिं दही सुहाई॥
सन्नो बाऊभिरंगी भावै। इन्द्रौ जीति पुत्र घर आवै॥[3]

यानी रविवार को पान खाकर, सोमवार को दर्पण देखकर, मंगलवार को गुड़ धनियाँ चबाकर, बुध को मिठाई, बृहस्पतिवार को राई, शुक्र को दही और शनिवार को बाउभिरंग खाकर यात्रा करनी चाहिए। ऐसा करने से बेटा इन्द्र को भी जीतकर घर वापस आएगा।

रवि दिन वास चमार घर, ससि दिन नाई गेह।
मंगल दिन काछी भवन, बुध दिन रजक सनेह॥
गुरु दिन ब्राह्मण के बसै, भृगु दिन वैश्य मझाँर।
सनि दिन बेस्वा के वसै, भंडर कहै विचार॥ [4]

---

1. रामनरेश त्रिपाठी, ग्राम साहित्य, तीसरा भाग, (दिल्ली : आत्मा राम एंड संस, 1953), पृ. सं. 189 इसे भी देखें, विष्णुकान्त पाठक, सम्पा., घाघ भड्डरी की कहावतें, (दिल्ली : प्रकाश पब्लिकेशन, प्रकाशन वर्ष अंकित नहीं है।)
2. वही, पृ. सं. 189
3. वही, पृ. सं. 190
4. वही, पृ. सं. 189

अर्थात् रविवार को चमार के घर, सोमवार को नाई के घर, मंगलवार को काछी के घर, बुधवार को धोबी के घर, वृहस्पतिवार को ब्राह्मण के घर, शुक्रवार को वैश्य के घर और शनिवार को वेश्या के घर प्रस्थान रखना चाहिए। यात्रा के समय दिशा-शूल और प्रवास के लिए प्रस्थान करने के नियम-पालन के समय सिवा अच्छे-बुरे शकुनों का भी विचार किया जाता है। शकुन-सम्बन्धी कतिपय कहावतें द्रष्टव्य हैं :

सगुन सुभासुभ निकट हों, अचता दूर।
दूर-दूर निकटै निकट, समझो फल भरपूर॥ [1]

अर्थात् शुभ और अशुभ-शकुन जितने निकट और दूरी पर होंगे, उनके फल भी उतने ही निकट और दूर होंगे।

नारि सुहागिन जल घर लावै। दधि मछली जो सनमुख आवै॥
सनमुख धेनु पिआवै बाछा। मंगल करन सगुन हैं आच्छा॥ [2]

यदि सुहागिन स्त्री जल से भरा हुआ घड़ा लेकर आती हो, सामने से दही या मछली लेकर कोई आता हो और गाय अपने बछड़े को दूध पिला रही हो, तो ये शकुन मंगलकारी हैं।

चलत समै नेउरा मिलि जाय। वाम भाग चारा चखु खाय॥
काग दाहिने खेत सुहाय। सफल मनोरथ समुझहु भाय॥ [3]

अगर यात्रा के समय नेवला मिले, नीलकंठ पक्षी बायीं तरफ चारा खा रहा हो और कौवा दाहिनी ओर हो, तो मनोरथ सिद्ध समझो।

लोमा फिरि फिरि दरस दिखावै। बाएँ ते दहिने मृग आवै॥
भड़र ऋषि यह सगुन बतावै। सगरे काज सिद्ध होई जावै॥ [4]

लोमड़ी बार-बार दिखाई पड़े, हिरण बाएँ से दाहिने ओर जाएँ, तो सब कार्य सिद्ध होंगे।

गवन समय जो स्वान।
फड़फड़ाय के कान।
तो भी सगुन अकारथ जान॥ [5]

---

1. रामनरेश त्रिपाठी, ग्राम साहित्य, तीसरा भाग, (दिल्ली : आत्मा राम एंड संस, 1953), पृ. सं. 189 इसे भी देखें, विष्णुकान्त पाठक, सम्पा., घाघ भड्डरी की कहावतें, (दिल्ली : प्रकाश पब्लिकेशन, प्रकाशन वर्ष अंकित नहीं है।)
2. वही, पृ. सं. 191
3. वही, पृ. सं. 191
4. वही, पृ. सं. 191
5. वही, पृ. सं. 191

यात्रा के समय कुत्ता कान फड़फड़ाए, तो शकुन शुभ नहीं होगा। कार्य सिद्ध नहीं होगा।

एक सुद्र दो वैस असार। तीन विप्र और छत्री चार।
सनमुख आवै नौ नार। कहै भड़र असुभ विचार। [1]

अर्थात् यात्रा के समय यदि एक शूद्र, दो वैश्य, तीन ब्राह्मण, चार क्षत्रिय और नौ स्त्रियाँ सामने आती हुई मिलें, तो अशुभ है।

भैंसि पाँच पट स्वान। एक बैल एक बकरा जान॥
तीन धेनु गज सात प्रमान। चलत मिलें मति करो पयान॥ [2]

मतलब, चलते समय पाँच भैंस, छह कुत्ते, एक बैल, एक बकरा, तीन गाएँ और सात हाथी सामने मिलें तो रुक जाना चाहिए।

स्वान धुनै जो अंग, अथवा लोटै भूमि पर।
तौ निज कारण भंग, अतिही कुसगुन जानिये॥ [3]

अर्थात् यात्रा के समय कुत्ता अपना शरीर फड़फड़ाए या भूमि पर लोटता दिखाई दे, तो बड़ा अपशकुन समझना चाहिए, कार्य की हानि अवश्य होगी।

सूके सोमे बुद्ध बाम। यदि स्वर संका जीते राम।
जो स्वर चलै सोई पग दीजै। काहेक पंडित पत्र सीजै॥ [4]

अर्थात् शुक्रवार, सोमवार और बुधवार को बाएँ स्वर में काम आरम्भ करने से सिद्ध होता है। राम ने इसी स्वर में लंका जीती थी। बायाँ स्वर चले तो बायाँ पैर आगे रखना चाहिए, दाहिना चले तो दाहिना पैर इसी से कार्य सिद्ध होगा। पंचांग देखकर चलना व्यर्थ ही है।

अब तक मैंने घाघ भड्डरी जैसे लोक कवियों के माध्यम से भोजपुरिया लोगों के प्रवसन करते समय के संस्कारों एवं लोकविश्वासों (कई अर्थों में अंधविश्वास भी कह सकते हैं) को देखने का प्रयास किया। अब मैं यह देखने की कोशिश कर रहा हूँ कि वर्तमान दौर में उन लोकविश्वासों एवं लोकसंस्कारों का लोग कितना अनुसरण करते हैं। रामबली सिंह फेरहा* घर से बाहर निकलते समय के अपने

---

1. रामनरेश त्रिपाठी, ग्राम साहित्य, तीसरा भाग, (दिल्ली : आत्मा राम एंड संस, 1953), पृ. सं. 189, इसे भी देखें, विष्णुकान्त पाठक, सम्पा., घाघ भड्डरी की कहावतें, (दिल्ली : प्रकाश पब्लिकेशन, प्रकाशन वर्ष अंकित नहीं है।)
2. वही, पृ. सं. 192
3. वही, पृ. सं. 192
4. वही, पृ. सं. 192

* भोजपुरी प्रदेश में फेरहा उन पशु व्यापारियों को कहते हैं जो गाय, भैंस, पाड़ा-पाड़ी एवं बैलों की खरीद-फरोख्त करते हैं। उनकी यह खरीद-फरोख्त मेला से मेला तक और मेला से गाँवों में घूम-घूमकर होती है।

संस्कारों एवं विश्वासों के बारे में बताते हैं। 'घर से निकलते समय सूर्य भगवान को 'गोड़' लागते (छूते) थे और फिर उसके बाद घर के बड़े-बुजुर्ग का पैर छूते थे। देवताओं को हमलोग गोड़ तो लागते ही थे। लेकिन घर में माता-पिता हैं तो देवताओं का क्या पैर छूना। मेरा तो ऐसा ही विचार है। लदनी के लिए हम सब सुबह चार बजे भोर में ही निकल जाते थे। ताकि किसी से मुलाकात न हो। यात्रा के लिए जरूरी है कि कोई आगे न पड़े। कोई टोके बोले मत। हमारी यात्रा सफल हो। कई बार यात्रा करते समय कोई जानवर रास्ता काट देता था जैसे कि सियार, ऐसे में हम धरती पर पैर से लकीर बनाकर काट देते थे। चाहे हवा में हाथ से घुमाकर काट देते थे। ताकि 'जातारा' सफल हो सके। घर से निकलते वक्त घर की औरत दाहिने साइड में बाल्टी में पानी भर कर रख देती थी और वहाँ से हट जाती थी। यात्रा के लिए एक बड़ी प्रसिद्ध कहावत है न—'करकट बुजकट कतरल केस, राह चलत में लागे ठेस।/जे केहु पूछे जइब कहँवा, बनलो काम नसाई तहँवा' मतलब, यात्रा के समय बुजकट (टूटा हुआ) बर्तन, हथकटा और सिर मुँड़ाया हुआ व्यक्ति दिखाई दे और रास्ता चलते ठोकर लग जाए तथा कोई यह पूछकर कि कहाँ जा रहे हो? टोक दे, तो बना काम भी बिगड़ जाता है। तो मैं इन सब चीजों का ध्यान रखता था।'[1] एक और फेरहा बैजू सिंह का कुछ अलग ही कहना है—'लदनी खातिर सोमार मंगर ना लागल रहत रहे बाकि मानदिन* बरावे के परत रहे। कबो कबो ओकरों खातिर एक दिन पहिलहिंये से पाँयत** हो जात रहे।'[2] दिल्ली (गुड़गाँव) में सुरक्षा गार्ड की नौकरी करने वाले भोजपुरिया महेश[3] इन विश्वासों को नहीं मानते हैं। लेकिन उनका परिवार घर से निकलते समय उन विश्वासों एवं संस्कारों को मानता है। यही वजह है कि कई बार महेश को घर वालों ने मानदिन या खरवांस में गाँव से बाहर (दिल्ली, रांची इत्यादि डेस्टीनेटिव जगह को) नहीं जाने दिया है।

आज गाँवों में यह सामान्य विश्वास है कि यात्रा के समय दही खाकर प्रस्थान करना शुभ होता है। दर्पण में मुँह देखकर जाना भी शुभकारक है। कुछ लोग मछली का दर्शन करना भी मंगलकारक मानते हैं। प्रस्थान के समय किसी का छींकना अशुभ है। यदि कोई यात्रा पर जा रहा हो तो उसे रोकना अथवा कुछ पूछना तो

---

1. यह साक्षात्कार मैंने टिकठी गाँव, भोजपुर (बिहार) में एक जनवरी, 2011 को लिया था।

* परिवार में किसी वरिष्ठ व्यक्ति के मृत्यु दिवस ही मानदिन होता है। यह दिवस प्रत्येक सप्ताह में परिवार द्वारा मनाया जाता है। इसका कोई संस्कारकर्म नहीं है बल्कि इस दिन कोई शुभ कार्य नहीं किया जाता है।

** घर परिवार में जिस दिन मानदिन होता है और उसी दिन परिवार के किसी सदस्य को यदि यात्रा करनी है तो इसके लिए घर से एक दिन पहले ही पाँयत (प्रस्थान) करना पड़ता है। पाँयत का संस्कार कर्म इस तरह होता है कि मानदिन के एक रोज पहले प्रस्थान करने वाला व्यक्ति अपना कोई वस्त्र किसी दूसरे के घर रख देता है। इससे मान लिया जाता है कि वह व्यक्ति मानदिन को न जाकर एक रोज पहले ही चला गया है।

2. गाँव कुसुम्हाँ, जगदीशपुर, भोजपुर में 20 सितम्बर, 2007 को बातचीत पर आधारित।
3. गाँव कुसुम्हाँ, जगदीशपुर, भोजपुर निवासी महेश (42 वर्षीय) से 23 मार्च, 2011 को मैंने फोन के जरिए घर से निकलते समय के लोक संस्कारों के बारे में बातचीत किया।

निषिद्ध है ही। यदि जाते समय बिल्ली रास्ता काट दे अर्थात् सामने से चली जाए तो यह अमंगलकारक है। अत: प्रस्थान करते समय उस व्यक्ति को दर्पण में अपना मुँह देखकर तथा दही खाकर जाना चाहिए। यदि जलपूर्ण घड़ा दिखाई पड़े तो यात्रा शुभ तथा कार्य में सफलता मिलती है। ऐसा नहीं है कि उपर्युक्त विश्वासों एवं संस्कारों को अपने जीवन में उतारने वाला केवल प्रवास करने वाला भोजपुरिया श्रमिक समुदाय था, बल्कि इनका अनुपालन समग्र भोजपुरी समाज करता है—चाहे वह तीर्थ स्थान जा रहा हो या फिर मेला-बाजार, चाहे रिश्तेदारी में जा रहा हो या फिर कोर्ट कचहरी, चाहे वह चोरी ही करने क्यों न जा रहा हो। सभी के लिए ये लोकविश्वास एवं संस्कार मूल्यवान हैं। परन्तु विज्ञान एवं सूचना प्रौद्योगिकी के दौर में उनमें कमी आई है।

निष्कर्ष

मजदूरों का प्रवसन न तो अकेले भारत में हो रहा है, न आज पहली बार। सभ्यता के प्रारम्भ से ही कामगारों-व्यापारियों की आवाजाही होती रही है। परन्तु आज भूमंडलीकरण के दौर में हिन्दुस्तान में मजदूरों को प्रवासी बनाने वाली स्थितियाँ और वजहें बिल्कुल अलग किस्म की हैं। उनका स्वरूप इस कदर अलग है कि उनसे एक नए घटनाक्रम का आभास होता है। अब तक के इतिहास में शायद ही कभी, लाखों नहीं, करोड़ों की संख्या में मजदूर अपना घर-बार छोड़कर कमाने, पेट पालने और अपने आश्रितों के भरण-पोषण के लिए बाहर (देस-परदेस) निकल पड़े हैं। यह कोई और नहीं, बल्कि वर्तमान भारत के भोजपुरिया मजदूर हैं जो पलायन तो करते हैं, प्रवास में बसते नहीं। अपनी जड़ से नाभिनलबद्ध रहते हैं। कमाते हैं, घर भेज देते हैं।[1] संकट में, बुढ़ापे में, बीमारी में घर लौट आते हैं। इन्हीं की कमाई इस क्षेत्र को जिलाए रखती है। इनकी यह त्रासद स्थिति उन मजदूरों से कहीं ज्यादा है, जो बाहर गए और वहीं के होकर रह गए। यही वजह है कि भोजपुरी लोकसंस्कृति में इनकी उपस्थिति सदियों से रही है और इनकी मौजूदगी आज पहले की अपेक्षा बढ़ भी गई है। बाजार में आज इनकी बहुत बड़ी संख्या होने से इनकी सांस्कृतिक अभिरुचियों पर बाजार की आंख लग गई है। यही वजह है कि भारी मात्रा में आज भोजपुरी लोकगीत, फिल्में या अलबम जैसे सांस्कृतिक उत्पादों का निर्माण हो रहा है।

1. बीबीसी हिन्दी की खबर : सीवान बिहार का सबसे धनी डाकघर, मंगलवार, 26 अप्रैल, 2011 को 13:51 : 'बिहार के सीवान जिला डाकघर ने लगातार तीसरे साल वेस्टर्न यूनियन के जरिए सबसे ज्यादा 35600 मनीआर्डर पाने का रिकॉर्ड बनाया है। दूसरे नंबर पर गोपालगंज रहा जिसे 24800 मनीआर्डर मिले हैं, तीसरा स्थान मोतीहारी और दरभंगा के डाकघरों का है जहाँ इस साल क्रमश: 21000 और 20000 मनीआर्डर पहुँचे हैं। ...पूरे भारत में अन्तर्राष्ट्रीय मनीआर्डर पाने में इस साल बिहार का चौथा स्थान रहा। लेकिन जहाँ तक दूसरे देशों को मनीआर्डर भेजने की बात है बिहार दूसरे राज्यों के आगे कहीं नहीं टिकता।'

3

श्रमिक-व्यापारियों की गतिशीलता बनिजिया लोकसंस्कृति

भोजपुरी प्रदेश हमेशा से विपन्न नहीं रहा है। अकबर के शासनकाल में मुगलों की विशाल केंद्रीय सत्ता स्थापित होने तक यह प्रदेश उत्तर भारत की राजनीतिक धुरी था। उसका आर्थिक जीवन भी तत्कालीन सन्दर्भों में देश या फिर दुनिया के किसी भी पैमाने से अच्छा था। पर्याप्त जल, उपजाऊ जमीन और सूरज की भरपूर रोशनी से जितनी खुशहाली हो सकती थी, वह थी और यहाँ के कारीगरों के श्रम और कौशल से जितनी खुशहाली सम्भव थी, यहाँ वह भी थी। इस प्रदेश की समृद्धि, आत्मनिर्भरता, स्वायत्तता वगैरह तो अंग्रेजी हुकूमत कायम होने तक बरकरार थी। अंग्रेजी राज ने विकास के नाम पर देश में जो कुछ किया, इस प्रदेश को उसका काला पक्ष ही देखने को मिला। अंग्रेजों का आगमन और उनके द्वारा देसी उद्योगों को पूरा चौपट कर देने से पहले यह प्रदेश न केवल अपनी जरूरत का पर्याप्त कपड़ा बना लेता था। बल्कि देश-विदेश में उसका निर्यात भी करता था। पटना का मलमल, सूती वस्त्र, अफीम, नील, गन्ना, सरसों तेल, चावल इत्यादि बहुत प्रसिद्ध था। सीवान का रोगन, शाहाबाद का कंबल, कागज, कपड़ों की बुनकरी,[1] गाजीपुर का इत्र, गोरखपुर का तम्बाकू, मुजफ्फरपुर का चाकू और टोकरियाँ, मिर्जापुर का पीतल, ताँबा, छोटे-छोटे कारपेट, चुनार का चूना-पत्थर, मोर्टार, बनारस की सिल्क-साड़ी इत्यादि उत्पादों से यह प्रदेश आबाद था। लौह-अयस्क एवं नमक भी इस प्रदेश में बनता था। लेकिन सबसे अधिक लाभदायक था—सोरा उद्योग, पशु-निर्यात और तेल तथा अनाजों का उत्पादन। इन सभी उत्पादनों का व्यापार इस क्षेत्र से बड़े पैमाने पर होता था। इन उत्पादों के व्यापार करने जा रहे व्यापारियों के साथ घुमन्तू गायक भी जाते थे।

1. एसएसओ मैले, बंगाल डिस्ट्रिक्ट गजेटियर्स, शाहाबाद, (कलकत्ता : द बंगाल सेक्रेटेरियट बुक डिपो, 1906), पृ. 92-97

तिब्बत वगैरह से लौटते वक्त व्यापारी तराई की सड़कों से होते हुए जिन वस्तुओं का व्यापार करते थे, उनमें मास्क (कस्तूरी), सफरन, शहद, ऊनी कपड़े एवं तिब्बतियन कारपेट प्रमुख थे। उन दिनों दो तरह की व्यावसायिक गतिविधियाँ चल रही थीं। एक तो सम्पन्न बनियों एवं तेलियों का व्यवसाय था, जो मुख्यत: अनाज एवं तेल का व्यापार करते थे। लगभग सभी की दो दुकानें होती थीं। पहली भोजपुरी प्रदेश में और दूसरी नेपाल या बंगाल में। वे अपने काफिलों से वस्तुओं को लाते थे। जो दूसरे थे, वे छोटे पैकार थे। वे उन्हीं व्यापारियों के साथ सड़कों के किनारे-किनारे व्यावसायिक वस्तुओं को पीठ पर झोली में लादकर चलते थे। पीठ पर लदी झोलियों में छोटी-छोटी वस्तुएँ होती थीं, जैसे—ऐनक, कंघी, सुई, रूमाल, फैंसी गहने, रिब्बन, मोमबत्तियाँ इत्यादि। हिन्दुस्तान-नेपाल के व्यापार पर अध्ययन करने वाले जॉहर सेन का मानना है कि '19वीं सदी के दौरान भारत-नेपाल की जो विशेष व्यावसायिक सड़क थी, उस पर भारतीय एवं नेवारी व्यापारियों के बीच दुश्मनी रहती थी। तराई एवं काठमांडू घाटी के शहरों के भारतीय व्यापारियों के बीच पंजाब के सिक्ख एवं राजस्थान के मारवाड़ियों का महत्त्वपूर्ण स्थान था। नेपाल और भारत के बीच होने वाली व्यापारिक गतिविधियों में भोजपुरिया व्यापारियों की छवि कभी हस्तक्षेपी नहीं रही है। सच तो यह है कि इसके लिए उन पर ध्यान ही नहीं दिया गया। लेकिन यह बात सुखद है कि उसकी भौगोलिक स्थिति और उद्यमिता का मनोबल सदा बना रहा।'[1] तेली, बनिया और कानू व्यापारियों, जो राजपूतों के मॉडल को जारी रखने को उत्सुक रहते थे, ने घुमन्तू गायकों से मनोरंजन किया। इन्हीं गायकों के गायन से प्रवासी भोजपुरिया व्यापारियों की स्थिति एवं उनकी नैतिक मनोदशाओं का पता चलता है।

प्राचीन काल से ही व्यापारियों के सार्थ (कारवाँ) और देशों की तरह भारत में चलते थे। कितने ही सार्थवाह उन दिनों लखपति-करोड़पति थे, माल से भरी जिनकी नावें हमारे देश की नदियों और समुद्रों में चलती थीं। जहाँ नाव की सुविधा नहीं थी, वहाँ स्थल मार्ग पर व्यापारी बैलगाड़ियों और बैलों पर माल लादे एक जगह से दूसरी जगह उन्हें बेचने जाते थे। कम्पनी के राज में भी बलिया के रौनियार सार्थवाह बैलों पर कपड़े लाद कर नेपाल की राजधानी काठमांडू पहुँचते थे। साधारण सार्थवाह की चीजें साधारण होती थीं। कितने ही रौनियार गाढ़ा (खादी) का धुला, कोरा या रंगा कपड़ा नेपाल ले जाते। सन् 1850 से कुछ साल पहले उनका बहुत-सा माल नहीं बिका तो माल लौटा लाना उनके लिए घाटे का सौदा था, इसलिए उन्हें बेचने के लिए रौनियार उनके मुखिया हैं। ब्याह करने के लिए वह बिहार या उत्तर प्रदेश के रौनियारों के पास आते हैं, नहीं तो वह वैसे ही नेपाली हैं, जैसे दूसरे।[2] स्पष्ट है कि भोजपुरी

1. जहार सेन, इंडो-नेपाल ट्रेड इन द नाइटिन्थ सेंचुरी, (कलकत्ता : फर्म के एल एम प्रा.लि. 1977)
2. राहुल सांकृत्यायन, अकबर, (इलाहाबाद : किताब महल, 1957), पृ. सं. 3-4

क्षेत्र के सार्थवाह अपनी बुद्धि, धैर्य, वीरता और गतिशीलता के लिए सदा से ही प्रसिद्ध रहे हैं। प्राचीन काल में आवागमन की विभिन्न कठिनाइयों के कारण व्यापारियों का काफिला रात के पिछले प्रहर में सुबह के तारे सुकवा (शुक्र) के उगने पर यात्रा प्रारम्भ करता था। एक कहावत भी है—'ऊगे तारा तऽ, चले सोनारा।'[1] कारण था—बहुत ऊँचे-नीचे पथ और रास्ते में चोर-डाकुओं का भय। यह भय मध्यकाल में भी बना रहा। जिसका सबूत बनारसीदास जैन की आत्मकथा 'अर्द्धकथानक'[2] में देखने को मिलता है। इसके साथ घर से निकलते समय यात्रा के अपने लोकसंस्कार[3] भी थे।

भोजपुरी के मौखिक आख्यान समुदाय विशेष द्वारा प्रस्तुत किए जाते रहे हैं, वो भी पिछड़ी-दलित जातियों (श्रमशील समुदाय) द्वारा। इन मध्यकालीन आख्यानों में सोरठी बृजाभार, राजा भरथरी, गोपीचन्द, लोरिकायन, आल्हा-ऊदल, कुँवर विजई, शोभनायक बनजारा, रानी सारंगा के गीत, सती बिहुला उर्फ बाला लखंदर, लचिया रानी के गीत, राजा अहेरी और रानी बलकी का किस्सा, रेशमा चुहड़मल, हिरनी-बिरनी या पोसन सिंह का गीत इत्यादि प्रमुख हैं। उन्नीसवीं सदी के उत्तरार्द्ध में औपनिवेशिक ब्रिटिश अधिकारियों ने इनमें से कुछेक लोक आख्यानों का संकलन कर प्रकाशित किया था और बाद में चलकर भारतीय राष्ट्रवादियों ने भी संरक्षण हेतु इनका संकलन एवं प्रकाशन किया, परन्तु बीसवीं सदी के पूर्वार्द्ध में लोक आख्यानों के प्रकाशन ने एक उद्योग का रूप ले लिया और वह उद्योग चौपटिया किताबों (Chapbooks) के रूप में उभरा, जिसका व्यापक पैमाने पर व्यापार होने लगा। इस अध्याय में मैंने यह जानने की कोशिश की है कि भोजपुरी के लोक गीत एवं लोक आख्यान, उनके गायकों का पेशा एवं उनकी सामाजिक पहचान, लोक आख्यानों के लेखक, प्रकाशक एवं उनके विक्रेता इत्यादि सब प्रवासी व्यापारियों के सामाजिक-सांस्कृतिक इतिहास की कैसी छवि निर्मित करते हैं? कालान्तर में उनके परम्परागत व्यवसायों में किस तरह की तब्दीलियाँ आईं? नया पेशा एवं प्रवासी जीवनानुभवों से उनके पारिवारिक जीवन में आने वाले बदलावों को भोजपुरी की मौखिक परम्परा ने किस रूप में अभिव्यक्त किया है।

(क) बनिजिया की अवधारणा

प्रवास करके किसी भी चीज के व्यापार करने वाले को भोजपुरी लोकसंस्कृति में 'बनिजिवा' के नाम से जाना गया है और उसकी व्यापारिक क्रिया को 'बनिजिया' कहा

1. शशिशेखर तिवारी, भोजपुरी लोकोक्तियाँ, (पटना : बिहार राष्ट्रभाषा परिषद्, 1970), पृ. सं. 54
2. यह हिन्दी की पहली आत्मकथा मानी जाती है।
3. प्रवास करते समय के लोकसंस्कारों एवं लोकविश्वासों के सम्बन्ध में विस्तार से मैंने दूसरे अध्याय में विवेचन किया है।

गया है। वस्तुतः 'बनिजिया' शब्द व्यापारिक प्रक्रिया का भोजपुरीकरण है। बनिजरवा को भोजपुरी लोक परम्परा ने 'सवदागर', 'वैयपारी', 'बनजरवा' इत्यादि नामों से भी सम्बोधित किया है। हालाँकि बंजारा[1] नामक एक जाति भी है जो घुमन्तू जाति के रूप में जानी जाती है। भारतीय इतिहास में बनजारा वह समाज है जो अपनी रोजी-रोटी के लिए पूरे परिवार के साथ बैलों पर सामान लादकर वणिक-वृत्ति करता है। बनजारा शब्द का अर्थ ही घुमन्तू व्यापारी है। 'मध्यकाल में यह जाति मिलिट्री मुहिम के लिए खाद्य सामग्रियाँ ढोने का काम करती थी।'[2] लेकिन यहाँ बनिजरवा भोजपुरी प्रदेश का वह प्रवासी श्रमिक-व्यापारी है, जो अपने परिवार (घर) को छोड़कर मौसमी व्यापार करता है। अर्थात् 'बनिज' के निहितार्थ भोजपुरी प्रदेश के प्रवासी श्रमिक-व्यापारियों एवं घर पर छूटे उनके परिवार का समग्र जीवन ही 'बनिजिया' लोकसंस्कृति है।

(ख) जाति आधारित भोजपुरी लोक आख्यानों की प्रस्तुति : श्रमिक-व्यापारियों का प्रवसन

भोजपुरी प्रदेश के व्यापारियों ने न केवल अपने क्षेत्र में व्यापार किया है बल्कि छोटे या बड़े व्यापारियों ने परदेस जाकर भी व्यापार किया है। भोजपुरी की लोकगाथाओं व लोकगीतों में वर्णित समाज व संस्कृति तथा उन्हें गाने वाले गायकों को जातीय दृष्टि[3] से देखने पर पता चलता है कि इस प्रदेश से अधिकांश व्यापारियों ने अपने

1. बनजारा कहते ही हमारी आँखों के सामने 'गीत गाने वाला' रंगारंग साफा पहने, घनी मूँछें और प्रायः सफेद धोती-कुर्ता पहने पुरुष और घाघरा-ओढ़नी तथा काँच लगी कंचुली पहने, नथ, कड़े, गले में आभूषण पहने चित्र उभर आते हैं। उनके सिर में एक छड़ खोंची हुई होती है। बंजारा समाज का जीवन रंगों और गीतों से लबालब भरा है। इस बनजारा शब्द की उत्पति के बारे में अनेक मत प्रचलित हैं। एक मत, बन+जारा शब्द का विग्रह करते हुए संस्कृत के वन+चर शब्द से इसकी व्युत्पत्ति मानता है। आर. वी. रसेल तथा राय बहादुर हीरालाल, केशव फालके, मोती राम राठौड़ का यही मत है। दूसरा मत, इर्विन जैसे विद्वानों का है जो मानता है कि बनजारा फारसी के 'ब्रिंज' शब्द से बना है। फारसी में ब्रिंज चावल को कहा जाता है। आरा शब्द 'आबुर्दन' से बना है, जिसका अर्थ है—लाना। मतलब चावल लाने वाला बनजारा होता है। तीसरा मत, जो कि भ्रामक है। वन+जारा अर्थात् वन को जलाने वाला। वैसे ही फारसी की व्युत्पत्ति भी भ्रामक है, कारण भारत के बनजारे चावल का व्यापार नहीं करते। चौथा मत, बनजारों के लभाण शब्द भी मिलता है, जिसका अर्थ है—लवण का व्यापारी। बैलों पर लादकर प्रान्त-प्रान्त बेचने वाला समाज बनजारा होता है। पाँचवाँ मत, बनजारा लोग सेना को खाद्य सामग्री (रसद) पहुँचाने का काम भी करते थे। बनजारा किसी जाति विशेष की संज्ञा न होकर सम्पूर्ण घुमन्तू समुदाय का परिचायक है।
2. विस्तार से देखें, रोबर्ट गैब्रियल वार्दी, नॉर्थ इंडियन बंजाराज : देयर इवोल्यूशन एज टांसपोर्टर्स, जॉरनल ऑफ साउथ एशियन स्टडीज, न्यू सीरीज, वॉल्यूम दो, संख्या 1 और 2, मार्च-सितम्बर, 1979, 1-18 और इसे भी देखें—इयान जे. केर, ऑन दी मूव : सर्कुलेटिंग लेबर इन द प्री कोलोनियल, कोलोनियल एंड पोस्ट कोलोनियलइंडिया, आईआरएसएच, 2006, 51 सप्लिमेंट, पृ. सं. 85-109
3. एडवर्ड ओ. हेनरी, सोशल स्टक्चर एंड म्यूजिक : कोरिलेटिंग म्यूजिकल जेनर्स एंड सोशल कैटेगेरिज इन भोजपुरी स्पीकिंग इंडिया, इंटरनेशनल रिव्यू ऑफ द ऐस्थेटिक एंड सोशियोलॉजी ऑफ म्यूजिक, वॉल्यूम 19, संख्या 2 (दिसम्बर 1988), पृ. 217-227

जातीय पेशे के अनुकूल ही बनिज-उत्पादों का व्यापार किया। मसलन, अहीर माल-मवेशियों एवं दूध-घी का व्यापार करते थे, तेली अनाजों (दाल-चावल) का, नोनिया सोरा (Saltpetre) का, नेटुआ शहद, रस्सी इत्यादि का, भेड़िहार कंबल का, मल्लाह अपनी नावों से दूसरे व्यापारियों का समान ढोते थे, जुलाहे हस्तकरघे उद्योग से निर्मित सामानों को कंधे पर ढोकर घूम-घूमकर व्यापार करते थे इत्यादि। ये जातियाँ बहुत छोटे स्तर पर अपने उत्पादों का व्यापार करती थीं, जिसमें उनकी श्रमशीलता ही प्रमुख थी। यही वजह है कि मैं उन्हें श्रमिक-व्यापारियों की श्रेणी में रखकर उनका अध्ययन कर रहा हूँ। यहाँ इस बात का उल्लेख करना गैर-जरूरी नहीं होगा कि औपनिवेशिक दौर में अफीम व नील जैसी व्यावसायिक उत्पादों की खेती करने एवं कारखानों तक ले जाकर बेचने वाले जाति विशेष के लोग नहीं थे। भोजपुरी की निम्नलिखित पहेली औपनिवेशिक दिनों में अफीम की खेती करवाए जाने की व्यापारिक सन्दर्भ को स्पष्ट करती है—

पहले दही जमाई के, पाछे दुहनी गाई
बछवा ओकर पेट में की द्वारे लेइनी बिकाई
पेट में बाचा आन्हर गाइ, जेकर माखन बँगाला जाई।[1]

औपनिवेशिक दिनों में भोजपुरी क्षेत्र में विशेष रूप से गाजीपुर जैसे इलाकों में अफीम की खेती होती थी। इस बारे में अमिताभ घोष का उपन्यास 'सी ऑफ पॉपीज' की पंक्तियाँ उल्लेखनीय हैं—'पुराने समय में किसान घर की बनी अफीम में से थोड़ी-सी बीमारी, कटाई या शादियों में अपने परिवार के इस्तेमाल के लिए रख लेते थे। बाकी अफीम वो बड़े लोगों को और पटना के पैकरी व्यापारियों को बेच देते थे। उस समय पोस्त के कुछ गुच्छे घर की जरूरतों के लिए काफी होते थे, और उसमें से भी कुछ बेचने के लिए बच रहता था। इस ओर लोगों का झुकाव ही नहीं था क्योंकि पोस्त बोने में बड़ी मेहनत लगती थी—पन्द्रह बार जमीन को जोतना और हर बचे हुए ढेले को डंटोली लेकर हाथों से तोड़ना, मेढ़ और बंद बनाना, खाद खरीदना, लगातार पानी देते रहना और उसके बाद कटाई के समय का झंझट, जब हर फली को अलग-अलग काटना, निचोड़ना और छीलना होता था। जमीन के एकाध टुकड़े में पोस्त लगा लो, तो ऐसी मुसीबत भी लो। ...(कम्पनी राज में) अंग्रेज साहिब कुछ और बोने ही नहीं देते थे, उनके एजेंट घर-घर जाकर किसानों को एडवांस पैसा देकर आसामी अनुबन्धों पर दस्तखत करा लेते थे। (हुंडी लिखा लेते थे) उन्हें इनकार करना नामुमकिन था। आप मना

1. श्रीधर मिश्र, भोजपुरी लोकसाहित्य : सांस्कृतिक अध्ययन, (इलाहाबाद : हिन्दुस्तानी अकादमी, 1971), पृ. सं. 179

करें तो वो अपनी चाँदी (के सिक्के) आपके घरों में छिपा देते या खिड़की से डाल देते थे। गोरे मजिस्ट्रेट से ये कहने का कोई फायदा नहीं था। ...वो अफीम पर कमीशन कमाता था, इसलिए वो आपको कभी नहीं छोड़ता। और अन्त में आपकी आमदनी साढ़े तीन सिक्कों से ज्यादा नहीं होती थी, जिससे बस आप एडवांस की भरपाई कर सकते थे।'[1] स्पष्ट है कि औपनिवेशिक शासन द्वारा नगदी फसलों को भोजपुरिया किसानों की व्यापारिक-प्रक्रिया का हिस्सा नहीं माना जा सकता है।

1. तेली व्यापारी : शोभनायक बनजारा एवं कुँवर विजई

तेली जाति की व्यापारिक संस्कृति को समझने से पूर्व उनके द्वारा गाई जाने वाली भोजपुरी लोकगाथा 'शोभनायक बनजारा' गाथा की कहानी का उल्लेख करना जरूरी लगता है। यह कथा संक्षेप में इस प्रकार है—

'अपने महल में दसवन्ती (जसुमति) सो रही थी। देवी ने प्रकट होकर उसे एक थप्पड़ मारा और कहा, 'तेरा पति बहुत दिनों के लिए परदेस जा रहा है और तू यहाँ पड़ी सो रही है।' यह सुनते ही दसवन्ती जाग पड़ी। वह दौड़ी हुई अपने भाभी के पास गई और कहा कि मेरे पति परदेस जा रहे हैं, मेरा गवना कर दो, अन्यथा मेरा यौवन व्यर्थ चला जाएगा। बारी को अपने मुख से अपना गवना माँगते देखकर उसकी भाभी सन्नाटे में आ गई। भाभी ने जाकर दसवन्ती की माँ से यह बात कही। माता सुनते ही अपनी पतोहू पर ही आग बबूला हो उठी और उसने कहा कि तू मेरी बेटी पर कलंक लगा रही है। अभी वह नादान है उसकी विदाई नहीं होगी। अब तो दसवन्ती बड़ी सोच में पड़ गई। वह बैठकर पत्र लिखने लगी।

इधर बाँसडीह नगर में शम्भू बनजारा के मन में यह विचार उठा कि अब पुत्र शोभनायक जवान हो गया है। अतः उसका गवना कर देना चाहिए। यह विचार करके नाई को तिरहुत नगर भेजा। दसवन्ती के पिता जादूसाह ने बेटी को नादान बतलाकर नाई को वापस कर दिया। इस तरह नाई तीन बार आया और वापस चला गया। नवयुवक शोभनायक के मन में प्रेम हिलोरे ले रहा था। उसके मन में प्रश्न उठा

1. अमिताभ घोष, सी ऑफ पॉपीज, उपन्यास, (दिल्ली : पेंगविन, 2008), पृ. सं. 26 इसे भी देखिए, पंकज राग, 1857 : नीड फॉर अल्टरनेटिव्स सोर्सेज, सोशल साइंटिस्ट, वाल्यूम 26, सं. 1/4 (जनवरी-अप्रैल, 1998), पृ. सं. 113-147 इस सम्बन्ध में इतिहासकार सी.ए. बेली ने भी अपनी पुस्तक 'रूलर, टाउन्समेन एंड बाजार्स : नॉर्थ इंडियन सोसायटी इन द एज ऑफ ब्रिटिश एक्सपीरियंस, 1770-1870' (कैम्ब्रिज : सीयूपी, 1983), पृ. सं. 290 पर लिखा है— 'despite forcible intervention by the state, the benefits to the cultivator appear to have been limited to a small area, particularly the Padrauana tahsil of Ghazipur district. Even in Padrauan tahsil the 'major cultivator took the first opportunity of the coming of the railway to move into much more lucarative grain production, leaving the difficult, costly and polluting drug to their poorer neighbours.'

कि क्या वास्तव में 'मेरी पत्नी नादान है?' उसने स्वयं इस बात का पता लगाने का निश्चय किया। वह अपने मुनीम मधवापगहिया को साथ लेकर काशी चला गया और वहाँ मनिहारी का सब सामान खरीदकर तिरहुत नगर को चल दिया। रास्ते में कई जादूगरनियों ने शोभा को अपना पति बनाने के लिए उसे भेड़ा और कबूतर बनाकर अपने यहाँ रख लिया परन्तु मधवापगहिया की सहायता से सारे कष्टों से बचते हुए वह तिरहुत नगर पहुँचा।

तिरहुत नगर पहुँचकर दसवन्ती के घर के समीप शोभनायक ने मनिहारी की दुकान सजा दी और स्वयं मनिहारी का भेस बनाकर बेचने बैठ गया। दसवन्ती की सखी बाजार में सामान खरीदने आ रही थी। वह मनिहारी की दुकान देखकर टिकुली, सेंदूर, चूड़ी इत्यादि खरीदने के लिए वहाँ पहुँची, परन्तु शोभा के सुन्दर रूप को देखते ही वह मूर्छित हो गई। शोभा ने जल छिड़ककर उसकी मूर्छा दूर की। होश आते ही वह दासी दसवन्ती के महल गई और सारा हाल कह सुनाया। ऐसे मनिहारी को देखने के लिए दसवन्ती तीन सौ साठ दासियों के साथ मनिहारी की दुकान पर गई। एक दासी ने चोली उठाकर उसका मोल पूछा। शोभा ने कहा कि तुममें से जो सरदार हो वही मोलभाव करे। निर्भीक होकर दसवन्ती सामने आ गई। शोभा ने देखा कि बारी दसवन्ती पूर्ण यौवन को प्राप्त कर चुकी है। शोभा ने कहा कि 'तुम तो पूरी जवान हो चुकी हो और बाजार में घूमती हो? मैं शोभा का मित्र हूँ। उससे जाकर यह बात कह दूँगा।' यह सुनते ही वह शोभा को पहचान गई और महल में भाग आई।

महल जाकर सोचने लगी कि जिस प्रकार शोभा ने छकाया है उसी प्रकार वह भी उसे छकाएगी। नहीं तो वह उसका जीवन भर मजाक उड़ाएगा। वह अपने पिता से आज्ञा लेकर पूरे सामान के साथ तीर्थ-यात्रा करने चल पड़ी। नगर के बाहर जाकर उसने तम्बू डलवा दिया और रास्ते पर पहरा बिठा दिया। उधर शोभनायक अपना सब सामान बाँधकर घर के लिए उसी मार्ग से रवाना हुआ। नगर के बाहर घाट पर दसवन्ती द्वारा तैनात पुलिस ने रोककर उससे बावन लाख कौड़ी चुंगी माँगी। शोभा ने कहा—'आज तक मैंने चुंगी नहीं दी फिर आज क्यों?' इस पर पुलिस ने उसे बाँधकर तम्बू में डलवा दिया। दसवन्ती ने कहलाया कि 'यदि वह मुर्गे का मांस खाएगा तो उसे छोड़ दिया जाएगा।' शोभा को किसी तरह छुटकारा पाना था। इसलिए वह मुर्गे का मांस खाने के लिए तैयार हो गया। साध्वी दसवन्ती ने पति का धर्म भ्रष्ट होने से बचाने के लिए मुर्गे के स्थान पर बकरे का मांस भेज दिया। शोभा ने उसे मुर्गे का मांस समझकर खा लिया। बाद में वह छोड़ दिया गया। वह अपने नगर बाँसडीह गया और दसवन्ती अपने घर लौटी।

शम्भू बनजारा से आज्ञा लेकर शोभनायक गवने की पूरी तैयारी करके तिरहुत नगर में पहुँचा और दसवन्ती को विदा किया। कोहबर की रात्रि में शोभा ने बाजार वाली घटना सुनाकर दसवन्ती का मजाक उड़ाया। इस पर दसवन्ती ने मुर्गा खाने

वाली घटना कह सुनाई। यह सुनकर शोभा सिटपिटा गया। इसी समय पिता शम्भूशाह ने सूचना दी कि व्यापार के लिए आज ही मोरंग देश के लिए रवाना होना है। शोभा तुरन्त सोलह सौ बैलों पर जीरा-मिर्च लादकर मोरंग के लिए चल पड़ा। चलते-चलते जब उनका कारवाँ बहुत दूर निकल गया तो पड़ाव डाल दिया गया। जहाँ शोभा सो रहा था वहीं एक वृक्ष के ऊपर हंस और हंसिनी बातें कर रहे थे। वे आपस में कह रहे थे कि 'जो व्यक्ति आज की रात सोहागरात मनाएगा, उसे सुन्दर एवं गुणी पुत्र उत्पन्न होगा। जिसके हँसने से मोती गिरेगा और रोने से हीरा झरेगा।' शोभा पड़े-पड़े उनकी बातें सुन रहा था। उसे अपनी गलती का एहसास हुआ। उसने हंस से अपनी दसवन्ती के पास पहुँचने के लिए विनती की। हंस ने उसे अपने पीठ पर बैठाकर उसी रात्रि में दसवन्ती के महल में पहुँचा दिया।

महल में पहुँचकर शोभनायक दसवन्ती का द्वार खटखटाने लगा। पहले तो दसवन्ती को विश्वास नहीं हुआ। परन्तु जब सिद्ध हो गया कि वह उसका पति है तो उसने दरवाजा खोल दिया। उसी रात्रि शोभा ने सोहागरात मनाई और चलते समय शोभा ने आगमन के चिन्ह स्वरूप अपना रूमाल दे दिया। अपने छोटे भाई चतुर्गुन से भी सब बातें बतला दीं। शोभा पुनः हंस की पीठ पर सवार होकर प्रातःकाल होते-होते अपने पड़ाव पर आ गया।

इधर दसवन्ती को गर्भ रह गया। कुछ दिनों बाद उसकी ननद को भी पता चला। उसने दसवन्ती को कुल कलंकिनी समझा। दसवन्ती ने उससे सब हाल कह सुनाया और चिन्ह स्वरूप दिया गया रूमाल भी दिखाया, परन्तु ननद ने विश्वास नहीं किया। ननद ने दसवन्ती को समाज से बहिष्कृत कर दिया। चतुर्गुन तो सब हाल जानता ही था। वह भी अपनी भाभी के पास चला गया। वह मजदूरी करके अपना और दसवन्ती का पेट पालने लगा। नव महीने बाद दसवन्ती को पुत्र हुआ। ननद ने तब भी पीछा नहीं छोड़ा। उसने नवजात शिशु को कुम्हार के आँवाँ में डलवा दिया और दसवन्ती को जंगल में मारने के लिये हत्यारों के हाथ में सौंप दिया। जंगल में दसवन्ती ने हत्यारों से कहा कि मुझे मारने से क्या लाभ, मुझे बेच दो, तुम्हें पैसा मिल जाएगा। हत्यारों को दया आ गई। उन्होंने ऐसा ही किया। बाजार में शोभा का बहनोई दीपचन्द दसवन्ती की सुन्दरता देखकर मुग्ध हो गया। उसने नवलाख अशरफी देकर दसवन्ती को खरीद लिया। हत्यारों ने कुत्ते का कलेजा निकालकर ननद को दिखला दिया। उधर बालक भी आँवाँ में से जीता जागता निकल आया और कुम्हार के यहाँ पलने लगा।

देवी दुर्गा को अब दसवन्ती का दुःख देखा न गया। वह मोरंग देश चल पड़ी। देवी ने शोभा को जादूगरनियों के पंजे से छुड़ाया। बरहज बाजार, लधी शहर होते हुए शोभा अपने बहनोई दीपचन्द के यहाँ पहुँचा। व्यापार के समय शोभा ने दीपचन्द से जो कर्ज लिया था। उसे चुकता करने के लिए वह आया। वहाँ उसने दसवन्ती को रसोइया का काम करते हुए देखा। दोनों का मिलन हुआ। वहीं उसे सारी विगत् घटनाएँ मालूम

हुईं। दसवन्ती को साथ लेकर वह बाँसडीह नगर पहुँचा। केका कुम्हार के यहाँ से बालक बुलवाया गया। केका ने इस पर आपति की। केका की स्त्री ने कहा कि यह बालक मेरा है। इसकी परीक्षा ली गई। दसवन्ती के स्तन से दूध की धारा बह चली। साफ हो गया कि बालक दसवन्ती का ही है। शोभा ने अपनी बहन को गढ़े में खादे भूसा दे डाला। दसवन्ती का दिन फिर लौटा और वे सुख से जीवन व्यतीत करने लगे।

मध्यकाल में तेली जाति, जिनका पेशा तेल पेरने एवं बेचने का रहा है, शौर्यपूर्ण गतिविधियों में भी शामिल होती थी। धनिक या समृद्ध तेली, जो राजपूतों के लिए महाजन का काम करते थे, अपने सैनिकों या रखवारों को अग्रिम पैसा देते थे। उनके रखवार उनके कारवाँ को सुरक्षित मंजिल तक पहुँचाते थे। वीरता की यह प्रवृत्ति मध्यकालीन गाथा 'आल्हा-ऊदल' जैसे लोक आख्यान से प्रमाणित होती है। जिसमें 'तेली और दुकानदारों' का जिक्र हुआ है। फिर भी 1880 के दौरान ज्यादा से ज्यादा तेलियों ने तेल निकालने के काम के बजाय अपने पेशे में बदलाव किया। अधिकांश ने नेपाल के तराई इलाकों में दुकानें खोल लीं और तेल व अनाज बेचने लगे। अन्य वही घुमन्तू गायक बने रहे, जो कारवाँ का मनोरंजन करते चलते थे और वस्तुओं की ढुलाई में मदद करते थे। कुछेक गाथाओं में तेली कलाकारों की संस्कृति भी आ गई है। शायद इस वजह से कि शौर्य और गमन की जो पूर्ववर्ती परम्परा थी, वह मिलिट्री मुहिम एवं कारवाँ यात्रा के सन्दर्भ में विकसित हो गई। उन्नीसवीं सदी के अन्त में, यह बात असामान्य हो गई कि तेली गायकों के श्रोता बढ़ गए। खासतौर पर मेलों में, जहाँ वे अपनी गाथा 'शोभनायक बनजारा' की प्रस्तुति देते थे। यह गाथा घुमन्तू व्यापारियों की साहसिक यात्रा का पुनर्लेखन करती है, जो टूटी-फूटी सड़कों पर बैलों पर सामान लादकर सफर करते थे। 'शोभनयका' की गाथा यात्रा शुरू करने के लिए विचारबोध का माहौल तैयार करती है। इसमें मिथिला और नेपाल के मोरंग जिला में भोजपुरिया समुदाय के साहचर्य जीवन का चित्र भी खींचा गया है और इनके साहसिक प्रवसन के दौरान होने वाली कठिनाइयों का वर्णन भी करती है। इस गाथा को जॉर्ज ग्रियर्सन ने पहली बार सन् 1885 में एक डोम के माध्यम से लिखित रूप दिया था। शोभनायक वाराणसी से पटना जाता है, सोनपुर मेला में पड़ाव डालता है। वहाँ से वह बाँसडीह (बलिया जिला का एक प्रसिद्ध मेला), बरहज बाजार (गोरखपुर जिला में है) जाता है। पटना से मिथिला, फिर मोरंग[1] और उसके बाद कलकत्ता जाता है। वह अनेक प्रकार की वस्तुओं

1. दरअसल दोआब के उत्तर और हिमालय पर्वत के बीच जो भूमि है, उसके पश्चिमी भाग को तराई कहा जाता है और पूर्वी भाग को मोरंग कहा जाता है। ग्रियर्सन ने भी मोरंग की भौगोलिक पहचान यही बताई है। तिरहुत नगर तो कहीं नहीं है लेकिन बिहार के उत्तरी-पूर्वी प्रदेश को 'तिरहुत' कहते हैं। बाँसडीह बलिया जिले का एक कस्बा और स्टेशन है। यह गल्ले के व्यापार का बड़ा केन्द्र है। बहराइच नेपाल की तराई में एक नगर और जिला है। यह भी गल्ले की बहुत बड़ी मंडी है। बरहज बाजार सरयू नदी के किनारे गोरखपुर जिले में स्थित है। यह नदी किनारे होने की वजह से व्यापार का एक अच्छा केन्द्र है।

का व्यापार करता है। जैसे—आभूषण, हल्दी, पान, लौंग, काली मिर्च इत्यादि। इस लोकगाथा के सम्बन्ध में ग्रियर्सन का कहना है कि यह लोकगाथा 'भोजपुरी जीवन की झाँकी' प्रस्तुत करती है। यहाँ के बनजारे (वणिक) चावल के लिए नेपाल तक सैकड़ों बैलों पर लादकर सामग्री ले जाते हैं और बदले में अनाज लाकर पटना में बेचते हैं। ...दूसरा अमूल्य पदार्थ तिल है जो वे वहाँ से लाते हैं। नेपाल का मतलब ब्रिटिश भारत की उत्तरी सीमा तथा हिमालय की तराई में स्थित भू-भाग है। यह मार्ग दो भागों में बँटा हुआ है—पश्चिमी ओर का हिस्सा तराई और पूर्वी का हिस्सा मोरंग देश कहलाता है।'[1] उन दिनों नेपाल में वीरगंज और विराटनगर दोनों बड़े औद्योगिक एवं व्यापारिक केन्द्र के रूप में थे, यहाँ भी भोजपुरिया प्रवासी मजदूर औपनिवेशिक जूट कारखानों में काम करते थे। इन मेलों के लिए जो सड़कें जाती थीं, उनके सार्वजनिक-स्थलों (सराय वगैरह) पर घुमन्तू गायक (चारण-भाट) अपनी आजीविका के लिए मौखिक प्रस्तुतियाँ देते थे। ये गायक आमतौर पर तेली जाति के थे। वे पशु मेलों या अन्य बाजारों के प्रांगण में गाते थे। तेली गायक कारवाँ व्यापार की जो गाथा गाते थे, वह जानी-मानी गाथा 'शोभनयका बनजारा' थी।[2] इस गाथा के तेली गायक खासतौर पर दीवाली के समय व्यापारियों के घरों के आँगन में अपनी प्रस्तुतियाँ देते थे। जाहिर है कि यह त्योहार वैश्यों के लिए बहुत महत्त्वपूर्ण होता है। उस समय वे अपनी दुकानों को साफ नीले रंगों से सफेदी कर देते थे और एक नई लेखांकन नोटबुक खोलते थे।

इस लोकगाथा में उल्लिखित चरित्रों एवं घटनाओं की ऐतिहासिकता का कोई प्रमाण नहीं मिलता है परन्तु इसमें निहित लोकमूल्यों, लोकसंस्कारों, लोकमान्यताओं, लोकरूढ़ियों, प्रशासनिक व्यवस्था, स्थानों एवं बाजारों की ऐतिहासिकता की प्रामाणिकता को खंडित नहीं किया जा सकता। मैथिली में भी 'नैका बनजारा' नाम

---

1. ग्रियर्सन ने लिखा है—'The Song deals with a common feature of Bhojpuri life... The Long journeys which travelling merchants (Banjars) of that take to Nepal in search of rice. They go with hundreds of pack bullloucks, which they bring, laden with the food-grain which they sell at Patna, whence it is distributed via Calcutta, all over the world under the name of Patna rice. Another important article of commerce, which they bring down, is oil-seeds in which many German mercantile have made fortune. It must be explained, however, that by Nepal is meant the stip of land between the Northern frontier of British India, and the foot of the Himalya Mountains. This tract is divided into two tracts, the tarai of the West, and the Morang to the East.' जी.ए. ग्रियर्सन, सेलेक्टेड स्पेसीमेंस ऑफ द बिहारी लैंग्वेज, भाग-2, द बिहारी डाइलेक्ट, द गीत नयका बनजरवा, जे.डी.एम.जी., वॉल्यूम 43, (1889), पृ. सं. 468
2. कैथरिन सरवन श्रेइवर और जेनीफर कुर्तीस गेज, इंडियन एपिक्स ऑफ द तराई कांक्वेस्ट : द स्टोरी ऑफ ए माइग्रेसन, डाइजेनेस, 1998, पृ. सं. 77-93

से एक लोकगाथा है। परन्तु दोनों पाठ में काफी अन्तर है। बांग्ला में 'मानिकचन्द का गीत'[1] नामक लोकगाथा है। इसकी कथा ऐतिहासिक चरित्र व्यापारी मानिकचन्द के जीवन पर आधारित है। बनारसीदास जैन कृत हिन्दी की पहली आत्मकथा 'अर्द्धकथानक' (1641 ई.) एक प्रवासी व्यापारी की कथा है जिसकी भूमिका में इतिहासकार डॉ. मोतीचन्द ने लिखा है—'ऐसी कोई पुस्तक नहीं जिसमें भारतीय दृष्टिकोण से 17वीं सदी के व्यापारी जीवन का इतने सुन्दर ढंग से वर्णन हो।'[2] इस सम्बन्ध में रेणु की प्रसिद्ध कहानी 'तीसरी कसम' अपने शुरुआती दृश्य में व्यापार करने जा रहे व्यापारियों के कारवाँ का बेहद संजीदे ढंग से चित्रण करती है। इस कहानी के नायक हीरामन का अपना व्यापार नहीं है। बल्कि वह अपना श्रम, अपनी बैलगाड़ी एवं अपने बैल को व्यापारियों को किराए पर देता है। इन व्यापारियों को बलदिया व्यापारी (लादू व्यापारी) कहते है।[3] इन व्यापारियों की शाहाबाद में बेलवंटी, डुमराँव, सासाराम, तिलौठी जैसे क्षेत्रों में अच्छी खासी संख्या थी। 17वीं सदी में बिहार प्रदेश के अनाज व्यापारियों के स्तरीकरण पर कुमकुम बनर्जी का शोध बहुत विस्तार से पड़ताल करता है। इन्होंने बुकानन के हवाले से बताया है कि ये व्यापारी एक महीने में तीन से आठ बार बनिजिया को जाते और इस तरह वे साल के आठ महीने बनिज करते हुए सड़कों पर अपने जानवरों के साथ चलते हुए व्यतीत करते थे।[4] स्थानीय और शहरी व्यापार के बीच वस्तुओं के आदान-प्रदान करने में इन छोटे व्यापारियों की भूमिका को नजरअन्दाज नहीं किया जा सकता है।

लम्बी दूरी के बड़े व्यापारी अपनी यात्राओं में मनोरंजन के लिए अपने साथ लोकगायक, जादूगर, ज्योतिषी, बाजीगर, संगीतज्ञ, नाचने वाले भालू एवं प्रशिक्षित बंदर भी लेकर जाते थे। यह हमें याद दिलाता है कि कैसे भारत में प्रवासी श्रमिकों का पेशा बदल रहा था। कुछ लोग दूसरों की अर्थव्यवस्था के लिए वस्तुएँ एवं सेवाएँ प्रदान करते थे, जबकि कुछ मनोरंजन एवं अन्य गतिविधियों से अभिन्न रूप से जुड़े हुए थे। ये उनके दैनिक जीवन एवं लोकप्रिय संस्कृति के अभिन्न हिस्से थे। भोजपुरी प्रदेश से तेली व्यापारियों के कारवाँ के साथ मनोरंजन के लिए घुमन्तू गायक तो रहते ही थे व्यापारियों में से कुछ ऐसे भी थे जो आपस में एक-दूसरे का मनोरंजन एवं ज्ञान परीक्षण के लिए बुझौवल यानी पहेलियाँ बुझाया करते थे, जिन्हें बनिया समुदाय 'बैठाइक' कहता था। बैठाइक का अर्थ होता है—बैठाना, हल करना। जो वास्तव में हिसाब है। कुछेक बैठाइकों की यहाँ चर्चा करना अनावश्यक नहीं होगा—

1. जी.ए. ग्रियर्सन, द सांग ऑफ मानिकचन्द, जेएएसबी, भाग 1, सं. 3, 1878, पृ. सं. 1-107
2. बनारसीदास जैन, अर्द्धकथानक, (सं.) नाथूराम प्रेमी, (बम्बई : हिन्दी ग्रंथ रत्नाकर प्रा. लि., 1947)
3. कुमकुम बनर्जी, ग्रेन ट्रेडर्स एंड ईस्ट इंडिया कम्पनी, इंडियन इकोनॉमिक एंड सोशल हिस्ट्री रिव्यू, 1986, 23: 403
4. हैमिल्टन बुकानन, एन एकाउन्ट ऑफ डिस्टीक ऑफ शाहाबाद, 1812, पृ. सं. 697

एक, 'दो साहूकारों के लड़के धन कमाने निकले। देवी का मंदिर उन्हें रास्ते में मिला। वे प्रार्थना करने लगे—हे देवी! यदि व्यापार में हमको लाभ होगा तो रुपया पीछे —)॥। और —) चढ़ाएँगे। उनको व्यापार में लाभ हुआ। उन्होंने प्रतिज्ञा पूरी की। घर आने पर दोनों के पास बराबर-बराबर धन निकला। बताओ उन्होंने कितना कमाया?'[1]

एक और बैठाइक देखिए—'चार गाड़ीवान कलकत्ते से चार गाड़ी खाँड़ ले जा रहे थे। रास्ते में नं. 1 की गाड़ी के बैल थक गए। उसके गाड़ीवान ने कहा—अब तो मैं आगे नहीं जा सकता, बैल थक गए हैं। इस पर दूसरे गाड़ीवानों ने कहा-हमारे पास जितना वजन है, उतना-उतना और रख दो, और साथ चले चलो। ऐसा ही किया गया। आगे जाने पर नं. 2 की गाड़ी का भी वही हाल हुआ। तब उसको भी कहा गया कि प्रत्येक गाड़ी में जितना वजन है, उतना-उतना और रख दो। ऐसा ही किया गया। यही हालत चारों गाड़ियों की हुई। घर जाने पर सबकी गाड़ी से बराबर वजन की खाँड़ निकली। बताओ, जिस समय कलकत्ते से चले थे, तब प्रत्येक गाड़ी में कितनी-कितनी खाँड़ थी।'[2]

इसी तरह पद में भी बैठाइक होती है। जरा देखिए—

चार आना बकरी, आठ आना गाई, चारि रुपए भंइस बिकाई।
बीसे रुपया, बीसे जीव, जलदी बताव कइ-कइ जीव।[3]

जैसा कि दूसरे अध्याय में उल्लेख किया जा चुका है कि मध्यकाल, उपनिवेश पूर्व और कुछ हद तक उपनिवेश के दिनों में भी किसी जजमान का अपने इर्द-गिर्द हट्टे-कट्टे लोगों को रखना एक आम बात थी। उन दिनों कुश्ती एक लोकप्रिय खेल था और कम से कम बड़े गाँवों में अखाड़े होते, जहाँ लड़के पुराने पहलवानों की देखरेख में डंड-बैठक लगाते और कुश्ती लड़ते थे। इन अखाड़ों के पट्ठे असामीगिरि के लिए मूल्यवान होते थे। न सिर्फ यह कि जहाँ समझाने-बुझाने के और तरीके नाकाम रहते, वहाँ भी उनके तरीके कारगर साबित होते। बल्कि उनकी मौजूदगी मात्र ही लोगों को संयत बना देती थी। कई बड़े व्यापारी इन्हीं अखाड़ों से लदवाही एवं रखवारी के लिए पहलवानों को ले जाते थे। ऐसा नहीं है कि ये पहलवान कृषि की दुनिया से कटे हुए थे। इनमें से किसी के पास अपने बैल होते थे तो किसी के पास (सड़क के बन जाने के बाद) बैलगाड़ी और बैल दोनों। शोभनायक बनजारा के सोलह सौ बैलों के सोलह सौ लदवाह यानी रखवार ऐसे

1. रामनरेश त्रिपाठी, ग्राम साहित्य, तीसरा भाग, (दिल्ली : आत्मा राम एंड संस, 1952), पृ. सं. 308
2. वही, पृ. सं. 309
3. श्रीधर मिश्र, भोजपुरी लोकसाहित्य : सांस्कृतिक अध्ययन, (इलाहाबाद : हिन्दुस्तानी अकादमी, 1971), पृ. सं. 177

ही मजदूर थे। लोकगाथा लोरिकायन में जग्गू बनजारे के लदवाह भी ऐसे ही थे। जैसे कि रेणु की कहानी 'तीसरी कसम' का हीरामन है। अनाजों या अन्य वस्तुओं के व्यापारी हीरामन जैसे गाड़ीवानों एवं लदवाहों को किराए एवं मजदूरी पर बनिजिया के लिए ले जाते थे। दिनभर कारवाँ चलने के बाद ये लदवाह व्यापारी अपने बैलों को न केवल सानी-पानी खिलाते थे बल्कि उनकी देहों की मालिश भी करते थे। ठीक वैसे ही जैसे कोई घुड़सवार सिपाही अपने घोड़ों की मालिश करता है। बैलों की पाचन शक्ति में जरा-सी गड़बड़ी होने पर ध्यान दिया जाता था और काफिले के लदवाहों में से कई ऐसे लदवाह भी रखे जाते, जो उनके इलाज की जानकारी रखते थे।

शोभनायक बनजारा के अलावा लोरिकायन गाथा में दो स्थलों पर लदवाहों की उपस्थिति मिलती है। एक, जब लोरिक अपने भाई का ब्याह कराने गया था और वहाँ उसके भाई सहित सभी बारातियों को जादू से मार दिया गया था। वहाँ उसी रास्ते जा रहे जग्गू बनजारे के लदवाहों ने मदद की थी।'[1] दूसरी बार बनजारा

---

1. 'लोरिकायन' में यह प्रसंग इस प्रकार है—'जग्गू बनजारा के लदवाह, जो अपने बैलों को लादकर हल्दी जा रहे थे, उधर से निकले। जग्गू बनजारा को मलसाँवर ने एक तिलंगी बछड़ा दिया था। लोरिक उसको पहचान गया। उसके पास गया और लदवाह से पूछा—तुमने कहाँ से बैल लादा है और कहाँ जा रहे हो? लदवाह ने उत्तर दिया—मैंने अगोरी में बैल लादे हैं और हल्दी हमारा गन्तव्य है। फिर उसने लोरिक से पूछा—तुम्हारा घर कहाँ हैं? गउरा के अहीर ने जवाब दिया—'मेरा वतन गउरा है, वहीं मैं उत्पन्न हुआ हूँ। टिकई मेरे पिता और खोइलनि माता हैं। हम दो भाई हैं। एक बोहा में गाय चराते हैं तथा मैं ठकुराई करता हूँ। यहाँ मैं भाई का विवाह करने आया हूँ। यहाँ का राजा बमरी है। उसकी कन्या सतिया है। राजा के दो बेटे दसवन्त और भिम्हली हैं। अभी मेरी उनसे भेंट नहीं हुई है और न अभी तलवारें ही चली हैं। इसके पहले हो मेरे ऊपर विपत्ति आ गई है। यहाँ कोई मेरा सहायक नहीं है। यदि तुम सहायता कर दो तो बड़ी नेकी मानूँगा। लदवाह ने क्रुद्ध होकर कहा—सहायता करना मेरे बूते की बात नहीं है। हम तो तेजपात, धनिया, हल्दी ले जा रहे हैं। तब लोरिक ने उसके सारे बैलों को तम्बू के खूँटे से बाँध दिया। लदवाह चिन्तित हुआ, जग्गू बनजारे का दरबार लगा हुआ था। उसने वहाँ जाकर जग्गू से कहा—तुम्हारे सारे बैल तथा सारा धन रोक रखा है। जग्गू बनजारे ने कहारों को आज्ञा दी और पालकी सजाई गई। उसमें जग्गू बैठ तथा सोहवल पहुँचकर लदवाहों से मिले। लदवाहों ने बताया कि आपका सारा धन लुट गया है। सारे बैल लूट लिये गए हैं। जग्गू ने फाटक पर पहुँचकर लोरिक को आवाज दी। तुम चोर हो, चंडाल हो, या भूत हो या फिर बैताल हो। मेरे बैलों को लूटते हुए तुम्हें भय नहीं लगा? जल्दी बताओ नहीं तो सड़क पर बड़ा जुल्म हो जाएगा। तब गढ़ गउरा के अहीर ने अपना परिचय दिया। गढ़ गउरा में हम दो भाई लोरिक और मलसाँवर पैदा हुए। यहाँ हम विवाह करने आए हैं। और हमारी सारी बारात यहाँ मर गई है। मलसाँवर जग्गू के पुराने दोस्त थे। उन्होंने कहा—तुम्हें मुझे भी निमंत्रण देना चाहिए था। मेरे मन में एक शंका है। तुम्हारे भाई ने मुझे तिलंगी बछड़ा दिया था जो चौदह हाथ चौकड़ी भरता था। यदि तुम उसके साथ चौकड़ी भर सको तो तब मुझे विश्वास होगा कि तुम लोरिक हो। लोरिक ने बछड़े के साथ अठारह हाथ चौकड़ी भर दी, फिर जग्गू को विश्वास हो गया कि वह लोरिक ही है। उन्होंने लोरिक की सहायता के लिए अपने लदवाहों को लगा दिया। इन्हीं लदवाहों की वजह से लोरिक अपने भाई की बारात में आए लोगों को मौत के मुँह से निकालने में सफल हुआ।'

लदवाहों की उपस्थिति तब हुई है जब लोरिक चनवा का उद्धार करके नेउरा चला गया था। इधर बोहा में मलसाँवर के मारे जाने और गउरा में लोरिक की विवाहिता पत्नी मंजरी के बर्बाद हो जाने के समय इन्हीं बनजारा लदवाहों ने लोरिक एवं गउरा के बीच खबर पहुँचाने का काम किया था।

कुँवर विजयी लोकगाथा में व्यापारी जीवन का चित्रण तो नहीं हुआ है लेकिन भोजपुरी प्रदेश में इसके गायक अधिकांशत: नेटुआ और तेली जाति के लोग होते हैं। गाथा में 'विजयमल' को तेली जाति का बतलाया गया है, परन्तु इसमें वर्णित सामाजिक स्तर निम्न श्रेणी का न होकर राजपुरुषों की भाँति है। परम्परा में विश्वास करने वाले गायकवृंद विजयमल को तेली जाति से ही सम्बन्धित बतलाते हैं। परन्तु ऐसा नहीं है। अन्य जाति के लोग भी इसे गाते हैं।'[1]

2. नेटुआ और हिरनी-बिरनी उर्फ पोसन सिंह का गीत एवं नटवरगढ़ की लड़ाई (आल्हा)

भोजपुरी की मौखिक परम्परा में हिरनी-बिरनी गाथा की प्रस्तुति उस जाति द्वारा की जाती रही है जिसे नेटुआ (नट) जाति के नाम से जाना जाता है। यह एक बंजारा (घुमन्तू) जाति रही है। नेटुआ भैंसे पर लादकर अपने सामानों का व्यापार करते हैं। हालाँकि भैंसे को हल अथवा गाड़ी में जोतना भोजपुरी प्रदेश में निकृष्ट माना जाता है। 'भैंसा लादे लोहिया खाय, तेकरा पापे परोसिया जाए' यानी जो भैंसे पर लदनी करता है और लोहे के बर्तन में खाता है, उसके पाप से पड़ोसी भी बर्बाद हो जाते हैं। इस कहावत से नेटुआ जाति के प्रति भोजपुरिया समाज के बर्ताव का अन्दाजा लगाया जा सकता है।

नेटुआ एक वीर जाति रही है। फिर भी उसे वीर जाति के रूप में नहीं देखा गया है। यह जाति शौर्यपरक कलाओं में निपुण रही है। इस जाति से बहुत पहलवान निकलते हैं। यह जाति रस्सी बनाने एवं बेचने का काम भी करती है। रस्सी का इस्तेमाल वे भैंस बाँधने से लेकर कारवाँ ले जाते वक्त भैंसों पर लादे जाने वाले सामानों को बाँधने तक के लिए करते हैं। नट जाति की स्त्रियाँ गाँवों एवं शहरों में घूम-घूमकर गोदना गोदने का काम भी करती हैं और उस समय वे सुरीले स्वर में गीत भी गाती हैं। उनके प्रसिद्ध एवं शानदार गतिविधियों में शहद निकालना, चिड़ियाँ पकड़ना व पालना तथा उन्हें बेचना और मुर्गों की लड़ाइयाँ करवाना रहा है। नि:सन्देह यह जाति तेली जाति के बरअक्स अधिक घुम्मकड़ी करती है और इनके समुदाय की स्त्रियाँ 'वेश्यावृत्ति' भी करती हैं।[2]

---

1. सत्यव्रत सिन्हा, भोजपुरी लोकगाथा, (इलाहाबाद : हिन्दुस्तानी अकादमी, 1957), पृ. सं. 97
2. देखिए—रांगेय राघव का उपन्यास 'मुर्दों का टीला'।

नेटुआ जाति की मान्यता है कि उनका आगमन गुजरात से हुआ है। यह जाति क्षत्रिय से नाता जोड़ने के लिए भोजपुरी की लोकगाथा 'हिरनी-बिरनी' की चर्चा करती है। हिरनी-बिरनी एक ऐसी लोकगाथा है जिसमें दो नटिनियाँ गुजरात प्रदेश से वर की तलाश में अपने मोहना भैंसे की पीठ पर सिरकी, सात भार जादू, साथ में मुर्गा, ढोलक लेकर भोजपुरी प्रदेश की ओर रवाना हुईं।

रामा, शहर गुजरात एक नगरिया रे ना।
राम, जहाँ जमली हिरनी दूनों बहिनियाँ रे ना।
रामा, हिरनी बिरनी जाति नेटुइनियाँ रे ना।
रामा, मोहना पर लादेली समनवाँ रे ना।
रामा, मोहना के पीठपर सिरकिया रे ना।
रामा, सात भार लदली जदुइया रे ना।
रामा, संगवा में लिहली मुरूगवा रे ना।
रामा, लेई लिहली ढोलक नगरवा रे ना।
रामा, भइली गुजरात से रवनवा रे ना।

गुजरात से पहले बम्बई आईं, वर की तलाश में घूमते हुए बंगाल पहुँचीं लेकिन कहीं भी उन्हें मनमाफिक दूल्हा नहीं मिला, जो उनके मोहना भैंसे को नाथ सके। फिर पटना आती हैं, छपरा आ गईं, मिर्जापुर भी गईं, इस तरह उन्होंने उत्तर भारत के बावनों अखाड़ों को घूम लिया, परन्तु उन्हें मनजोग वर नहीं मिला। अन्ततः वे दिल्ली आती हैं।

रामा, बम्बई शहर से नैपालवा रे ना।
रामा, घूमत अइली देशवा बंगलवा रे ना।
रामा, कतहीं ना मिलले पुरुषवा रे ना।
रामा, नाथे कर मोहना भँइसवा रे ना।
रामा, तब गइली पटना शहरवा रे ना।
रामा, जाई पहुँचली छपरा शहरिया रे ना।
रामा, चली गइली मिर्जापुर अखड़वा रे ना।
रामा, एहि विधि बावनो अखड़वा रे ना।
रामा, घूमत गइली दिल्लिया शहरवा रे ना।

दिल्ली में उनकी मुलाकात पहलवान पोसन सिंह से होती है। पोसन सिंह हिरनी-बिरनी के भैंसे से हुई अपने गुरु की मौत पर बहुत दुखी है। वह मोहना भैंसे को नाथता है और हिरनी बिरनी दोनों सुन्दर नटिनियों से शादी करता है। वह अपना घरबार एवं जाति समुदाय छोड़कर गुजरात शहर चला जाता है। यहाँ चौपटिया किताब के

लेखक महादेव प्रसाद सिंह अपने नोट में लिखते हैं—'पाठको, पोसन सिंह हिरनी-बिरनी के साथ शहर गुजरात को जा पहुँचे। जहाँ हिरनी-बिरनी की जन्मभूमि थी, और कुल विधि से विवाह पोसन सिंह ने दोनों के साथ कर लिया, और हिरनी से दो पुत्र और बिरनी से तीन पुत्र हुए। पोसन सिंह के ऊपर भगवान की दया हुई। वीर पुरुष धनवान बन गया और पाँचों लड़कों का शादी-विवाह क्षत्री जाति में ही क्रिया। जैसे पोसन सिंह के दिन फिरे, वैसे ही भगवान सबके दिन फेरे।'[1]

भोजपुरी भैंसहा सौदागरों को नेपाल की सीमा पर रास्ते में जिन खतरों का डर बना रहता था, वह श्रोताओं या पाठकों से स्पष्ट हो जाता है, सीमा शुल्क कार्यालयों द्वारा चौकी पर उन्हें रुकने के लिए बाध्य किया जाता था। भारत और नेपाल सरकार उनसे बहुत कर वसूलती थी, उच्च मार्गों पर डाकू प्राय: उन्हें मजबूर करते थे। उनसे बचने के लिए एवं संरक्षण सेवा के लिए वे सैनिकों-सिपाहियों, जो 'वर्कंदाज' कहलाते थे, को इन पहाड़ियों के मार्सी तराई पर मलेरिया जैसी बीमारियों का खतरा अकसर बना रहता था।

'नटवर गढ़ की लड़ाई' आल्हा गाथा का हिस्सा है। इसके अल्हैत अधिकांशत: नट जाति के होते हैं। नटवर गढ़ का तात्पर्य ही है—नट जाति का गढ़। इस गाथा में नटवरगढ़ के राजा की बेटी वर की तलाश में नेटुइन का बाना धारण करके एक भैंसा लेकर देस परदेस भ्रमण करती है। उसके स्वयंवर की शर्त है कि जो उसके भैंसे को नाथेगा, वही उसका वर होगा। अन्तत: महोबा गढ़ के सेनापति ऊदल के बेटे अमरजीत भैंसे को नाथ देता है लेकिन विवाह करने से इनकार कर देता है क्योंकि वह जाति से नेटुइन है। अन्तत: लड़ाइयों के उपरांत दोनों का विवाह होता है। आल्हा में यही एक ऐसा प्रसंग है जो नट जाति एवं उसके पेशे से जुड़ा हुआ है।

3. यादव और लोरिकी एवं बिरहा

लोरिकी अहीर (यादव) समुदाय का राष्ट्रीय मौखिक आख्यान है। इस गाथा का गायन या श्रवण न केवल यादव समुदाय करता है बल्कि अन्य समुदाय भी गाता-

---

1. महादेव प्रसाद सिंह, हिरनी-बिरनी उर्फ पोसन सिंह का गीत, (दिल्ली : प्रकाश पब्लिकेशन, अन्दाजन सन् 2010 में)

सुनता रहा है। जिसमें दुसाध, तेली, कानू, नेटुआ, चमार इत्यादि जातियों का नाम लिया जा सकता है। दरअसल अहीर समुदाय का मुख्य पेशा कृषि एवं कृषिजन्य उत्पादों का स्थानीय व्यापार, माल-मवेशियों का पालन एवं दुग्ध उत्पादन इत्यादि रहा है। अहीर समुदाय के लोगों के व्यापार के सन्दर्भ में मुख्यतः दो व्यापारों का जिक्र किया जा सकता है। एक, पशु व्यापार (गाय, भैंस, बैल इत्यादि) और दूसरे, दूध व्यापार। पशु व्यापार अधिकांशतः भोजपुरी एवं गैर-भोजपुरी प्रदेशों में लगने वाले पशु मेलों में ही होते रहे हैं। इस पशुओं की व्यावसायिक गतिविधियों के महत्त्वपूर्ण स्थानों में सबसे प्रमुख था—सोनपुर का सुप्रसिद्ध मेला। जहाँ हाथी, ऊँट, भेड़, गाय, भैंस, घोड़ा, पक्षी इत्यादि वगैरह की खरीद-ब्रिकी होती थी। और भी मेले थे—ददरी, काराकाट, बिहिया, ब्रह्मपुर, गोरेया स्थान (पटना जिला), बख्तियारपुर, कोलहिया (सीतामढ़ी), कल्याणपुर चौक (समस्तीपुर), बक्सर, बरहज, जौनपुर, अइनखान (बिहिटा के आस-पास), कुल्हड़िया, करघर, सिरपालपुर, ऐकौना (शाहाबाद), अरेराज, बेतिया, मधुबन, राजपुर, गोबिनगंज (चम्पारन), सहेदरा (नेपाल)। भोजपुरी मेलों में आने-जाने वाले पशु व्यापारियों के अनेक काफिले बंगाल एवं नेपाल जाते थे। व्यापार के लिए मेला जाते वक्त एक पत्नी द्वारा दी गई इस सलाह पर गौर फरमाइए—

बैल बेसाहे चलल कंत। बैल बैसहिह दू दू दंत।
काछ कसौटी साँओर बानई। छाड़ि किनिह मति आन।
जब दखिहः रूपा धौर। टका चारि दीह उपरौड़।
ओह पार जब देखिह मैना। एही पार से दीह बैना॥
जब देखिह बैरिया गोल। उठ बैठ के करिह मोल।
जब देखिह करिया कंत। कैल गोला देखिह जनु दंत॥
बैल लीहः कजरा, दाम दीहः अगरा।[1]

अर्थात् हे स्वामी! बैल खरीदने जा रहे हो। किन्तु देखिएगा—दो दाँतों वाला बैल खरीदिएगा। कुछ भूरा लिए हुए रंगवाला बैल छोड़कर दूसरा नहीं खरीदना। किन्तु जब आप खूब उजले रंग का 'रूप धौरा' बैल देखिएगा, तब उसके लिए आप दो-चार रुपए अधिक दे दीजिएगा। जब आप टेढ़ी सींगवाला मैना बैल देखें, तब इसी पार से मोल-तोल करके उसके लिए अग्रिम दाम दे दीजिएगा। जब आप लाल सिर और शरीरवाला बैल देखेंगे, तो सोच-समझकर उसका मोल-तोल करना। किन्तु, अगर हे कंत! जब आप काला और हल्का पीला रंगवाला बैल देखेंगे, तो बिना दाँत देखे भी उसे खरीद लेना। और अगर काली आँखों वाला बैल मिल जाए तो उसका अग्रिम दाम चुका देना।

---

1. जी.ए. ग्रियर्सन, बिहार पीजेंट लाइफ : ब्रिंग ए डिसकर्सिव कैटलॉग ऑफ द साराउंडिंग ऑफ द प्यूपल ऑफ दैट प्रोविंस (कलकत्ता : द बंगाल सेक्रेटेरियट प्रेस), इसे भी देखिए—रामनरेश त्रिपाठी, ग्रामसाहित्य, तीसरा भाग (प्रयाग : आत्माराम एंड संस, दिल्ली, 1952) इसे भी देखिए, शशि शेखर तिवारी, भोजपुरी लोकोक्तियाँ, (पटना : बिहार राष्ट्रभाषा परिषद्, 1970), पृ. सं. 86-87

पशुओं का कोई व्यापारी यदि अपने बैलों को किसी मुस्लिम व्यापारी के हाथों अगर वह भलीभाँति जानते हुए बेचता है कि वह उसे सीधे कसाईखाने ले जाएगा तो वह व्यापारी अपने साथी व्यापारियों द्वारा हिकारत का पात्र जरूर बनाया जाता है। उसे व्यापारी लोग हत्यारे के रूप में देखने लगते हैं। 'लेकिन दक्षिण भारत में उसे हत्यारे के रूप में नहीं देखा जाता है। मुस्लिम व्यापारी के हाथों बेचने पर भी वह उसके लिए खुद को जिम्मेदार नहीं समझता था।'[1] उसकी जिम्मेदारी बिक्री के साथ ही खत्म हो जाती थी। व्यापारी या सिपाही जिन पशुओं के साथ रहते थे। उनपर वे बहुत गहरी नजर रखते थे।

इन पशु मेलों के ऊपर अक्सर इस कहावत का उल्लेख किया जाता है—'तसलवा तोर कि मोर?' तसला तुम्हारा है या मेरा है? मेले आदि स्थानों में मौका पाकर चोर या ठग आदि परदेसी व्यापारियों से अनुचित रुपये-पैसों की माँग करते थे। वे इस माँग को एक प्रतीकात्मक वाक्य-शैली में अभिव्यक्त करते हैं। उपर्युक्त लोकोक्ति उसी वाक्य शैली का उदाहरण है। यह चोरों, बदमाशों आदि की हठधर्मिता सम्बन्धी आचरण का चित्र प्रस्तुत करती है। कहते हैं कि पहले ये बदमाश हाटबाट में मौका पाकर दूरागत व्यापारियों के पड़ाव पर ही पहुँच जाते थे। ये व्यापारियों को तसले में भोजन बनाते देख 'तसले' के व्यंग्यार्थ 'धन' आदि को लक्ष्य में रखकर उनसे पूछते थे कि 'तसलवा' तोर कि 'मोर'? यह तसला तुम्हारा है या मेरा? व्यापारी अगर 'तोर' में उत्तर देते थे, तब उन्हें बदमाशों को धनादि देना पड़ता था और उत्तर 'मोर' में होता था तो ये दुर्द्धर्ष लुटेरे उन्हें तरह-तरह से तंग करते थे।[2] इस तरह दोनों हालत में इन लूट-पाट मचाने वालों से व्यापारियों को मुक्ति नहीं मिलती थी। ब्रिटिशकालीन भारत में भी इन ठगों ने खूब उत्पात मचाया था। पशु व्यापारियों के बीच 'सातो सेमरी होना' और 'तीस के ना तेरह के, ई बरधा तीन के'[3] जैसे मुहावरा भी ठगी के लिए प्रयुक्त होता है। कहा जाता है कि बक्सर जिले के नजदीक ब्रहमपुर मेले के नजदीक

---

1. श्यामाचरण दूबे, अनुदित योगेश अटल, (दिल्ली : वाणी प्रकाशन, 2002)
2. मोतीचन्द्र, सार्थवाह, (पटना : बिहार राष्ट्रभाषा परिषद्, 1953,), पृ. सं. 3 एवं 164
3. यह ठगी का एक किस्सा है जो इस प्रकार है—'एक किसान एक बैल खरीदकर आ रहा था। तब रास्ते में उसे तीन ठग मिले-एक बाप और दो लड़के। इन तीनों ने आपस में सलाह किया कि यह बैल किसी तरह ले लेना है। उसके दोनों लड़कों ने कहा कि हमलोग चलकर मोल करते हैं। तुम चलकर आगे बैठो। हम तुम्हें तिसरइत (पंच) मानेंगे। तुम जो तय करोगे, उतने का बैल मिलेगा। बूढ़ा आगे जाकर बैठ गया। उसके दोनों लड़के किसान से मोल-तोल करने लगे कि बैल कितने में खरीदा है। तब उस किसान ने कहा कि तीस का। तब वे कहने लगे कि 'बेचोगे'? उसने कहा कि क्यों, दाम ठीक से दो तो तुम्हें ही दे देंगे। तब इन लोगों ने कहा कि 'इस बैल का दाम तेरह रुपये देंगे'। तब किसान ने कहा कि किसी पुराने आदमी को तिसरइत मानो। तेरह मोल हो तो तेरह का ही दे दूँ। वे लोग उस बूढ़े के यहाँ गए। सामने जाकर सब बातें कह दीं। तब बूढ़े ने कहा कि 'जो मैं कहूँगा, वह तुम लोग मानोगे'। दोनों ने कहा, 'मानेंगे'। तब बूढ़े ने कहा कि 'न यह बैल तीस का है न तेरह का, यह बैल तीन का है।' तीन रुपये देकर उन लोगों ने किसान से बैल ले लिया।'

के सातो सेमरी गाँव वाले मेला में ग्राहकों को तीन-पाँच करके ठगते थे। आज तो जुमला हो गया है। यदि कोई ठगी करता है तो लोग झट से बोल देते हैं—'ऐ मर्दे, ई सातो सेमरी हवन स।' इन व्यापारियों के बीच इस गाँव के दलाल पशु व्यापार में ठीक वैसे ही प्रसिद्ध हैं जैसे कि कहलगाँव के ठग प्रसिद्ध हैं।

जहाँ तक दुग्ध व्यापार की बात है। इसके लिए भोजपुरी प्रदेश में ग्वालों का दूध व्यापार सार्वजनिक तो है ही। इस प्रदेश से अहीर जाति ही नहीं, बल्कि अन्य जाति के लोग भी दूध व्यापार में संलग्न रहे हैं। औपनिवेशिक दौर में इस क्षेत्र से पूरब यानी कलकत्ता, आसाम की ओर श्रमिकों का प्रवसन हो रहा था, उन्हीं दिनों इस क्षेत्र से छोटी-मोटी पूँजी लगाकर माल-मवेशी खरीदकर यादव एवं अन्य जातियों ने रांची, बोकारो, धनबाद, झरिया, पतरातू (आज के झारखंड के औद्योगिक प्रदेश) और कलकत्ता में दुहाई के लिए प्रवास किया।

भोजपुरी प्रदेश के गाँवों या छोटे शहरों में अहीर जाति की औरतें दही बेचने का काम घूम-घूमकर करती थीं। निम्नलिखित गीत में एक दही बेचनेवाली अपने दही की विशेषताओं को गीत गाकर बेच रही है—

ले दही, ले दही एह पार का, मेरा मीठा दही गंगा पार का।
दही तोहरी दुअरिया आई, मेरा मीठा दही गंगा पार का।
माल बाटे मोरा चोखा, करेजउ दे गइले धोखा।
जे मोरा दहिया हो, किनी ले जइहें, उनका के देबो अनोखा।
करेजउ दे गइले धोखा, करेजउ दे गइले धोखा।[1]

भोजपुरी की मौखिक परम्परा में दही बेचने के सांस्कृतिक स्रोत हैं—श्रीकृष्ण की मथुरा एवं गोकुल नगरी में दही बेचती हुई गोपियों की छवि। मिथकीय कथाओं में समान पेशा यादव समुदाय के लोगों को दही बेचने का सांस्कृतिक आधार देता है—

रामा छोटि मुटि ग्वालिन सिर ले मटुकिया॥ हो रामा॥
चलि भैलि मथुरा नगर दहि बेंचन॥ हो रामा॥ 1 ॥[2]

एक और कहरवा गीत देखिए, जिसमें सास एवं बहू के दही बेचने की प्रक्रिया में उनके आपसी सम्बन्ध खुलकर सामने आते हैं—

अपने त दूहे सासु, अपने जमावे ली।
हमके लगावे, हाई रे दहिया चोरिया॥

---

1. सती बिहुला लोकगाथा, वीडियो फिल्म, भाग-4, (दिल्ली : गंगा कैसेट्स, 1 जून, 2005)
2. जी.ए. ग्रियर्सन, सम भोजपुरी सांग्ज, रे.आर.ए.एस., 5, पृ. सं. 207-278

अपने त बेचे सासु, ऐंड़ा से गोयेंड़वा।
हमके पठावे, हाई रे जमुना पारवा॥
अपने बेचे सासु, संउवा से कोदउवा।
हमरा से माँगे, हाई रे मोहर मालवा॥
ओही जमुना पारवा, कन्हैया घटवारवा।
हमरा से माँगे ला हो खेवइया॥[1]

पशु व्यापार एवं दुहाल (दूध व्यापार) में संलग्न यादवों के मौखिक आख्यान लोरिकायन में नायक लोरिक खुद तो पशु व्यापार या दुहाई नहीं करता है लेकिन उसका बड़ा भाई सँवरू बोहा के बथान में गायों की दुहाई करता है।

4. नदी मार्गीय बनिजिया में केवट एवं डोम : सती बिहुला और लचिया रानी का गीत

गंगा नदी भोजपुरी प्रदेश के लिए ही नहीं, बल्कि समस्त भारत के लिए एक पवित्र नदी के रूप में स्थापित है। यह नदी भोजपुरी प्रदेश मिर्जापुर से लेकर भागलपुर होते हुए बंगाल की खाड़ी में विश्राम करती है। सत्रहवीं सदी के शुरू के दशकों में अब्दुल लतीफ, जो शाहजहाँ के ससुर का संरक्षक था, ने आगरा से राजमहाल तक नदी मार्ग से सफर का सही लेखा-जोखा किया है।[2] बंगाल और भोजपुरी प्रदेश के बीच व्यावसायिक सम्बन्धों को मजबूत करने में गंगा नदी एक प्रमुख मार्ग के रूप में रही है। 'गदर से पहले ईस्ट इंडिया कम्पनी के शासन काल में जब रेल नहीं चली थी तो कलकत्ते से यहाँ (इलाहाबाद) तक एक स्टीमर मेल अर्थात् जहाजी डाक चला करती थी, जिसका स्टेशन यहाँ कुछ टूटे-फूटे पक्के घाट के रूप में किले के पश्चिम मनकामेश्वर के समीप अब तक बना हुआ है। इस जल मार्ग की लम्बाई बरसात में भगरौटी नहर के द्वारा 808 मील और अन्य ऋतुओं में सुंदरवन होकर 985 मील थी। गर्मी और जाड़े में स्टीमर कलकत्ते से 25 दिन में यहाँ पहुँचता था और 15 दिन में लौट जाता था, परन्तु वर्षा में यहाँ से कलकत्ता पहुँचने में केवल 9 दिन ही लगते थे। पैदल रास्ता तीन महीने का था।'[3]

यह सही है कि अठारहवीं सदी के उत्तरार्द्ध में पटना से चावल, अफीम, इमारती लकड़ियाँ, चीनी, अदरख, शोरा, काली मिर्च, पान, दालें इत्यादि सब बंगाल में निर्यात होती थीं। बिहार से मिट्टी के बर्तन और शीशा, पांडुलिपियों के लिए राजगीर

---

1. पारम्परिक कहरवा गीत।
2. जदुनाथ सरकार, ट्रावेल इन बिहार, 1608 ए.डी. जॉरनल ऑफ द बिहार-उड़ीसा रिसर्च सोसायटी, जून, 1919, पृ. सं. 597-603
3. शालिग्राम श्रीवास्तव, प्रयाग-प्रदीप, (इलाहाबाद : हिन्दुस्तानी एकेडेमी, 1937), पृ. सं. 201

से कपड़ा एवं कागज का निर्यात भी पूरब की ओर होता था। भोजपुरी प्रदेश से पशुओं का बंगालियों द्वारा सामान्य सवारी के लिए लाया जाना काफी विख्यात था। लेकिन गंगा नदी से भी उसी मात्रा में इस प्रदेश से वस्तुओं का निर्यात होता था। जिसमें मुख्यत: सभी प्रकार के पक्षी, जिन्हें नेपाली एवं भोजपुरिया प्रशिक्षित चिड़ीमार बंगाल में ले जाकर बेचते थे। मैना, तोता और इन सबमें प्रसिद्ध था—मुर्गों की लड़ाइयाँ। लौटते वक्त लोग बंगाल से कुछ वस्तुएँ भी लेकर आते हैं। हालाँकि ऐसा बहुत कम होता है। उनमें मुख्यत: ताम्बा, शीशा एवं सिल्क होता है। पटना और कलकत्ता के बीच ही सबसे अधिक व्यापार होता था। इनके बीच में बहुत सारे पड़ाव (सराय) होते थे जैसे कि फतुहा, भागलपुर, कॉलगांग (कहलगाँव), मारीच (मिरचा) इत्यादि। इस रास्ते से गुजरने वाली नावों में 300 यात्री होते हैं। आमतौर पर ये नावें वस्तुओं को ढोने के लिए होती हैं। इन नावों की रखवाली के लिए जो मिलिट्री मजदूर या बड़े व्यापारियों के रखवार होते थे, वे अमूमन निम्न जाति के ही होते थे। निम्न जाति के लोगों की अधिकांश संख्या इसलिए होती थी क्योंकि ऊँच जाति के लोगों का कालापानी से जाति-धर्म भ्रष्ट हो जाता था। उनमें से अधिकांशत: तथाकथित बक्सरिया होते थे। जिन्हें 'रखवार' कहा जाता था। और ये आमतौर पर बक्सर शहर में भर्ती किए जाते थे। इन बक्सरिया सिपाहियों के बारे में विस्तार से चौथे अध्याय में विवेचन किया गया है।

अठारहवीं सदी के उत्तरार्द्ध एवं उन्नीसवीं सदी के प्रारम्भ में जब माल-परिवहन नदी मार्ग पर आश्रित था, तब मिर्जापुर और बनारस की केवट (मल्लाह, निषाद, माझी, बिंद, तियार इत्यादि) व डोम जाति नदी मार्गीय व्यापार में काफी संख्या में जुड़ी हुई थी। जाहिर है ये जातियाँ जल आधारित पेशों से जुड़ी रही हैं। मछली पकड़ना, नाव खेना, जल परिवहन, सिंघाड़ा की खेती करना इत्यादि इनके प्रमुख व्यवसाय रहे हैं। विलियम क्रुक ने इस जाति को भी शौर्य जातियों में शुमार किया है। घुमक्कड़ी इस जाति ने भी किया है। 'इस जाति से जो लोग मछली पकड़ने का व्यवसाय करते हैं वे नदी जल परिवहन में संलग्न लोगों से ऊपर के माने जाते हैं।'[1] (भोजपुरी प्रदेश के राजनीतिक परिदृश्य में आज इन्हें अति पिछड़े वर्ग की श्रेणी में रखा गया है।) उनके व्यापार के लिए चुनार से इमारती लकड़ियाँ एवं पत्थर आसाम एवं कलकत्ता की ओर भेजे जाते थे और लौटते वक्त उनकी नावें नारियल एवं बाँसों से भरी होती थीं। केवट जातियों की तरह अन्य घुमन्तू जातियाँ, जिनका दोहरे, यहाँ तक कि तिहरे व्यवसाय का संकेत मिलता है, वे अपनी लोक आख्यानों को भी नावों में वाचन व गायन करती थीं। उसमें चाँदो सौदागर की कहानी बहुत प्रमुख है। केवट जाति की तरह एक और समुदाय है, जिसका पेशा

1. स्मिता तिवारी जस्सल, कास्ट एंड कोलोनियल स्टेट : मल्लाह इन द सेंसस, कांट्रब्यूसन टू इंडियन सोशोलॉजी, 2001, 35:319

नदी से जुड़ा हुआ है। वह है—डोम। डोम जाति गंगा और गंडक नदी के किनारे लाशों का दाह-संस्कार कर्म में मदद करती है। डोम भी इस गाथा को गाते हैं। केवट एवं डोम नदी मार्गीय व्यापार के दौरान या अन्य मौकों पर, जिन गाथाओं की मौखिक प्रस्तुतियाँ देते थे उनमें प्रमुख हैं—सती बिहुला और लचिया रानी का गीत।

चित्र संख्या (2) चौपटिया पुस्तकें

आमतौर पर इस लोकगाथा को दो व्यक्ति एक साथ द्रुतिलय में गाते हैं। बीच-बीच में जंतसार और बिरहा का गीत भी गाया जाता है। वाद्य यंत्रों में खंजड़ी और टुनटुनी रहती है। सोरठी के समान इसे भी बड़े पवित्र भाव से गाया जाता है। गायकों का यह विश्वास है कि बिहुला की गाथा सुनने सर्प भी आते हैं। इस लोकगाथा में करुण स्वर प्रधान रहता है। गाथा की पहली पंक्ति के प्रारम्भ में 'ए राम' तथा अन्त में 'रे दइबा' रहता है। दूसरी लाइन के अन्त में केवल 'ए राम' रहता है। इस प्रकार इसमें टेक पदों की पुनरावृत्ति एक लाइन छोड़कर रहती है।

वस्तुतः बिहुला लोकगाथा केवल भोजपुरी प्रदेश में ही नहीं गाई जाती है। अपितु इसका विस्तार बंगाल तक है। यह लोकगाथा 'मनसा' देवी की पूजा से सम्बन्ध रखती है। 'मनसा' सर्पों की देवी मानी गई है। मनसा देवी की पूजा बंगाल में विशेष रूप से होती है। 'मनसा' की पूजा के अन्तर्गत 'बिहुला' की लोकगाथा का भी समावेश है। हालाँकि इस गाथा में मनसा देवी पूरी तरह अनुपस्थित हैं। भोजपुरी प्रदेश में बिहुला की गाथा विविध रूपों में गाई जाती है। यह गाथा सौदागरों के घर, खुले आसमान, मैदान, शहर की गलियों में गाई जाती है। यह गाथा नदियों के घाटों पर भी प्रतियोगिता के रूप में साल में कई बार आयोजित की जाती है। केवट जब इस गाथा को गाते हैं तो उनका पूरा ध्यान चन्दू सौदागर की बहू बिहुला

की उस यात्रा पर होता है जिसे वह बेड़े पर अपने पति की लाश लेकर गंगा नदी में घाट-घाट का सफर करती है। नदी के हर घाट की अपनी विशेषताएँ हैं। बिहुला गाथा का गायन नदी से उनके गहरे लगाव को प्रदर्शित करता है। नदी में नाव को कैसे चलाया जाता था? नाव का पाल कैसे समेटा जाता था? नदी मार्ग में सफर करते समय किस तरह की कौन-सी कठिनाइयाँ आती थीं? इन सभी क्रियाओं को यह गाथा बड़ी विस्तार से चित्रित करती है।

इस गाथा के गायन की डोमों की अपनी परम्परा है। वे इसे एकतारा के सहारे गाते हैं। ये लोग युवती बिहुला के कर्मों को महान तपों से जोड़ते हैं। जो अपने पति का शव लिए नदी किनारे घाट-घाट ढोती रही थी। इस ढोने के काम को वे लोग अपने पेशे से जोड़कर देखते हैं। डोम औरतें नाग पंचमी के दिन एक जगह एकत्रित होती हैं और बिहुला की गाथा गंगा किनारे स्थित गाँवों में गाती चलती हैं।

लचिया रानी

जिस प्रकार बिहुला अपने पति की लाश लेकर घाट-घाट की यात्रा करती है उसी प्रकार लचिया रानी की बेटी देव सुन्दरी अपने पति देव कुँवर की खोज में घाट-घाट का सफर करती है। दोनों ही स्त्रियाँ पतिव्रता हैं और दोनों ही नदी मार्गों में आने वाली घोर कठिनाइयों का सामना करती हैं। अधिकांश कठिनाइयाँ नदी मार्ग में सौदागरों द्वारा प्रेम प्रस्ताव को लेकर हैं।

रामा कुँवर चलि भइले परदेसवा रे ना।
रामा अपने तिरिया के लेइ सँगवा रे ना।
रामा लेइ लिहले सगरी समानवा रे ना।
रामा चलि अइले घाट के ऊपरवा रे ना।
रामा भइले जहाज पर सवरवा रे ना।
रामा खोली दिहले तुरते जहजवा रे ना।

देव सुन्दरी का पति देव कुंवर ने नदी मार्ग से ढेर सारा धन कमाकर एक बड़े सौदागर के रूप में उस घाट पर अपनी जहाज का बेड़ा डाला है, जहाँ उसकी पत्नी जौहरपुर के राजा के यहाँ पुरुष वेश में सिपाही कपट सिंह के रूप में पहरेदारी कर रही है। घाट पर अपने पति को देखकर पहचान लेती है। वह अपने राजा को खबर करती है कि अपने इलाके के नदी घाट पर एक बड़े सौदागर ने पड़ाव डाला हुआ है। राजा उसके जहाज को जब्त कर लेता है और उसे जेल में डाल देता है। जेल में पहरेदारी के लिए सिपाही कपट सिंह को लगा देता है। जेल में पत्नी देवकुँवरी

अपने पति के पिछले बर्तावों को याद दिलाती है। पति को बेहद अफसोस होता है। अन्ततः दोनों राजा को सच बतलाकर राजी-खुशी अपने घर लौटते हैं।

इस मौखिक आख्यान में देव कुँवर और देव सुन्दरी के प्रेम प्रसंग के दौरान 'कौड़ी' से मिठाइयाँ खरीदने की चर्चा हुई है। यहाँ कौड़ी को लेकर दो प्रसिद्ध कहावतों का उल्लेख करें तो अनावश्यक नहीं होगा। इससे यह समझा जा सकता है कि किस दौर में कौड़ी मूल्यवान थी। 'पइसा ना कौड़ी, बीच बाजार में दौड़ा-दौड़ी', 'पइसा ना कउड़ी, बाजार चल छउड़ी'। 'द्रव्य के रूप में कौड़ी का व्यवहार भारत, चीन आदि देशों में बहुत प्राचीन काल से होता आया है। भास्कराचार्य की 'लीलावती' में इसके मूल्य का विवरण मिलता है। हंसकुमार तिवारी की पुस्तक 'भोजपुरी लोकोक्तियाँ' के हवाले से बासुदेव शरण अग्रवाल की एक लघु टिप्पणी है—'कौड़ी बंगाल का अत्यन्त प्राचीन सिक्का था, जो मौर्य काल से लेकर 19वीं शताब्दी तक चालू रहा। सन् 1801 ई. तक सिलहट जिले की ढाई लाख की मालगुजारी में कौड़ी ही सरकारी खजाने में जमा की जाती थी। सन् 1813 ई. से यह प्रथा बंद हुई। चार कौड़ियों का एक गंडा होता था। भारतवर्ष में कौड़ियाँ मालद्वीप (मालाबार के पास एक द्वीप, जिसका पुराना नाम कपदंक द्वीप था) से आती थीं।' विनिमय में एक पैसे के बराबर प्रायः अस्सी कौड़ियाँ मानी जाती थीं।'[1]

5. घुमक्कड़ श्रमजीवी जोगी और सोरठी बृजभार, भरथरी एवं गोपीचन्द

हिन्दुस्तान में जोगियों की जाति विशेष स्थान रखती है। यद्यपि इनकी गणना हिन्दू जाति में की जाती है। परन्तु इनके जीवन और परम्परा से स्पष्ट होता है कि चार वर्णों से इनका कोई सम्बन्ध नहीं है। ये लोग शिव को अपना ईश्वर तथा गुरु गोरखनाथ को अपना गुरु मानते हैं। वस्तुतः इनकी दार्शनिक विचारधारा अत्यन्त उलझी हुई है। इन अनपढ़ जोगियों के बारे में कुछ स्पष्ट पता नहीं चलता है। इतना निश्चित है कि इनका सम्बन्ध नाथ सम्प्रदाय से है। किन्तु ये लोग अन्य देवी-देवताओं को भी मानते हैं। जहाँ तक इनकी सामाजिक पहचान की बात है, इनमें से अधिकांशतः मुस्लिम जुलाहे हैं, जिनकी आजीविका सूत कातकर या कपड़ा बुनकर या फिर सर्दी के दिनों में मौसमी प्रवास करके गुरु गोरखनाथ, राजा भरथरी एवं गोपीचन्द के गीत, रानी सारंगा, सोरठी बृजभार इत्यादि का गीत गाते हुए भिक्षा माँगकर चलती है।[2] हजारी प्रसाद द्विवेदी ने अपनी पुस्तक 'कबीर' की प्रस्तावना में कबीर की जाति निर्धारित करने के विवरण में जोगियों का उल्लेख किया है। वे लिखते हैं—

1. हंसकुमार तिवारी, भोजपुरी लोकोक्तियाँ, (पटना : बि. रा. प., 1970),
2. डेविड गॉर्डन हवाइट, सिनिस्टर योगीज, (शिकागो : यूनिवर्सिटी ऑफ शिकागो प्रेस, 2009), पृ. सं. 201-202

'जोगी जाति का सम्बन्ध नाथ पंथ से है। ...जोगी नामक आश्रम भ्रष्ट घर बस्तियों की एक जाति सारे उत्तर और पूर्व भारत में फैली थी। ये नाथपंथी थे, कपड़ा बुनकर और सूत कातकर या गोरखनाथ और भरथरी के नाम पर भीख माँगकर जीविका चलाया करते थे।'[1] ये जोगी भगवा वस्त्र पहनते हैं। सर पर भगवे रंग की पगड़ी, शरीर पर एक ढीला कुरता और भगवे रंग की गुदड़ी, एक बड़ी झोली तथा एक सारंगी। धोती का रंग भी भगवा होता है या सादा भी रहता है। इनके जीवन में विशेष संयम नहीं दिखलाई पड़ता है। यद्यपि ये भगवा वस्त्र पहनते हैं, परन्तु साथ ही गाँजा, भाँग, चरस, धतूरा, पान-बीड़ी, सुरती इत्यादि इनके अनिवार्य अंग होते हैं। विलियम क्रुक की भी यही मान्यता है कि जोगियों की जाति का सम्बन्ध नाथपंथ से है। उत्तरी भारत के जोगी गुरु गोरखनाथ को अपना गुरु मानते हैं। इन्होंने हिन्दू योगी और नाथपंथी जोगियों के भेद को भी स्पष्ट किया है। एक जोगी वे होते हैं, जो पातंजलि हठयोग के अनुसार योगिक क्रिया करते हैं। ये लोग हिन्दू शास्त्र सम्मत विधि से जीवन व्यतीत करते हैं। दूसरे जोगी वे होते हैं, जो नाथ धर्म के अन्तर्गत आते हैं। ये लोग नाथधर्म में वर्णित जोगी वस्त्र पहनते हैं। इनके कई प्रकार होते हैं। जैसे—औघड़, कनफटा, नन्दिया, भद्दर तथा भरथरी। इनमें भद्दर जोगी मुसलमान जाति के होते हैं। जोगियों के मान-सम्मान के विषय में हजारी प्रसाद द्विवेदी ने लिखा है कि 'जब तक संन्यासी अपने संन्याश्रम में होता है वह हिन्दू का पूज्य होता है, पर घरबारी होकर वह उसकी आँखों से गिरकर भ्रष्ट हो जाता है। घरबारी संन्यासियों की संतति से जो जातियाँ बनती हैं वे समाज के निचले स्तर में चली जाती हैं। इसलिए साधक, योगी और गृहस्थ जाति के योगी में बड़ा भेद है। योगी जाति अर्थात् आश्रम भ्रष्ट योगियों की संतति न तो किसी आश्रम व्यवस्था के अन्तर्गत आती है और न वर्ण व्यवस्था के। इस प्रकार के आश्रम भ्रष्ट योगियों के अनेक प्रकार हमें उत्तर भारत में मिलेंगे, जिनमें गोसाईं, वैरागी, अतीत जोगी तथा फकीर इत्यादि प्रमुख हैं।'[2] यद्यपि ये लोग स्वयं को ब्राह्मणों से कम ही नहीं अपितु उससे भी अधिक पवित्र मानते हैं। लेकिन समाज उन्हें पूज्य भाव से नहीं देखता है, बल्कि उन्हें केवल भिखमंगा समझता है।

1. हजारी प्रसाद द्विवेदी, कबीर, (दिल्ली : राजकमल प्रकाशन, 1943), 11-14 इस सम्बन्ध में एडवर्ड ओ. हेनरी ने अपने लेख 'Jogis and Nirgun Bhajans in Bhojpuri-Speaking India : Intra-Genrogeneity, Adaption, and Functional Shift', में टिप्पणी की है कि—'Although with turbans and usually white garments as well as appropriate names, Jogis project the image of Hindu ascetics . Many are actually Muslim labourers and only part time itinerant mendicants.' Ethnomusiology, Vol. 35, No. 2, (Spring- Summer, 1991), pp. 221-242
2. हजारी प्रसाद द्विवेदी, कबीर, (दिल्ली : राजकमल प्रकाशन, 1943), पृ. सं. 10

चित्र संख्या (3) चौपटिया पुस्तकें

ये जोगी अपनी प्रवास यात्रा के दौरान न केवल राजा भरथरी, जो गुरु गोरखनाथ के शिष्य थे, बल्कि राजा गोपीचन्द, सोरठी बृजाभार, रानी सारंगा-सदाबृज के गीत भी गाते थे। हालाँकि इन्हें भरथरी जोगी के नाम से ही जाना जाता है। इनके प्रवास पड़ाव बहुत ही सुनिश्चित होते थे। ये जोगी मिलिट्री किलों और तीर्थस्थलों से होते हुए गुजरते थे। इनकी यात्रा का शुभारम्भ गोरखपुर से होता, जोकि गुरु गोरखनाथ का प्रसिद्ध मठ रहा है। वहाँ से वे जौनपुर जाते, जो कि शर्की सुल्तान का पुराना केन्द्र रहा था, फिर वहाँ से बनारस में गोरख का टीला जाते, फिर चुनार गढ़, जो मिलिट्री का एक महत्त्वपूर्ण केन्द्र रहा है और यह भी कहा जाता है कि यहाँ पर राजा भरथरी की निवास गुफा रही है। यहाँ से गाते-बजाते, खाते-माँगते वे बक्सर, भोजपुर, आरा और रोहतास की ओर बढ़ते। वहाँ से वे बिहारशरीफ आते, जो बिहार के पुराने मुस्लिमों की राजधानी थी, बिहारशरीफ में दो गोरखपंथियों की कब्रें भी हैं, यहाँ शरीफउद्दीन याहवा मनेरी की भी कब्र है, जिनकी बिहार के मुस्लिम पीरों में से सबसे अधिक मनौती की जाती है। बिहारशरीफ के बगल में ही वे पटना, मनेर और फुलवारी शरीफ भी जाते। यहाँ शरीफउद्दीन याहवा मनेरी के पिता की कब्र है। वहाँ से ये घुमक्कड़ जोगी मनियर और दीनापुर भी चले आते, वहाँ वे ग्यारहवीं सदी के योद्धा संत गाजी मियाँ के उत्सव मनाते। उन्हीं गाजी मियाँ की दरगाह

बहराइच में है।[1] इस तरह ये भोजपुरी प्रदेश के इन स्थलों का भ्रमण करते रहते और इनमें से कुछ नेपाल व बंगाल की ओर भी निकल जाते थे। लौटते वक्त इनका झुंड एक जगह एकत्रित होता। तब इनकी झोलियाँ एवं गुदड़ियाँ कपड़ों एवं अनाजों से भरी होती थीं। घर लौटते ही वे अपना जोगी का बाना उतार फेंकते और एक साधारण गृहस्थ का जीवनयापन करने लगते। यही जोगी अपने प्रवास काल के दौरान मौखिक आख्यानों (भरथरी एवं गोपीचन्द के गीतों) के जरिए लोगों को संसार की निसारता, वैराग्य जीवन जीने एवं नारी से दूरी की नसीहत देते थे। बड़ा ताज्जुब होता है कि भोजपुरी की लगभग सभी गाथाओं को खोजकर प्रकाशित करने वाले जॉर्ज ग्रियर्सन सोरठी बृजभार लोकगाथा को कैसे नजरअन्दाज कर गए।

6. नोनिया और आल्हा-ऊदल

औपनिवेशिक भारत में परिस्थितियों के बदलने से कुछेक जातियों के आर्थिक एवं सामाजिक-सांस्कृतिक स्थितियों में बदलाव के साथ उनके पेशों में भी परिवर्तन हुआ। विलियम एल-रोव का इस सम्बन्ध में किया हुआ अध्ययन हमें बताता है कि '19वीं सदी के उत्तरार्द्ध में पेशा बदलने वाले जातियों की अच्छी खासी संख्या हो गई थी। ब्रिटिश सरकार द्वारा सड़कों एवं रेलवे जाल बिछाने के लिए मिट्टी खोदने, ईंट बनाने और जो परम्परागत काम थे, उन जातियों से सम्बन्धित थे। उन जातियों में नोनिया एक जाति थी। यह जाति सड़क एवं पुल निर्माण के व्यवसाय में काफी फायदेमंद रही।'[2] सन् 1857 से लेकर सन् 1947 तक इस तरह के सार्वजनिक कामों में इनकी भागीदारी बढ़ती गई। इन्हीं दिनों अंग्रेजी सरकार ने इनकी लोकगाथा 'आल्हा-ऊदल' का रिकॉर्ड तैयार करना शुरू किया।[3]

मध्यकालीन भोजपुरी भारत में सोरा उद्योग (Slatpetre Industry) बहुत भारी उद्योग था। 17-18वीं सदी में इस उद्योग में बहुत बड़ा क्रान्तिकारी उछाल आया।

---

1. ऐसी किंवदंती एवं लोकविश्वास प्रसिद्ध है कि मसूद गाजी मियाँ की कब्र के किनारे वाले तालाब में स्नान करने से अंधों को भी दिखाई देने लगता है।
2. Willium L. Rove, The New Chauhan : A caste Mobility Movement in North India, in james Silverberg (ed.), Social Mobility in the Caste System in India: An Interdiciplinary Symposium (Paris : the Hague, 1968), pp. 66-77
3. ग्रियर्सन का कहना है कि वाटरफील्ड ने आल्हा-ऊदल को एक घुमन्तू गायक से गवाकर लिपिबद्ध किया था। देखिए ग्रियर्सन का लेख 'The Song of Alha Marriage, Indian Antiquary, Vol. LIV, 1885, p. 209-227. इसे भी देखिए—Laxmi G. Tiwari, An Elementary Reading of the Alhakhand, South Asia Research, Vol. 9, No. 1, May-1989, 9:3, pp. 3-16.

हालाँकि बहुत लम्बे समय तक सोरा उद्योग का उत्पाद भारत से यूरोप को निर्यात होता था। 'निःसन्देह इसका निर्माण समस्त भारतवर्ष के शहरों एवं गाँवों में होता रहा है लेकिन सोरा उद्योग का प्रमुख निर्माण केन्द्र बिहार का चम्पारण जिला था, जहाँ की मिट्टी में साल्टीफेरस था। इससे भी बेहतरीन सोरा एवं बारूद (गन पाउडर) पटना में तैयार होता था। यूरोप में सोरा रोगन एवं शीशा तैयार करने के लिए भारी माँग थी। यहाँ के सोरा उद्योग से यूरोप की कम्पनियों की भारी प्रतिस्पर्धा थी।'[1] लेकिन मुगल शासन के दौरान उसके उच्च अधिकारी और कई बड़े लोग भी इस उद्योग में समय-समय पर आते रहे।

19वीं सदी में सोरा उद्योग का उत्पाद पटना से कलकत्ता नदी मार्ग के जरिए सैनिकों की देखरेख में जाता था। इसका निर्यात द्वितीय विश्वयुद्ध तक होता रहा। भोजपुरी प्रदेश में परम्परागत हथियारों (तीर-धनुष और लाठी) को इस उद्योग ने रायफल, गन और पिस्तौल जैसे हथियारों में तब्दील कर दिया। भोजपुरी प्रदेश की नोनिया जाति, जो सोरा निकालने और हथियार बनाने का काम करती थी, पिछले कुछेक सदियों तक वह अपेक्षाकृत काफी सस्ती मजदूरी पर श्रम कर रही थी। लेकिन उन्नीसवीं सदी के दौरान उनकी परिस्थितियों में काफी सुधार हुआ। विशेष रूप से उन दिनों, जब सन् 1898 में 'राजपूत प्रचार सभा' का संगठन तैयार हुआ। उनकी देखादेखी नोनिया जाति ने भी चौहान राजपूत होने का दावा पेश किया और तर्क रखा कि उनकी जातीय लोकगाथा 'आल्हा-ऊदल' में दो बानाफर राजपूत वीरों की दास्तान है। इसके लिए उनका आन्दोलन भी 'चौहान आन्दोलन' के नाम से चला। परन्तु ऐसा नहीं है कि केवल नोनिया जाति ही आल्हा का गायन करती है बल्कि सभी जातियों के भीतर से आल्हा गायक निकले हैं। आल्हा का नौटंकी रूप भी तैयार हुआ है।

सोरा उद्योग के केन्द्रों में सारन, छपरा, पटना, शाहाबाद, भागलपुर, मुजफ्फरपुर, चम्पारन और दरभंगा इत्यादि प्रमुख हैं। इन्हीं जगहों पर जाकर अपने समुदाय वालों के बीच नोनिया गायक आल्हा-ऊदल की प्रस्तुतियाँ देते थे। वहाँ से वे फिर नेपाल और बंगाल की ओर भी निकल जाते थे।

(ग) भोजपुरी की मौखिक परम्परा की चौपटिया पुस्तकें : लेखक, बाजार, प्रकाशक, विक्रेता एवं ग्राहक

चौपटिया पुस्तकों के प्रकाशन से बनिजिया लोकसंस्कृति में एक नए अध्याय की शुरुआत होती है। बीसवीं सदी के दूसरे दशक से भोजपुरी की चौपटिया पुस्तकों

1. Kumkum Chatterjee, Merchants, Politics & Society in Early Modern India Bihar : 1733-1820, (Leiden : E.J. Brill, 1996), p. 79.

का मुद्रण शुरू होता है। बनारस, गोरखपुर और पटना, ये तीनों शहर भोजपुरी की सांस्कृतिक राजधानी रहे हैं। यहाँ से प्रकाशित पुस्तकों के प्रकाशन उद्योग में अधिकांशत: ब्राह्मण एवं बनिया जाति के लोग संलग्न रहे हैं। इन पुस्तकों के प्रकाशकों में सबसे बड़ा एवं सक्रिय नाम बनारस के ठाकुर प्रसाद, कचौड़ी गली का नाम आता है। बनारस की तंग कचौड़ी गली में छोटी-सी दुकान में ग्राहकों की सदा भीड़ लगी रहती है। इस प्रकाशक के तीन प्रेस हैं। एक बनारस में है, दूसरा बम्बई में है और तीसरा कलकत्ता में भी सचदेव प्रकाशन नाम से (शाखा) है। बनारस में ही जॉब प्रेस नामक एक दूसरा महत्त्वपूर्ण प्रेस है। पटना के सालिमपुर अहरा में नारायण एंड कम्पनी प्रेस और नागेन्द्र प्रसाद सिंह का जयदुर्गा प्रेस उल्लेखनीय हैं। गोरखपुर में चौहान एंड कम्पनी प्रेस प्रमुख है। भोजपुरी प्रदेश के बाहर कलकत्ता में त्रिवेदी परिवार का लोकनाथ पुस्तकालय, दूधनाथ पुस्तकालय, पांडेय परिवार का भोलानाथ पुस्तकालय इत्यादि महत्त्वपूर्ण प्रेस हैं। नि:संदेह कलकत्ता के प्रेस छपाई एवं बिक्री के विशेष केन्द्र रहे हैं। नेपाल में जनकपुर में जनक प्रेस और विराटनगर में मोरंग प्रेस भोजपुरी चौपटिया किताबों की छपाई के रूप में जाने जाते हैं। इनके यहाँ से सभी तरह की चौपटिया किताबें छपती हैं—लोकसाहित्य, चिकित्सा साहित्य, काम साहित्य से लेकर धार्मिक साहित्य तक। लेकिन इसका मतलब यह नहीं है कि यहाँ से छपने वाली चौपटिया किताबें केवल यहीं बिकती हैं। यहाँ से इनकी किताबें समस्त पूर्वी उत्तर प्रदेश एवं बिहार के छोटे शहरों को भेजी जाती हैं। गौरतलब है कि ये मुद्रक हर वर्ष प्रति चौपटिया किताबों की पाँच हजार से लेकर दस हजार तक की प्रतियाँ प्रकाशित करते हैं।

इन प्रकाशकों से छपने वाली चौपटिया किताबें आकार में छोटी, सस्ती और कमजोर कागज वाली होती हैं। इन किताबों का बहुत बड़ा बाजार है। इन किताबों की बिक्री न केवल इन मुद्रकों की दुकानों से होती है, बल्कि इनके दुकानों से कहीं ज्यादा बिक्री रेलवे स्टेशन एवं भोजपुरी प्रदेश के शहरों एवं गैर-भोजपुरी शहरों में, जहाँ प्रवासी भोजपुरिया श्रमिक रहते हैं, बड़ी दुकानों में होती है और इनसे भी कहीं ज्यादा बिक्री पैदल अपनी झोली में किताबें रखकर कंधे पर बेचने वाले पैकारों द्वारा होती है। इन्हीं की तरह शहर की सड़कों, गलियों में ठेले एवं साइकिल पर फेरीवाले इन किताबों को बेचते हैं। यहाँ यही श्रमिक-व्यापारी विवेच्य हैं। यही वे व्यापारी हैं जो अपने कंधों पर और ठेलों या साइकिलों पर किताबें रखकर न केवल बेचा करते हैं बल्कि उन किताबों का गायन भी करते हैं। इन चौपटिया किताबों पर शोध करने वाली फ्रेंच महिला विद्वान प्रो. कैथरिन का मानना है कि इन चौपटिया किताबों (के जरिए भोजपुरी लोकसाहित्य) के प्रचार करने में इन्हीं घुमन्तू गायकों की भूमिका है। जिनका एक नेटवर्क मिर्जापुर से (इस रूट पर नट एवं तेली गायकों का कारवाँ) नेपाल एवं बंगाल की ओर जाता है, दूसरा जौनपुर से (इस रूट पर

भरथरी जोगियों का) गोरखपुर और नेपाल की ओर चलता है। एक अन्य रास्ता बलिया से (अहीर गायकों का मौसमी प्रवास) रांची की ओर जाता है। एक और नेटवर्क है जो इलाहाबाद से कलकत्ता की ओर जाता है, जिस रास्ते से नोनिया गायक जाते हैं।'[1]

भोजपुरी के इन आख्यानों की जहाँ प्रस्तुति एवं बिक्री होती है, उनमें बड़े महाजनों की कोठियों से लेकर बड़े शहरों के मैदानों एवं उनके प्रवेश द्वारों, रेलवे स्टेशनों के इर्द-गिर्द, हाट-मेलों, बाजारों और मंदिरों, मुस्लिम संतों एवं फकीरों के दरगाहों इत्यादि का नाम गिनाया जा सकता है। आख्यानों के घुमन्तू गायकों की प्रस्तुतियाँ, चौपटिया किताबों एवं उनके बिक्री स्थलों के आधार पर प्रो. कैथरिन यह निष्कर्ष निकालती हैं कि 'भोजपुरी गाथाएँ गाँव की उत्पाद नहीं, बल्कि शहरी उत्पाद हैं।'[2] लेकिन उनके मौखिक रूप के गायक तो आमतौर पर गाँव में ही होते हैं। जिसके बारे में 'भोजपुरी लोकगाथाओं' के विद्वान सत्यव्रत सिन्हा का मन्तव्य है कि 'लोकगाथाओं के लिए उनके मूल मौखिक रूप को प्राप्त करना अत्यन्त आवश्यक है। इसके लिए गाँवों में जाने की आवश्यकता पड़ती है। कभी-कभी नगरों में भी 'आल्हा', 'गोपीचन्द' तथा 'भरथरी' के गाने वाले मिल जाते हैं, परन्तु सामान्यतया गाथाओं के गायक गाँवों में ही निवास करते हैं।'[3]

निःसन्देह इन चौपटिया किताबों के खरीदार रिक्शेवाले, ठेलेवाले, कलकत्ता, आसाम और मोरंग के चटकलिया मजदूर, झरिया-धनबाद के कोल मजदूर, चौकीदार, बस ड्राइवर, कुली, बनिजरवा (बैल और भैंसे पर लदनी करने वाले व्यापारी) इत्यादि हैं। भोजपुरी के भाषा वैज्ञानिक उदयनारायण तिवारी का यह कथन उल्लेखनीय है कि 'हजारों भोजपुरीभाषी कलकत्ता तथा भागीरथी के किनारे स्थित जूट के कारखानों में काम करते हैं। कलकत्ता में प्रति रविवार को वे सहस्रों की संख्या में धरमतल्ला के मैदान में 'आक्टरलोनी मॉनुमेंट' के पास एकत्र होते हैं। इस स्थान पर वे कबड्डी, कुश्ती आदि खेलों से तो मनोरंजन करते ही हैं; किन्तु कुछ लोग बिरहे, कजली, फाग और चैता आदि भी ऋतु के अनुसार गाते हैं। भोजपुरी गीतों में

1. Catherine Servan Schreiber, Tellers of Tales, Sellers of Tales, in Claude Markovevits, Jacques Pouchepadass and sanjay Subramanium, ed., Society and circulation Mobile People and Itinerant cultures in South Asia 1750-1950, (Delhi : Permanent Black, 2003), pp. 275-305
2. Chatherine servan Schreiber, The transmission of Bhojpuri Epics Towards Nepal and Bengal oral Performance and selling of Chapbooks Editions, in ed., Molly kaushal, Chanted Narratives The Living 'Katha Vachana' Tradition, (Delhi : Indira Gandhi national Centre for the Arts, 2001) P. 43-61. She Wrote, 'This is also to break with the idea that the gatha is the product and it is the sign of vitality of an urban culture which has kept its specificity and strength.
3. सत्यव्रत सिन्हा, भोजपुरी लोकगाथा, (इलाहाबाद : हिन्दुस्तानी अकेडमी, 1957), पृ. सं. 49-50

प्रचलित लोरिकी, सोभनयका और सोरठी आदि लोककथाओं को भी यहाँ लोग गाते हैं। यही कारण है कि अनेक भोजपुरी पुस्तकों का प्रकाशन दूधनाथ प्रेस, सलकिया, हाबड़ा से हुआ है।'[1] इसी तरह पटना का गांधी मैदान और आरा का रमना मैदान उल्लेखनीय हैं, जहाँ भोजपुरी गाथाओं का गायन होता रहता है। आषाढ़ महीने में गांधी मैदान में हर रोज आल्हा गाया जाता है।

जहाँ तक इन चौपटिया किताबों के संग्रहकर्ताओं एवं लेखकों का सवाल है तो वे अधिकांशतः गायकों से गवाकर लिपिबद्ध करके अपने नाम से पुस्तक छपवाते हैं। गायक का नाम गाथा के भीतर कभी रहता है और कभी नहीं रहता है। बहरहाल, भोजपुरी की चौपटिया आख्यानों के सबसे अधिक लोकप्रिय लेखकों में बाबू महादेव प्रसाद सिंह 'घनश्याम' रहे हैं। उन्होंने लगभग सौ से अधिक किताबें लिखीं। वे अपने गाँव के तालाब के तट पर घुमन्तू गायकों से गाथाएँ सुनकर अपनी संवेदना एवं अनुभवजनित कल्पना मिश्रित करके चौपटिया किताबों की रचना करते थे। कई बार चौपटिया किताबों के लेखक अपनी कल्पना से मौखिक आख्यानों में कुछ नया अध्याय भी जोड़ देते हैं। जैसे कि मास्टर परमहंस प्रसाद कुशवाहा ने रेशमा चुहड़मल गाथा की पूर्व कथा में स्वीकार किया है—'इस संस्करण में मैंने कुछ नई कथा भी जोड़ी है जैसे चूहड़मल का देवलगढ़ की चन्दिया से शादी होना तथा उसके लड़के वरमल का पंवारा तथा रेशमा का नागिन का जन्म लेकर बदला लेना आदि।'[2] अपनी आत्मचरित में स्वीकारते हैं कि उन्होंने सन् 1924 से लिखना शुरू किया। उनकी पाँच-सात पन्नों की आत्मचरित के अध्ययन से ज्ञात होता है कि उन्होंने रोजी-रोटी की तलाश में बहुत जगह का भ्रमण किया था। यही वजह है कि उनके किताबों में उन जगहों की स्थानीय विशेषताएँ भी चित्रित हो गई हैं। उनकी इस दुर्लभ आत्मचरित को परिशिष्ट-दो में पढ़ा जा सकता है। इनके अतिरिक्त मत्स्येन्द्र उपाध्याय आर्य, श्रीयुत रामदेव पांडेय, राम अयोध्या राय पटेल, सरदेव तिवारी, राकेश इत्यादि का नाम भोजपुरी की चौपटिया किताबों के लेखक के रूप में मिलता है।

यह कहना दीगर बात है कि भोजपुरी की मौखिक परम्परा में जो आख्यान पिछड़ी एवं निम्न जातियों तक सीमित थे, वही आख्यान प्रकाशन रूप में आते ही उच्च जातियों तक पहुँचने लगा। एक तरफ भोजपुरी के मौखिक आख्यानों ने यदि प्रकाशन उद्योग को व्यवसाय का एक नया क्षेत्र प्रदान किया वहीं प्रकाशन उद्योग ने भी भोजपुरी आख्यानों की एक नई छवि गढ़ी और इस छवि निर्माण में घुमन्तू गायकों की बड़ी भूमिका रही है। इसे बनिजिया लोकसंस्कृति के एक बड़े भाग के रूप में देखा जा सकता है।

---

1. उदय नारायण तिवारी, भोजपुरी भाषा और साहित्य, (पटना : बिहार राष्ट्रभाषा परिषद्, 1940) पृ. सं. 237
2. मास्टर परमहंस प्रसाद कुशवाहा एवं राम प्रवेश, रे

(घ) बनिजिया लोकगीत : प्रवसन, मिथक एवं लैंगिकता

केवल लोकगाथाओं में ही बनिजिया लोकसंस्कृति का चित्रण नहीं मिलता है बल्कि भोजपुरी लोकगीतों में भी श्रमिक-व्यापारियों की संस्कृति उभरकर आई है। क्योंकि मेला-मैदान, चौक-गली या अन्य अनुष्ठान-समारोहों में भोजपुरी लोक आख्यानों की प्रस्तुतियों की गूँज परदे के भीतर रहने वाली स्त्रियों तक पहुँची तो इन्होंने उन स्मृतियों के साथ अपने दैनिक जीवन के सुख-दुख, हर्ष-विषाद को जोड़कर लोकगीत रच डाला। इन लोकगीतों में मुख्यतः दाम्पत्य जीवन का अलगाव बोध, बनिज प्रस्थान के संस्कार, लादी जाने वाली वस्तुएँ, परिवहन साधन, प्रवासोपरांत वियोगी स्त्री के प्रति पारिवारिक बर्ताव, व्यापारिक परामर्श, बनिज प्रदेश में पति के प्रति परस्त्री गमन की आशंका, मिथकीय चरित्रों का सामान्य पारिवारिक संस्करण इत्यादि की सामाजिक व सांस्कृतिक समीक्षा है।

मौखिक परम्परा में बनिजिया लोकगीतों की निर्मिति के लिए मुख्यतः तीन एजेंसियाँ हैं, एक, पुरुष; दूसरे, सवर्ण स्त्रियाँ और तीसरे, निम्नजातीय स्त्रियाँ। आइये देखते हैं, इन तीनों के बनिजिया लोकगीतों में प्रवसन, मिथक और लैंगिकता की छवि किस रूप में एक-दूसरे-तीसरे से गुँथी हुई है। बनिजिया के लिए प्रस्थान करते समय निम्नलिखित लाचारी गीत में एक व्यापारी और उसकी पत्नी के संवाद को देखिए—

पियवा जे चलेला उत्तरी बनिजिया, कि केई रे छइहें ना।
मोरा उजड़ल बंगलवा, कि केई रे छइहें ना॥ 1॥
घरवा त बाड़ें धनी छोटका रे भइया, कि उहे रे छइहें ना।
तोरा उजड़ल बंगलवा, कि उहे रे छइहें ना॥ 2॥
देवरा के छावल मन ही ना भावे, कि तीलि-तीलि ना।
देवर बूना टपकावे, कि तीलि-तीलि ना॥ 3॥
जब तुँहूँ ए पिया, जइब बिदेसवा कि केई रे सोइहें ना।
मोरा डासलि सेजिया, कि केई रे सोइहें ना॥ 4॥
घरवा त बाड़ें धनी छोटका देवरवा, कि उहे रे सोईहें ना।
तोरी डासलि सेजिया, कि उहे रे सोईहें ना॥ 5॥
देवरा के सोवला मन ही ना भावे, कि तीलि-तीलि ना।
देवरा डाँड़वा चलावे, कि तीलि-तीलि ना॥ 6॥
जब तुहूँ ए पिया जइब बिदेसवा, कि केई रे चभिहें ना।
मोरा लावल बिरवा, कि केई रे चभिहें ना॥ 7॥
घरवा त बाड़ें धनी छोटका देवरवा, कि उहे रे चभिहें ना।
तोरा लावल बिरवा, कि उहे रे चभिहें ना॥ 8॥

देवरा के चाभल मन ही ना भावे, कि तीलि-तीलि ना।
देवरा मुसुकि चलावे, कि तीलि-तीलि ना॥ 9॥[1]

लाचारी गीत आमतौर पर निम्नजातीय पुरुष गाते हैं। इस गीत में पति उत्तर दिशा में (नेपाल) व्यापार करने जा रहा है। पत्नी—वह व्यापार करने तो जा रहा है लेकिन यहाँ घर पर बँगला (मकान) छवाना (बनाना) है, कौन छवाएगा? पति कहता है—अपने देवर से छवालो। पत्नी सेज पर सोने के लिए, बिरवा खाने के लिए कौन आएगा जैसे सवाल करती है तो पति देवर द्वारा सब काम करा लेने की सलाह देता है। पर पत्नी को देवर का कोई भी काम सुहाता नहीं है। इसी संवेदना को दर्शाता बैसवाड़ी बोली में एक कजरी गीत है।[2] वहाँ भी देवर 'बनिजरवा' की पत्नी पर बुरी निगाह रखता है। लेकिन यह सुग्गा तो गलत हरकतें भी कर रहा है और शिकायत भी कर रहा है—

पिया मोरे गइले हो पुरुबि बनिजिया। अहो राम! दे गैलन ना॥
एक सुगना भदेसवा, से देई गइले ना॥
खाय् के माँगे सुगना दुध भात खोरिया, से सुते के माँगे ना।
दुनो जोबना के बीचवा, सुते के माँगे ना॥
आधि-आधि रतिया सुग्गा पछिले पहरवा से, कुटके लागे ना।
मोर चोलिया के बंदवा से, कुटके लागे ना॥[3]

यह गीत लाचारी और ठुमरी विधाओं में है। पिया एक सुग्गा देकर पूरब के देश चला गया। यहाँ अब सुग्गा खाने के लिए दूध-भात माँगता है और उस नारी के दोनों 'जोबन' के बीच सोना चाहता है। जब वह उसे वहाँ सुलाती है तो आधी

1. कृष्णदेव उपाध्याय, हिन्दी प्रदेश के लोक (ग्राम) गीत, (इलाहाबाद : साहित्य भवन (प्रा.) लि., 1990), पृ. सं. 98
2. जोगेन्द नाथ राय, बैसवाड़ी फोकसांग्ज, जे.ए.एस.बी., वाल्यूम 53, भाग 1, 1884, पृ. सं. 232-257 जरा देखिए—
'पुरुबु के देसवा से अइलें बनिजरवा रामा
डेरा डाले सुन्दर के अँगनवा रे हरी
सगरों अँगनवा छेकेला बनिजरवा रामा
कैसे क बोहारों घर अँगनवा रे हरी
टारी देऊ गोंदिया उलाटि देव बखरवा रामा
निऊरि बोहारों घर अँगनवा रे हरी
अँगना बोहारत मोरा उड़ल अँचरवा रामा
देवरा पापी निरखै मोर जोबनवा रे हरी
अइसन देवरवा के फँसिया रे दियौत्यूँ रामा
जब रे घरवा होसें छूरीबजवा रे हरी।'
3. हूज फ्रेजर, फोकलोर फ्रॉम ईस्टर्न गोरखपुर, जे.ए.एस.बी., वाल्यूम-53, भाग-1, (हिस्ट्री, एंटीक्वेटीज एंड सी.), (नं. 1 से 4, 1883 : 23 प्लेट के साथ) पृ. सं. 1-27

पहर रात को चोली के बन्धनों को कतरने लगता है। उसका एक मन होता है कि उसे पटक कर मार दे लेकिन दूसरी ओर सोचती है कि वह उसके स्वामी का खिलौना है। गीत का पूरा वातावरण सामन्तकालीन है। सुग्गा उड़ते-उड़ते स्वामी के पास कलकत्ता पहुँच गया। स्वामी ने पगड़ी उतारकर जाँघ पर बैठाया और घर का कुशल-मंगल पूछा। सुग्गा ने बताया कि उसकी माँ अनाज कुटने का काम करती है और बहन पीसने का जबकि पत्नी ने दुकान खोल ली है। प्रवासी पति के लिए माँ-बहन द्वारा किसी के घर में अनाज कुटना-पीसना थोड़ा-बहुत सह्य हो सकता है परन्तु पत्नी द्वारा दुकान खोल लिया जाना असह्य है। सामन्ती परिवेश में नारी का बाजार में प्रवेश करना सामाजिक दृष्टि में हेय था।

सइयाँ मोरे गइले रामा पूरबी बनिजिया।
से लेई हो अइले ना, रस बेंदुली टिकुलिया...[1]

यह भी लाचारी गीत है। प्रवासी पति 'पुरुबी बनिज' से घर लौटा है और अपनी प्यारी पत्नी के लिए रस बेंदुली-टिकुली लाया है। टिकुली साट कर वह अटारी (घर का अगवासा) पर बैठी तो उसकी बेंदुली-टिकुली चमकने लगी। घोड़ा पर चढ़कर राजा के लड़के को आते देखा तो उसका कोमल हृदय धड़कने लगा। उसका राजा के लड़के को घोड़े पर आते देखना और डर जाना, उपनिवेश-पूर्व एवं उपनिवेश के दिनों में स्त्री-अपहरण की घटनाओं की ओर संकेत करता है। इतिहास और संस्कृति (लोक आख्यानों) में स्त्री-अपहरण की एक लम्बी परम्परा रही है। लेकिन इस गीत में घोड़े पर आने वाला नवयुवक कोई और नहीं बल्कि उसका सइयाँ परदेसिया था जो बाहर से द्वार खोलने की आवाज लगा रहा था। वह झट से द्वार तक छम-छम पैंजनी बजाती हुई आई और द्वार खोला। इसी तरह एक और बनिजरवा बारह वर्ष पर लौटा है—

बारहों बरिस पर लवटल बनिजरवा।
बरवा तर ढारे जिरवा गोनी रे बिदेसिया।
उहँवा से गोनिया उठवले रे बिदेसिया,
आरे सेज पर ढारे जिरवा गोनी रे बिदेसिया।
पनिया पियहु पाटे बइठहु रे बनिजरवा,
आरे कहु ना रोहनिया कुसल बाई।
हमरी रोहनिया कुसल बाड़ी ए सँवलिया,
आरे कहु ना रे आपन कुसल बात।

---

1. दुर्गाशंकर प्रसाद सिंह, भोजपुरी के कवि और काव्य, (पटना : बिहार राष्ट्रभाषा परिषद्, 1940), पृ. सं. 158

तोहरी ही मइया सइयाँ बड़ी रे दरूनिया,
आरे तेलवा नापि रे नापि देई।
तोहरी ही बहिना पियवा बड़ी निठूरिया,
लोइया रे गनिके हाथे देई।[1]

यह गीत जंतसारी बिदेसिया गीत के विन्यास में है। हम जानते हैं कि बिदेसिया लोकगीत सन् 'सतावन के उपरांत ही अस्तित्व में आते हैं। इससे पता चलता है कि यह गीत औपनिवेशिक दौर में सर्जित हुआ है। इस गीत में बारह वर्ष पर बनिजरवा पति परदेस से लौटा है और वह वृक्ष के नीचे बैठ गया है। वहाँ से वह 'गोनी' उठाकर घर आया और सेज पर ही 'गोनी' बिछा दी। उसकी पत्नी ने बैठने के लिए पाट और पीने को पानी दिया। पति-पत्नी दोनों ने एक दूसरे का कुशलक्षेम पूछा। पति ने अपना कुशल-मंगल बताया तो पत्नी ने कहा कि उसकी सास बड़ी दारुण (दुःख देने वाली) है। वह तेल नाप-तोलकर देती है। उसकी बहन भी बड़ी निष्ठुर है, रोटियाँ गिन-गिनकर खाने के लिए देती है। वह अपने विरह के दिनों में परिवार में मिले दुःख को पति से बयान कर रही है। इस गीत में 'गोनी' का मतलब गोंदरी होता है। 'गोनी' को गोन भी कहते हैं। दरअसल 'यह दोहरे बोरे का प्राचीन रूप है। गोन अनाज रखने अथवा ढोने के काम में आती थी। पहले इसे ऊन या चमड़े से तैयार किया जाता था। अब इसका बहुत कम प्रयोग होता है। इसका नाम अब बोलचाल में ही सुरक्षित है।'[2] गोन से सम्बन्धित दो-एक कहावत भी है—'जब बहे हड़बहवा पौन, तब लादे बनजरवा नोन।/बैल ना कूदे, कूदे गोन; ई तमाशा देखे कौन?'[3] अर्थात् बैल के बदले उसकी पीठ पर

---

1. महेश प्रताप नारायण अवस्थी, (सं.)—हिन्दी के लोकगीत भाग-1, (प्रयाग : सत्यवती प्रज्ञालोक, 2002), पृ.122 'यह (गोनी) दोहरे बोरे का प्राचीन रूप है। गोन अनाज रखने अथवा ढोने के काम में आती थी। पहले इसे ऊन या चमड़े से तैयार किया जाता था। अब इसका प्रचलन बहुत कम है। इसका नाम अब बोलचाल में ही सुरक्षित है।' डॉ. वासुदेव शरण अग्रवाल : पाणिनिकालीन भारतवर्ष, पृ.149, 'वैदिक साहित्य में गोण शब्द नहीं मिलता, किन्तु दीर्घनिकाय के ब्रह्मजाल सुत में 'गोणक' शब्द आया है, जो लम्बे बालों वाले बकरों के बालों से बना मोटा ऊनी वस्त्र होता था।' डॉ. मोतीचन्द्र का अनुमान यह है कि गोणक शब्द 'कौनक' से सम्बद्ध है, जो ऊन का बनता था और जिसे प्राचीन सुमेर और अक्कद देश के लोग पहनते थे। (मार्शल सिन्धु-उपत्यका की सभ्यता, पृ.133, 342; फलक 95, चित्र 10)। हो सकता है कि प्राक्पाणिनीय काल में कभी यह शब्द पश्चिमी व्यापारियों के साथ इस देश में आ गया।
2. डॉ. वासुदेव शरण अग्रवाल, पाणिनिकालीन भारतवर्ष, (वाराणसी) पृ. सं. 149, 'वैदिक साहित्य में गोण शब्द नहीं मिलता, किन्तु दीर्घनिकाय के ब्रह्मजाल सुत में 'गोणक' शब्द आया है, जो लम्बे बालों वाले बकरों के बालों से बना मोटा ऊनी वस्त्र होता था।' इतिहासकार मोतीचन्द्र का अनुमान है कि गोणक शब्द 'कौनक' से सम्बद्ध है, जो ऊन का बनता था और जिसे प्राचीन सुमेर और अक्कद देश के लोग पहनते थे। (मार्शल सिन्धु-उपत्यका की सभ्यता, पृ. सं. 133, 342; फलक 95, चित्र 10)।
3. जी.ए. ग्रियर्सन, बिहार पीजेंट लाइफ, (दिल्ली : कॉस्मो पब्लिकेशन, संस्करण 1975), पृ. सं. 25

लदी हुई गोन कूद रही है—यह तमाशा कौन देखे? व्यापारियों में झगड़ा होने पर ही इस लोकोक्ति का उद्‌भव हुआ होगा। गोन से सम्बन्धित एक और भोजपुरी कहावत कही जाती है—'थाकल बैल गोन भइल भारी, अब का लदबऽ ए बैयपारी।' अर्थात् हे व्यापारी! बैल थक गए, इसलिए उन्हें गोन भारी लग रही है। अत: अब उन पर भला क्या लादोगे?

बेरि हि बेरि तोहि बरजों ए बिदेसिया;
अरे गवनवा जनि करइहे रे बिदेसिया।
अगहने गवनवा जब करइबे रे बिदेसिया;
आरे भादो पँयतवा जनि फेरू रे बिदेसिया॥ 1॥
भादो पँयतवा जब फेरबे रे बिदेसिया;
आरे उतरी बनिजिया जनि जइहे रे बिदेसिया।
उतरी बनिजिया जब जइबे रे बिदेसिया;
अरे दुअरा जनि जइहे रे बिदेसिया॥ 2॥
माई बहिनियाँ फुलवा लोर्हिहे रे बिदेसिया;
आहेहमधनियाबाटवातोरजोहबिरेबिदेसिया।
बारहो बरिस पर लवटल बनिजरवा;
बारवा तर ढारे जिरवा गोनी रे बिदेसिया॥ 3॥[1]

यह जँतसारी गीत है। इस गीत में व्यापारी पति को पत्नी कह रही है कि हे बिदेसिया! मैं तुम्हें बार-बार मना करती थी कि अगहन में गौना मत कराओ। यदि तुम अगहन में अपना गौना कराओगे तब भादों में मायके जाने के लिए मेरे प्रस्थान को मत रोकना। यदि तुम भादो में मेरे जाने के प्रस्थान को लौटाओगे, तब उत्तर दिशा में व्यापार करने मत जाना। यदि उत्तर दिशा में जाना तो द्वार पर लगी हुई बाटिका में मत जाना । तुम्हारी माँ और बहन उस बाटिका से फूल चुनेंगी और मैं तुम्हारा रास्ता देखूँगी। बारह वर्ष के बाद व्यापारी पति परदेस से घर लौटा और वट वृक्ष के नीचे बैठ गया। यह सुनकर माँ पानी और पीढ़ा लेकर दौड़ी और बहन बैठने के लिए सिंहासन लेकर खड़ी हो गई। माता ने कहा बेटा पानी पियो और पीढ़े पर बैठकर अपने स्वास्थ्य का समाचार कहो। वहाँ से उठा, अपना सामान लेकर वह व्यापारी घर आया और पत्नी की सेज पर बैठ गया। पत्नी ने कहा पानी पियो। तुम्हारा स्वास्थ्य, कुशल-मंगल तो है? पति ने उत्तर दिया—हे साँवली स्त्री! मेरा स्वास्थ्य ठीक है। तुम अपना कुशल-क्षेम सुनाओ। पत्नी ने जवाब दिया—तुम्हारी माता बड़ी दारुण व कठोर है। वह नाप करके तेल लगाने के लिए देती है। तुम्हारी बहन बड़ी निष्ठुर है। वह आटे की लोइया मुझे गिनकर देती है।

1. वही, पृ. सं. 100-101

पति ने कहा—प्रात:काल होने दो तथा कुछ दिन चढ़ जाने दो, मैं माँ और बहन दोनों को परदेस भेज दूँगा। यह सुनकर पत्नी ने कहा—हे परदेसी पति! ऐसी कठोर बातें मत कहो। क्योंकि माँ ने संसार दिखाया है। बनिजरवा पति को सलाह भी देती है—

हरि हरि दूरि लदन जनि जाउ छयल बयपारी ए हरी।
सभ कुछ लदीह रामा, नुनवा मति लदिह,
परत बूँद गलि जाय, रकम सब माटी ए हरी।
सब कुछ लदीह रामा, चीनिया मति लदीह,
परत बूँद गलि जाय, रकम सब माटी ए हरी।
सब कुछ लदीह रामा, पनवा मति लदीह,
हरि बहत पवन उड़ि जाइ, कवन गुन होई ए हरी।[1]

यह झूमर गीत है। इसमें बनिज जा रहे व्यापारी की पत्नी दूर देश जाने की मनाही करती है और नमक, चीनी तथा पान जैसे कच्चे मालों का व्यापार न करने की सलाह देती है। क्योंकि इनके जल्दी गल जाने एवं नष्ट हो जाने का भय रहता है। इसलिए उसमें घाटे का डर रहता है। अर्थात् व्यापार में सदा लाभ ही नहीं होता है बल्कि कभी-कभार घाटा भी हो जाता है। एक कहावत है—'सइयाँ गए लदनी, लदाइन झड़ाझड़,/सौ के पचास किए चले आए घर।'[2] मतलब, सैंया ने लदनी (अनाज का व्यापार) खूब तेजी से किया, सोचा-समझा भी नहीं, लदनी में सौ रुपये लगा दिये, लेकिन पचास रुपये ही घर ला पाए। बनिजिया को जाते समय न केवल उनकी पत्नियाँ सलाह देती हैं बल्कि पुरुष भी सलाह देते हैं। यह सलाह उनकी लोकोक्तियों में दिखाई देती है—'जीभ आ जूंजी बचवले के मोल हऽ।/धन आ इज्जत जोगवले के मोल हऽ॥' अर्थात् जीभ और सेक्स पर हमें संयम रखना चाहिए तथा धन और इज्जत की रक्षा करनी चाहिए। इसी तरह एक और कहावत है—'मारे मन सुखावे पेट, तब होई टका से भेंट।' अर्थात् मन और पेट पर संयम रखकर ही 'टका'[3] कमाया जा सकता है। यह टका मुगल काल से लेकर अंग्रेजी काल तक चालू था। परदेस में व्यक्ति अगर मन मार लेता है यानी मन पर संयम रखता है और आधा पेट भोजन करके गुजारा कर लेता है तभी वह पैसे बचाकर घर

1. श्रीधर मिश्र, भोजपुरी लोकसाहित्य : सांस्कृतिक अध्ययन, (इलाहाबाद : परिमल प्रकाशन, 1970), पृ. सं. 133
2. एस. गौतम, (संकलन एवं सम्पादन), भारतीय साहित्य में महिलाओं पर अभद्र कहावतें, (दिल्ली : गौतम बुक सेंटर, 2007), पृ. सं. 54
3. राहुल सांकृत्यायन, अकबर, (इलाहाबाद : किताब महल प्रकाशन, 1967), पृ. सं. 299, राहुल लिखते हैं, हमारे यहाँ चाँदी के सिक्के को टका कहते हैं, इसी कारण टंक बनानेवाले स्थान का नाम टंकसाल या टकसाल पड़ा। शेरशाह के समय से टंका का नाम हमारे देश से उठ गया; लेकिन बंगाल और उड़ीसा में आज भी रुपये को टका कहते हैं। हिन्दी भाषी पूर्वी क्षेत्र में टका दो पैसे को कहते थे। तिब्बत और मध्य एशिया में हाल तक चाँदी के सिक्के को टंका कहा जाता रहा।'

ला सकता है। लेकिन इसके ठीक विपरीत सोच को दर्शाने वाली कहावत है— 'काटो हड़िया, काटो पेट; तबहुँ ना होइहन धन से भेंट।' मतलब, कितना भी पेट काट लो, हड़िया (मिट्टी का बर्तन, जिसमें खाना बनता है) में कितना भी भोजन में कटौती कर लो, फिर भी धन नहीं बटोर सकते। दोनों लोकोक्तियाँ दो विचार सरणियाँ हैं।

रामा शिव बाबा चलेले हा पुरुबी बनिजिया हो राम।
लादि लिहले, भंगिया धतुरवा हो रामा॥ 1॥
लादिलिहले, रामाहोतभिनुसारवासिवजीजगावेहोराम।
उठ गउरा, भंगिया रगरि के पिआव हो रामा॥ 2॥
रामा कइसे में उठी सिव महादेव हो रामा।
मोरा गोदी, गनेस बाड़े बालक हो रामा॥ 3॥
रामा गनपति बालक पलंग सुताव हो रामा।
इचि एक, भंगिया रगरि के पियाव हो रामा॥ 4॥[1]

प्रस्तुत चैता गीत में शिव बाबा (देवता) भी 'पुरुबी बनिजिया' जा रहे हैं। 'पूरबी बनिजिया' के लिए भंग-धतूरा लाद रहे हैं और भिनुसार में वे गौरा (पार्वती) को जगा रहे हैं कि गौरा भाँग रगड़-घोलकर पिलाएँ। गौरा कहती हैं कि उनके गोद में बालक गणेश हैं। इस पर शिवजी कहते हैं कि बालक गणेश को पलंग पर सुला दो और थोड़ी-सी भाँग पिला दो। प्रवसन भोजपुरी समाज की ऐसी सच्चाई है कि मिथकीय चरित्र भी प्रवसन के दबाव में सांस्कृतिक स्तर पर विचरण करते दीखते हैं। शिव एक देवता न होकर किसान जीवन में जीवन-यापन व जूझने वाले एक आम गृहस्थ हो गए हैं। जिन्हें घर-गृहस्थी तंदुरुस्त करने के लिए 'पूरबी बनिजिया' की ओर प्रवास करना पड़ रहा है। एक और गीत है जिसमें शिवजी बनिजिया से बारह वर्ष पश्चात घर लौटे हैं लेकिन एक और विवाह करके—

महादेव चलले हा पुरबि बनिजिया, बितेला महिनवा चारि रे।
मचिया बइसि गौरा जोहेली बटिया, कब अइहें तपसि हमार रे॥ 1॥
बारह बरिस पर लौटे महादेवा, भइलें दुहरवा पर ठाढ़ रे।...
विधि के लिखल गउरा आरे नाहिं मेटे रे, भावी कइल दूसर बियाह रे।[2]

---

1. कृष्णदेव उपाध्याय, हिन्दी प्रदेश के लोक (ग्राम) गीत, (इलाहाबाद : साहित्य भवन (प्रा.) लि., 1990), पृ. सं. 98
2. जी.ए. ग्रियर्सन, सम बिहारी फोकसांग्ज, जे.आर.ए.एस., न्यू सीरीज, वाल्यूम 16, सं. 2, (अप्रैल 1884), पृ. सं. 196-246

भारतीय विवाह व्यवस्था के नैतिक मूल्यों में से स्त्री के लिए सतीत्व का आदर्श बहुत महत्त्वपूर्ण है। एकनिष्ठ प्रेम के आदर्श से भोजपुरी लोकसाहित्य बहुत समृद्ध है। सीता, सावित्री, पार्वती, हेवन्ती, सती बिहुला, लचिया रानी, लोरिकायन की मंजरी, शोभनायक बंजारा की जसुमतिया जैसे मिथकीय एवं लोकगाथाई स्त्री-चरित्रों के माध्यम से भोजपुरी लोकसाहित्य ने अपने समाज को खूब उपदेश दिया है। अपने सतीत्व की रक्षा के लिए स्त्रियों ने न केवल पर-पुरुषों के प्रेम प्रस्ताव को ठुकराया है बल्कि जब भी उसके आत्मसम्मान को किसी ने रौंदना चाहा है, उसने सशक्त होकर उस अत्याचारी को खत्म कर दिया है या फिर अनासक्त होकर स्वयं को खत्म करके सतीत्व के महत्त्व को कायम रखा है। लोकसाहित्य साक्षी है कि इधर पत्नी अपने आत्म सम्मान को पति की इज्जत समझकर अपने सतीत्व की रक्षा करती रही, उधर प्रवास में पति दूसरी स्त्री भी रखता है और घर लौटकर पत्नी के सत की परीक्षा भी लेता है। मिथकीय चरित्र शिव व्यापार करके बारह वर्षों के पश्चात घर लौटे हैं। गौरा से कुशल क्षेम पूछने की बजाय उनकी यौन पवित्रता पर सन्देह करते हुए नाना सवालों से परीक्षा ले रहे हैं—

लवंगिया लदनिया हो महादेव, तिरसुल दीहलन उठँगाई।
बारह बरिस पर अइलन महादेव। गउरा से माँगेलन विचार॥
जब ही जे गउरा देई बरम्हा गोड़ लागेलन। बरम्हा बिसुन दीहलन असीस॥
एहु किरिअवा गउरा हम नाहीं मानब हो। हमरो के द सुरूज विचार॥
जब ही जे गउरा देई सुरूज गोड़ लागेला। सुरूज बाबा भइले छपित॥
एहु किरिअवा गउरा हम नाहीं मानब हो। हमरो के द सरप विचार॥
जब ही जे गउरा देई सरप हाथे लिहली। सरप बइसेला गेरूड़ मार॥
एहु किरिअवा गउरा हम नाहीं मानब हो। अगिन विचारवा मोही देहुँ॥
जब ही जे गउरा देई अगिनी हाथे लिहली। अगिन भइले झँवाई॥
एहु किरिअवा गउरा हम नाहीं मानब हो। गंगिया विचार मोही देहुँ॥
फाटू हूँ धरती समाई बलु जइबो। अइसन पुरुख मुँह ना देखबो॥[1]

यह शिव गौरा गीत है। स्त्रियाँ इसे विवाहोत्सव के अवसर पर मंगलगान के रूप में गाती हैं। यह संस्कार गीत साबित करता है कि पति का पत्नी की यौन

1. हंसकुमार तिवारी, भोजपुरी संस्कार गीत, (पटना : बिहार राष्ट्र भाषा परिषद्, 1977), इसे भी देखें, सुचीता रामदीन, संस्कार मंजरी, (मॉरीशस : महात्मा गांधी संस्थान, 1989), पृ. सं. 165, इसे भी देखें, उदयनारायण गंगु, मॉरीशस का भोजपुरी लोकसाहित्य एवं भारतीय संस्कृति, (मॉरीशस : महात्मा गांधी संस्थान, मोका, 2002), पृ. सं. 284-85, इसे भी देखें, सुरेश गौतम, भारतीय लोकसाहित्य कोश, भाग-6, (दिल्ली : संजय प्रकाशन, 2010), पृ. सं. 2761, इसे भी देखें, श्रीधर मिश्र, भोजपुरी लोकसाहित्य : सांस्कृतिक अध्ययन, (इलाहाबाद : हिन्दुस्तानी अकादमी, 1971), पृ. सं. 276

शुचिता के प्रति सन्देह एवं उसके निराकरण के लिए परीक्षा लेने की एक लम्बी परम्परा रही है। यह परम्परा स्त्रियों की इस मानसिकता को मजबूत करती है कि शिव जैसे भगवान ने अपनी गौरा पर सन्देह किया तो हमारी क्या विसात? इसलिए हमें पति के सन्देह को अपनी निर्मलता से दूर करना चाहिए। स्त्री की यौन सुचिता की परीक्षा उसके लिए वैध स्वीकृति बन गई है। लेकिन क्या निम्नजातीय समाज में यौन शुचिता के प्रति आग्रह इसी रूप एवं इतनी ही मात्रा में रही है? निम्नजातीय स्त्रियों के लोकगीतों के अध्ययन से पता चलता है कि उनके यहाँ यौन पवित्रता का आग्रह उस रूप में नहीं है। इसकी एक वजह तो यह है कि पर्दा प्रथा का आग्रह कम होता है। वह घर और खेतों में श्रम करती हैं। खेतों में किए जाने वाले श्रम को परिवार मूल्यांकित करता है। दूसरे, वह जिस समाज से रिश्ता रखती है, उस समाज में सवर्ण स्त्रियों की अपेक्षा उसके अधिकार अधिक हैं। इसीलिए शोषित होने पर वह जल्द ही प्रतिकार कर उठती है। लाचारी की स्थिति में उसकी प्रतिकार की भाषा तथाकथित रूप में फूहड़ हो जाती है—

फूल एक फुलि गइले; फूलेववा दावानवाँ।
पिया मोर गइले बिदेसवा; कइके के गवनवाँ॥ 1॥
जाँघ तोर थाके रे पियवा; बँहिया लागो घुनवाँ।
जाहि हाथे डलले रे मुअना; सिर में सेनुरवा॥ 2॥
फोरबो में संकर चुरिया; मेटबि सेनुरवा।
हतबो में आल्हर जियरा; तोहरे कारानावाँ॥ 3॥
मति फोर संख के चूड़िया; मति मेटहु सेनुरवा।
जनि हत आल्हर जियरा; रहबो हजुरवा॥ 4॥'[1]

यह गौड़ जाति के द्वारा गाया जाने वाला गीत है। जाहिर है कि गौड़ हिन्दू समाज में निम्न जाति मानी जाती है। इस गीत में गौड़ जाति की स्त्री कहती है कि दौना के फूल फूल रहे हैं। मेरा पति गौना कराकर परदेस चला गया। वियोग की व्यथा देने के कारण वह पति को शाप देती हुई कहती है कि हे पिया! परदेस जाते समय तुम्हारा पैर थक जाए और तुम्हारी बाँहों में घुन लग जाए, जिन हाथों से तुमने मेरी माँग में सिन्दुर लगाया। अब मैं अपनी शंख की चूड़ियों को फोड़ दूँगी, सिंदूर को मिटा दूँगी; अपने कोमल प्राणों को नष्ट कर दूँगी। इस पर पति ने उत्तर दिया कि हे प्यारी! तुम अपनी शंख की चूड़ियों को मत फोड़ो, माँग की सिंदूर को मत

1. जॉर्ज ए. ग्रियर्सन, सम बिहारी फोक-सांग्ज, जे.आर.ए.एस. न्यू सीरीज वाल्यूम 16, सं. 2, (अप्रैल 1884), पृ. सं. 196-216, इसे भी देखें, कृष्णदेव उपाध्याय, भोजपुरी लोकगीत—द्वितीय भाग, (प्रयाग : हिन्दी साहित्य सम्मेलन, संस्करण, 1966), पृ. सं. 306

मिटाओ और अपने प्राणों को मत छोड़ो। मैं तुम्हारे सामने ही रहूँगा, परदेस नहीं जाऊँगा। इस गीत में पत्नी परदेस जाने वाले अपने पति को जिन शब्दों में गाली एवं शाप दे रही है। उनसे भोजपुरी समाज की निम्नवर्गीय एवं निम्नजातीय गौड़ समाज हमारे सम्मुख उपस्थित होता है। भोजपुरी क्षेत्र में एक निम्नजातीय नारी ही अपने पति को जली-कटी भाषा में बोल सकती है। क्योंकि आर्थिक संसाधनों के उत्पादन में उसकी बराबर की भूमिका है।

मोरा पिछुअरवा ए ननदी; चम्पवा के फूलवा नु रे जी।
चम्पवा के फुलवा ए ननदी; रहेला गरभवा नु रे जी॥ 1॥
इहे गरभवा ए ननदी; केकरा सिरे ढारबि नु रे जी।
आरे सामी मोर गइले ए ननदी; राजवा के नोकरिया नु रे जी॥ 2॥...
जिन्हि कर होइहें ए ननदी; हाथ के मुंदरिया नु रे जी॥ 13॥
उनकर जनमल ए ननदी; रोवेला होरिलवा नु रे जी॥ 14॥[1]

इस लम्बे जँतसारी गीत में एक परदेसी की पत्नी अपनी ननद से कह रही है कि 'हे ननद! मेरे घर के पीछे चम्पा का फूल है। उसके रस को लेने के लिए आए हुए भँवरे (छैला) के द्वारा गर्भ रह गया। यह गर्भ-धारण मैं किसके मत्थे मढ़ूँ क्योंकि मेरा पति राजा की नौकरी करने के लिए परदेस चला गया है। मेरा देवर अभी बहुत छोटा है। अत: यह गर्भ मैं किसके मत्थे मढ़ूँ। ननद सलाह देती है 'तुम अपने हाथ में बाँस की कच्ची पतली छड़ी ले लो और अपनी काँख में बाँस की बनी चंगेली दबाकर रखो। नेटुअइन (नेटुआ की स्त्री) का रूप बनाकर तुम मेरे भाई के पास पहुँच जाओ। वह नेटुअइन के वेश में एक कोस गई, दो कोस गई; परन्तु तीसरा कोस जाते ही हल्ला हो गया कि एक नेटुअइन आ रही है। परदेस में स्थित राजा (पति) ने उससे पूछा कि 'हे नेटुअइन! मेरे दर्द को दूर करने के लिए तुम क्या लोगी और अपनी सुन्दरता का तुम कितना मूल्य लोगी?' नेटुअइन ने उत्तर दिया—'दर्द को दूर करने के लिए मैं केवल एक टका-दो पैसा लूँगी। परन्तु मेरे सौन्दर्य का मूल्य अनमोल है।' राजा ने फिर पूछा—'हे नेटुअइन! तुम अपने सौन्दर्य के लिए कौड़ी लोगी या ढेबुआ (पैसा)' लोगी अथवा लाल (पीली) मुहर (अशरफी) लोगी।' नेटुअइन ने उत्तर दिया—'न तो मैं कौड़ी लूँगी और न अशरफी ही लूँगी। मैं तो केवल तुम्हारे हाथ की अँगूठी लूँगी।' नेटुअइन उस अँगूठी को लेकर घर लौट आई। घर लौटकर आने पर एक घड़ी रात बीती, पिछली पहर की रात भी बीत गई; परन्तु प्रातःकाल होते ही उस स्त्री को लड़का पैदा हुआ।

1. वही, पृ. सं. 91

इतने में ही बारह वर्ष के बाद उसका पति परदेस से लौटकर चला आया। ननद ने अपनी भाभी से पूछा—'हे भउजी! यह किसके द्वारा पैदा किया गया बालक रो रहा है?' भाभी ने उत्तर दिया—'जिसके हाथ की मुझे दी गई यह अँगूठी होगी, उन्हीं के द्वारा पैदा किया गया यह बालक रो रहा है।' भोजपुरी ही नहीं बल्कि भारतीय समाज में नट जाति एक घुमन्तू जाति रही है। भोजपुरी समाज इन स्त्रियों को 'कसबिन' कहता है, जो गाँव-गाँव या शहर-शहर में घूमकर गोदना गोदने का काम करती हैं। गायन और नर्तन भी करती हैं। भोजपुरी प्रदेश में नट जाति को छोड़कर कोई भी ऐसी जाति नहीं है जिसमें यौन-सम्बन्धों के प्रति खुलापन हो।

ए राम राहहिं बाटे एक साँकरि कुइयाँ;
सँवरिया एक पानी भरेले हो राम।
ए राम घोड़वा चढ़ल सवदागर अइले;
पानी के पियासल भइले हो राम॥1॥
ए राम साँवरी केकरा हउ तुँहुँ धियवा;
आरे केकर पतोहिया हउ हो राम।
ए राम साँवरों कवना अभागा के तिरियवा;
पनिया भरे कुइयाँ आवेलू हो राम॥2॥
ए राम लछुमन जी के हम हईं धियवा;
भरत जी के पतोहिया हईं हो राम।[1]

यह जँतसारी गीत बहुत लम्बा है। इसमें कुएँ पर पानी भरती हुई पत्नी से परदेसी पति का प्रेमालाप है, जिसे पत्नी पहचान नहीं पाई है। उस कुएँ पर कोई सुन्दरी पानी भर रही है। घोड़े पर सवार सौदागर उससे पूछता है 'हे साँवरी स्त्री! तुम किसकी लड़की हो और किसकी पतोहू हो। किस अभागे पुरुष की स्त्री हो, जो तुम कुएँ पर पानी भरने आई हो।' स्त्री ने उत्तर दिया—'मैं लक्ष्मण की लड़की हूँ और भरत की पतोहू हूँ। मेरा पति तुम्हारे ही जैसा पतला है। वह परदेस गया है। मैं उसी अभागे की स्त्री हूँ और कुएँ पर पानी भरने आई हूँ।' पुरुष ने पूछा—'अन्न कूटने वाली और जात पीसने वाली तुम्हारे घर की दायादिन कहाँ रहती है।' वह उत्तर देती है—'अन्न कूटने वाली आँगन में और जात पीसने वाली बरामदे में दायादिन रहती है। रंगमहल में सोने के लिए मैं रहती हूँ। तुम संकरी गली से होकर चले आना। मेरे घर के चारों कोने में चार दीप जलते हैं तथा द्वार पर पहरेदार आवाज लगाते हैं। मेरी गोद में छोटा देवर सोता है। तुम कैसे आओगे।' पुरुष ने उत्तर दिया—'चारों कोने में जलते हुए दीवरों को मैं फोड़ दूँगा। द्वार पर आवाज देते हुए पहरेदारों को

1. कृष्णदेव उपाध्याय, भोजपुरी लोकगीत भाग-1, (प्रयाग : हिन्दी साहित्य सम्मेलन, 1954,) पृ. सं. 89

मैं भगा दूँगा तथा घर में घुसकर देवर को खदेड़ दूँगा। तब हम और तुम निर्विघ्न सोयेंगे।' उस स्त्री ने अपनी सास से कहा—'हे सास! तुम सब गुणों की खान हो! आज मेरे घर में चोर घुसने वाला है। तुम जरा जागती रहना।' सास ने उत्तर दिया 'ऐसी पागल पतोह मैंने कहीं नहीं देखी। जब वह अपने पति को नहीं पहचानती, तो और किसे पहचानेगी।'

उपर्युक्त गीत से दो महत्त्वपूर्ण बातें स्पष्ट होती हैं। एक, लोक मिथक के प्रति अपने तरीके से बर्ताव करता है। दूसरे, व्यापार से 'शहर और पड़ोसी देहात के बीच आर्थिक सम्बन्धों का झुकाव गाँव से शहर की ओर तो हुआ ही, इसके अलावा शहरों से गाँवों की ओर भी हुआ।'[1] इस बात की ओर कई इतिहासकारों ने संकेत किया है कि सत्रहवीं सदी में श्रम का क्षेत्रीय आधार पर विभाजन विकसित हो रहा था, इसका सामाजिक आधार पर श्रम-विभाजन से सम्बन्ध जुड़ा हुआ था। यानी 'सवदागर' गाँवों में भी घूम-घूमकर सौदागरी करते थे। गाँवों में आने वाले सवदागरों में चूड़ीहार[2], मनिहार, पटेहारा, हिंगहारा, नेटुआ इत्यादि थे। आज भी कभी-कभार भोजपुरी गाँवों में इनमें से कुछेक को देखा जा सकता है। तुलसी राम ने अपनी आत्मकथा में इन घुमन्तू व्यापारियों के बारे में अपनी स्मृतियों को अच्छी तरह बुना है—'(सन् 1957 के दौरान आजमगढ़ जिला के) गाँव में एक हिंगुहारा आया, यानी हिंग बेचने वाला। उस हिंगहारे की विशेषता यह थी कि वह दूर-दूर फैले अनगिनत गाँवों में साल भर में सिर्फ एक बार जाता था और आवश्यकतानुसार किसी को भी हिंग देकर उसका नाम-पता अत्यन्त पुरानी बही में लिख लेता। फिर बिना शुल्क लिए वह वापस लौट जाता। इसके एक साल बाद उसी महीने के किसी दिन उस गाँव में पुनः वापस आता और अपने पुराने ग्राहक के घर के सामने खड़ा होकर गाते हुए पैसा माँगता। पैसा माँगने का यह तरीका बड़ा आकर्षक होता था। मान लीजिए कि वह जगलू नामक ग्राहक को साल भर पहले हींग देकर गया था तो उसके घर के सामने इस तरह गाता : 'हे जगलू की माई, काम-धाम बंद करा, हींग के पैसा खर्र करा'। यही शैली वह हर किसी के घर के सामने दोहराता।...वह हाथ से सिली हुई छोटी बोरीनुमा टँगने वाली धोकरी कंधे पर लटकाए रहता। उसी में वह हींग तथा कुछ पुड़िया बाँधने वाले कागज रखता था। वसूले गए पैसों को भी वह उसी धोकरी में रखता था।

1. ए.आई. चिचेरोव, मुगलकालीन भारत की आर्थिक संरचना, अनुवाद—मंगलनाथ सिंह, (दिल्ली : ग्रंथ शिल्पी प्रकाशन, 2003), पृ. सं. 99

2. गाँवों में घूम-घूमकर चूड़ियाँ बेचने का पेशा (चूड़ीहार) स्त्री और पुरुष दोनों ही करते हैं। औरतों को चूड़ी पहनाने की क्रिया तथा उस समय की स्त्रियों की प्रतिक्रिया पर काम-भावना से पूर्ण पहेली बनी है, जिसे सुनकर पहले तो व्यक्ति अवश्य चौंक जाता है—'बातचीत कब, बाँहि धरे तब/आँहि उँह कब, आधा जाई तब/नीक लागे कब, पूरा जाई तब।'

उसकी यह जादुई धोकरी ठीक वैसी ही होती है जैसे कि सारंगी बजाकर भजन गाते गाँव-गाँव भीख माँगने वाले गेरुवाधारी जोगियों की।'[1] हींगुहारे की तरह कई अन्य भी गाँवों में आते थे, जैसे—पटहारा, जो शीशा, कंघी, सूई, डोरा, टिकुली तथा मीसी बेचने आता था। चूड़िहारा, जो चूड़ियाँ तथा कपड़हारा, जो कपड़े बेचने आता था। गाँवों में फेरीवालों द्वारा इन गीतों व गाथाओं को गाते हुए देखकर यह नहीं कहा जा सकता है कि 'भोजपुरी गाथाएँ केवल शहरी संस्कृति की उत्पाद हैं'[2] जैसा कि कैथरीन ने घुमन्तू गायकों की कहानी सुनाते वक्त कहा है।

निष्कर्ष

भोजपुरी लोकसंस्कृति के अधिकांश आख्यान पिछड़ी-दलित जातियों (श्रमशील समुदाय) द्वारा प्रस्तुत किए जाते रहे हैं। इन आख्यानों में सोरठी बृजभार, राजा भरथरी, गोपीचन्द, लोरिकायन, आल्हा-ऊदल, कुँवर विजई, शोभनायक बनजारा, रानी सारंगा के गीत, सती बिहुला उर्फ बाला लखंदर, लचिया रानी के गीत, राजा अहेरी और रानी बलकी का किस्सा, रेशमा चुहड़मल, हिरनी-बिरनी या पोसन सिंह का गीत इत्यादि प्रमुख हैं। उन्नीसवीं सदी के उत्तरार्द्ध में औपनिवेशिक ब्रिटिश अधिकारियों ने इनमें से कुछेक लोक आख्यानों का संकलन कर प्रकाशित किया था और बाद में चलकर भारतीय राष्ट्रवादियों ने भी संरक्षण हेतु इनका संकलन एवं प्रकाशन किया परन्तु बीसवीं सदी के पूर्वार्द्ध में लोक आख्यानों के प्रकाशन ने एक उद्योग का रूप ले लिया और वह उद्योग चौपटिया किताबों (Chapbooks) के रूप में उभरा, जिसका व्यापक पैमाने पर व्यापार होने लगा।

बनिजिया लोकसंस्कृति में पुरुष प्रवसन का प्रभाव घर में स्त्रियों पर इस कदर दिखाई देता है कि अगर एकल परिवार हो तो सारी जिम्मेदारी स्त्री पर ही आ जाती है। जिसके लिए उसे कई भूमिकाओं से गुजरना पड़ता है। इसी भूमिका निर्वहन की स्थिति में एक तरफ वियोग की पीड़ा झेलती है, तो दूसरी तरफ

1. तुलसी राम, मुर्दहिया, आत्मकथा, (दिल्ली : राजकमल प्रकाशन, 2010), पृ. सं. 28-29
2. कैथरिन सरवन श्रेइबर, द टांसमिशन ऑफ भोजपुरी एपिक्स टूवर्ड नेपाल एंड बंगाल ओरल परफोरमेंस एंड सेलिंग ऑफ चैपबुक्स, सम्पादन मॉली कौशल, चांटेड नैरेटिव्स : द लीविंग 'कथा वाचना' टेडीसन, (दिल्ली : इन्दिरा गांधी राष्ट्रीय कला केन्द्र, 2001), पृ. सं. 43-61 इस लेख में वो लिखती हैं—'This is also to break with the idea that the gatha is the product and it is the sign of vitality of an urban culture which has kept its specificity and strength'.

पारिवारिक व सामाजिक उत्पीड़न की (यौन उत्पीड़न भी) शिकार भी हो जाती है और तीसरी तरफ वह सशक्त भी होती है। यहाँ उसका सशक्तीकरण खेती-बारी और गाँव-घर की सामाजिक जिम्मेदारियों को कुशलता से निभाने के अर्थ में है, न कि पूरी तरह आर्थिक रूप से स्वावलम्बन के अर्थ में।

मौखिक परम्परा में देस में बनिजरवा की स्त्री का वियोगी एवं उत्पीड़ित रूप ही दिखाई देता है, उसका सशक्त रूप नहीं दिखाई देता है। अगर कुछ मिलता है तो वह निम्न एवं पिछड़ी जातियों की स्त्री लोकगीतों में भाषिक रूप से तथाकथित फूहड़ता के रूप में है। फूहड़ता कई अर्थों में अपने प्रतिपक्ष के समक्ष सशक्त छवि बनाती है। बेशक प्रतिपक्ष उसे असभ्य, गँवार, पिछड़ा इत्यादि समझता है।

4

श्रम बाजार में भोजपुरिया जवान सिपहिया लोकसंस्कृति

> 'भोजपुरी उस कर्मठ तथा उत्साही जाति की व्यावहारिक भाषा है जो परिस्थितियों के अनुसार अपने को बनाने के लिए सदा उद्यत रहती है और जिसका प्रभाव भारतवर्ष के प्रत्येक भाग पर अनुभव किया गया है। हिन्दुस्तान में सभ्यता का प्रचार करने वाली दो महान् जातियाँ हैं—प्रथम बंगाली और दूसरी भोजपुरिया। प्रथम ने अपनी लेखनी से यह कार्य किया और दूसरी ने इस काम में अपनी लाठियों से सफलता प्राप्त की।'[1]

मध्यकाल से ही भोजपुरिया जवानों का नौकरी की खोज में पश्चिमी पंजाब से लेकर पूर्वी बंगाल तक अपने घर से बहुत दूर तक सफर करने के लिखित एवं मौखिक स्रोत मिलते हैं। वह आजीविका के लिए बढ़-चढ़कर साहसिक कार्य के लिए शामिल होता था एवं सर्विस की माँग होने पर उपलब्ध हो जाता था। इतिहासकार डी.एच.ए. कोल्फ ने इन मुगलकालीन भोजपुरिया सिपाहियों को एक 'किसान जमा सिपाही' माना है।[2] ये लोग स्थानीय जमींदारों के यहाँ दरवान के रूप में सर्विस करते थे। जमींदारों की वजह से शेरशाह एक बड़ी शक्ति के रूप में

1. जी.ए. ग्रियर्सन, लिंग्विस्टिक सर्वे ऑफ इंडिया, वाल्यूम 5, इंडो-आर्यन फैमिली ईस्टर्न ग्रुप पार्ट 2, स्पेसीमेंस ऑफ द बिहारी एंड ओडिया लैंग्वेजेज, (दिल्ली : मोतीलाल बनारसीदास, प्रथम संस्करण 1903), उन्होंने लिखा है—'Bhojpuri is the practical language of an energetic race, which is ever ready to accommodate itself to circumstances, and which has made its influence felt all over India. The Bengali and the Bhojpuri are two of the great civilise of Hindostan, the former with his pen, and the latter with his cudgel.' P. 4
2. डर्क एच.ए. कोल्फ, नौकर, राजपूत एंड सिपॉय द एथनोहिस्ट्री ऑफ द मिलिट्री लेबर मार्केट इन द हिन्दुस्तान, 1450-1850, (कैम्ब्रिज : कैम्ब्रिज यूनिवर्सिटी प्रेस, 1990) और इन पंक्तियों के लेखक को सन 1950 से लेकर 1987 तक सैनिक सिपाहियों की चिट्ठियाँ मिली हैं, वो भी सिपाहियों को किसान होने का ही दावा करती हैं। हालाँकि मैं उन चिट्ठियों का इस्तेमाल नहीं कर सका हूँ क्योंकि समय का काफी फाँक हो जाता है।

उभरा था। मुगलिया सल्तनत के मिलिट्री श्रम बाजार में इनकी भारी संख्या थी। अकबर के राज्यकाल में या उसके बाद भी भोजपुरी इलाके के स्थानीय जमींदारों का नेतृत्व था। इस मामले में भोजपुरी उज्जैनिया परिवार अधिक उल्लेखनीय है क्योंकि उन लोगों ने मिलिट्री की ठेकेदारी सँभाली हुई थी। इसके साथ ही एक सच्चाई यह भी है कि सिपाही श्रम बाजार को राजपूतीकरण कर दिया गया था। जिसके बारे में डी.एच.ए. कोल्फ ने बड़ी तफसील से ब्यौरेबार विश्लेषण किया है। भोजपुरी प्रदेश का ब्राह्मण, निम्न या पिछड़ी जाति का व्यक्ति भी 'राजपूत' जाति की 'आईडेंटी' पर नियुक्त होता था। इस सम्बन्ध में विलियम इरविन ने लिखा है कि 'मुगलों के राजत्वकाल में दिल्ली और पश्चिम में, भोजपुरियों—विशेषतः भोजपुरी क्षेत्र के तिलंगों—को 'बक्सरिया' कहा जाता था। 17वीं तथा 18वीं शताब्दी में भोजपुर तथा उसके पास में ही स्थित बक्सर, फौजी सिपाहियों की भर्ती के दो मुख्य केन्द्र थे। 18वीं शती में जब अंग्रेजों के हाथ में देश का शासन-सूत्र आया तब उन्होंने भी मुगलों की परम्परा जारी रखी और वे भी भोजपुर तथा बक्सर से तिलंगों की भर्ती करते रहे।'[1] सिपाहियों के श्रम बाजार में भोजपुरिया जवानों को 'पुरबिया', 'बक्सरिया' एवं 'तिलंगवा' जैसे सम्बोधनों से जाना जाता रहा है। जिनकी क्रान्तिकारी भूमिका भारतीय इतिहास में 17वीं शताब्दी से शुरू होती है और सन् 1857 के स्वाधीनता संग्राम में 'सैनिक विद्रोह' के रूप में अपने चरम उत्कर्ष पर पहुँचती है। इस सैनिक विद्रोह एवं उनकी मौखिक परम्परा में शौर्य भावों की अभिव्यक्ति के आधार पर ही ग्रियर्सन ने भोजपुरिया समाज को वीर जाति में गिना है। इस अध्याय में एक मकसद तो यह जानना है कि शौर्य मानसिकता की निर्मिति में भोजपुरी की मौखिक परम्परा की भूमिका किस रूप में रही है। भोजपुरी प्रदेश की सामाजिक संरचना की एक बड़ी सच्चाई यह है कि वह जातीय पदक्रमों में बँधी हुई है। इस प्रदेश की प्रत्येक जाति की अपनी-अपनी लोकगाथाएँ हैं। सबके अपने-अपने वीर हैं। इसलिए शौर्य की परिभाषा भी उनकी अपनी-अपनी है। दूसरा मकसद है कि मुगल शासन से लेकर अंग्रेजी राज तक भोजपुरी प्रदेश के सैनिक सिपाहियों के जातीय चरित्र में क्या परिवर्तन आए? और तीसरा मकसद है कि भोजपुरिया जवानों की बड़ी विशेषताओं में यदि वीरता सर्वोपरि है तो औपनिवेशिक आधिकारिक लेखन में ईस्ट इंडिया कम्पनी के रेजिमेंटों में इन सिपाहियों की जीवन-शैली में उनकी धर्मभीरुता एवं जातिभीरुता भी बड़ी विशेषताओं के रूप में उभरकर सामने क्यों आती है।

---

1. विलियम इरविन, द आर्मी ऑफ द इंडियन मुगल्स : इट्स ऑर्गनाइजेशन एंड एडमिनिस्ट्रेशन, (यूरेशिया पब्लिशिंग हाउस प्राइवेट लिमिटेड)

भोजपुरी लोक परम्परा : शौर्य मानसिकता की निर्मिति

बेशक भारतीय इतिहास के विभिन्न कालों में भोजपुरिया जवानों के अदम्य साहस, दुर्द्धर्ष शक्ति और अद्‌भुत रण-कौशल का उदाहरण मिथकीय एवं लोक आख्यानों से लेकर इतिहास तक में मिलता है। भोजपुरिया जवानों के शौर्य की मानसिकता की निर्मिति में उनके प्रिय देवी-देवताओं (काली, शिव, राम, हनुमान इत्यादि) की अपेक्षा लोकगाथाओं के नायकों जैसे—आल्हा-ऊदल, विजयमल, लोरिक, पोसन सिंह, वीर क्षत्री घुघुलिया, छंवड़ा चोर, चुहणमल, कुँवर सिंह जैसे ओजस्वी व्यक्तित्वों की भूमिका अधिक रही है। भोजपुरी लोगों के रहन-सहन की तरह उनके साहित्य और बोलचाल में भी उनकी वीर भावना विशेष रूप से झलकती है। भोजपुरी समाज अपने लोक आख्यानों में बड़े उल्लास के साथ शीलवान राम से अधिक दर्प में जागते हुए राम, शौर्यपूर्ण कामों का अंजाम देने वाले हनुमान और नटनागर कृष्ण का स्मरण करता है। इस सम्बन्ध में लोकगीतों की कुछ कड़ियाँ द्रष्टव्य हैं—'जागे लछुमन राम जा दिन लंका में डंका बाजे' अर्थात् राम-लक्ष्मण उस दिन जागरित हुए, जिस दिन लंका में युद्ध का डंका बजा। इसी तरह श्रीकृष्ण का साहसी रूप, जब वे अपने साथियों के साथ खेलते हुए गेंद लाने के बहाने कालीदह में कालीनाग को नथने के लिए कूद पड़े थे—'लरिका हो गोपाल कूदि पड़े जमुना में' अर्थात् बालक होकर भी गोपाल यमुना में कूद पड़े।

भोजपुरी लोकगाथा 'आल्हा-ऊदल' मुख्यतः महोबा राज्य पर केन्द्रित है। महोबा उत्तर प्रदेश के हमीरपुर जिले के अन्तर्गत है। 12वीं सदी के दौरान महोबा छोटे राज्यों के बीच बहुत शक्तिशाली बन गया था। उसका शासक चन्देलवंशी राजा परमाल था। वह पृथ्वीराज का समकालीन और कन्नौज के अधिपति का मित्र एवं सामन्त था। इस आख्यान में आल्हा-ऊदल तथा परमाल के अनेक कुटुम्बियों की वीरकथाएँ हैं। आल्हा और ऊदल बनाफर शाखा के क्षत्रिय थे और परमाल के सामन्त और सेनापति थे। क्षत्रिय वंशों में बनाफरों को अच्छे कुल का नहीं समझा जाता है। यही वजह थी कि नैनागढ़ के राजा ने अपनी बेटी सोनवा के विवाह स्वयंवर में आल्हा-ऊदल के यहाँ न्योता नहीं भेजा था। इन दोनों बनाफर क्षत्रियों के बारे में दो मत मिलते हैं। एक तो लोकगाथा के अनुसार है कि 'बिहार के बक्सर से दसराज, बछराज, रहमल और टोडर नाम के चार क्षत्रिय सरदार महोबा में उस समय उपस्थित थे जबकि माड़ों के राजा करिंघा ने महोबा पर आक्रमण किया था। इन चारों सरदारों ने किले के द्वार पर खड़े होकर युद्ध किया तथा करिंघा को पराजित किया। राजा परमाल ने प्रसन्न होकर अपनी सेना में उच्च पद दिया। दसराज और बछराज ने विवाह किया। दसराज के दो पुत्र हुए जिनका नाम आल्हा और ऊदल था। बछराज के भी दो पुत्र हुए जिनका नाम मलखान तथा सुलखान था। आल्हा और

ऊदल की माता का नाम देवी अथवा दीवलदे था तथा मलखान और सुलखान की माता का नाम 'बिरम्हा' था। दीवलदे तथा बिरम्हा दोनों सगी बहनें थीं। इनके पिता का नाम राजा दलपत सिंह था जो ग्वालियर के राजा थे।[1] आल्हा-ऊदल गाथा में बावन लड़ाइयों का वर्णन है। इन लड़ाइयों में से एक है—ऊदल के बेटे 'अमरजीत का विवाह उर्फ नटवरगढ़ की लड़ाई'[2]। इसमें नटवरगढ़ के राजा की बेटी भानमती वर की तलाश में नेटुइन (नटिन) की वेश में देस-परदेस का भ्रमण करती है। इस गाथा में एक आदर्श क्षत्रिय को अठारह वर्ष की अवस्था तक अपने क्षत्रियत्व का परिचय दे देने की परिकल्पना की गई है—'बारह बरिस लैं कुकर जीयें, औ तेरह ले जीयें सियार।/बीस अठारह छत्री जीयें, आगे जीवन को धिक्कार॥' रण-मैदान में ऊदल को भेड़-बकरियों के बीच हुड़ार का उपमान साबित करता है कि यह गाथा घुमन्तू लोगों द्वारा गाई जाती है। ग्रियर्सन ने इस गाथा को एक घुमन्तू गायक से ही कलमबद्ध किया था। रण-मैदान में लड़ते हुए ऊदल की वीर छवि देखिए—

फाँद बछेड़ा पर चढ़ि गइल गंगा तीर पहुँचल बाय पड़ल लड़ाई है छोटक से
तड़तड़ तेगा बोले उन्ह के खटर खटर तरवार
जैसे छेरियन में हुंड़ड़ा पड़ि गईल वैसे पलटन में पड़ल रुदल बबुआन
जिन्हके टंगरी धैके बीगे से त चूर-चूर होई जाय
मस्तक झारे हाथी के जिन्हके डोंगा चलल बहाय
थापड़ ऊँटन के चार टाँग चित हो जाय
सवा लाख पलटन कटि गइल छोटक के
जौ तक मारे छोटक के सिरवा दुई खंड होय जाय
भागत तिलंग छोटक के राजा इंदरमन के दरबार
कठिन लंका बा बघ ऊदल के काटि कइल मयदान।[3]

इस गाथा से साबित होता है कि मुगलिया सल्तनत से भी पहले की सेना में भोजपुरिया जवानों की मौजूदगी रही है। इसके बाद दूसरी गाथा लोरिकायन है। यह अहीरों (यादवों) की जातीय गाथा है। इसके गायक बतलाते हैं कि सात कांड रामायण है तो चौदह कांड लोरिकायन है। इस गाथा के नायक लोरिक के पुत्र भोरिक के नाम पर 'भोरिकायन' और भोरिक के बेटे सिहोरी के नाम पर 'सिहोरियायन' भी इन पंक्तियों के लेखक ने गायकों से सुना है और उनका वीडियो अभिलेख तैयार किया है। गौरतलब हो कि 'भोरिकायन' और 'सिहोरियायन' में लोरिकायन से कहीं ज्यादा अतिशयोक्तिपूर्ण लड़ाइयों का वर्णन है और सभी लड़ाइयाँ मध्ययुगीन

1. सत्यव्रत सिन्हा, भोजपुरी लोकगाथा, (इलाहाबाद : हिन्दुस्तानी एकेडेमी, 1957), पृ. सं. 66
2. अल्हैत सत्यनारायण (गाँव महुअरी, अकोरी टोला थाना, बक्सर जिला) इंद्रजीत का विवाह (आल्हा), सन् 2009 में वीडियो रिकॉर्डिंग
3. जी.ए. ग्रियर्सन, द सांग ऑफ आल्हा मैरिज, इंडियन एंटीक्वेरी, वाल्यूम 44, पृ. सं. 209-227

वातावरण में हुई है। यहाँ इन तीनों नायकों की गाथाओं का पाठपरक विश्लेषण करना लेखक का अभिधेय नहीं है। बल्कि इनमें निहित शौर्य भाव की प्रभावपूर्ण ग्रहणशीलता का संकेत करना भर है। लोरिकायन में लोरिक चनवा का उढ़ार करके हरदीगढ़ जाकर सेठ महीचन्द का पहरू (दरवान) बनता है और वह राजा के गाय-भैंसों की चरवाही और अखाड़े में पहलवानी भी करता है। हरदी के युद्ध मैदान में लड़ते हुए लोरिक की एक झलक देखिए—

एक बार छरकल उहवाँ लोरिकवा खिसिये आय
छरकी के उहवाँ लोरिकवा दिहलस घुमाय
नौ सौ फउदिया मुँडवा काटी दिहलस गिराय
जैसे त काटे य दादा खेती तेगा किसान
तैसे त कटत फउदिया लोरिकवा पछिम चलि रे जाय
घुमि घुमि पलटन के दादा काटत रे बाय।[1]

यादव जाति का बिरहा गीत, जिसकी उत्पति प्रवसन से उत्पन्न बिरह से हुई है लेकिन कालान्तर में इस लोकविधा में वीर रस की विषयवस्तु भी कम नहीं है। बिरहा गीत के साथ फरी नृत्य में शौर्य भाव की अभिव्यक्ति होती है।[2] इस बिरहा गीत में वीरता का उत्साह देखिए—

धुरिया लगावे धुरियाहवा कहाले
गिरही मारेले फरिवाह
उलटा दोकछवा मारे अहिरा बलकवा
जिनकर बटुरि नंवेले करिहाव।[3]

शौर्य मानसिकता के निर्मिति में यादवों के जातीय गीत बिरहा के अलावे दोल्हा[4] भी एक जातीय विधा है।

मध्ययुगीन लोक आख्यानों में 'कुँवरविजयी' का वीर नायक विजयमल भी अपने पिता, बड़े भाई एवं अपने गाँव के समस्त बारातियों को छुड़ाने एवं अपने ससुर से प्रतिशोध लेने के लिए आक्रमण करता है और सभी दुश्मनों को मारकर अपने सगे-सम्बन्धियों को छुड़ा लाता है। इस काम में उसका हिंछल घोड़ा साथ देता है—'रामा हिंछल धुरिया उड़वलस सरगवा रे ना/रामा घेरे जैसे सावन के

1. महादेव प्रसाद सिंह, लोरिकायन, हरदी गढ़ की लड़ाई (वाराणसी : ठाकुर प्रसाद एंड संस बुकसेलर, 1940 के आस-पास प्रकाशन)
2. http://www.lokrang.in/?page_id=134
3. जी.ए. ग्रियर्सन, सम भोजपुरी सांग्ज, जे.आर.ए.एस., XVIII, पृ. सं. 207-267
4. दोल्हा दरअसल कार्तिक मास, विशेष रूप से दीवाली पर्व के दौरान यादव जाति के गायकों द्वारा गाया जाने वाला वह लोकगीत है जिसमें कृष्ण एवं राम के वीरतापूर्ण कार्यों का शौर्यगान होता है।

बदरवा रे ना।'[1] इस कड़ी में 'हिरनी-बिरनी उर्फ पोसन सिंह' भी एक ऐसी गाथा है जिसमें दो गुजरात प्रदेश की नट स्त्रियाँ, जो कि सगी बहनें हैं, वर की तलाश में पूरे हिन्दुस्तान का भ्रमण करती हैं। अन्त में दिल्ली प्रदेश की ओर रुख करती हैं। जहाँ पोसन सिंह क्षत्रिय पहलवान हैं। दोनों बहनें शर्त सहित उससे अपने विवाह का प्रस्ताव रखती हैं कि जो उनके मोहना भैंसा को नथेगा, उसी से विवाह करेंगी। वीर पोसन सिंह अपने गुरु की हत्या करने वाले भैंसा को नाथने के लिए अर-अराकर ऐसे पिल पड़ता है जैसे बकरी पर शेर पड़ता है और भैंसा को नाथकर ही दम लेता है। पोसन सिंह की वीरता को निम्नलिखित पंक्तियों में देखिए—

रामा, चलि दिहले बाबू पोसनसिंहवा रे ना
रामा, टूटि परे भंइसा उपरवा रे ना
रामा, जैसे परे बकरी पर शेरवा रे ना
रामा, खिसियन्ह जरेला शरीरवा रे ना
रामा, धइ लिहले भँइसा के थुथुनवा रे ना
रामा, छरके लागल मोहना भँइसवा रे ना
रामा, पोसन सिंह धरि मलपटवा रे ना
रामा, फेंकि कर धरती उपरवा रे ना
रामा, ठेहुना से जातले फफेलिया रे ना
रामा, पोसन सिंह जाति के छतरिया रे ना
रामा, नाथि दिहले मोहना भँइसवा रे ना[2]

इसी तरह 'लचिया रानी का गीत' में रानी लचिया का बेटा अपनी माँ के अपहरण करने वाले राजा के दुर्ग में जाकर उसे युद्ध के लिए ललकारता है—

रामा तब कुँवर दिहले ललकारवा रे ना
रामा घोड़ी उड़े लगली आकाशवा रे ना
रामा नीचे ऊपर मारेली मेंड़रवा रे ना
रामा दाँते काटे हनि मारे टापवा रे ना
रामा सेना गिरे कहि कहि बापवा रे ना
रामा घोड़ी चढ़ल कुँवर रणधीरवा रे ना
रामा तेगवा काटे ले सयनवा रे ना
रामा जइसे खेत काटेले किसनवा रे ना

---

1. जी.ए. ग्रियर्सन, द सांग ऑफ विजयमल, जे.ए.आर.एस.बी. वाल्यूम LIII, भाग 1, स्पेशल संख्या, 1884, पृ. सं. 94-150
2. बाबू महादेव प्रसाद सिंह, हिरनी-बिरनी या पोसन सिंह का गीत, (दिल्ली : प्रकाश पब्लिकेशन, प्रकाशन तिथि अंकित नहीं, अन्दाजन 2000 के आस-पास), पृ. सं. 35

रामा वइसे कुँवर काटेले सैयनवा रे ना
रामा खुनवा से बहि चलल नदिया रे ना
रामा लसिया से पटली धरतिया रे ना
रामा खतम भइले सगरी सयनवा रे ना
रामा उन्हूँ के वीर रणधीरवा रे ना
रामा खतम कइले काटि गरदनवा रे ना
रामा बाप के चुकवले बदलवा रे ना
रामा कुँवर जीति करके समरवा रे ना[1]

रेशमा चुहड़मल[2]

मथवा पर बन्हले सुरमा लम्बी पगड़िया जी। हथवा में लिहले कटार जी॥
देवी के सुमिरन करि सुरमा चूहणमलवा जी। जाई पहुँचे रण के मझार जी॥
पिछवा से देवी लेई सात सौ जोगिनिया जी। अइली रणवा मैदान जी॥
हाथी के बीच जइसे ढुके ले शेरवाजी। ओइसे सूरमा ढुके मैदान जी॥
छपाछप मारे तेगा रणभूमि मैदानवाँ जी। कटि कटि गिरे सब जवान जी॥
चारों ओरे घुमि फिरी काटे पलटनियाँ। जइसे काटे खेतवा किसान जी॥
हाथी घोड़ा पलटन के कइले सफइया जी। बहे लागल खूनवाँ के धार जी॥
अजय सिंह समनवाँ छोड़े तोप मशीनगनवाँ जी। गोलिया छोड़त बेसुमार जी॥
क्षत्री के कुलवा में लिहले जनमवाँ जी। नमवाँ हँसवल संसार जी॥
प्राणवा के मोह लागी छोणी रण मैदनवाँ जी। भागल जात जनवाँ बचाय जी॥
खइल हराम के माल बनी के तू रजवा जी। लड़े बेरिया काहे भागल जाय जी॥
सनमुख लड़इया करो दोनों बाप बेटवा जी। भागे से बची नाही जान जी॥[3]

ऐतिहासिक व्यक्तित्वों में सन् सत्तावन के गदर में बाबू[4] कुँवर सिंह की क्रान्तिकारी भूमिका को भोजपुरी जनता बड़े शौर्य के साथ पँवारा गाती है—

रामा भइले अस्सी बरिस के उमरवा रे ना
रामा एही समय आई के तुफनवा रे ना

---

1. परमहंस प्रसाद व रामप्रवेश प्रसाद, लचिया रानी का गीत (बारहों भाग), (दिल्ली : प्रकाश पब्लिकेशन, प्रकाशन तिथि अंकित नहीं, अन्दाजन 2000 के आस-पास), पृ. सं. 53
2. बद्रीनारायण, ऑनर, वॉयलेंस एंड कॉन्फक्लिटिंग नैरेटिव्स : ए स्टडी ऑफ मिथ एंड रियलिटी, न्यूजीलैंड जॉरनल ऑफ एशियन स्टडीज, 5, 1, (जून, 2003), पृ. सं. 5-23
3. परमहंस प्रसाद व रामप्रवेश प्रसाद, रानी रेशमा चुहड़मल का गीत (बीसों भाग सम्पूर्ण), (दिल्ली : प्रकाश पब्लिकेशन, प्रकाशन तिथि अंकित नहीं, अन्दाजन 2000 के आस-पास), पृ. सं. 21
4. दरअसल भोजपुरी प्रदेश में 'बाबू' या 'बाबू साहेब' का सम्बोधन राजपूत जाति के लोगों को अन्य जातियाँ करती हैं। जिसमें प्रभुत्व की भावना समाहित है।

रामा देसवा में उठल गदरवा रे ना
रामा होखे लागल कठिन लड़इया रे ना
रामा छूटे लागल बंदूकवा रे ना
रामा सुनिके बंदूक अवजिया रे ना
रामा लागल तराही चारू ओरिया रे ना
रामा काँप उठल सगरे नगरिया रे ना
रामा गोरा भागे छोड़ि मयदनवाँ रे ना।[1]

कुँवर सिंह की वीरता को लेकर अनेक लोक कहावतें भी हैं, जो भोजपुरिया जवानों के शौर्य मानसिकता की निर्मिति में अहम भूमिका निभाती हैं—'अमरसिंह के कम्मर टूटल, कुँवरसिंह के बाँही,/पूछ आव अमर सिंह से लड़िहैं कि नाहीं।'[2] अमर सिंह की कमर टूट गई और कुँवर सिंह की बाँह, जरा अमर सिंह से पूछ तो आओ कि वे लड़ेंगे या नहीं। 'ढाल, छुरा तरवारि, गइल कुँवर के साथ,/ढोल, मंजीरा, खंजड़ी, रहल उज्जैनी हाथ।'[3] मतलब ढाल, छुरा और तलवार—ये सभी अस्त्र-शस्त्र कुँवर सिंह के साथ ही चले गए, अब उनके ही वंशज उज्जैनी राजपूतों के हाथ में ढोल, मंजीरा और खंजड़ी रह गई है। उपर्युक्त दोनों लोकोक्तियाँ सन् सत्तावन में घटित आन्दोलन के वीर सेनानी बाबू कुँवर सिंह और उनके भाई अमर सिंह के अदम्य साहस, आश्चर्यपूर्ण रण-कौशल और देशभक्ति की सूत्रात्मक व्याख्याएँ हैं। कुँवर सिंह का व्यक्तित्व भोजपुरिया समाज के जातीय गुण का उज्ज्वल प्रमाण है। उन्होंने अस्सी वर्ष की उम्र में भी अंग्रेजों से लोहा लिया था। यहाँ उनकी मृत्यु की घटना का उल्लेख करना अनावश्यक नहीं होगा—22 अप्रैल, सन् 1858 ई. को कुँवर सिंह ससैन्य अपनी मातृभूमि जगदीशपुर की ओर लौट रहे थे। रास्ते में गंगा को पार करने के लिए बलिया जिला से दस मील पूरब शिवपुर घाट पर बाबू साहब पहुँचे।[4] कुँवर सिंह यहाँ तो पार कर गए लेकिन गंगा पार करते हुए एक तोप के गोले से उनकी बाँह क्षत-विक्षत हो गई और इस बारे में यह कहा जाता है कि उस वृद्ध सरदार ने अपनी ही तलवार से क्षत-विक्षत बाँह को काटकर, गंगा के पवित्र जल में अन्तिम भेंट के रूप में चढ़ा दी। सन् 1858 ई. के 22 अप्रैल को कुँवर सिंह ससैन्य जगदीशपुर पहुँच गए। किन्तु तीन दिन बाद यानी 24 अप्रैल को उनका निधन हो गया। अंग्रेजों से लोहा लेते हुए गंगा पार करने की घटना पर भोजपुरी की मौखिक परम्परा में अनगिनत किंवदंतियाँ लोकप्रिय हैं। पूर्वोक्त लोकोक्ति में 'कमर टूटना' एक मुहावरा है, जिसका अर्थ है—असहाय हो जाना। कुँवर सिंह को खोकर अमर सिंह

1. सत्यव्रत सिन्हा, भोजपुरी लोकगाथा, (प्रयाग : हिन्दुस्तानी अकेडमी, 1957), पृ. सं. 280-283
2. शशिशेखर तिवारी, भोजपुरी लोकोक्तियाँ, (पटना : बिहार राष्ट्रभाषा परिषद्, 1970), पृ. सं. 51
3. वही, पृ. सं. 51
4. कालीकिंकर दत्त, कुँवर सिंह-अमर सिंह, (पटना : 1959), पृ. सं. 193

असहाय ही हो गए थे। उपर्युक्त लोकोक्ति उन अस्त्रों-शस्त्रों की याद दिलाती है, जो कि सन् सत्तावन के आन्दोलन में वीर नेताओं और सेनाओं के हाथ में शोभते थे। कुँवर सिंह घोड़े पर चढ़कर हाथ में तलवार और ढाल लेकर युद्ध के लिए प्रस्थान करते थे। उस समय विद्रोहियों के द्वारा पलीते वाली बंदूकें और छोटी-मोटी पिस्तौलें भी प्रयोग में लाई जाती थीं। किन्तु, अधिकांश लोग तलवार, बरछे आदि हथियारों का इस्तेमाल करते थे। यही कारण है कि लोकोक्ति में तलवार-ढाल आदि का उल्लेख हुआ है। बाबू वीर कुँवर सिंह की वीरता एवं शौर्य का असर इतना था कि बाद में चलकर बच्चे भी कबड्डी गीतों में गाने लगे—'बाँस के फराठी बाबू वीर कुँवर सिंह के लाठी, दनादन कबड्डी' अर्थात् जैसे बाबू वीर कुँवर सिंह बाँस की फराठी (बाँस का फाड़ा हुआ हिस्सा) लेकर लड़ाई के मैदान में डटे हुए थे, वैसे कबड्डी पढ़ने वाला बच्चा विरोधी पक्ष को चुनौती दे रहा है। कुँवर सिंह के जगदीशपुर को वीर स्थली के रूप में याद कराती इस लोकोक्ति को भी देखा जा सकता है—'लऊर ना अऊर चले, चल मियाँ जगदीशपुर।' अर्थात् (वे) लाठी चलाना तो जानते नहीं और मियाँजी से कहते हैं कि जगदीशपुर चलो। यह लोकोक्ति भी उसी स्थान में जन्मे स्वाधीनता आन्दोलन की पृष्ठभूमि की ओर संकेत करती है। कुँवर सिंह के कारण यह जगदीशपुर स्वाधीनता-संग्राम की रंगभूमि के रूप में दुनिया में प्रसिद्ध हुआ। आज भी युद्ध की घड़ियों में 'जगदीशपुर' प्रेरणादायक शब्द के रूप में याद किया जाता है। उपर्युक्त लोकोक्ति जगदीशपुर के इसी महत्त्व पर प्रकाश डालती है।

इस तरह हम देखते हैं कि भोजपुरी की उपर्युक्त लोक आख्यानों का सम्बन्ध वीरता के साथ-साथ प्रेम एवं वैराग्य आदि से भी जुड़ा हुआ है। इन आख्यानों के नायक देश, जाति अथवा समुदाय विशेष के लिए लड़ने और मर-मिटने वाले हैं। बेशक इनके निर्माण की अपनी सामाजिक-राजनीतिक प्रक्रिया और पृष्ठभूमि रही है। यह अलग से एक शोध का विषय हो सकता है। यहाँ हमारा मकसद भोजपुरी जनमानस में शौर्यभाव की निर्मिति में इन लोकगाथाओं की भूमिका की विवेचना करना है। इन आख्यानों के नायकों का खड्ग लेकर शत्रु के दल पर पिल पड़ना, निरन्तर लड़ते रहना तथा शत्रु को मौत के घाट उतार देना, उनके लिए बायें हाथ का खेल था। ये सभी मध्ययुगीन भोजपुरिया धीर-वीर थे जो अपनी प्रतिज्ञा पर मर मिटे और चुनौतियों का डटकर सामना किया। उन्होंने स्त्रियों एवं निहत्थों पर कभी शस्त्र नहीं चलाया, मगर मनभावन स्त्रियों का उद्धार करने (भगाने) से परहेज भी नहीं किया। बड़े-बड़े प्रतापी राजाओं को जीतने के लिए उन्होंने अनेक उपाय एवं षड्यंत्र किए परन्तु राजपूती वीरता एवं आदर्श को नहीं छोड़ा। वे शत्रु के वचन पर विश्वास करते थे। निर्भय होकर लग्नमंडप में विवाह विधि सम्पन्न कराने के लिए चल देते थे। विश्वासघात का प्रचंड बदला लेते थे। युद्धभूमि ही उनके खेल का

मैदान था और इस खेल के मैदान में सबसे विश्वसनीय पात्र एवं हथियार उनका घोड़ा होता है। जैसा कि दूसरे अध्याय में मैं उल्लेख कर चुका हूँ कि योद्धा और घोड़ा कैसे एकाकार हो गए हैं। घोड़ा वीरता, अदम्य साहस, शक्ति एवं प्रतिष्ठा का प्रतीक हो गया था। आज भी भोजपुरी प्रदेश ही नहीं बल्कि समस्त उत्तर भारत में वह प्रतिष्ठा का प्रतीक है। इस प्रकार समझा जा सकता है कि भोजपुरिया जवानों के शौर्य मानसिकता के निर्मिति में लोकगाथाओं की कैसी भूमिका है। निःसन्देह इन गाथाओं के नायकों के प्रचंड परन्तु मध्ययुगीन वीरता ने ही भोजपुरी जीवन को आकर्षित किया है। ये सभी भोजपुरिया वीर हैं। इसके साथ ही यह बात महत्त्वपूर्ण एवं उल्लेखनीय है कि भोजपुरी की इन लोक आख्यानों की प्रस्तुति करने वाली समाज की उच्चवर्णीय जातियाँ नहीं रही हैं बल्कि अलग-अलग निम्न-जातियाँ रही हैं। लेकिन भोजपुरी लोक समाज की हर जाति एवं समुदाय के घर में नायक भी होते हैं। पुरखे-पुरनियों की वीरता, साहस एवं सूझ-बूझ की कथाएँ हर परिवार के लोग सुनते-सुनाते हैं।

भोजपुरी प्रदेश में शादी-विवाह के संस्कार गीतों में भी शौर्यभाव को अभिव्यक्ति मिली है। दुल्हन के घर जब बारात लगती है तब हाथी-घोड़ों की घुड़दौड़ होती है। उस दौरान बैंड-बाजे की धुन वीरभाव लिए हुए रहती है। उधर दुल्हन के दरवाजे पर (जो महिलाएँ गीत गाती हैं) 'गीतगवनी' स्त्रियाँ वरपक्ष के लोगों से हाथी-घोड़े लाए जाने की माँग करती हैं। 'हथिया-हथिया सोर कइले, गदहो ना ले अइले रे। तोरा बहिन के सोटा मारो फलना गाँव हँसवले रे' और 'आपन खोरिया बहारऽ ए फलाना बाबू, आवत बाड़े दुलहा दामाद। खाए के माँगेलें पूड़ी-कचौड़ी, लड़ने को माँगे मैदान' इत्यादि। ये सभी संस्कार गीत मध्यकालीन विवाहों के अवशेष हैं।

भोजपुरिया जवानों की हिम्मत और बहादुरी की दास्तान को न केवल भोजपुरी की मौखिक आख्यानों व गीतों से समझा जा सकता है बल्कि भोजपुरी लोक कहावतें भी एक महत्त्वपूर्ण स्रोत हैं। इनके अवलोकन से पता चलता है कि भोजपुरिया जवान लाठी के धनी रहे हैं। ये किसी भी परिस्थिति में टूट सकते हैं लेकिन दुश्मन के आगे झुक नहीं सकते—भोजपुरिया जवान, नाहीं सहेला गुमान[1] भारतीय स्वाधीनता आन्दोलन हो या फिर गदर, सबमें भोजपुरियों ने तन-मन से सक्रिय भाग लिया है। भोजपुरियों के इसी विशिष्ट गुण का उल्लेख करते हुए ग्रियर्सन ने लिखा है—'यह हिन्दुस्तान की लड़ाकू जातियों में एक है। यह जाति एक सतर्क और सक्रिय जाति है। भोजपुरी युद्ध के लिए युद्ध को प्यार करते हैं। ये सम्पूर्ण भारत में फैले हुए हैं। इस जाति का प्रत्येक व्यक्ति किसी भी स्वतः उपस्थित सुअवसर से अपना भाग्य बनाने को तैयार रहता है। पूर्वकाल में इन्होंने अधिक संख्या में हिन्दुस्तानी सेना में भर्ती होकर उसे सशक्त बनाया था। साथ ही, दूसरी ओर इन्होंने सन् 1857 ई. की

1. फिल्म 'निरहुआ रिक्शावाला' की एक गीत पंक्ति

क्रान्ति में महत्त्वपूर्ण भाग लिया था।...आयरलैंड के निवासियों की तरह लाठी से प्रेम करने वाले, मजबूत हड्डियों वाले और लम्बे-तगड़े इन भोजपुरियों को हाथ में लाठी लिए हुए घर से दूर खेतों पर जाते हुए प्रायः देखा जा सकता है।'[1] ग्रियर्सन द्वारा वर्णित भोजपुरियों की 'लाठी' वस्तुतः उनकी वीरता की प्रतीक और प्रमाण है। लाठी के प्रति भोजपुरियों का यह प्रेम बहुत पुराना है। उनकी वीरता, युद्धप्रियता और अक्खड़पन भौगोलिक कहावतों में भी है—'सगरे के सौव गो, भोजपुर के नव गो।' यानी सभी जगहों के सौ आदमी के बराबर भोजपुर के नौ आदमी होते हैं। इसी से मिलती-जुलती एक और कहावत है—'सगरे के साठ गो, आरा के आठ गो' यानी सब जगह के साठ लोगों के बराबर आरा के आठ लोग होते हैं। इसी के समकक्ष निर्भीकता को दर्शाने वाली एक और कहावत है—'आरे जिला घर बा त कवना बात के डर बा' मतलब आरा (भोजपुर जिले का मुख्यालय) जिला घर है तो किस बात का डर है। ठीक इसके पैरोडी में मुसहर जाति द्वारा कही जाने वाली लोकोक्ति है—'कान्हे पर घर बा, त कवना बात के डर बा।' मतलब हम अपना घर अपने कंधे पर लेकर चलते हैं, इसलिए कोई चोरी-चकारी जैसी आपत्तियों का कोई डर नहीं है।

भागलपुर के भगोलिया, कहलगाँव के ठग
पटना के देवालिया, तीनों नामजद
सुनि पावे भोजपुरिया, तऽ तूरे तीनों के रग।

---

1. जी.ए. ग्रियर्सन, लिंग्विस्टिक सर्वे ऑफ इंडिया, वाल्यूम 5, इंडो-आर्यन फैमिली ईस्टर्न ग्रुप पार्ट 2, स्पेसीमेंस ऑफ द बिहारी एंड ओडिया लैंग्वेजेज, (दिल्ली : मोतीलाल बनारसीदास, प्रथम संस्करण 1903, संस्करण), पृ. सं. 40 उन्होंने लिखा है—'The Bhojpuri-speaking country is inhabited by a people curiously different from the others who speak Bihari dialects. They form the fighting nation of Hindostan. An alert and active nationality, with few scruples, and considerable abilities, dearly loving a fight for fighting's sake, they have spread all over Aryan India, each man ready to carve his fortune out of any opportunity which may present itself to him. They furnish a rich mine of recruitment to the Hindustany army, and, on the other hand, they took a prominent part in the mutiny of 1857. As fond as an Irishman is a Stick, the long-boned, stalwart, Bhojpuri, with his staff in hand, is a familiar object striding over fields far from his home. ...every year still larger numbers wander over Northern Bengal and seek employment, either honestly, as palki bearers, or otherwise, as dacoits, Every Bengal Zamindar keeps a pose of these men, euphemistically termed 'darwans,' to keep tenants in order. Calcutta, where they are employed, and feared, by the less heroic native of Bengal, is full of them. Such are the people who speak Bhojpuri and it can be understood that their language is a handy article made for current use, and not too much encumbered by grammatical subtitles.' पृ. सं. 5

भागलपुर[1] के भगौड़े, कहलगाँव[2] के ठग और पटना के दिवालिये, ये तीनों नामजद होते हैं। अगर इनका पता भोजपुरियों को मिलता है, तो इन तीनों की नसें ढीली कर देते हैं। लोकोक्ति में पटना के दिवालियों की चर्चा है। पटना आरम्भ से ही भारतवर्ष का राजनीतिक एवं व्यापारिक महत्त्व का केन्द्र रहा है। हो सकता है, कभी पटना के व्यापारी दिवालिये के रूप में प्रसिद्ध रहे हों।[3] दिवालिये के दो कारण होते हैं—घाटे के कारण व्यापार में लगी हुई पूँजी का मारा जाना और दूसरों की देन चुकाने से बचने के लिए व्यापारियों का जान-बूझकर दिवालिया की घोषणा करना। भोजपुरी इन दगाबाज दिवालियों की नसें तोड़ने को उतारू हों तो कोई आश्चर्य नहीं, क्योंकि आरम्भ से भोजपुरी क्षेत्र अपनी वीरता के लिए प्रसिद्ध रहा है।

'चूना चाम कुटले से ठीक होला' मतलब, चूना और चमड़ा कूटने से ही ठीक होते हैं। अर्थात् दुष्ट दलित होने पर ही रास्ते पर आते हैं। यह लोकोक्ति तुलसीदास की उस (कु)ख्यात चौपाई का स्मरण कराती है—'शूद्र, पशु आ नारी, ये ताड़न के अधिकारी' यानी कि शूद्र, पशु और नारी, ये तीनों ताड़न (दलन) के अधिकारी हैं। जाहिर है, ये कहावतें सामंती मूल्यों की वाहक हैं। जो निम्न जातियों को हेय दृष्टि से देखे जाने की वकालत करती हैं। इसी तरह एक और कहावत है—'मरद मुए नाव के, नीमरद मुए पेट के' अर्थात् मर्द (वीर) नाम के लिए मरते हैं और

---

1. यह कहा जाता है कि भागलपुर एक समय में भगेलू या भगेलूखाँ नामक पहलवान का अखाड़ा था। वह स्थान लूटमार के लिए बहुत बदनाम था। जनश्रुति बताती है कि उसी भगेलूखाँ के नाम पर भागलपुर का नाम पड़ा।
2. उपर्युक्त लोकोक्ति का 'कहलगाँव' बिहार राज्य के भागलपुर जिले का एक प्राचीन और प्रसिद्ध स्थान है। कहलगाँव के ठगों के बारे में कोई प्रमाण नहीं मिलता है। इस सम्बन्ध में दो-एक अर्द्ध-ऐतिहासिक प्रमाण मिलते हैं। कहा जाता है कि मुगल काल में अकबर के प्रसिद्ध सेनापति राजा मानसिंह ने, भारतवर्ष के पूर्वी क्षेत्रों में होनेवाले विद्रोहों को दबाने के लिए, अपनी ससैन्य यात्रा के क्रम में कहलगाँव में डेरा डाला था। यहीं मानसिंह ने स्थानीय कारीगरों से भावी युद्ध के लिए कुछ तलवार और ढाल बनाने को कहा। कहते हैं कि कारीगरों ने एक सप्तह में कई हजार सुन्दर तलवारें बनाकर तैयार कर दीं। किन्तु, लड़ाई के मैदान में वे सारे हथियार भीतर से लकड़ी और ऊपर से चमकीले टीन के बने सिद्ध हुए। इस पर राजा मानसिंह बड़े क्रुब्द्ध हुए। उन्होंने कहलगाँव वालों को इस छल के लिए दंड भी दिया। कहलगाँव के ठगों के बारे में एक और अनुमान लगाया जाता है कि कहलगाँव गंगा के तट पर स्थित होने के कारण एक प्रसिद्ध बंदरगाह के रूप में भी रहा है। बंगाल और अन्य आस-पास के सामुद्रिक क्षेत्रों के लिए यहीं व्यापारिक सामानों का निर्यात होता था। अत: स्वभावत: उस समय कहलगाँव में माल-असबाबों की लूटपाट करने वाले लुटेरों की भी बन आती होगी। शायद इन लुटेरों के ही कारण कहलगाँव के ठग कालान्तर में विख्यात हुए होंगे।
3. जी.ए. ग्रियर्सन, बिहार पीजेंट लाईफ, (दिल्ली : कॉस्मो पब्लिकेशन, 1921), पृ. सं. 425—इस पुस्तक में ग्रियर्सन ने लिखा है कि 'In Patna they say 'ओकर टाट उलटल है'—in allusion to the custom amongst bankers of bankrupt turning up one corner of his mat and sitting on it, as a notice of his condition. ...In connection with this it may be mentioned that Patna is famous for its bankrupts.'

कायर पेट के लिए। गौरतलब होना चाहिए कि आखिर पेट के लिए कौन जीता है! वही न, जिन्हें भरपेट अनाज नहीं मिलता है। भोजपुरी समाज की जातीय-संरचना को समझते ही पता चल जाता है कि किन लोगों को भरपेट अनाज नहीं मिलता था। पेट भरने के बाद ही आत्मसम्मान की भावना जागती है।

गिरधर कविराय ने अपनी कुंडलियों में 'लाठी का गीत' गाया है। इस लोकप्रिय गीत को ग्रियर्सन ने भोजपुरियों का राष्ट्रीय गीत की संज्ञा दी है—

लाठी में गुन बहुत है, सदा राखियो संग।
गहरे नदी नारे जहाँ, तहाँ बचावै अंग॥
तहाँ बचावै अंग, झपटी कुत्ते को मारे।
दुरजन दावागीर उस को मसक झारे॥
कह गिरधर कविराय, अरे यह सब घट पाठी।
सब हथियार छाड़, हाथ में लीजै लाठी॥[1]

अर्थात् लाठी में बहुत गुण हैं। इसे हमेशा साथ रखना चाहिए। गहरे नदी-नालों को पार करना हो, झपटी कुत्ते से बचना हो, रास्ते में दुश्मनों से बचना हो इत्यादि सभी मौकों पर यह लाठी मददगार है। इसलिए सभी हथियारों को छोड़कर हमें लाठी को सदा साथ रखना चाहिए। 'लाठी हाथ के, भाई साथ के' यानी हाथ की लाठी और साथ रहने वाला भाई काम देते हैं। 'सई पुराचरन ना, एक हुरा चरन' अर्थात् सौ पुरश्चरण (शत्रु मर्दन के लिए किया जाने वाला मंत्र) एक लाठी के हुरे (लाठी के नीचेवाला मोटा अंश) की चोट के बराबर होता है। लाठी के हुरे से मारने में क्रोध की अतिशयता जाहिर होती है। 'जिसकी लाठी, उसकी भैंस' यानी जिसके पास ताकत है उसी के पास धन है। यह ऐसी ताकत है कि जीतने पर तो मारेगी ही, हारने पर भी मारेगी। 'हारो तो हूरो जीतो तो थूरो'।[2] अंग्रेजी में 'सरवाइवल ऑफ द फिटेस्ट' की कहावत है। कभी-कभी तो दूसरे लोगों के लिए उनकी बातें 'भैंस ममोर' लगती है। जार्ज ग्रियर्सन ने अपनी इनसाक्लोपीडिआई पुस्तक 'बिहार पीजेंट लाइफ' में लाठी के लिये लउर, सोटा, सटका, पटकन, गोजी, डंडा, छाकन, छड़ी, बैसाखी, छकनी, फराठी, बँसफेंटा, ठेंगुनी, लबदा, बोंग इत्यादि शब्दों को समानार्थी के रूप में प्रयोग किया है। लेकिन इन सभी का अलग-अलग इस्तेमाल होता है। भोजपुरी लोकोक्तियों में भोजपुरिया जवानों के शौर्य की भावना की

1. जी.ए. ग्रियर्सन, लिंग्विस्टिक सर्वे ऑफ इंडिया, वाल्यूम 5, इंडो-आर्यन फैमिली ईस्टर्न ग्रुप पार्ट 2, स्पेसीमेंस ऑफ द बिहारी एंड ओडिया लैंग्वेजेज, (दिल्ली : मोतीलाल बनारसीदास, प्रथम संस्करण 1903, संस्करण), पृ. सं. 40, ग्रियर्सन ने इस कहावत को उन्होंने अपनी पुस्तक बिहार पीजेंट लाइफ में भी पृ. सं. 127 पर उद्धृत किया है।
2. जॉन क्रिश्चियन, बिहार प्रोवर्वस, (लंदन : केगन पॉल, ट्रेच टूबनर, एंड कं. लि. 1891), पृ. सं. 81

अभिव्यक्ति को समझने का प्रयास जॉन क्रिश्चेन, ओल्धाम एवं शशिशेखर तिवारी जैसे पश्चिमी एवं भारतीय विद्वानों ने भी थोड़ा-बहुत किया है।[1]

भोजपुर में जइह जन, जइह त रहिह जन, रहिह त खइह जन।
खइह त सुतिह जन, सुतिह त टोइह जन, टोइह त रोइह जन।[2]

मतलब, भोजपुर भूलकर भी मत जाना, जाना भी तो वहाँ ठहरना नहीं, ठहरना भी तो खाना नहीं और खाना भी तो सोना नहीं, सोना भी तो टटोलना नहीं और टटोलना भी तो रोना नहीं। भोजपुरी प्रदेश में डराने-धमकाने एवं छीना-झपटी को लेकर एक बेहद प्रसिद्ध कहावत है—'तसलवा तोर कि मोर' यानी तसला तुम्हारा है या मेरा। दरअसल यह कहावत इस प्रदेश में दुर्द्धर्ष लुटेरों द्वारा कही जाने वाली है। इसका स्पष्टीकरण विस्तार से हम पिछले अध्याय में देख चुके हैं। 'अहीर, राजपूत, डोम, तीनों जात हड़बोंग'। अर्थात् अहीर, राजपूत और डोम, ये तीनों जातियाँ दुर्द्धर्ष होती हैं। एक और कहावत है—'जाहाँ लूट पड़े उहाँ जूट पड़े, जाहाँ मार पड़े उहाँ भाग पड़े।' यह लोकोक्ति भोजपुरिया जवानों की लूट के लिए जुट पड़ने और लड़ाई के समय भाग पड़ने की विशेषता दर्शाती है। 'खा के पसरीं, मार के ससरी'[3] यह सत्य है कि घर से दूर रहने और प्रवास में जमींदारों एवं राजाओं के लिए युद्ध की आवारगी के बाद भोजपुरिया जवान लूट एवं व्यक्तिगत सम्मान के लिए लड़ते थे। भोजपुरी वीर गाथाओं के अवलोकन से तो यही पता चलता है कि अधिकांश वीरों के लिए शादियाँ मुख्य रूप से एक बाजी हुआ करती थी। जो उनके सामन्ती संस्कारों का परिचय देती हैं।

---

1. सी.ई.ए.डब्ल्यू. ओल्धाम, द प्रोवर्वस ऑफ द पीपूल इन ए डिस्ट्रिक्ट (शाहाबाद) ऑफ नॉर्दर्न इंडिया, फोकलोर, वाल्यूम 41, संख्या 4, (दिसम्बर 31, 1931), पृ. सं. 320-344 और जॉन क्रिश्चियन, बिहार प्रोवर्वस, (लन्दन : केगन पॉल, टेंच टूबनर, एंड कं. लि. 1891), इसे भी देखें, शशि शेखर तिवारी, भोजपुरी लोकोक्तियाँ, (पटना : बिहार राष्ट्रभाषा परिषद्, 1970), पृ. सं. 32-34
2. शशि शेखर तिवारी, भोजपुरी लोकोक्तियाँ, (पटना : बिहार राष्ट्रभाषा परिषद्, 1970), पृ. 53 इस कहावत पर शशि शेखर तिवारी की टिप्पणी उल्लेखनीय है—'ऐसा लगता है कि इस लोकोक्ति का जन्मदाता कोई भुक्तभोगी होगा, जिसे किसी यात्रा के क्रम में भोजपुर में ठहरना पड़ा होगा और बटमारों या चोरों का शिकार बनना पड़ा होगा। ये बटमार वैदिक काल से आज तक सक्रिय रहे हैं।...इस बात के प्रमाण मिलते हैं कि प्राचीन काल में ये भोजपुर और इसके आस-पास के नगरों और ग्रामों से होकर महापथ पर गुजरते थे। अवश्य ही, इस पथ से गुजरने के समय सार्थवाह, तीर्थयात्री, राजकीय हरकारे और विद्यार्थी यदा-कदा भोजपुर में भी पड़ाव डालते ही होंगे और इन पथिकों को भी बटमारों और लुटेरों का सामना करना पड़ता होगा।...आज भी बटमार और उचक्के, इस इलाके में पर्व, उत्सव आदि के विशेष अवसरों पर लगनेवाले सामान्य और पशु आदि के विशेष मेलों या घाट-घाट में परदेसी व्यापारियों और लोगों को तंग करते हैं।' पृ. सं. 53
3. जॉन क्रिश्चियन, बिहार प्रोवर्वस, (लंदन : केगन पॉल, ट्रेंच टूबनर, एंड कं. लि. 1891), पृ. सं. 58

इस तरह हम देखते हैं कि भोजपुरी की मौखिक परम्परा के गीत, गाथाएँ, कथाएँ, कहावतें, पहेलियाँ, बाल गीत इत्यादि सब नाम, दिनांक, स्थान वगैरह की क्रम से भले ही जानकारी नहीं दे पा रहे हैं परन्तु सभी जीवन्त रूप में बड़े पैमाने पर भोजपुरिया समाज के शौर्य निर्मिति की व्याख्या करने में मदद करते हैं और कुछ लिखित आँकड़ों को परिप्रेक्ष्य भी प्रदान करते हैं।

भारतीय सेना में भोजपुरिया जवान : पुरबिया, तिलंगवा और बक्सरिया

भारतीय सैनिकों के बीच भोजपुरिया जवानों को 'पुरबिया', 'तिलंगवा' और 'बक्सरिया' नाम सम्बोधन है। जाहिर है कि पन्द्रहवीं सदी में पूर्वी हिन्दुस्तान के स्थानीय किसान समुदाय में भारी संख्या में मानवशक्ति के रूप में राजपूत जमींदार थे। इस प्रदेश की मानवशक्ति को पहली बार पहचानने का काम सासाराम का शाह शेरशाह ने किया था। 'जौनपुर के वातावरण में साँस लेकर उसने बहुत-कुछ सीखा (था)। उसने समझ लिया, कि सिर्फ तलवार काफी नहीं है, सिर्फ हिम्मत काफी नहीं है, बल्कि देश की मिट्टी से एकता स्थापित करना तभी हो सकता है, जबकि यहाँ के सभी लोगों के साथ भाईचारा स्थापित हो। उस जवान को मालूम था कि दिल्ली के आस-पास के लोग भले ही किसी समय आग-पानी से खेलते रहे हों, यहाँ के हिन्दू अनेक रण के सूरमा रहे हों पर अब शताब्दियों के संघर्ष ने उनको ढीला कर दिया। पूर्व में अब भी वह आग मौजूद है। वहाँ के लोग लाठी और तलवार के धनी हैं। हाँ, अवधी और भोजपुरी दोनों के बोलने वाले लड़ने-भिड़ने में सबसे आगे रहने वाले थे।'[1] जहाँ तक इनके जौनपुर सल्तनत से सम्बन्धों की बात है तो इस मामले में डर्क कोल्फ का सुझाव है कि ये राजपूत सेनापति केवल बाहरी तौर पर सहायक नहीं थे बल्कि वे मुस्लिम राज में बहुत गहरे स्तर पर जुड़े हुए थे।[2] सोलहवीं सदी के शुरू के दशकों में मालवा सुलतान का नायक मेदिनी राय का नाम उल्लेखनीय है। दरअसल 15वीं और 16वीं सदी के राज्य राजपूतों के नेतृत्व में हिन्दुस्तानी किसान सेना पर ही निर्भर था। यह आम बात है कि नौकरी की खोज में ये किसान हिन्दू सिपाही कहीं भी जाने को हमेशा ही तैयार रहता था। लेकिन यह संभावित है कि जौनपुर सल्तनत के अवसान ने अवध एवं भोजपुर के लोगों को नौकरी की खोज में जाने को मजबूर किया। यहाँ इस तथ्य का उल्लेख अनावश्यक नहीं होगा कि सन् 1555 के दौरान जौनपुर क्षेत्र शेरशाह के भतीजे आदिलशाह सूर के कब्जे में था। उसके राज्य में ग्वालियर और चुनार बेहद महत्त्वपूर्ण इलाके थे।

1. राहुल सांकृत्यायन, अकबर, (इलाहाबाद : किताब महल, 1957), पृ. सं. 2
2. डर्क एच.ए. कोल्फ, नौकर, राजपूत एंड सिपॉय द एथनोहिस्ट्री ऑफ द मिलिट्री लेबर मार्केट इन द हिन्दुस्तान, 1450-1850, (कैम्ब्रिज : कैम्ब्रिज यूनिवर्सिटी प्रेस, 1990)

हेमू उसका हिन्दू जनरल था, जो उसके शासन में बहुत प्रभावशाली व्यक्ति हुआ। उसने पूर्वी जिलों से भारी संख्या में लोगों को भर्ती किया था। जैसा कि अबुल फजल लिखता है कि उसने अवध के उन्नाव जिले के राजपूत वंश के लोगों को भी शामिल किया था। पानीपत की लड़ाई (सन् 1556) में उसकी सेना मुगलों की सेना से दोगुनी थी। उसने राजपूतों एवं अफगानों को घुड़सवार, बंदूकची, अनेक हाथी दिए तथा उसका बहादुर कमांडर भगवान दास एक हिन्दू था। इससे समझा जा सकता है कि हेमू की सेना में पूर्बिया राजपूतों की उपस्थिति अच्छी-खासी थी। यह सही है कि हेमू खुद एक रौनियार[1] उद्यमी था। लेकिन उसके कमांडर बनिया नहीं थे। जब आदिल शाह ने उसकी सेवा से खुश होकर उसको सम्मानित किया तो उसने उस सम्मान का सेहरा इन पुरबिया सैनिकों को बाँधा। सासाराम के निम्न जन हेमू को जिस रूप में स्मरण करते हैं, वह इस प्रकार है—

हेमचन्द्र (हेमू)

हमनीक दादा हेमू दादा, उनका लम्बे-लम्बे बाल रे।
सिर मटुकिया हाथे धनुहिया, घोड़ेपर असवार रे॥1॥
मुँहमें पनमा देहमें अचकन, दादा जोर से बोले बात रे॥2॥
दादाके भैया नेमू दादा, मीठी मीठी बात रे॥3॥
घोड़ा हाँके, ऊँटवन हाँके, सौ कोस दौरान रे॥4॥
मथे दादा साफा बाँधे, कमयर में लटके तलवार रे॥5॥
मुहाँसे दादा वचनों ना बोले, मोगल के कैल क संहार रे॥6॥
राजा धनी फरीद भैया, दादा भैले कोतवाल रे॥7॥
बूढ़ा दादा मधु दादा, देल कै सनुकवा खोलि रे॥8॥
रूपैया बहालै पानी पलि, दादाके मन में नहि आह रे॥9॥

---

1. इस जाति के बारे में राहुल सांकृत्यायन ने अपनी पुस्तक 'अकबर' में पृ. सं. 4 पर लिखा है—'रौनियार पूर्वी उत्तर प्रदेश और बिहार के सार्थवाह हैं। शिव प्रसादजी के पूर्वजों की तरह उनमें कुछ हजार-पूँजी वाले भी व्यापारी थे, और दूसरे लाखों के स्वामी भी, जिनकी कोठियाँ चटगाँव और समुद्र के कितने ही और बंदरों में थी। अपने प्रदेश के बड़े-बड़े शहरों में भी उनका कारबार होता था। सार्थवाह का काम वह लोग नहीं कर सकते थे, जिन्हें हम आजकल बनिया समझने के आदी हैं। सार्थों को जिन राज्यों से गुजरना पड़ता था, उनमें सभी अपने यहाँ शान्ति स्थापित करने में समर्थ नहीं थे। जहाँ समर्थ शासक थे, वहाँ सार्थवाह भेंट-पूजा देकर अपना काम बनाते थे। जहाँ अशान्ति थी, यहाँ अपनी रक्षा का भार वह खुद अपने ऊपर लेते थे। इसके लिए वह सैकड़ों और कभी हजारों की संख्या में चलते थे। इनके पास तलवार-भाले, तीर-धनुष ही नहीं, बल्कि उस समय का जबर्दस्त हथियार पलीतेदार बंदूकें भी होती थीं। नरम कलेजे वालों का सार्थ में गुजर नहीं था। इसलिए बैलों पर लादने, बैलगाड़ियों को चलाने के लिए वही जवान लिये जाते, जो मौका पड़ने पर सिपाही बन जाते। भोजपुरियों में सिपाहीपन की स्वाभाविक आदत थी।'

पूरब जीत लनि दादा, पश्चिम जीत लनि, जीत लनि सकलो जहान रे॥ 10॥
फरीद दादा मरलै डकवा पड़लै भलहि घर-घर सोच रे॥ 11॥
पड़ले इस्लाम चाचा के सिर पै ताज रे, दादाके सिरपर नाहिए मटुकिया।
दादा बनलहन समनीक सिरमौर रे॥ 12॥
इस्लाम मरलैक डाका पड़लै महलवामें सेंध रे॥ 13।
बच्चा मारलगलै मासूम बच्चा शोर भैले सकल जहान रे॥ 14॥
घोड़ा चढ़ि अयलहिं हमनीक दादा जनकि लम्बी-लम्बी मोंछ रे॥ 15॥
जे हमरो पोतवाके जान ले लेलकै। तनिका के करब हलाल रे॥ 16॥
अदलीफ होशवा गेलै मागिरे दौड़ल आयल पगड़ी रखने हथियार रे॥ 17॥
अब हे चाचा माफ करिओ भै गैले कसुर महान रे॥ 18॥
ओकनीक बचनिया सुनि दादा घघरौलहि हरिगैलन हुनकहु झरन रे॥ 19॥
चाहे बेटा राज कर तू, फेलिओ कसुरिया माफ रे॥ 20॥
दादा चढ़ले घोड़वापर अकवाल दौड़ले पैदल दादा पहुँचले
दिल्ली नगरिया ओ पहुँचले आगे॥ 21॥
दादा भैलइ अप राजा, हिन्दुअन के सिरताज रे॥ 22॥
मोगल भागल शोर मचायल दादा के सिरपर ताज रे हिन्दुअन के पलटले भाग रे॥ 23॥
बरस दिन दादा रजवा फलकै कुरुक्षेत्रमें भैले लड़ाई रे॥ 24॥
हमनीक फटलैक भाग रे। तीर उछटिके दादाके लगले अँखियाँ
गैले फूट रे॥ 25॥
हमनीके करमियो गैले फूट रे। हिन्दुअन के भगिया गैले टूट रे॥ 26॥
साफा लाल, देह लाल, अँखियाँ विकराल लाल।
मोगल आवल शोर मचायल। बूढ़ा दादाके लेलकै सिर काटि रे॥ 27॥
भागो-भागो शोर मचायल, भगली हम घर छोड़ि रे॥ 28॥
पूरब भगली, पश्चिम भगली। बंगलक लेली राह रे॥ 29॥
हमरो दादाके कोठा अटरिया, हमनी के घसवो के नई घर रे॥ 30॥
हमरो दादा अब फर कहिया अयबऽ। कहिया जूटतैक हमनीक भाग रे॥ 31॥
कहिया फूलतैक मलसरीक गछिया कहिया देखवैक सहसराम नगरिया रे॥ 32॥
न कोई जाने न कोई पूछे रो-रोके पीटवै छतिया।
हममही ओहि दादाके बिटिया ना कोई सुने बतिया रे॥ 33॥
जतिया पीसि-पीसि दिनवा कटई छीन, नुनिजा दादा मोर घतिया रे॥ 34॥
झिझिप खेलली गितिया गैली। पुरबवा के लेली नाम रे।
ज़े पेटखौ किछुओ बजती। हुनका देबैन गारी रे॥ 35॥'

स्रोत : राहुल सांकृत्यायन, अकबर, (इलाहाबाद : किताब महल, 1957), पृ. सं. 1-2

यदि मुगल शासक इन पूरबिया सैनिकों को अपनी मिलिट्री सेवाओं में रखना चाहते तो या तो इन सैनिकों की भर्ती व्यक्तिगत तौर पर करते, या जमादारों के दलालों से लेते, या नायकों के जरिए लेते या फिर इस क्षेत्र की वंश परम्परा के प्रमुखों से बुलाते, जिनकी मिलिट्री संरक्षकों के रूप में एक लम्बी परम्परा थी। नि:सन्देह अकबर के शासन काल में और उसके बाद भी स्थानीय जमींदारों से लिए जाने के साथ वंश परम्परा (उज्जैनिया परिवार इत्यादि) से भी सैनिकों की भर्ती कई पीढ़ियों तक जारी रही।

पुरबिया : भोजपुरिया सिपाहियों को दिया गया सम्बोधन 'पुरबिया' से सम्बन्धित शब्द 'पूरब', 'पुरूब', 'पुरबी', 'पुरबिया', 'पूर्बिहा' इत्यादि पद काल एवं स्थान सापेक्षिक हैं। इन पदों पर एक ऐतिहासिक नजर डालने पर स्पष्ट होता है कि कैसे भोजपुरी प्रदेश के लोगों का प्रवसन स्थान (Destination) बदलने पर इन पदों की अर्थछवि बदलती गई है। मुगल काल में चूँकि भोजपुरी प्रदेश के जवान पश्चिम यानी गुजरात, मारवाड़, मालवा जैसे रजवाड़ों की ओर जाकर नौकरी करते थे। हिन्दुस्तान के उन इलाकों में भोजपुरियों को 'पुर्बिया' और उनकी बोली को 'पूर्वी बोली' कहा जाता था। 'पूरब' और 'पुर्बिया' के बारे में हॉब्सन-जॉब्सन डिक्शनरी में लिखा है—'In upper India the term means usually Oudh, the Benares division, Behar. Hence Poorbees (purbiya), a man of those countries, was, in the days of the old Bengal army, often used for a sepoy, the majority being recruited in those provinces.'[1] अर्थात् उत्तरी भारत में 'पूरब' से अवध, बनारस तथा बिहार प्रान्त से तात्पर्य है। अतएव 'पूर्बिया' इन्हीं प्रान्तों के निवासियों को कहते हैं। बंगाल की पुरानी फौज के सिपाहियों के लिए भी इसी शब्द का प्रयोग होता था, क्योंकि उनमें से अधिकांश इन्हीं प्रान्तों के निवासी थे। इस डिक्शनरी में एक सिपाही का एक कथन उद्धृत किया गया है, जिसको यहाँ उद्धृत करने से सिपहिया संस्कृति को समझने में मदद मिलेगी—'...My lands were taken away, And the Company game a pension of just eight annas a day; and the poorbeas swaggered about our streets as if they had done it still...' Attar Singh loquitur, by 'Sowar' Sir M. Durand in an Indian paper, the name and date lost.'[2] डर्क कोल्फ ने लिखा है कि 'पुरबिया शब्द गोत्र या वंश का नाम नहीं है और ना ही इसका किसी

1. हेनरी यूल और ए.सी. बरनेल, हॉब्सन जॉब्सन द एंग्लो इंडियन डिक्शनरी, (वड्र्सवर्थ रेफरेंस, प्र. सं. 1886, सं. 1996), पृ. सं. 724
2. वही, पृ. सं. 724

वंशावली से कोई सम्बन्ध है।...बल्कि यह तो कमांडरों के चरित्र को दर्शाता है जो वंश के द्वारा परिभाषित नहीं होता था, यह उनके अनुयायियों द्वारा परिभाषित होता था। और ये अनुयायी थे—राजपूत या कहें कि छद्म-राजपूत, जो पूरब से प्रवासी सैनिक बनकर आते थे। पूरब का मतलब उन दिनों अवध, बिहार और वाराणसी क्षेत्र से था। मेदिनी राय और सिलहदी सबसे पहले मिलिट्री कमांडर थे, जो पूर्वी हिन्दुस्तान से नौकरी की खोज में मालवा प्रदेश की ओर आने वाले प्रवासी सिपाहियों की भर्ती करते थे।'[1] यह सही है कि मुगलशासन एवं कम्पनी में भोजपुरिया किसान सिपाहियों का विस्थापन के सन्दर्भ में राजपूत का मतलब राजा का पुत्र नहीं, बल्कि साहसिक कार्य करने वाले उन वीर जवानों के लिए द्योतक था, जो मूलत: पैतृक और राजकीय पद्धति की खोज में रहते थे।

ये पूर्बिया सैनिक स्थानीय जमींदारों के यहाँ रखवारों के काम से भी चिर-परिचित थे। मुगल शासन काल के अन्तिम काल से 'भोजपुरी' अथवा 'भोजपुरिया' शब्द भोजपुरी बोलने वाले लोगों के लिए संज्ञा प्राप्त कर चुका था। भाषा के अर्थ में लिखित रूप में इसका सर्वप्रथम उल्लेख सन् 1789 ई. में मिलता है। जॉर्ज ग्रियर्सन के अपने 'लिंग्विस्टिक सर्वे ऑफ इंडिया' के प्रथम भाग के पूरक अंश, पृ. 22 में मिलता है। यह इस प्रकार है—1789 'दो दिन बाद सिपाहियों का एक रेजीमेंट जब दिन निकलने पर शहर से होता हुआ चुनारगढ़ की ओर जा रहा था, तो मैं गया और उसे जाते हुए देखने के लिए खड़ा हो गया। इतने में रेजीमेंट के सिपाही रुके और उनके बीच के कुछ लोग अंधेरी गली की ओर दौड़ पड़े। उन्होंने एक मुर्गी पकड़ ली और कुछ गाजर-मूली भी उठा लाए। लोग चीख उठे। तब एक सिपाही ने अपनी भोजपुरी बोली में कहा—इतना अधिक शोर मत करो। आज हम लोग फिरंगियों के साथ जा रहे हैं, किन्तु हम सब चेत सिंह की प्रजा हैं और कल उनके साथ भी आ सकते हैं। तब मूली-गाजर का ही प्रश्न न होगा, बल्कि तुम्हारी बहू-बेटियों का होगा।'[2]

---

1. डर्क एच.ए. कोल्फ, नौकर, राजपूत एंड सिपॉय द एथनोहिस्ट्री ऑफ द मिलिट्री लेबर मार्केट इन द हिन्दुस्तान, 1450-1850, (कैम्ब्रिज : कैम्ब्रिज यूनिवर्सिटी प्रेस, 1990) पृ. सं. 87
2. रेमंड, शेर मुताखरीन का अनुवाद, द्वितीय संस्करण, अनुवादक की भूमिका, पृ. 8 उन्होंने लिखा है कि 1789, 'Two days after, as a regiment of sepoys on its way to Chunar Garh, was marching through the city at day-break, I went out, and was standing to see it pass by, the regiment halted; and a few men from the centre ran into a dark lane, and laid hold of a hen and some roots; the people screamed. 'Do not make so much noise', said one of the men in his Bhojpuria idiom, 'we go today with the frenghees, but we are all servants (tenants) to cheyat Singh, and may come back tomorrow with him, and then the question will be not about your roots but about your wives and dautghters.'

मैं पहले उल्लेख कर चुका हूँ कि 'पुरबिया' और 'पूरब' की अवधारणा काल एवं स्थान सापेक्षिक रही है। लेकिन भोजपुरिया सिपाहियों का गन्तव्य स्थान बदलने पर भी यानी बंगाल में ईस्ट इंडिया कम्पनी में भी उनकी पहचान 'पुरबिया' ही बनी रही। अर्थात् इस मामले में नाम सम्बोधन की परम्परा का निर्वहन होता रहा। परन्तु लोकसाहित्य में उनका गन्तव्य स्थान बंगाल होने पर 'पूरब' की अवधारणा ही बदल गई। यहाँ इस बात का स्पष्टीकरण जरूरी लगता है कि मध्यकाल से लेकर औपनिवेशिक काल तक भोजपुरिया सिपाहियों को 'पुरबिया' पद का सम्बोधन डेस्टीनेटिव लोगों द्वारा दिया जाता रहा और मध्यकाल में चूँकि भोजपुरी प्रदेश उनके प्रवास स्थान से पूरब दिशा में था, जबकि औपनिवेशिक दौर में ठीक उल्टा हो गया, यानी इनका प्रवास स्थान पश्चिम दिशा में हो गया। इसलिए भोजपुरी लोकसाहित्य में बंगाल 'पूरब' के रूप में उपस्थित हुआ है। लेकिन 'पुरबिया' सम्बोधन भोजपुर एवं अवध के प्रदेश के किसान सिपाहियों के लिए ही दिया जाता रहा।

तिलंगवा : यह पद भी भोजपुरिया सिपाहियों को दिया गया सम्बोधन है। हॉब्सन-जॉब्सन डिक्शनरी में इस शब्द का अर्थ उन सिपाहियों के लिए किया गया है जो 18वीं सदी में ईस्ट इंडिया कम्पनी की पहले पहल वर्दीयुक्त अनुशासित देशी सिपाही तैलंग प्रदेश (मद्रास) से बंगाल आए थे।[1] इस बारे में तत्कालीन अवध प्रदेश के कवि गिरधर ने अपनी एक कुंडलियाँ में एक वर्दीधारी तिलंगवा सिपाही का घर लौटते वक्त का एक व्यंग्यात्मक चित्र खींचा है—

सइयाँ भये तिलंगवा, बौहर चली नहाए।
देख डरी कपतान कह, कौन जनारो आय।
कौन जनारो आय, काह दहु पहिरे बाटे।

1. हेनरी यूल और ए.सी. बरनेल, हॉब्सन जॉब्सन द एंग्लो इंडियन डिक्शनरी, (वड्र्सवर्थ रेफरेंस, प्र. सं. 1886, सं. 1996), पृ. सं 913, 'Telinga : This term in the 18th century was frequently used in Bengal as synonymous with sepoy, or a native soldier disciplined and clothed in quassi-European fashion, [and is still commonly used by natives to indicate a sepoy and armed policemen in N. India], no doubt because the first soldier of that type came to Bengal from what was considered to be the telinga country, viz. Madras. "... the latter commanded a body of Hindu soldiers, armed and accoutred and disciplined in the European manner of fighting; I mean those soldiers that are become so famous under the name of Talingas.'—Seir Mutaqherin, ii. 92.

बिन गुनाह तकसीर, पिया ठाड़े डाटे।
कह गिरधर कविराय, नचै जस बंदर भला।
तोसदान बंदूक, हाथ में पत्थरकला।[1]

गिरधर कविराय (जन्म संवत् 1770, कविता काल संवत् 1800 के आस-पास) की इस कुंडलियाँ में एक स्त्री का पति ईस्ट इंडिया कम्पनी में तिलंगा सिपाही है। वह अपने घर एक अंग्रेज कप्तान सिपाही के साथ वर्दी पहनकर आ रहा है। जैसे ही वह अपने घर के दरवाजे पर आकर खड़ा होता है तो देखता है कि उसकी पत्नी (बाहर तालाब में) स्नान करने के लिए जा रही है। उसे (कप्तान को) देखकर वह डर गई और बोली कि कौन जानवररूपी कप्तान उसके दरवाजे पर आ खड़ा है। जिसकी देह पर न जाने कैसा वस्त्र है, कंधे पर तोसदान (कारतूस की पेटी) और बंदूक लटकी हुई है और हाथों में पत्थरकला यानी आग निकालने वाला एक विशेष पत्थर (चकमक पत्थर) है। वह ऐसे लग रहा है, जैसे कोई बंदर नाच रहा हो। वह उस वर्दी का मजाक उड़ाती है। यह देख पति पत्नी को डाँटता है। पत्नी सोचती है कि बिना गुनाह के उसका पति उसे क्यों खड़े-खड़े डाँटे जा रहा है! इस प्रसंग में हरभजन सिंह की आत्मकथा 'चोला टांकियावाला' की निम्नलिखित टिप्पणी उल्लेखनीय हैं—'अपना गाँव छोड़कर परदेस जाने वाला आदमी जब वापस आता है तो अपने साथ कुछ सचेत या अचेत ब्यौरे लेकर आता है कि चाहे-अनचाहे गाँव और शहर के रहने वालों के बीच एक फासला बना रहता है। एक नूर आदमी, हजार नूर कपड़ा (एक तरह का आदमी, हजार तरह के कपड़े) को शहर के सुन्दर लिबास वाले आदमी का गुण कहा जाता है, पर गाँवों में किसी, किसी के लिए कपड़ों की भिन्नता ही जान का रोगी बन सकती है।'[2]

मध्यकालीन लोकगाथा 'शोभनायक बनजारा' में भी 'तिलंगवा'[3] पद का उल्लेख हुआ है। लेकिन वह तिलंगवा सम्बोधन किसी सिपाही या व्यक्ति के लिए नहीं बल्कि उस बाछा (बैल) के लिए है, जो अपनी पीठ पर गोनी (बैलों की पीठ पर लादी जाने वाली बोरे में भरी हुई वस्तु) को बहुत फुर्ती से ढोता है और श्रमिक व्यापारियों के बैलों के काफिले में सबसे आगे चलता है। गाथा का नायक शोभा अपने ससुर से दहेज में तिलंगवा बाछा माँगता है। उसका ससुर यह सुनकर उदास हो जाता है कि उसका 'तिलंगवा' बाछा उसके पास से चला जाएगा। यह ऐसा बाछा है जो व्यापारियों के कारवाँ में सभी बैलों से आगे चलता है। वह बहुत तेज

1. हेमन्त कुकरेती (सं), रीतिकाव्य सुरभि, (दिल्ली : सतीश बुक डिपो, करोलबाग, 2009), पृ. सं. 71
2. हरभजन सिंह, चोला टांकियावाला, अनुवाद—नरेश नदीम, (दिल्ली : सारांश प्रकाशन,), पृ. सं. 31
3. जी.ए. ग्रियर्सन, सेलेक्टेड स्पेसीमेंस ऑफ द बिहारी लैंग्वेज, भाग 2, द बिहारी डायलेक्ट, द गीत नयका बनजरवा, जे.डी.एम.जी., वाल्यूम XLIII (1889), पृ. सं. 468-501

एवं फुर्तीला है। वैसे भी भोजपुरी लोक में 'तिलंगवा' उन्हीं बैलों को कहा जाता है जो बहुत तेज होते हैं।

बक्सरिया : 'बक्सरिया' पद भी हिन्दुस्तानी सेना में भोजपुरिया जवानों का लगभग पर्यायवाची है। मुगलों की सेना में भारी संख्या में बक्सर से भर्ती होने की वजह से उनकी पहचान 'बक्सरिया' के रूप में जानी गई। मुगलकाल से लेकर कम्पनी काल तक पूरब क्षेत्र बक्सर[1] की भर्ती प्रक्रिया में एक निर्णायक भूमिका थी। बक्सरिया सैनिक जमींदारी संरक्षण से अलग प्राइवेट सैनिक था। प्राइवेट सैनिकों के उभरने की स्थिति सम्भवत: तब बनी, जब जौनपुर सल्तनत ढह चुकी थी और असंख्य जमींदारों की सेना भी तितर-बितर हो चुकी थी। लेकिन सोलहवीं सदी के अन्त में मुगल केन्द्र की शक्ति को एकाधिकृत रूप से स्थायी बनाने के लिए हिन्दुस्तानी मैचलॉकमेन की पुरबिया क्रीम की माँग तेजी से विकसित हुई।'[2]

भोजपुरी लोकगीतों में मुगल सेना में सिपाहियों के पदक्रमों का भी संकेत मिलता है। निम्नलिखित जँतसारी गीत बताता है कि मुगल सेना में पठान सैनिकों की ज्यादा कद्र थी और शारीरिक रूप से वे बेहद सुन्दर एवं बलवान भी थे—

जेठ बइसखवा के जरती भुभुरिया सुनबे रे नयकवा।
गरमी भिजेले लामी केस सुनबे रे नयकवा।

---

1. यद्यपि बक्सर गंगा नदी के तट पर अवस्थित होने की वजह से खास प्रसिद्ध नहीं रहा है बल्कि इसकी प्रसिद्धि गौरी-शंकर मंदिर के निकट उस तालाब की वजह से है जिसके बारे में किंवदंती है कि प्राचीन काल में उसका नाम अघासरस था। एक ऋषि, कुछ लोग कहते हैं कि वह राजा था, दुर्वासा को डराने के लिए उससे अपने को बाघ के रूप में बदल लिया। चूँकि दुर्वासा उस ऋषि से ज्यादा शक्तिशाली थे तो उन्होंने श्राप दे दिया कि तुम बाघ ही बने रहो। वह (राजा या ऋषि) शिव के बैल नन्दी के पास गया, नन्दी ने उसे सलाह दी कि यदि वह जादुई तालाब अघासरस में स्नान करके गौरी-शंकर की पूजा करेगा तभी वह अपना मानुष मुख पा सकेगा। इस घटना के बाद वह पाप धोने वाला अघासरस तालाब आगे चलकर व्याघ्रसर (यानी बाघ तालाब) से बक्सर बना।
2. डर्क एच. ए. कोल्फ, नौकर, राजपूत एंड सिपॉय द एथनोहिस्ट्री ऑफ द मिलिट्री लेबर मार्केट इन द हिन्दुस्तान, 1450-1850, (कैम्ब्रिज : कैम्ब्रिज यूनिवर्सिटी प्रेस, 1990) पृ. सं. 172 कोल्फ लिखते हैं—'This new development was complemented by a change occurring in the leadership of the Bhojpuri and Awadh countryside where clans like the Bachgotis and the Ujjainiyas were subjected to servere pacification; gradually, though never completely, they were compelled to give up the large-scale employment of war-bands and forced to turn more exclusively to the management of their estates. Thus, though these changes were foreshadowed in the Purbiya episode of sixteenth century malwa, from now on a rather clear distinction canbe made, at the level of management and brockerage, between zamindar and jamadar, between Ujjainiya and baksariya, in other words between land control and military entrepreneurship.'

बाट एक चलत बटोहिया हित भइआ, सुनबे रे नयकवा।
हमरो सनेस हमरे हरीजी से कहिहा, सुनबे रे नयकवा
भेजी दीहे पाँच रंग बेनिया सुनबे रे नयकवा।
तोहरे हरी जी के चीन्हले ना जनले,
कइसे कहब समुझाई, सुनबे रे नयकवा।
हमरी हरीजी के लाली लाली अँखिया,
जइसे चले मुगल पठान सुन बे रे नयकवा।[1]

इस गीत की नायिका बटोही नयका से अपने पति के पास सन्देश भेज रही है। नयका प्रवास करके 'बनिज' करता है। अतः इस गीत में नायिका का पति व्यापारियों की मालों की रखवाली करने वाला सिपाही है। नायिका बटोही नयका को अपने पति की, जो पहचान बताती है उसमें उसका पति मुगल पठान की तरह है। गौरतलब है कि मध्यकालीन सैनिक दस्तों में मुगलों की ही श्रेष्ठता थी। ये गीत पंक्तियाँ इतिहास के कुछ नए पन्ने रेखांकित करती हैं—'हमरा हरिजी के लाली लाली अँखियाँ/जइसे चले मुगल पठानवा सुनबे रे नयकवा' में सैनिक का मुगल पठान जैसा शारीरिक-सौष्ठव को लेकर मुगलकालीन भोजपुरिया सैनिक की पत्नी का उद्‌गार है।

अमवा मोझर गैले महुआ टपक गैले।
केकरा से पठावो सनेसवा॥ रे निरमोहिया छोड़ दे नोकरिया॥ 1॥
मोरा पिछवरवा भिकम कयथवा।
लिख देहु एकहि चिठीवा॥ रे निरमोहिया छोड़ दे नोकरिया॥2॥
केथि के मैं करबों रे कोरा रे कगजवा।
केथि के करबो मशनीआ॥ रे निरमोहिया छोड़ दे नोकरिया॥3॥
आँचर फार फार कोरा रे कगजवा।
नैना काजर मशनीया॥ रे निरमोहिया छोड़ दे नोकरिया॥4॥
आरे पास लिखिहो सर रे सनेसवा।
बिचे ठैंया बारहो बियोगवा॥ रे निरमोहिया छोड़ दे नोकरिया॥5॥
बाट रे बटोहिया तूँ मोर भैया।
हमरो सनेसवा ले जैहो॥ रे निरमोहिया छोड़ दे नोकरिया॥ 6॥
हमरो सनेसवा बलमुआ से कहियो।
तोरि धनि बिरहे बेआकुल॥ रे निरमोहिया छोड़ दे नोकरिया॥7॥

1. वही, पृ. सं. 32

तोहरा बलमुआ के चिन्हेलों ना जानेलो॥
केकरा से कहबों सनेसवा॥ रे निरमोहिया छोड़ दे नोकरिया॥8॥
ठिक दुपहरिया नबाव कचहरिया।
ताहि बिचे सामी बैठे मोरा॥ रे निरमोहिया छोड़ दे नोकरिया॥9॥
हथवा लिफाफ चिठिआ लिहलें बचलेन।
अति धनि लिखले बियोगवा॥ रे निरमोहिया छोड़ दे नोकरिया॥10॥[1]

इस कजरी गीत में समय परिवर्तन को प्राकृतिक पेड़-पौधों में परिवर्तन के जरिए दर्शाया गया है। एक 'नोकरिहा' की बिरहणी स्त्री कहती है—आम में मोजर आ गए और महुआ के फूल भी टपक (चू) गए। लेकिन उसका 'नोकरिहा' अभी तक नहीं आए। इसलिए वह कायथ (कायस्थ जाति) से चिट्ठी लिखने का निवेदन करती है। कायथ कागज और स्याही न होने की असमर्थता जताता है तो वह अपने आँचल फाड़कर कागज और नैनों के काजल को स्याही बनाकर बारह वियोग (बारह महीने का वियोग) को लिख देने को निहोरा करती है। चिट्ठी बारह वियोग को पढ़कर उसका नोकरिहा पिया बहुत द्रवित हो जाता है। इस गीत में 'नोकरिया' और 'कायथ' पद गौरतलब है। मध्यकाल और औपनिवेशिक दौर में नौकरी शब्द प्रवासी श्रमिक-सिपाहियों के लिए प्रयुक्त होता था। जिसमें हीनतर सेवा प्रदान करने की भी भावना मिली हुई थी। भोजपुरी की एक लोकप्रिय कहावत है कि 'उत्तम खेती, मध्यम बान।/अधम चाकरी, भीखि निदान।'[2] अर्थात् जीविका के साधनों में खेती उत्तम, व्यापार को मध्यम, नौकरी को अधम और भीख माँगने को निकृष्ट माना गया है। नवाब की कचहरी में नौकरी करने वालों के सम्बन्ध में डर्क कोल्फ की टिप्पणी उल्लेखनीय है। 'परम्परागत भारत में आमतौर पर लम्बी दूरी की सेवा के लिए दरवान के रूप में नौकर होता था। जैसे कि ब्रिटिश इंडिया कम्पनी की आर्मी थी। 19वीं सदी में नौकर एक सर्वेंट था जिसे सालाना नगद मजदूरी मिलती थी।'[3] आज भी भोजपुरी प्रदेश में किसी का बेटा या पति परदेस में नौकरी करता है तो वह बहुत सम्मान की बात है।[4] बाद में चलकर नौकरी शब्द का अर्थ-विस्तार हुआ। 'नौकर' केवल प्रवास में

1. हूज फ्रेजर, फोकलोर फ्रॉम ईस्टर्न गोरखपुर, जे.ए.एस.बी., वाल्यूम 53, भाग 1, (हिस्ट्री, एंटीक्वेटीज, एंड सी), (संख्या 1 से 4, 1883, 23 प्लेट सहित), पृ. सं. 1-27
2. श्रीधर मिश्र, भोजपुरी लोकसाहित्य : सांस्कृतिक अध्ययन, (इलाहाबाद : हिन्दुस्तानी एकेडेमी, 1971), पृ. सं. 163
3. डर्क एच.ए. कोल्फ, नौकर, राजपूत एंड सिपॉय द एथनोहिस्ट्री ऑफ द मिलिट्री लेबर मार्केट इन द हिन्दुस्तान, 1450-1850, (कैम्ब्रिज : कैम्ब्रिज यूनिवर्सिटी प्रेस, 1990) पृ. सं. 76
4. अर्जन डी हैन, माइग्रेशन एंड लाइवलीहूड इन हिस्टोरिकल पर्सपेक्टिव : ए केस स्टडी ऑफ बिहार, इंडिया, जॉरनल ऑफ डेवेलपमेंट स्टडीज, 38:5, 2002, पृ. सं. 115-142

श्रम करने वाले श्रमिक के लिए नहीं रह गया, बल्कि सभी श्रमिकों के लिए प्रयुक्त होने लगा है। दूसरा पद 'कायथ' निःसन्देह एक जातिसूचक पद है। लेकिन इससे दो महत्त्वपूर्ण बातों का उल्लेख किया जाना चाहिए। एक, इस गीत से भोजपुरी लोकसमाज के साक्षर लोगों की पहचान होती है। और दूसरे, यह जाति एक विशेष लिपि कैथी लिपि में लेखन करती थी। जिसका आज प्रचलन खत्म हो चुका है। यह बड़ी मजेदार बात है कि इस लिपि को सामान्य लोग प्रयोग करते थे।[1]

भोजपुरी लोकसाहित्य में सिपहिया से सम्बन्धित लोकगीतों का अवलोकन करने से पता चलता है कि इस प्रदेश का सिपाही मूलतः किसान ही है। वह फसलों की बुआई एवं कटाई के मौसम में घर लौट आता है। जब वह नहीं आता है तब उसकी पत्नी की चिन्ता बढ़ जाती है। जरा निम्नांकित चैता गीत पर गौर करें—

ऐ रामा घरे नाहीं अइले, बलम पलटनिया
कइसे होइहें गेहूम के कटनिया
ऐ रामा कइसे होइहें, गेहूम के कटनिया।
पिया जदि रहित त कटनी करइते, संगे मिली जूली बोझवा बन्हइते
हम लेके जइती गतनिया ऐ रामा, पिया पलटनिया।
ऐ रामा चइत के कटनिया, कइसे होइहें।[2]

इस परम्परागत चैता गीत में चैती फसल की कटनी का समय आ गया है लेकिन अभी तक एक स्त्री का पलटनिया पति कटनी करने के लिए नहीं आया है। इसी चिन्ता में डूबी हुई है कि आखिर गेहूँ की कटनी कैसे होगी। वह सोचती है कि यदि उसके पिया आ जाते तो वह उनके संग कटनी करती। वह 'गतान' (धान के पुआल से बनी रस्सी, जिससे गेहूँ या धान का बोझा बाँधा जाता है) लेके जाती ताकि कटी हुई फसलों को दोनों प्राणी मिल-जुलकर बोझा बाँधते। जैसा कि इस प्रदेश के किसान सिपाही फसलों की कटाई-बुआई के लिए समय पर अपने घर लौट आते हैं। निम्नलिखित जँतसारी गीत में एक सिपाही किसान रबी फसल की कटनी के लिए आया हुआ है—

पाकि गइलय खेतवा लागल रेतवा,
झनकि बाजे हो धन खेते खेते चुरिआ, झनकि बाजे हो।
झूकि गइले गेहुँआ, लटकि गइले जउआ,
चटकि बाजे हो धन मटर के छिमिआँ, चटकि बाजे हो
होत भिनुसार धनि लिहली हँसुअवा, चली गइली हो।

---

1. एस.एस.ओ. मैले, बंगाल डिस्टिक्ट गैजेटियर्स, शाहाबाद, (कलकत्ता : द बंगाल सेक्रेटेरियट बुक डिपो, 1906), उन्होंने लिखा है—'The Character in general use in writing Bhojpuri is the Kaithi, but the Devnagari is also used by the educated classes. पृ. सं. 35
2. परम्परागत चैता लोकगीत।

खेत काटे के सरेहिआ, चली भइली हो।
पतरी उहरिआ पर सखिअन के पतिआ,
गमकि बहेला, मीठी मलय बयरिआ, गमकि बहेला।
ओहि बन गछिआ में बोलिले कोइलरिआ,
चहँकि उठे ना बने, चिरई चिरइया, चहँकि उठे ना।
धरि दिन चढ़ले, पहर दिन चढ़ले कि आई गइले ना,
पिआ बाँका सिपहिया रे, कि आ गइले ना।
काटे धनि खेतवा, बान्हेला पिआ बोझवा,
झकोरे लागय ना तेज फागुनी बयरिआ, झकोरे लागय ना।
तेज दुपहरिआ उड़न लागी धुरिआ, सरकि गिरे ना,
धनि गेहूँ के नरइआ सरकि गिने रा।
आगे-आगे पिआ चले, पीछे-पीछे धनिआँ,
गिरन लागे न अब बोझ खरिहनियाँ, गिरन लागे ना।[1]

यह गीत रबी फसलों की 'कटनी' के समय का है। चैती फसल गेहूँ और जौ की बालियाँ पककर झुक गई हैं और पकी बालियाँ खनखना रही हैं। भोर होते ही स्त्री हँसिया लेकर खेतों की ओर चल पड़ी है। उसके साथ और स्त्रियाँ भी फसल काटने जा रही हैं। भोर के समय शीतल मंद मीठी हवा चल रही है। भोर में कोयल बोल रही है। लेकिन जैसे ही दिन चढ़ा, उसका पिया बाँका सिपहिया भी पत्नी के साथ कटनी करने आ गया। पत्नी फसल काट रही है और पिया बाँका सिपहिया बोझा बाँध रहा है। लेकिन अब दिन चढ़ आया है। फगुनी बयार (हवा) जोरों से बहने लगी है। दोपहर की बयार में धूल के झोंके (बड़ेंरा) उड़ने लगे हैं। ऐसे में पति-पत्नी दोनों बोझा ढो रहे हैं। आगे-आगे पिया चल रहा है और पीछे से उसकी धनिया चल रही है। इस तरह खेतों से खलिहानों में अनाज गिरने लगा है। इसमें फसलों के कटाई का दृश्य एक तरह का उत्सव जैसा माहौल पैदा करता है। खेतों में काम करने वाला किसान सिपाही जब फौज की नौकरी करते हुए अपने 'टास्क' के लिए संलग्न होता है तब वहाँ फौजी सब उसे 'फौज खेत चढ़ले' जैसे मुहावरे का प्रयोग करते हैं।[2]

मौखिक परम्परा में, चाहे स्त्रियों के गीत हों या फिर पुरुषों द्वारा स्त्रियों की नजर से गाए जाने वाले मौसमी गीत हों, सिपाहियों के लिए 'जुलमी' विशेषण का प्रयोग

1. कमला सिंह, पूर्वांचल के श्रम लोकगीत, (इलाहाबाद : परिमल प्रकाशन, 1991) पृ. सं. 154
2. जॉन किश्चयन ने अपनी पुस्तक 'बिहार प्रोवर्ब्स' में लिखा है—'Khet charhe is an idiomatic phrase meaning to take action or to go to action ; e.g. when an army has taken the field it is said, 'फौज खेत चढ़ले' phauj khet charhale.) A true or experienced husband man can only be known when he begins farming, and not from his talk.', पृ. सं. 202

बहुत मिलता है। यह 'जुलुमी' विशेषण व्याख्या-सापेक्ष है। जाहिर है कि 'जुलुमी' भोजपुरी में जुल्म करने वाले को कहते हैं। इसी का विस्तार 'जालिम' है। ध्यातव्य हो कि औपनिवेशिक दौर में 'जालिम सिंह नाटक' भोजपुरी की मौखिक परम्परा में काफी लोकप्रिय हुआ था। लेकिन उस नाटक का नायक जालिम सिंह जुल्मी नहीं, बल्कि उसने अन्तर्जातीय विवाह करके एक आदर्श प्रेमी की छवि को साबित किया था। जिसकी चर्चा आगे होगी। भोजपुरी लोकगीतों में सिपहिया 'जुलुमी' तब कहा जाता है जब वह किसी युवती को कुएँ पर पानी भरते हुए या नदी में स्नान करते हुए देखकर मोहित होता है और उसका उद्धार करता है, परम्परागत विवाह-व्यवस्थानुसार वह गवना कराकर अपनी नवेली पत्नी को घर छोड़कर नौकरी पर चला जाए। वह जुलुमी तब है जब वह प्रवास से लौट नहीं रहा हो। जुलुमी वह तब है जब वह प्रवास में किसी पर-स्त्री के संग उलझ गया हो। वह जुलुमी तब है जब वह प्रवास से लौटने के उपरांत पत्नी की यौन-शुचिता को लेकर सन्देह कर रहा हो और उसकी परीक्षा ले रहा हो। निम्नलिखित गीत में परदेस से लौटा सिपहिया पति किस तरह पत्नी की अंगिया के भीग जाने पर उसकी यौन-शुचिता पर सन्देह करता है और तुनककर घर से भागने लगता है—

मोरा पिछुअरवा रे निबिया के गछिया। से निबिया सीतल जुरि छान॥
रे दैया! निबिया सीतल जुरि छान॥
आहि तरे ऐले रे जुलमि सिपहिया। से पगिया अटकि गइले डार॥
रे दैया! पगिया अटकि गइले डार॥
मोरा पिछुअरवा बढ़ैया भइया हितवा। से निबिया के देउ ना गिराई॥
रे दैया! निबिया के देउ ना गिराई॥
एक छेव मारले दोसर छेव मारलेन। से निबिया गिरेले अरराई।
रे दैया! निबिया गिरेले अरराई॥
ओहि रे निबिया के पलंग सलवलों। से पलंग भइले मजेदार॥
रे दैया! पलंग भइले मजेदार॥
आहि पर सुतिलेन जुलमि सिपहिया। से पाटि चोलि भिंगेले हमार॥
रे दैया! पाटि चोलि भिंगेले हमार॥
भैले गरमिया रे भींगि गइले चोलिया। से तनिएक सूतव् बचाई॥
रे दैया! तनिएक सूतव् बचाई॥
एत बचन जालिम सुने हि ना पवलन। से घोड़ी पीठि भैलेन सवार॥
रे दैया! घोड़ी पीटि भैलेन सवार॥
सास के जगवलों ननद के जगवलों। से सैंया मोर रीसल जाए॥
रे दैया! सैंया मोर रीसल जाए॥

सास धैलि अटुका ननद धैली पटुका। से हम धनि घोड़ा के लगाम॥
रे दैया! हम धनि घोड़ा के लगाम॥
छाडु छाडु अटुका ओ छाडु छाडु पटुका। से छाडु धनि घोड़ा के लगाम॥
रे दैया! छाडु धनि घोड़ा के लगाम॥
ऐसन बात धनि हम नहिं सहबों। से हम करबों दोसर बिआह॥
रे दैया! हम करबों दोसर बिआह॥
एतिना वचन सुनि काढ़लों कटरिया। से मारू सैंया जिअरा हमार॥
रे दैया! मारू सैंया जिअरा हमार॥
सास समुझौलि ननद समुझौली। से मानि गैले बलमु हमार॥
रे दैया! मानि गैले बलमु हमार॥[1]

इस जँतसारी गीत में एक सिपहिया की पत्नी कहती है कि मेरे घर के पीछे नीम की गाछ (छोटा पेड़) है। उसकी छाया शीतल है। उसी तरफ से जुल्मी सिपाही आ रहा था कि उसकी पगड़ी नीम की डाली में अटक गई। मैंने घर के पीछे रहने वाले बढ़ई से कहकर नीम की डाली को काटकर गिरवा दिया और उस डाली की पलंग बनवाया। वह पलंग बड़ा मजेदार बना। उस पर मेरे जुल्मी सिपाही ने शयन किया लेकिन मेरी अंगिया (चोली) भींग गई तो मैंने अपने जुल्मी सिपहिया को कहा कि जरा हटकर सोए। मेरी इतनी-सी बात को वह ठीक ढंग से सुन भी नहीं पाया था कि वे घोड़ी की पीठ पर सवार होकर चल दिया। मैंने सास और ननद को जगाया और बताया कि मेरे सिपाही सैंया रीस (गुस्सा) कर जा रहे हैं। सास ने अटुका पकड़ा, ननद ने पटुका पकड़ा और मैंने घोड़ा का लगाम पकड़ा। मेरे सैंया ने अटुका, पटुका और लगाम को छोड़ने को कहा और कहा कि अब मैं दूसरा विवाह करूँगा। इतनी बात सुनकर मैंने कहा कि हे सैंया! अपनी कटार निकालो और मेरा जिअरा (प्राण) मार डालो। मेरी सास ने समझाया, ननद ने समझाया तो मेरे बलम मान गए। एक और कजरी गीत में 'जुलुमी सिपहिया' का रूपक गढ़ा गया है—

के इए जे होए रे ताजिया घोड़वा। से के इए होए असवार॥
के इए जे होए जुलमि सिपहिया। (से) केकरा (के) पकड़ हो ले जाए॥
उकवा जे होए ताजिया घोड़वा। चिलम होए असवार॥
सेओटा जे होए जुलमि सिपहिया। (से) अगिया (के) पकड़ हो ले जाए॥[2]

---

1. हूज फ्रेजर, फोकलोर फ्रॉम ईस्टर्न गोरखपुर, जे.ए.एस.बी., वाल्यूम 53, भाग 1, (हिस्टी, एंटीक्वेटीज, एंड सी), (संख्या 1 से 4, 1883, 23 प्लेट सहित), पृ. सं. 1-27
2. वही, हूज फ्रेजर ने लिखा है—'The following is an incantation sung by a snake charmer (झाड़) over a boy supposed to have been bitten.', पृ. सं. 17

यह पहेलीनुमा कजरी गीत है। हूज फ्रेजर ने इस गीत के नोट में लिखा है कि यह गीत सँपेरों द्वारा उस समय गाया जाता है जब किसी बालक को साँप ने काटा होता है। गीत में सवाल पूछा गया है कि कौन ताजिया (अरब) घोड़ा है? कौन उसका सवार है? कौन उसका जुल्मी सिपाही है? और कौन है जो उसे पकड़ के ले जा रहा है? इसका उत्तर दिया गया है कि हुक्का ताजिया घोड़ा है। चिलम उसका सवार है। जीभ जुलुमी सिपाही है और आग उसे पकड़कर ले जा रही है। साँप झाड़ने के इस कजरी गीत में हुक्का का घोड़ा, चिलम का सवार, जीभ का जुलुमी सिपाही और आग का घोड़ा पकड़ने के रूपक से मध्यकालीन सिपाहियों के महत्त्व को समझा जा सकता है।

कम्पनी राज में अंग्रेजी उपनिवेशों के द्वीपों में जहाजों से कुली मजदूरों, भगोड़ों, कैदियों इत्यादि को भेजा जाता था, उनकी देखरेख के लिए भोजपुरिया सिपाही ही थे। अमिताभ घोष के उपन्यास 'सी आफ पॉपीज' में मॉरीशस जा रहे जहाज पर पलटन का मुखिया भैरो सिंह सूबेदार नामक चरित्र एक भोजपुरिया सिपाही है।[1]

सन् सत्तावन के भोजपुरिया जवान : धर्मभीरुता बनाम बहादुरी

भारतीय इतिहास में यह बात बड़े गौरवपूर्ण ढंग से स्मरण की जाती है कि भोजपुरिया सैनिकों की क्रान्तिकारी भूमिका 17वीं शताब्दी से शुरू होती है और सन् 1857 के स्वाधीनता संग्राम में 'सैनिक विद्रोह' के रूप में अपने चरम उत्कर्ष पर पहुँचती है। 1810 ई. में बुकानन ने बिहार के शाहाबाद जिले का लेखा-जोखा करते हुए लिखा है—'मिलिट्री साम्राज्य में भोजपुरियों की भूमिका जितनी पुरानी थी, उतनी ही मिलिट्री श्रम बाजार में उनकी भूमिका महत्त्वपूर्ण थी।...भोजपुर के उज्जैनिया राजा इन मामलों में बेहतर सूचना प्रदान करते हैं। उत्तर भारत के आधे जिले से केवल 1200 सिपाहियों ने ईस्ट इंडिया कम्पनी की सेना में प्रवेश किया। इनमें से अधिक विवाहित थे, उनकी पत्नियाँ घर पर ही थीं। वे अपना पैसा घर पर खेती के लिए जितना चाहिए, उतना भेजते थे ताकि उनका परिवार आराम से रह सके। इस पद्धति की यदि पुरानी बक्सरिया परम्परा से तुलना करते हैं तो पाते हैं कि दोनों में काफी समानता है। कम्पनी में हजारों की संख्या में प्राइवेट रूप में ये नियुक्त होते थे।...वास्तव में शाहाबाद ईस्ट इंडिया कम्पनी की सिपाहियों की भर्ती का आसान केन्द्र था। जबकि सन् सत्तावन के दौरान यही एक जिला मजबूती के साथ विद्रोह किया था।'[2]

---

1. अमिताभ घोष, सी ऑफ पॉपीज, उपन्यास (दिल्ली : पेंग्विन, 2010), पृ. सं. 271
2. शाहाबाद गजेटियर, 29 एफ एफ

ईस्ट इंडिया कम्पनी के साथ भारत में शासन और सुधार के नए विचार तो आए लेकिन उसकी असली सत्ता सैनिक ताकत में थी। मुगल फौज मुख्य रूप से घुड़सवार (सवार : घोड़े पर चलने वाले प्रशिक्षित) और पैदल सेना थी। उन्हें तीरंदाजी और तलवारबाजी का प्रशिक्षण दिया जाता था। सेना में सवारों का दबदबा रहता था और मुगल साम्राज्य को एक विशाल पेशेवर प्रशिक्षण वाली पैदल सेना की जरूरत महसूस नहीं होती थी। ग्रामीण इलाकों में सशस्त्र किसानों की बड़ी संख्या थी।[1] स्थानीय जमींदार मुगलों को जरूरत पड़ने पर पैदल सिपाही मुहैया कराते थे। अठारहवीं सदी में जब अवध और बनारस जैसी रियासतों में किसानों को भर्ती करके उन्हें पेशेवर सैनिक प्रशिक्षण दिया जाने लगा तो यह सूरत बदलने लगी। ईस्ट इंडिया कम्पनी ने जब अपनी सेना के लिए भर्ती शुरू की तो उसने भी यही तरीका अपनाया। अंग्रेज अपनी सेना को सिपॉय (जो भारतीय शब्द 'सिपाही' से ही बना है) आर्मी कहते थे। 1820 के दौरान जैसे-जैसे युद्ध तकनीक बदलने लगी, कम्पनी की सेना में घुड़सवार टुकड़ियों की जरूरत कम होती गई। इसकी वजह यह थी कि ब्रिटिश साम्राज्य बर्मा, अफगानिस्तान और मिस्त्र में भी लड़ रहा था, जहाँ सिपाही मस्केट[2] (तोड़ेदार बंदूक) और मैचलॉक से लैस होते थे। कम्पनी की सेना के सिपाहियों को बदलती सैनिक आवश्यकताओं का ध्यान रखना पड़ता था और अब उसकी पैदल टुकड़ी ज्यादा महत्त्वपूर्ण होती जा रही थी। उन्नीसवीं सदी के शुरुआत में अंग्रेज एक समरूप सैनिक संस्कृति विकसित करने लगे थे। सिपाहियों को यूरोपीय ढंग का प्रशिक्षण, अभ्यास और अनुशासन सिखाया जाने लगा। अब उनका जीवन पहले से भी ज्यादा नियंत्रित था। लेकिन बंगाल देशी पलटन में भी पहले की तरह यह भोजपुरिया सिपाही अपने जातीय एवं धर्म की संस्कृति को बनाए रखना चाहते थे। सैनिकों के भीतर विद्रोह की मानसिकता का निर्माण कैसे होता है?

1857 के किसान एवं सैनिक विद्रोह के आकलन के लिए कुछेक इतिहासकारों ने औपनिवेशिक आधिकारिक स्त्रोतों का उपयोग किया है तो कुछेक ने मौखिक स्त्रोतों का भी इस्तेमाल किया है। ये दोनों तरह के स्त्रोत यानी लिखित (आधिकारिक रिपोर्ट) और मौखिक स्त्रोत परस्पर एक-दूसरे के अन्तर्विरोधी दिखाई पड़ते हैं। अर्थात् मौखिक आख्यान से लेकर राष्ट्रवादी एवं मार्क्सवादी इतिहास लेखनों में इन सैनिकों की बहादुरी का ही मूल्यांकन किया गया है, उनके धार्मिक एवं जातीय संस्कारों की

1. वाल्टर हाउजर, फ्रॉम पीजेंट सोल्जरिंग टू पीजेंट एक्टीविज्म : रिफलेक्संस ऑन द टांजिसन ऑफ ए मार्सल टेडीसन इन द फलेमिंग फील्ड ऑफ बिहार, जॉरनल ऑफ इकोनॉमिक एंड सोशल हिस्ट्री ऑफ द ओरियंट, वाल्यूम 47, संख्या 3, बेटवीन द फलक्स एंड फैक्ट्स ऑफ इंडियन हिस्टी : पेपर्स ऑफ डर्क कोल्फ (2004), पृ. सं. 401-434
2. सवार, घुड़सवार, मस्केट, पैदल सिपाहियों द्वारा इस्तेमाल की जाने वाली एक भारी बंदूक। मैचलॉक-शुरुआती दौर की बंदूक जिसमें बारूद को माचिस से चिंगारी दी जाती थी।

संकीर्णता की चर्चा लगभग न के बराबर की गई है। दूसरे, कुछेक इतिहासकारों द्वारा दलितवादी विमर्श के तहत कम्पनी सरकार के दस्तावेजों से उत्तर भारत के इन सिपाहियों को पलटन में बेहद धर्मभीरुता एवं सवर्ण जातीयता के सन्दर्भ में ही व्याख्यायित किया गया है। एक तरह से ये सभी एकरेखीय अध्ययन के हिस्सेभर रह जाते हैं। यहाँ मैं इन प्रवासी भोजपुरिया जवानों को इन दोनों ही पक्षों से देखने की कोशिश कर रहा हूँ।

सन् सत्तावन के दौरान ईस्ट इंडिया कम्पनी की फौज आमतौर पर चार भागों में बँटी हुई थी—कलकत्ता, बम्बई और मद्रास की प्रेसिडेंसियों की पलटनें और गोरे सिपाहियों की क्वींस रेजिमेंट। इनमें से सिर्फ कलकत्तिया पलटन ने '57 के विद्रोह में मुख्य रूप से भाग लिया था। इसे समझने के लिए मैं अमिय बरत, डर्क कोल्फ, सीमा अल्वी, रंजीत गुहा, पंकज राग एवं विभूतिनारायण राय के शोध अध्ययनों[1] का भी सहारा ले रहा हूँ। कलकत्तिया पलटन पलासी की लड़ाई से पहले 1756 ई. में क्लाइव ने खड़ी की थी। 400-500 सिपाहियों वाली यह बटालियन पहली बंगाल नेटिव इन्फेंट्री के रूप में सरकारी दस्तावेजों में दर्ज हुई और जन साधारण के बीच अपने वर्दी की लाल कोट की वजह से इसका नाम लाल पलटन पड़ा। पलासी के बाद भर्ती में तेजी आई और सन् 1757 से 1825 के बीच अंग्रेजों ने 74 देशी पलटनें खड़ी कीं। शुरू में बुरहानपुर और दीनापुर भर्ती के बड़े केन्द्र रहे पर बाद में धीरे-धीरे भर्ती का इलाका विस्तृत होता गया और मुख्य रूप से उन क्षेत्रों में पहुँच गया जिन्हें आज बिहार, अवध और पूर्वी उत्तर प्रदेश कहते हैं। डी. बटर ने अवध को ब्रिटिश आर्मी का ग्रेट नर्सरी कहा था तो डर्क कोल्फ ने गांगेय इलाकों को मिलिट्री लेबर मार्केट का नाम दिया है। बेशक ये नाम इस इलाके से अंग्रेजी फौज के लिए आसानी से मिलने वाले रंगरूटों के कारण दिया गया है। हिन्दुस्तानी समाज की जटिलताएँ तब तक अंग्रेजों को समझ में आने लगी थीं। यही वजह है कि कम्पनी ने अवध एवं भोजपुर से मुख्य रूप से ब्राह्मण और राजपूत किसानों को भर्ती किया। ये किसान अपने साथ वे सारे सामाजिक-सांस्कृतिक मूल्य साथ लेकर पलटनों में आए जो उनके जीवन के मुख्य आधार थे। वर्णाश्रम पर आधारित ये मूल्य उनके भोजन, कपड़ों, शस्त्रों तथा प्रशिक्षण और युद्ध में भाग लेने की उनकी ललक थी, जो गरज कि सैनिक जीवन के हर क्षेत्र में उनके व्यवहार को संचालित करते थे। ये सिपाही छावनियों में अपनी जातियों के अनुसार अलग-अलग झोपड़ियाँ बनाकर रहते थे।

1. अमिय बरत, बंगाल नेटिव इन्फेंट्री : इट्स आर्गनाइजेशन एंड डिस्पलीन 1796-1852, (कलकत्ता : फर्म के.एल. मुखोपाध्याय, 1962), डर्क एच.ए. कोल्फ, नौकर, राजपूत एंड सिपॉय द एथनोहिस्ट्री ऑफ द मिलिट्री लेबर मार्केट इन द हिन्दुस्तान, 1450-1850, (कैम्ब्रिज : कैम्ब्रिज यूनिवर्सिटी प्रेस, 199C) सीमा अल्वी, द सिपॉय एंड द कम्पनी टेडीसन एंड ट्रांजिसन इंडिया 1770-1830, (दिल्ली : ऑक्सफोर्ड यूनिवर्सिटी प्रेस, 1995) और विभूति नारायण राय, 1857 के बहाने कलकत्तिया के बहाने कलकत्तिया पलटन का दलित भाष्य, वर्तमान साहित्य, वर्ष-23, नवम्बर-दिसम्बर 2006, पृ. 25-31

आज की फौजी छावनी की तरह उनका खाना किसी एक लंगर में नहीं बनता था। वे अपनी जातियों और जातियों से भी आगे उप-जातियों में बँटकर अपना खाना स्वयं पकाते थे। जहाँ उनका खाना बनता था, वहाँ नीची जाति के दूसरे सैनिकों की तो बिसात ही क्या थी, खुद उनके अंग्रेज अफसर भी नहीं जा सकते थे, क्योंकि उनकी छाया पड़ने से उच्चवर्णीय सिपाहियों का भोजन अशुद्ध हो सकता था। आधुनिक सेना की सबसे बड़ी ताकत उसके सिपाहियों का एक साथ बैरकों में रहना, एक साथ भोजन करना और एक साथ प्रशिक्षण हासिल करना है। इससे सैनिकों के मन में अपनी पलटन के लिए खास तरह का लगाव और आपस में भाईचारे की भावना पैदा होती है। कलकत्तिया पलटन इससे वंचित थी। कलकत्तिया पलटन के विभिन्न रेजिमेंटों के कमांडरों के जो मूल्यांकन उपलब्ध हैं, उनके अनुसार अंग्रेजों का यह मोह कि ये सिपाही हट्टे-कट्टे और सुदर्शन व्यक्तित्व के मालिक थे, युद्धों में घातक सिद्ध हुआ। न सिर्फ ये कवायद और शस्त्राभ्यास के लिए अपनी खान-पान की आदतों के कारण देर से पहुँचते बल्कि युद्ध के मैदान में भी इन्हीं आदतों के कारण खराब सैनिक सिद्ध होते थे। ये लम्बी यात्राओं और दुर्गम स्थलों खासतौर से समुद्री जहाजों में भूखे रहना पसन्द करते थे लेकिन अपनी खान-पान की आदतों में परिवर्तन लाने के लिए तैयार नहीं थे। वे अपना काफी समय पूजा-पाठ और कर्मकांडों में बिताते थे तथा इस बात को आसानी से पचा नहीं पाते थे कि उच्च जाति से इतर कोई दूसरा कमांडर उन्हें हुक्म दे। 1850 ई. में बंगाल आर्मी के कमांडर सर चार्ल्स नेपियर ने लिखा था—'यदि उच्चवर्ण के हिन्दू को फौजी अनुशासन और अपनी जाति को चुनना हो तो वे जाति को चुनेंगे।'[1] इसके पहले 1826 ई. में ही लार्ड विलियम बेंटिक ने बंगाल पलटन को एकदम नकारा और लड़ाई के लिए अयोग्य घोषित कर दिया था। इसके अनुसार अपनी जाति से च्युत होने के भय से ये सिपाही विदेश-यात्राओं के लिए तैयार नहीं थे, वे रणभूमि में मरे अपने साथियों को गाड़ नहीं सकते थे और नीची जाति के लांगरियों द्वारा बनाया खाना नहीं खा सकते थे। कम्पनी की फौज में ज्यादातर लांगरी निम्न जातियों के थे, क्योंकि उन्हें गोमांस या सूअर पकाने में कोई एतराज नहीं था। ये सैनिक इन लांगरियों को अपनी पाक शालाओं तक फटकने नहीं देते थे। उनके द्वारा पकाया खाना खाने की तो बात क्या थी! इन सैनिकों की सारी आदतें एक पेशेवर और दक्ष सैनिक बनने से उन्हें रोकती थी।

कलकत्तिया पलटन को खड़ा करते समय एक बात का ध्यान रखा गया था कि उनमें एक निश्चित संख्या में सभी जातियों के लोगों को भर्ती किया जाएगा। लेकिन कभी इस आदेश का पालन नहीं हुआ। ब्राह्मण हमेशा अपनी संख्या से अधिक भर्ती

1. द म्यूटिनी ऑफ बंगाल आर्मी ए हिस्टोरिकल नैरेटिव बाय वन हू हैज सर्व्ड अंडर सर चार्ल्स नैपियर, (लंदन : बॉसवर्थ एंड हैरीसन, 215, रीजेंट स्टीट एडीसीसीएलवीआईआई), इंडिया, 2 जुलाई 1957

हुए। वे अपनी जाति छिपाकर दूसरी जातियों, खासतौर से क्षत्रियों के कोटे से भर्ती हुए। विद्रोह के बाद बहुत-सी रेजीमेंट भंग कर दी गईं। यह मजेदार बात है कि जिस वर्णाश्रम की दुहाई ब्राह्मण देते थे और जिसके आधार पर वे अपने लिए अलग रहने और खाने की व्यवस्था चाहते थे और जिसको ढाल बनाकर वे समुद्र पार कर कठिन रणक्षेत्रों में जाकर लड़ने से बचते थे, वह व्यवस्था युद्ध जैसा कर्म उनके लिए लगभग वर्जित करती थी। जैसा कि वर्णाश्रमी मूल्यों के अनुसार ब्राह्मण के लिए जीव हत्या वर्जित है, लेकिन जब अच्छी तनख्वाह और पेन्शन से सुरक्षित भविष्य वाले सिपाही का पेशा चुनने की बात आती थी तो ब्राह्मण के मन में किसी तरह की कोई हिचक नहीं पैदा होती थी और आवश्यकता पड़ने पर वह अपनी जाति छिपाकर भी पलटन में भर्ती हो जाता था। इनपर भोजपुरी की यह कहावत चरितार्थ होती है कि 'जहाँ लूट पड़े, वहाँ जूट पड़े।/जहाँ मार पड़े वहाँ भाग पड़े।' एक सैनिक रिकॉर्ड के अनुसार गाय को पवित्र मानने वाले ब्राह्मण सिपाहियों को एक रेजीमेंट में विकल्प दिया गया कि यदि वे चमड़े का जूता न पहनना चाहें तो नंगे पैर रह सकते हैं, उन सिपाहियों ने इस विकल्प को ठुकरा दिया और वर्दी में जूते पहनने से गुरेज नहीं किया। जाहिर था कि नंगे पैर सैनिक कर्तव्यों का पालन नहीं किया जा सकता था।

अंग्रेज कमांडरों के सामने सबसे बड़ा संकट बंगाल सैनिकों की पलटन को बाहर लड़ाइयों में भेजते समय आता था। 1779 ई. में मराठों के विरुद्ध लड़ते हुए जब बंगाल से बम्बई प्रेसीडेंसी को फौजी इमदाद भेजने की जरूरत पड़ी तो वारेन हेस्टिंग ने बजाय समुद्र के कुमुक भेजने के लिए जमीन के रास्ते को चुना। यह रास्ता लम्बा था और जरूरी मदद कई महीने बाद पहुँची, लेकिन इस रास्ते को चुनने का कारण यही था कि सिपाही जातिच्युत होने की दुहाई देकर समुद्र यानी कालापानी के रास्ते जाने से इनकार कर देते। पहले आंग्ल सिक्ख (1845-1846) युद्ध में बंगाल आर्मी की फिरोजपुर में स्थित एक डिवीजन ने भाग लिया था और इस आर्मी के कमांडर इन चीफ सर हग गफ (Sir Hugh Gugh) ने नेतृत्व किया था। सम्भवत: यह सबसे महत्त्वपूर्ण युद्ध है जो बंगाल आर्मी के सैनिकों ने कम्पनी के लिए जीता था। इसके अतिरिक्त बर्मा, फारस और चीन में अंग्रेजों को सेना भेजने की जरूरत पड़ी और हर बार कलकत्तिया रेजिमेंटों ने यह कहकर बाहर जाने से मना कर दिया कि समुद्र पार करने से उनकी जाति भ्रष्ट हो जाएगी। हर बार बम्बई और मद्रास प्रेसीडेंसी के सिपाही ही उनके काम आए। ऐसा नहीं था कि बम्बई और मद्रास की पलटनों में ब्राह्मण नहीं थे। बम्बई प्रेसीडेंसी की तो एक तिहाई फौज ही पुरबिया ब्राह्मणों और क्षत्रियों की थी। फिर ऐसा कैसे हुआ कि उन्हें कालापानी पार करने से गुरेज नहीं हुआ? वे वक्त पड़ने पर समुद्र पार जाकर लड़ते रहे। बंगाल पलटन के विपरीत बम्बई और मद्रास पलटनें मुख्य रूप

से शूद्रों और अतिशूद्रों की फौजें थीं। बम्बई आर्मी में महार और मद्रास आर्मी में परिया तथा माला जैसी शूद्र जातियों का बोलबाला था। अम्बेडकर के पिता खुद एक महार पलटन में थे। हाल में 'टाइम्स ऑफ इंडिया' में एक नौकरशाह राजा शेखर वुन्दरू ने 1930 में डॉ. अम्बेडकर का वह प्रसिद्ध वक्तव्य उद्धृत किया है जिसमें उन्होंने कहा था कि 'भारत में अंग्रेज सत्ता दलित सैनिकों के बल पर स्थापित हुई है। पलासी की लड़ाई अंग्रेजों के लिए दुसाध सैनिकों ने जीती थी। पश्चिमी भारत में अंग्रेजों का पैर जमाने के आंग्ल मराठा युद्ध मुख्यत: बम्बई आर्मी के महार सैनिकों की मदद से जीता गया। टीपू सुल्तान को हराने वाली मद्रास आर्मी भी अछूत परिया और माला सैनिकों से भरी थी।'[1] बम्बई प्रेसीडेंसी में यद्यपि लगभग एक तिहाई सिपाही पुरबिये ब्राह्मण और क्षत्रिय थे किन्तु फिर भी उनका आचरण कुछ अर्थों में कलकत्ता प्रेसीडेंसी के अपने सजातीयों से भिन्न था। अपने खान-पान की शुद्धता को लेकर वे उतने ही चिन्तित थे लेकिन फिर भी उन्होंने लड़ाई के लिए बाहर जाने से गुरेज नहीं किया।

उन्नीसवीं सदी के पूर्वार्द्ध को समझने में हमें मिलेट्री लेबर मार्केट नाम से मशहूर गांगेय प्रदेश के 150 साल की मानसिक बुनावट के अध्ययन से मदद मिलेगी। इन प्रदेशों में पिछले 150 वर्षों में काफी कुछ बदला है। भारत के राष्ट्र राज्य बनने की प्रक्रिया में धीरे-धीरे प्रौढ़ हो जाने के कारण स्थानीय निष्ठाएँ कमजोर पड़ी हैं। खान-पान की छूत कम हुई है और जातियों के ठस्स ढाँचे में कुछ हद तक दरार पड़ी है। किन्तु अभी भी काफी कुछ नहीं बदला है। अभी इन इलाकों में ब्राह्मण बनने की ललक बाकी है। पिछड़ी या दलित जातियाँ भी जब आर्थिक या राजनैतिक शक्ति हासिल कर लेती हैं तो ब्राह्मण बनने की कोशिश करने लगती हैं। ब्राह्मण जीवन पद्धति की सबसे बड़ी देन शारीरिक श्रम के प्रति अनास्था है। ब्राह्मण दुनिया की अकेली दार्शनिक व्यवस्था है जिसमें भीख माँगने को गौरवशाली कर्म समझा जाता है। दुनिया भर में भीख माँगना एक घृणित और मनुष्य के आत्मसम्मान को छोटा बनाने वाला काम है, किन्तु ब्राह्मण अपने हाथ से काम करने के मुकाबले भीख माँगने

---

1. राजा शेखर वूंद्रु, टाइम्स ऑफ इंडिया, नई दिल्ली, 25 अगस्त, 2005, http://vundru.blogspot.in/2005/10/1857-untouchable-story.html इन्होंने लिखा है—'B.R. Ambedkar, from a Mahar military lineage, argued in the 1930s that the British established its rule in India with the help of valorous untouchable soldiers. The Bengal Army, which fought the Battle of Plassey, was largely composed of Dushads. The Anglo- Maratha wars, which let the British into western India, were won by Mahars of the Bombay Army. The Madras Army, which defeated Tipu Sultan in the south, was of untouchable Pariahs and Malas.'

को ज्यादा श्रेष्ठ समझता है। यह बड़ा दिलचस्प है कि जब इन्हीं प्रदेशों के लोग पंजाब और हरियाणा जैसे उन्नत क्षेत्रों में जाते हैं तब वहाँ अपने सारे मूल्यों को पीछे छोड़कर हाड़तोड़ मेहनत करते हैं। दुनियाभर में इन क्षेत्रों के लोग अपनी गरीबी और रोजगार के साधनों के अभाव के कारण गए हैं और उन्होंने वहाँ अपनी शारीरिक श्रम और मानसिक क्षमता का लोहा मनवाया है। अपने इलाके में श्रम से मुँह चुराने वाले ये लोग बाहर जाते ही श्रम की प्रतिमूर्ति बन जाते हैं। मॉरीशस, फिजी, गुयना, त्रिनीदाद, सूरीनाम, पंजाब, हरियाणा, अरब इत्यादि इसके ज्वलंत उदाहरण हैं। शायद यही कारण है कि बम्बई प्रेसीडेंसी के ब्राह्मण और क्षत्रिय सिपाहियों का आचरण भिन्न था। उस पलटन में मौजूद शूद्रों और पिछड़ों की विशाल संख्या इन्हें भी मूल्यों के स्तर पर कहीं न कहीं प्रभावित करती थी।

सिपाहियों की कम्पनी की फौज में भर्ती कई कारणों से होती थी। सूबेदार सीताराम पांडेय ने, जो तिलोई के एक मझोले दर्जे के जमींदार के बेटे थे, ने अपनी भर्ती के जो कारण दिये हैं, वे तत्कालीन किसान मानसिकता को समझने में सहायक होंगे। सीताराम पांडेय के मामा कम्पनी में एक सिपाही थे और छुट्टियों में घर आने पर कम्पनी बहादुर की समृद्धि के किस्से बखानते थे, दूर-दराज के इलाके के सम्मोहक यात्रा-वृत्तांत सुनाते थे। व्यक्तिगत वीरता की दास्तान सुनाना भोजपुरी व अवध प्रदेश के लोगों की खास पहचान रही है। और इन सबसे ज्यादा बालक सीताराम को उनके पास मौजूद अनगिनत सोने की अशर्फियाँ लुभाती थीं। सीताराम के पिता के लिए उन्हें फौज में भेजने का एक अतिरिक्त कारण यह भी था कि उनके चार सौ आम के पेड़ों के एक बाग को लेकर मुकदमेबाजी चल रही थी और यह सभी जानते थे कि कम्पनी की फौज के सिपाही के कमांडिंग अफसर की चिट्ठी से अवध दरबार पर जैसा असर पड़ सकता था वैसा लम्बी घूस या ऊँची सिफारिश से भी नहीं पड़ता। बिहार और पूर्वी उत्तर प्रदेश के भोजपुरी प्रान्तों के बहुत सारे राज़ाओं, ताल्लुकेदारों और जमींदारों के लिए अंग्रेजी फौज में सिपाहियों की भर्ती कराने के पीछे एक मकसद अंग्रेजों की कृपा हासिल करना भी था। सिपाहियों की भर्ती को वे अपनी जागीरों की हिफाजत की गारंटी मानते थे। इनके अतिरिक्त सिपाहियों द्वारा भेजे धन अथवा उनकी पेंशन इन सामन्तों की समृद्धि में कहीं न कहीं योगदान करते थे। ये वे सिपाही थे जिनसे भारत में पहली बार सही अर्थों में पेशेवर सैनिकों के युग की शुरुआत होती है। आधुनिक अर्थों में पेशेवर इस रूप में कि उन्हें कुल के आधार पर नहीं बल्कि अपनी कद काठी के आधार पर चुना गया था, उन्हें पलटन के सदस्य के रूप में एक साथ रहना पड़ता था, वे सम्मिलित रूप से फौजी ट्रेनिंग पाते थे, उन्हें नियमित वेतन मिलता था।

सन् '57 के अनुभव के बाद अंग्रेजों ने भोजपुरी एवं अवध प्रदेश से सेना में भर्ती करना काफी कम कर दिया। परिणामस्वरूप इस क्षेत्र के लोग उन दिनों बंगाल के जमींदारों के यहाँ दरवानी, कलकत्ता के जूट-कारखानों में चटकलिहा, झरिया-धनबाद की कोयलरियों में कोल-श्रमिक, आसाम के चाय बागानों में चाय-श्रमिक, अंग्रेजों के अन्य उपनिवेशों में गन्ने के बागानों में काम करने के लिए गिरमिटिया बनने को तैयार होने लगे।

ब्रिटिश हुकूमत ने सन् सत्तावन के विद्रोह के बाद भले भोजपुर एवं अवध प्रदेश से सिपाहियों की भर्ती कम कर दी थी लेकिन फिर भी इन इलाकों के बहुत सिपाही उनकी रेजीमेंटों में थे। भारत छोड़ो आन्दोलन के दौरान रसूल के पिता फतिंगा अंसारी भी कलकत्ता छावनी (मार्कुस लाइन) में अंग्रेजों के यहाँ बावर्ची का काम करते थे। भोजपुरी समाज के आमंत्रण पर रसूल नाच दिखाने कलकत्ता जाया करते थे। कलकत्ता प्रवास के दौरान रसूल की भेंट जगदल के हलीम मास्टर से हुई। हलीम मास्टर ने उन्हें मात्र गणना सिखाई। उन्हीं की प्रेरणा से रसूल ने कविताएँ और गीत लिखना शुरू किया। कविताई करने की कुछ तालीम उन्हें गाँव के बैजनाथ चौबे और बच्चा पांडेय से भी मिली। कलकत्ता में रसूल का डेरा मार्कुस लाइन में लगता था। वहीं से वे भोजपुरियों के बीच अपना नाच दिखाया करते थे। 1947 के पूर्व (सम्भवतः 1945-1946 का समय रहा होगा) की घटना होगी। कहा जाता है कि कलकत्ता के लाल बाजार पुलिस लाइन में रसूल का नाच चल रहा था। नाच देखने वाले ज्यादातर भोजपुरी भाषी सैनिक थे। वहीं रसूल ने एक कविता सुनाई—

छोड़ द गोरकी के अब तू खुशामी बलमा।
एकर कहिया ले करब तू गुलामी बलमा।
देसवा हमरा बनल ई आके रानी।
करे ले हमनीं पर ई हुक्मरानी
एकर छोड़ द दीहल अब सलामी बलमा।
एकर कहिया ले करब तू सलामी बलमा।[1]

रसूल के इस गाने ने तमाम सिपाहियों को प्रभावित किया। कुछ बिहारी सिपाहियों ने नौकरी छोड़ दी। पुलिस के अधिकारियों को लगा कि और सिपाही नौकरी छोड़ कर जाने का मन बना रहे हैं। बस क्या था, अंग्रेजी सरकार हरकत में आ गई और रसूल को मार्कुस लाइन के डेरे से गिरफ्तार कर लिया। मार्कुस

1. सुभाष चन्द्र कुशवाहा, क्यों गुमनाम रहे लोक कलाकार रसूल?, लोकरंग सांस्कृतिक समिति, कुशीनगर उत्तर प्रदेश, http://www.lokrang.in/lokrang-new/?page_id=76

लाइन के बगल में वेश्याओं की धकुरिया गली थी। रसूल को उसी गली से ले जाया जा रहा था। आगे-पीछे पुलिस वाले और बीच में रसूल वेश्याओं की गली से गीत गाते हुए जा रहे—

भगिया हमार बिगड़ल अइनी कलकत्तवा, बड़ा मन के लागल।
नाहक में जात बानी जेल, बड़ा मन के लागल।
भुखिया लगाल गइनी हलुवइया दुकनिया, बड़ा मन के लागल।
छेला नरियरवा के तेल, कहे घीवे के छानल।
नाहक में जात बानी जेल, बड़ा मन के लागल। [1]

लिखित एवं मौखिक—दोनों ही स्त्रोत इस बात की जानकारी देते हैं कि भारतीय इतिहास में प्रवास में श्रमिक सिपाहियों को कभी भी एक स्थान पर जमकर नहीं रहना पड़ा। कम्पनी शासन के दौरान सिपाही सूबेदार सीताराम पांडेय की आत्मकथा बड़ी बारीकी से प्रवास स्थानों की गतिशीलता का चित्रण करती है। निम्नलिखित पूर्वी गीत भी मजदूर सिपाहियों की भ्रमणशीलता को दर्शाता है—

पनिया के जहाज से, पलटनिया बनि अइह पिया;
ले ले अइह हो, पिया सेनुरा बंगाल से।
पनिया के जहाज से, पलटनिया बनि अइह पिया;
ले ले अइह हो, पिया टिकवा राजस्थान से।
पनिया के जहाज से, पलटनिया बनि अइह पिया;
ले ले अइह हो, पिया झुमका पंजाब से।
पनिया के जहाज से, पलटनिया बनि अइह पिया;
ले ले अइह हो, पिया नथिया बिहार से। [2]

महेंदर मिसिर के इस पूर्वी गीत[3] में पत्नी पति को राजी-खुशी से पलटन को ढोने वाली पानी जहाज से 'पलटनिया' बनकर आने को प्रबोधन कर रही है। वह राजस्थान का टीका, पंजाब का झुमका और बिहार का नथिया अर्थात इन जगहों के प्रसिद्ध आभूषण मँगा रही है। यहाँ पत्नी को शौक-शृंगार की अति लालसा है। 'सइयाँ जात बाड़ऽ

1. सुभाष चन्द्र कुशवाहा, क्यों गुमनाम रहे लोक कलाकार रसूल?, लोकरंग सांस्कृतिक समिति, कुशीनगर उत्तर प्रदेश, http://www.lokrang.in/lokrang-new/?page_id=76
2. महेन्दर मिसिर, केकरा से कहाँ मिले जाला, (गायिका: शारदा सिन्हा), सुपर कैसेट इंडस्ट्रीज लि., नोएडा, उ.प्र., 1985
3. महेन्दर मिसिर भिखारी ठाकुर से पूर्व लोकप्रियता प्राप्त कर चुके थे और भिखारी ठाकुर सन् 1920 के बाद लोकप्रियता प्राप्त किए। एक बात और, प्रथम विश्वयुद्ध के दौरान भोजपुरी बेल्ट से पलटन में सैनिकों की काफी बड़े पैमाने पर भर्ती हो रही थी। सम्भवत: महेन्दर मिसिर ने यह गीत उन्हीं दिनों लिखा होगा।

पुलिस के बहलिया में, कुछ लेले अइह ललकी रूमलिया में' इस लोकगीत में भी भोजपुरिया जवान की पत्नी अपने प्रिय से पुलिस की 'बहाली' से लाल रूमाल में प्रेम-निशानी के लिए कुछ (आभूषण) लाने खातिर निहोरा कर रही है।

हमरे बलमुआँ जहजिआ के नौकर फिरंगिआ के नौकर।
भेजि दीहिन ककही रूमाल गोरिआ।
काहे कारन के भेजली ककही स्वामी, काहें भेजेला रूमाल गोरिआ।
केसिआ झारन रानी भेजलीं ककहिआ, मुँहवा पोछन के रूमाल गोरिआ।
मोरे पिछुआरवाँ दरजी छोकरवा, छतीसो बंदा चोली लाव गोरिआ।
चोलिआ पहिरि के सुतलों ओसरवाँ, भँवरवा बइठि रस लेइ गोरिआ।
मोरे पिछुअरवाँ धोबिआ छोड़कवा, चोलिआ के दाग छोड़ाव धोबिआ।
चोलिआ त धोआ अड़ही गड़हिया, झुरया लवंग की डार गोरिया।
घोड़वा चढ़ल आवै राजा के कुँवरआ, चोली देखि गइले लोभाय गोरिया।
सोनवाँ के टकवा देवय धोबिनिआँ, चोलिआँ के रनिआँ बताव गोरिया।
अगिआ लगाउँ तोरे सोनवाँ के टकवा, बजर परे तोहरा बोल गोरिआ।
राजा के घरे एक पतरी तिरिअवा, उनही रे चोलिया झुराय गोरिया।[1]

इस गीत को धान की रोपनी-सोहनी करते समय नारियाँ गाती हैं। ब्रिटिश ईस्ट इंडिया कम्पनी की जहाज में काम करने वाले एक भोजपुरी सैनिक ने अपनी पत्नी के लिए श्रृंगार प्रसाधन भेजा है। इस गीत से स्पष्ट होता है कि भोजपुरी सैनिक अपनी पत्नी के लिए आन्तरिक वस्त्रों को भेजा करते थे। बर्नियर ने भी लिखा है कि—'एक अदना सिपाही भी (चाहे कुटुम्ब भूखों क्यों न मर जाय जैसा होना एक साधारण बात है) अपनी पत्नी बच्चों को कुछ न कुछ गहने अवश्य पहनाता है।'[2] सम्भवत: उनमें अंग्रेजों की पत्नियों की वेश-भूषा देखने से यह संस्कार उत्पन्न हुआ हो। इस गीत में भी पत्नी का उद्गार उसकी सामाजिक हैसियत के रूप में प्रस्तुत हुआ है।

भोजपुरी की कुछ ऐसी भी लोकगाथाएँ हैं जो जाति, समुदाय अथवा परिवार से या संकीर्ण परम्पराओं से विद्रोह करती हैं। उनमें मड़ई दूबे[3] एवं जालिम सिंह

1. कमला सिंह, पूर्वांचल के श्रम लोकगीत, (इलाहाबाद : परिमल प्रकाशन, 1991), पृ. सं. 107
2. फैंकिंस बर्नियर, बर्नियर की भारत यात्रा, अनुवाद—गंगा प्रसाद गुप्त, (दिल्ली : एन.बी.टी., 2001), पृ. सं. 139
3. बिहार के भोजपुर जिला में मड़ई दूबे की गाथा मुँहामुँही प्रचलित है। बहुत पहले इन्होंने एक दलित महिला से प्रेम किया था और पूरी वीरता एवं साहस के साथ इन्होंने उस महिला से शादी करके घर बसाया। इसके लिए उन्होंने जाति छोड़ी, दलित बस्ती में घर बसाया। उन पर एक फिल्म भी बनी है।

नाटक की गाथा उल्लेखनीय हैं। लोकनाटक 'जालिम सिंह नाटक' में एक सिपाही की प्रेम कहानी औपनिवेशिक शासनकाल में जन्म लेती है। नाटक की नायिका डोम जाति की 'मूंगा' अपने सहेलियों के साथ पक्के कुएँ से पानी भरने के लिए गई है। सारी सहेलियाँ पानी भरकर और एक-दूसरे की गागर उठाकर चल पड़ीं लेकिन 'मूंगा' को वहीं छोड़ दिया। तभी उस रास्ते से जालिम सिंह सिपाही गुजरते हुए मूंगा को देखकर मोहित हो गया और उससे पूछ बैठा कि—

केकरा के हऊ प्यारी धियवा पतोहिया से बोलिया बोलेलू जस कोइली दिलवामोहिनी।
कवनाही जातिया में तोहरे जनमवाँ से कहाँ हउवे तोहरे मकान दिलवामोहिनी॥
मनवा रहेला अकुलाई दिलवामोहिनी॥
नयना के बान लागल करेजवा में सुधि-बुधि गइल हेराइ दिलवामोहिनी॥

मूंगा प्रति प्रश्न कर डालती है—

कहवाँ के हव तूहूँ बाँके हो सिपहिया से। बोल काहे बोलिया कुबोलिया सिपहिया॥
आपन चाइहु रामा तुहूँ जो भलइया से। चलि जाहु सीधा धइ डगरिया सिपहिया॥
मोरा घर दुअरवा से कवन तोहरा कामवा से। कवन काम बाटे मोरा जाती से सिपहिया॥

जालिम सिंह बड़ी विनम्रता से कहता है कि उसने तो बस शिष्टाचारवश उसकी गाँव-जाति के बारे में पूछा था। तब वह बताती है कि वह बिन्दुपुर नगर की एक गरीब डोम जाति की लड़की है। घनी बँसवारों (बाँसों के बागान) के बीच उसका घर है। वहीं उसका गुजारा होता है। जालिम सिंह भी अपना परिचय देता है—

हम हई सुन गोरी राजा के सिपहिया से। रन में गहीले तलवार दिलवा जनियाँ।
हम सो उठाई देबि तोहरे घरिलवा से। हमरा के देबू का तूँ दान दिलवा मोहिनी॥

वह बताती है कि वह गरीबनी उसे घड़ा उठाने की कीमत भला क्या दे सकती है। लेकिन जालिम सिंह सिपहिया की प्रेम भरी बातें सुनकर मूंगा ने प्रेम के फंदे में फँसकर उससे जन्मभर निर्वाह करने की प्रतिज्ञा कराई। दोनों ने हाजीपुर के सोनपुर मेले में मिलन स्थल रखा। यहीं वह जालिम सिंह से एक गम्भीर सवाल पूछ बैठती है—

तूही जे हव जालिम जाति के क्षत्रिया। हम हई जाति के डोमिनिया हो जरा सुनिल॥
हमके ले जइब तोहार जाति चलि जइहे। हो जइब डोमवा के जतिया हो जरा सुनिल॥

जालिम सिंह कहता है कि जो सुनेगा, वह अपने घर रहेगा। तभी मूंगा की भाभी कह बैठती है कि हम लोग रंडी-पतुरिया नहीं है कि हमें ठग लोगे। यदि अपनी इज्जत चाहते हो तो अपना सीधा रास्ता देखो। तब जालिम सिंह उसकी भाभी को उसके जातीय कर्म को नीचता वाला दिखाते हुए उसे 'बदकार बिनहार' कहता है। मूंगा इस झगड़े को खत्म करके जालिम सिंह के साथ जाने को तैयार हो जाती है।

गोदिया उठाई जालिम घोड़वा चढ़वले से। लेई चलले अपना नगरिया सिपहिया॥
एड़वा लगाई मरले घोड़वा के कोड़वा से घोड़वा उड़वले सिपहिया॥
एक कोस गइले जालिम गइले दुई कोसवा से। पहुँचे जाई अपनी नगरिया से सिपहिया॥
घरी रात गइले वो पिछली पहरिया से। सुत गइले नगरिया के लोगवा सिपहिया।
ओहिरे समइया में जालिम सिंह सिपहिया से। पहुँची गइले अपनी महलिया सिपहिया॥
दुअरा पर ठाढ़ होई जालिम सिंह सेपहिया से। माई माई करेले पुकार हो सिपहिया।

इस तरह जालिम सिंह अपनी माँ से दरवाजा खुलवाता है और माँ को कहता है कि इस स्त्री को उसकी सेवा-टहल के लिए लाया है। घर पर उसके साथ सभी वैवाहिक संस्कार सम्पन्न कराए जाते हैं और वह घर बहू स्वीकार की जाती है। लेकिन कुछ दिन बाद जब पता चलता है कि यह स्त्री डोम जाति की है तो घर में हाहाकर मच जाता है। जालिम सिंह को बहुत तरह से इस स्त्री को छोड़ने के लिए धमकाया जाता है लेकिन वह डोमिनिया का संग छोड़ने को तैयार नहीं होता है। चाचा के समझाने पर भी जालिम सिंह नहीं माना तब चाचा ने जल्लादों को बुलाकर कैद करवा कर मूंगा को घर से निकाल दिया। जैसा कि अक्सर उढ़री औरतों के साथ होता है। इन स्त्रियों के बारे में विस्तार से अध्याय छह में विवेचन किया गया है। मूंगा को घर से निकाल देने की खबर जालिम सिंह को मिली तब

वह जेल का पांचिले फानकर मूंगा से जा मिला। दोनों ने अपनी दुख भरी कहानी एक-दूसरे से कही, फिर भटनी[1] में जाकर दोनों रहने लगे। इधर जालिम सिंह के जेल से निकल भागने की खबर उसके चाचा जगरनाथ सिंह ने जालिम सिंह की पहली ससुराल सोनपुर जाकर दे दी। पहली ब्याही स्त्री रोते-रोते अपने पति की खोज में निकल पड़ी। डाकू-लुटेरों से बचती-बचाती जाकर वहाँ पहुँची, जहाँ उसका पति मूंगा को लेकर रहता था। ब्याही स्त्री को राह में अकेली देखकर मूंगा ने उसका परिचय पूछा, तब उसने बताया कि उसका नइहर सोनपुर में है और ससुराल रामडिहरा में है। उसके पति उसे छोड़कर एक डोमिन के साथ शादी कर भाग गए हैं। वह उन्हें ही ढूँढ़ रही है। 'सत्यवादी मूंगा' समझ गई कि यही उसके पति की पहली स्त्री है। वह उसे घर ले जाती है और दोनों सौतन एक साथ सुखपूर्वक रहने लगती हैं। दोनों स्त्रियों का साथ और परस्पर का प्रेम देखकर भगवान स्वर्ग से विमान लेकर आए और कहने लगे कि 'ऐ सती! तुम दोनों के सत्य से सारा भूमंडल डगमगा गया है। अब तुम दोनों अपने पति के सहित विमान पर बैठ बैकुंठ चलो।' 'जालिम सिंह प्राचीन क्षत्रियों में नहीं थे, नवीन क्षत्रियों में थे।'[2] इस तरह देखा जा सकता है कि एक ठाकुर परिवार के जालिम सिंह ने एक डोम जाति की महिला से कैसे प्रेम किया और तमाम तरह के विरोधों के बावजूद उसे अपने घर ले आया। रखनी (उढ़री) के रूप में नहीं, घरनी के रूप में।

निष्कर्ष

दुनिया भर में निजीकरण की मार सुरक्षा व्यवस्था पर भी पड़ी है। बताया जाता है कि विश्व के देशों में सुरक्षा एवं गुप्तचर सेवा एजेंसियों की संख्या लगभग एक लाख है। विभिन्न स्रोतों के अनुसार इन सुरक्षा एजेंसियों के माध्यम से 2 करोड़ निजी सुरक्षागार्ड दुनिया भर में नियोजित हैं। ये सुरक्षा गार्ड, सशस्त्र सुरक्षा गार्ड तथा सुरक्षा पर्यवेक्षक आदि के रूप में कार्यरत हैं। बेशक निजी सुरक्षा उद्योग वैश्विक तथा राष्ट्रीय स्तर पर सेवा क्षेत्र का एक महत्त्वपूर्ण उद्योग है। आज दिल्ली-कलकत्ता से लेकर मुम्बई तक सिक्योरिटी एजेंसियों में बड़ी संख्या में भोजपुरिया जवानों खासकर अगड़ों यानी ठाकुरों का सिक्योरिटी-गार्ड का काम अपनी शान के अनुकूल लगता है, शारीरिक श्रम करना अपमान लगता है।

1. भोजपुर जिले का एक गाँव।
2. महादेव प्रसाद सिंह (लेखक), जालिम सिंहनाटक, गायक रामधारी सिंह, (वाराणसी : ठाकुर प्रसाद पुस्तक भंडार, कचौड़ी गली, 1945 के आसपास प्रकाशन)

परन्तु दलित-पिछड़ी जातियों की संख्या कम नहीं है।[1] हिन्दी फिल्म ही नहीं, भोजपुरी फिल्मों में भी इनको अभिव्यक्ति मिली है। आज भूमंडलीकरण के दौर में लोकसंस्कृति, जनसंस्कृति और लोकप्रिय संस्कृति में फर्क करना बेशक मुश्किल हो गया है। जो भोजपुरी के लोकगायक थे, वे देस-परदेस में इतना लोकप्रिय हुए कि फिल्मों में आ गए और फिल्मों में अपने लोकजीवन के अनुभवों को दृश्यांकित करने लगे। आज दिल्ली-कलकत्ता से लेकर मुम्बई तक बड़ी संख्या में भोजपुरिया जवानों के सिक्योरिटी-गार्ड हैं। ये भोजपुरिया जवान लोकसाहित्य में भले उभरकर न आ रहे हों लेकिन भोजपुरी फिल्मों में इनका जीवन बखूबी उभरकर आ रहा है।

1. मुम्बई में निजी सर्वेक्षण। सवर्ण जाति के सिक्योरिटी सर्विस करने वालों ने इस पेशे में आगमन को अपने नसीब की कही, जबकि दलित पिछड़ी जाति के लोगों की विचारधारा इस पेशे में कम तनख्वाह मिलने पर केन्द्रित रही।

5

प्रवासी मजदूर : बिदेसिया लोकसंस्कृति

उपनिवेश पूर्व से ही भोजपुरी प्रदेश से श्रम प्रवसन की एक लम्बी परम्परा रही है लेकिन 1857 के विद्रोह के बाद अंग्रेजी सरकार ने इस क्षेत्र के जमींदारों व नवाबों को सबक सिखाने के लिए उनके भाग्य पर छोड़ दिया। इसका फल भुगतना पड़ा—आम जनता को। अंग्रेजों व जमींदारों की दोहरी मार और प्राकृतिक प्रकोपों की वजह से लोग बड़ी संख्या में भारत के बड़े नगरों जैसे कलकत्ता की जूट मिलों, आसाम की चाय बागानों, बिहार की कोयला खदानों और मुम्बई की सूती मिलों में मजदूरी के लिए एक जगह से दूसरी जगह भटकने लगे। इन्हीं में से कुछ दूसरे उपनिवेशों में भी गए या भेज दिए गए। उन दिनों श्रम प्रवसन अपने चरम पर पहुँच गया था। बिदेसिया लोकसंस्कृति औपनिवेशिक श्रम प्रवसन की देन है। वह जितनी बड़ी आर्थिक फेनोमिना है उतनी ही बड़ी सामाजिक-सांस्कृतिक फेनोमिना भी है। दरअसल बिदेसिया शब्द उस पुरुष को सम्बोधित था, जो अपनी पत्नी को गाँव छोड़कर बाहर कमाने चला गया था। बिदेसिया अपने पति को पत्नी द्वारा दिया गया एक लोकप्रिय शैली का सम्बोधन है, जिसे एक नई लोकसंस्कृति की संज्ञा मिली। यह लोकसंस्कृति इसी प्रवास के फलस्वरूप पैदा हुई। इस लोकसंस्कृति ने अनेक कलारूपों को जन्म दिया। जैसे—नौटंकी, ड्रामा, लोकगीत, लोकचित्रकला आदि। यह एक सम्पूर्ण लोकसंस्कृति है। इसका उद्‌भव और विकास प्रवासी भोजपुरियों के आर्थिक स्त्रोतों से हुआ है। बिदेसिया लोकसंस्कृति में भोजपुरी प्रवासियों को बिदेसिया, परदेसिया, परदेसी, बटोही इत्यादि सम्बोधनों से अभिहित किया गया है।

इस अध्याय में यह जानने का प्रयास किया गया है कि औपनिवेशिक दौर में भोजपुरी लोकसंस्कृति ने अपने आँचल में प्रवासी मजदूरों को किस रूप में दर्ज किया है। यह अध्याय लोकसाहित्य से इतिहास और इतिहास से लोकसाहित्य में आवाजाही का नतीजा है। इस अध्याय के केन्द्र में पाँच विषय-वस्तु हैं—पहला, बिदेसिया का उद्‌भव और विकास किस रूप में हुआ है? दूसरा, लोकसंस्कृति

में कलकत्ता : कलकत्ता में प्रवासी मजदूर की उपस्थिति किस रूप में है, तीसरे, श्रम प्रवसन की ऐतिहासिक परिस्थितियों के दबाव में परम्परागत मिथकों में बदलाव एवं नए मिथकों का सृजन किस रूप में हुआ एवं चौथे, भोजपुरिया श्रमिक समुदाय के लिए रेलगाड़ी औपनिवेशिक दौर में किस तरह प्रवसन की प्रतीक बनी, जिसकी झलक लोकगीतों में मिलती है। और पाँचवें, भोजपुरी की लोकाभिव्यक्ति में गिरमिटिया मजदूरों की छवि जो है और जो नहीं है, की पड़ताल करने की कोशिश की है, अर्थात् लोकाभिव्यक्ति में उनकी छवि केवल गुलामी के रूप में होते हुए भी अन्य स्रोतों के जरिए इस अध्याय में उनकी मुक्ति की खोज भी की गई है।

बिदेसिया : उद्‌भव और विकास

दो-ढाई सौ वर्ष पहले भोजपुरी प्रदेश खुशहाल था। लेकिन औपनिवेशिक दौर में एक तरफ विद्यौगिकीकरण के फलस्वरूप हिन्दुस्तानी शिल्पकारों की बेरोजगारी से कृषि पर और बोझ बढ़ गया। दूसरी तरफ औपनिवेशिक शासन द्वारा किसानों को नगदी फसलों (अफीम एवं नील) की खेती के लिए बाध्य किए जाने की वजह भी उनकी बदहाली के लिए जिम्मेदार है। और फिर कृषि पहले से ही मौसम के मिजाज पर निर्भर थी। मौसम समय पर अनुकूल नहीं हुआ तो कृषि का चौपट होना लाजिमी था। वह दौर बाढ़, अकाल इत्यादि के साथ महामारियों, महँगाई की चपेट में आने के लिए अभिशप्त था। दूसरे, कृषि की फसलें मानसूनी थीं। फसलों की बोआई और कटाई के बाद बेरोजगारी ही बेरोजगारी। 'कहाँ जाएँ, क्या करें' सवाल ही आगे होता। तीसरे, जैसा कि इतिहासकार सब्यसाची भट्टाचार्य का मानना है—'कृषि की उत्तम कोटि की भूमि समाज के उच्च वर्ग के कब्जे में थी। निम्न वर्ग के पास निम्न कोटि की भूमि थी।'[1] विपरीत परिस्थितियों की सबसे अधिक मार इसी निम्न वर्ग पर पड़ती थी। चौथे, तत्कालीन समाज सामन्ती था। सामन्ती समाज में श्रम का मूल्यांकन नगद रूप में नहीं मिलता। जितना मिलता, उससे पूरे परिवार का भरण-पोषण नहीं हो सकता था। पाँचवें, हिन्दुस्तान का भोजपुरी क्षेत्र जनसंख्या की दृष्टि से बड़ा सघन क्षेत्र रहा है। फीजी में प्रवासी भारतीयों पर काम कर चुके जगदीश प्रसाद चतुर्वेदी का मानना है—'जिस-जिस समय भारत में अकाल पड़ता, सूखा होता या बाढ़ आती, उस-उस समय इन मजदूरों की संख्या बढ़ जाती। परन्तु फिर भी कुछ ऐसे थे—जहाँ प्रारम्भ से ही निरन्तर मजदूर उपलब्ध होते रहे। ये थे—बस्ती, गोंडा, फैजाबाद, गोरखपुर, आजमगढ़, जौनपुर, गाजीपुर और बिहार

1. सब्यसाची भट्टाचार्य, आधुनिक भारत का आर्थिक इतिहास, अनु.—महेश्वर, (दिल्ली : राजकमल प्रकाशन, 1993, संस्करण, 2008), पृ. सं. 68

का शाहाबाद। ये वे जिले हैं—जहाँ की जनसंख्या भारत में सबसे अधिक घनी मानी जाती है और जहाँ की खेती बढ़ती हुई जनसंख्या का साथ नहीं दे सकती। ये वे जिले भी हैं—जहाँ कमजोर वर्ग के लोगों की संख्या अधिक थी।'[1] भोजपुरी क्षेत्र से उच्च वर्ग के लोगों के पलायन के विषय में मिस्टर के.एल. गिलियन की टिप्पणी है—'ऊँची जाति के लोगों का बड़ी संख्या में जाना सम्भवतः इस कारण था कि राजपूत, भूमिहार और मुसलमान अपने फिजूलखर्ची के कारण अन्य जातियों की अपेक्षा अधिक ऋण-ग्रस्त थे। इसलिए कठिन समय में उन्हें बाहर जाने की प्रेरणा होती थी।'[2] उपर्युक्त कथनों में से दो महत्त्वपूर्ण चीजें हमारे काम की हैं। एक विपरीत परिस्थितियों में भोजपुरी क्षेत्र से श्रम का पलायन बड़ी भारी मात्रा में हुआ। जैसा कि इतिहासकार ब्रिज वी लाल ने लिखा है—'19वीं शताब्दी में ग्रामीण भारत एक अत्यन्त गहन परिवर्तन का अनुभव कर रहा था। यह परिवर्तन नए विचारों के परिणामस्वरूप हुए थे। जैसे—निजी सम्पत्ति का नवीन विचार, जोत क्षेत्र का असंख्य भागों में विभाजित होना, कृषकों में बढ़ती कर्जदारी व प्राकृतिक विपदाओं के प्रभाव।'[3] इतिहासकार अर्जन डी. हैन ने औपनिवेशिक दौर में श्रम प्रवसन की पाँच वजहों में से सबसे पहले स्थान पर परिवहन एवं संचार व्यवस्था में आए विकास को अहमियत दी है।[4] निःसन्देह औपनिवेशिक शासन की व्यवस्था एवं भोजपुरी प्रदेश की सामाजिक एवं आर्थिक संरचना ने श्रम प्रवसन को और गहन किया।

औपनिवेशिक भारत की आधिकारिक रिपोर्टों से पता चलता है कि 18वीं और 19वीं सदी में बंगाल और बर्मा के कृषि कार्यों एवं अन्य हस्तकरघे का काम इस इलाके के लिए आकर्षण का केन्द्र बना हुआ था। प्रवास में उन दिनों प्रवसन के परिणामस्वरूप व्यापक स्तर पर श्रम विभाजन हुआ, जिसमें से बहुतों ने नए पेशों को चुना तो कइयों ने अपने परम्परागत श्रम रूपों को अपनाया। इस सन्दर्भ में आनंद ए. यंग की टिप्पणी उल्लेखनीय है—'ब्राह्मणों ने आमतौर पर पुरोहिती, पुजारी, क्लर्क, चपरासी, रसोइया और मजबूरी में कुली तथा दिहाड़ी मजदूर का काम किया। राजपूत मुख्यतः सिपाही, दरबान, जेलवार्डेन, चपरासी तथा रेलवे के गार्ड बने। अहीर मजदूर, घरेलू नौकर, दुकानदार बने। कहार, कूर्मी, दुसाध

---

1. जगदीश प्रसाद चतुर्वेदी, फीजी में प्रवासी भारतीय (दिल्ली : भारतीय सांस्कृतिक सम्बन्ध परिषद्, 1985), पृ. सं. 146
2. के.एल. जिलियन, फीजीज इंडियन माईग्रेंट्स : ए हिस्ट्री टू द एंड ऑफ इंडेचर इन 1920, (मेलबॉर्न : ऑक्सफोर्ड यूनिवर्सिटी प्रेस, 1973), पृ. सं. 54-55
3. ब्रिज वी लाल, फीजी यात्रा : आधी रात से आगे (दिल्ली : नेशनल बुक ट्रस्ट, 2005), पृ. सं. 5
4. अर्जन डी. हैन, अनसेटल्ड सेटलर : माईग्रेंट वर्कर्स एंड इंडस्ट्रीयल कैपीटलिज्म इन कलकत्ता, मॉडर्न एशियन स्टडीज, वाल्यूम 31, सं. 4, (अक्टूबर 1997), पृ. सं. 919-949

भी मजदूर और चटकलिहा हुए। कहार भी घरेलू नौकर हुए। दुसाध ने प्राय: साइस का काम किया।'[1]

बनिजिया और सिपहिया की मौखिक परम्परा के अध्ययन से हम स्पष्ट कर चुके हैं कि भोजपुरी क्षेत्र से प्रवसन की एक लम्बी परम्परा रही है। मध्यकालीन संत कवियों के पदों में भक्ति के आवरण में 'बिदेस' शब्द का जो प्रयोग मिलता है, वह श्रम प्रवसन की ओर ही संकेत करता है। 'बिदेसिया' शब्द का प्रयोग सबसे पहले कब हुआ? यह बताना कठिन है। लेकिन मध्यकाल में कबीर के शिष्य धरमदास के एक पद में 'परदेस' शब्द का प्रयोग पहली बार देखने को मिलता है—'मितऊ मड़ैया सुनि करि गैलो। अपने बलम परदेस निकरि गैलो।'[2] हालाँकि यह पद आध्यात्मिक सन्दर्भ लिए हुए है। इसी तरह सन् 1850 के दौरान केशवदास नामक एक साधु ने कबीर की विचारधारा से प्रेरित होकर अपने एक निर्गुण में प्रवास के लिए 'बिदेस' शब्द का प्रयोग किया है—

भावे नाहीं मोहि भवनवाँ।
हो रामा, बिदेस गवनवाँ॥ 1॥
जो एह मास निरासं मिलन भैले।
सुन्दर प्रान गवानवाँ॥ 2॥
'केसो दास' गावे निरगुनवाँ।
ठाढ़ि गोरी करें गवनवाँ॥ 3॥[3]

ये पंक्तियाँ भी आध्यात्मिक रूप से सन्दर्भित हैं। दरअसल लोकगीतों में विरह, तब से ही बिदेसिया के होने का प्रमाण देते हैं, जब लिखित साहित्य अस्तित्व में नहीं आया था। लेकिन बिदेसिया का सन्दर्भ-स्रोत और स्पष्ट होता है—1878 ई. के दौरान 'सुन्दरीबाई' और 'दुनियाबाई' के लोकप्रिय गीतों व तमाशों से, जिनका परिवार सन् '57 के गदर से प्रभावित होकर दिल्ली से भोजपुरी क्षेत्र की तरफ भाग आया था। 'सुन्दरीबाई के नाच' का विषय वस्तु भी प्रवसन ही था।[4] तमाशे में सुन्दरी कहती है—

1. आनंद ए यंग, द लिमिटेड राज एग्रेरियन रिलेशन इन कोलोनियल इंडिया, सारन डिस्ट्रिक्ट, 1793-1920, (दिल्ली : ओयूपी, 1989), पृ. सं 203
2. कृष्णदेव उपाध्याय, भोजपुरी और उसका साहित्य (दिल्ली : राजकमल प्रकाशन, 1957), पृ. सं. 43
3. जी.ए. ग्रियर्सन, सेवेन ग्रामर्स ऑफ द डाइलेक्ट्स एंड सबऑर्डिनेट्स ऑफ द बिहारी लैंग्वेज, भाग 2, (1884), सेलेक्संस फ्रॉम द भोजपुरी डायलेक्ट्स कंवरसेशंस, फेबल्स, भोजपुरी सांग्ज, एपेंडिक्स 1, पृ. सं. 382
4. तैयब हुसैन 'पीड़ित', भिखारी ठाकुर, (दिल्ली : साहित्य अकादमी, प्र. सं., 2008), पृ. सं. 51

आम बगइचा घने बाग, ताही बीच डगर लगी हो।
आमवा के डाढ़ि धरले, नयनवा से नीर ढरे हो।[1]

जब्बार (बटोही) कहता है—

बात तऽ पूछेला बटोहिया, काहे धानि ठाढ़ि भई हो।
केकर जोहेलू बाट, नयनवा से नीर ढरे हो।[2]

इस वार्ताक्रम में सुन्दरी बाई अपने प्रियतम के रूप-वर्णन नख-शिख वर्णन जैसा प्रस्तुत करती है और अन्त में कहती है—

लिख के ना भेजा एको पाति, सुधि बिसरइले हो। [3]

इसके प्रत्युत्तर में जब्बार (बटोही) कहता है—

सूप भर लेई धन सोनवाँ, मोतियन माँग भर हो।
तजि द बिअहुआ के आस, तु हमरा संग चलु रे।[4]

इस पर सुन्दरी कहती है—

आग लगइबो, तोहरे सोनवा, मोतियन बजर पड़ो रे।
कबहूँ लवटिहें निरमोहिया, इहै टेक पड़ो रे।[5]

सुन्दरीबाई द्वारा प्रस्तुत यह स्वाँग बीसवीं सदी के तीसरे दशक के दौरान लोगों की जुबान पर था। उन्हीं दिनों जिला गाजीपुर से बनारस में प्रवासी बिरहा गायक बिहारी लाल यादव की चर्चा की जाती है जो बनारस में मंदिर उत्सवों के अवसर पर बिरहा गाते थे। बिहारी लाल रामायण के प्रसंगों में प्रवसन की पीड़ा को डालकर अपनी गायकी प्रस्तुत करते थे। इस सम्बन्ध में चन्द्रशेखर प्रसाद ने अपने शोध-अध्ययन में लिखा है कि इस तरह 'बिरहा का आधुनिक रूप 19वीं सदी के उत्तरार्द्ध में अधीनस्थ वर्ग द्वारा सांस्कृतिक रचना के रूप में उभरा। फिर भी यह आभिजात्य संस्कृति द्वारा प्रशंसित हुआ। आगे चलकर, बिहारीलाल यादव

1. केदार चौधरी, भिखारी ठाकुर के नाटकों में लोकजीवन, (दिल्ली : जे.एन.यू., एम.फिल. शोध कार्य, अप्रकाशित, 1993), पृ. सं. 63
2. वही, पृ. सं. 63
3. वही, पृ. सं. 63
4. वही, पृ. सं. 63
5. वही, पृ. सं. 63

की सफलता के बाद बिरहा अलग-अलग रूपों में विभक्त हो गया।"[1] संस्कृति के स्तर पर बिहारी ही नहीं बल्कि भिखारी ठाकुर भी मुख्यधारा की संस्कृति से प्रभावित हुए थे, परन्तु दोनों का ही सम्बन्ध निम्नवर्गीय समाज से जुड़ा हुआ था। लेकिन बिहारीलाल यादव के बिरहा में भी बिदेसिया पद का प्रयोग नहीं हुआ है। सन् 1884 में पं. बेनीमाधव राम (काशीवासी) के एक लोकगीत में पहली बार बाहर गए पति के लिए पत्नी का 'बिदेसिया' शब्द का सम्बोधन मिलता है—

काहे मोरी सुध बिसराए रे बिदेसिया!
तड़पत-तड़पत दिन-रैना गुजारे रे
काहे मोसे नेहिया लगाए रे बिदेसिया!
अपने तो कुबरि के प्रेम भुलाने रे
मोह लिख जोग पठाए रे बिदेसिया!
जिन सुख अधर अमी रस पाए रे
तिन विष पान कराए रे बिदेसिया!
कहे 'बेनीराम' लागी प्रेम कटारी से
उधोजी के ज्ञान कराए रे बिदेसिया![2]

इस कड़ी में बक्सर के रामसकल पाठक द्विजराम की 'सुन्दरी विलाप' ऐसी ही गीत रचना सन् 1906 ई. में और श्रीनाथ शरण द्वारा सम्पादित रचना 'प्यारी सुन्दरी वियोग' 1910 में गोरखपुर से प्रकाशित हुई बताई जाती है। इसी दौर में 'बिदेसिया' लोकगीतों की रचना हुई। 'सुन्दर सुभूमि भइया भारत के देसवा से, मोर प्रान बसे हिम खोह रे बटोहिया' रघुवीर नारायण के राष्ट्रगीत 'बटोहिया' की रचना के बाद इस धुन और टेक पर 'फिरंगिया' (1921 ई.), 'साँवरिया', 'पूरूबवा' जैसे गीतों की सर्जना धड़ाधड़ हुई। इन गीतों की धुन में पीड़ा का स्वर है। बिदेसिया का कथानक भी वियोग एवं पीड़ा से पैदा हुआ है। गौरतलब है कि पीड़ा के स्वर में निम्न जातियाँ एवं स्त्रियाँ ही गायन करती रही हैं। बाद में यही बिदेसिया लोकसंस्कृति की आधार बनी। यहीं से भोजपुरी क्षेत्र में बिदेसिया लोकनाट्यशैली का उद्‌भव भी होता है। स्त्रियों का मौखिक लोकनाट्य 'डोमकच' में न जाने कब प्रवसन विषय-वस्तु के रूप में प्रवेश करता है और वह बिदेसिया लोकनाट्यशैली का रूप धारण करता है, जिसमें डोमिनी अपने पति डोम से पूरब देश न जाने के लिए समझाती है क्योंकि पूरब की 'जोगिन' औरतें मर्दों को फाँस लेती हैं—

---

1. चन्द्रशेखर प्रसाद, सबाल्टर्न आर्टीकुलेशन ऑफ एसपिरेशंस : इक्जामिंग द बिदेसिया डांस-ड्रामा फ्रॉम द भोजपुरी रीजन, (जे.एन.यू.: एम.फिल. शोधकार्य, अप्रकाशित, 1993), पृ. सं. 15-16
2. भारतेन्दु हरिश्चन्द्र, हिन्दी भाषा (पटना : खड़गविलास प्रेस, 1882) इसे भी देखिए, दुर्गाशंकर प्रसाद सिंह, भोजपुरी के कवि और काव्य (पटना : बिहार राष्ट्रभाषा परिषद्, 1958), पृ. सं. 142

मति जाहू पियवा पूरबवा के देस,
पूरब देस में जटिनी जोगिनिया से,
अपना ही फाँसे फाँस लेती हैं पियवा।[1]

जब डोमिनी की बात टालकर डोम पूरब परदेस चला जाता है और वर्षों तक लौटकर नहीं आता है तो परदेस से आने वाला दूसरा राही डोमिनी से पति के पर-स्त्री प्रेम की बात कहता है तो वह विकल हो उठती है—

अनारकली डोमिनी के डोम कहाँ गइले,
डोम गइले कलकत्तवा नगरिया, उहे में रह गइले।[2]

वस्तुतः डोमकच की इन गीत पंक्तियों में प्रवासी पुरुषों की गाँव-घर रहने वाली स्त्रियों का दर्द उभरकर आया है। आज का यह मनोरंजन जमींदारी शोषण काल में जमींदारों, ऊँचे घरानों के सामने ढोल की थाप पर आधी रोटी का दर्द भी रात-रातभर गाथाओं के माध्यम से बाँचता है, मनोरंजन धनियों का होता है और आधी रोटी का जुगाड़ इनका होता है—भले ही उससे एक व्यक्ति का पेट भरता है। इस तरह ग्रामीण स्त्रियों (विशेषकर) का दर्द इस डोमकच स्वाँग में करुणा के साथ उभरता है, जहाँ डोमिनी अपने विदेश अर्थात् पूरब (कलकत्ता) गए पति की हाट-बाट हेरती है।

भिखारी ठाकुर का बिदेसिया

बिदेसिया लोकसंस्कृति के विकास में एक बड़ा मोड़ तब आता है जब भोजपुरी लोकमंच पर 1920 ई. के दौरान भिखारी ठाकुर का आगमन होता है। लेकिन इनसे

1. उषा वर्मा, मौखिक स्त्री लोकनाट्य 'डोमकच', 'छायानट'—मासिक पत्रिका अंक-95 (लखनऊ : उत्तर प्रदेश संगीत नाटक अकादमी, 2000), पृ. सं. 68-73 स्त्री लोकनाट्यों में बिहार और पूर्वी उत्तर-प्रदेश में 'डोमकच' प्रचलित रहा है। यह लोकनाट्य नामभेद और थोड़े बहुत अन्तर के साथ भारत के सभी प्रान्तों में देखने को मिलता है। हरियाणा, दिल्ली, मेरठ, बिजनौर में इसे 'खोड़िया', ब्रज में 'खोइया'/'खोरिया' कहते हैं। अवध में 'नकटौरा' तथा राजस्थान में 'टुटिया-टुटनी' के नाम से जाना जाता है। यह स्त्री लोकनाट्य विवाह के अवसर पर स्त्रियों द्वारा उस रात को खेला जाता है, जिस दिन दूल्हा के घर से बारात चली जाने के बाद घर में कोई पुरुष सदस्य नहीं रह जाता। चूँकि घर पर पुरुषों के चले जाने से चोरी की संभावना होती है। इसलिए भी उस रात जागरण के रूप में महिलाएँ यह स्वाँग करती रही हैं। जैसा कि नाम से ही स्पष्ट है कि यह स्वाँग-तमाशा निम्न वर्ग यानी डोमिन, कहारिन, अहीरिन, धोबिन, कुम्हारिनों के द्वारा अपने लिए या उच्च वर्ग के घरों में उनके मनोरंजन के लिए खेला जाता रहा होगा। यह सच भी है क्योंकि शादी-ब्याह में ऊँचे घराने से लेकर निम्न वर्ग तक में इन डोम-डोमिनों, धोबिनों, कुम्हारिनों, चमारों का विशेष महत्त्व तब भी था और अब भी है। यह निर्विवाद है कि निम्न जातियों के लोग बड़े घरों में बेगार खटने के बदले आनुष्ठानिक अवसरों पर अपने सामान बेचते हुए नेग-जोग और रस्म-अदायगी के 'नेग' में अनाज आदि लेते रहे हैं।
2. वही, पृ. सं. 68-73

पूर्व गोपालगंज जिला के मीरगंज के मियाँ रसूल का नाम आता है। जिनकी चर्चा चौथे अध्याय में विस्तार से हो चुकी है। निःसन्देह भिखारी ठाकुर की महानता में कुछ योगदान रसूल का भी है। वे भिखारी ठाकुर से दस-पन्द्रह वर्ष बड़े थे। रसूल की तरह भिखारी ठाकुर भी रोजी-रोटी के लिए बंगाल गए थे। उन्होंने लिखा है—'गइली मेदिनीपुर के जीला।/ओहिजे देखली कुछ रामलीला।'[1] वहाँ की लोकसांस्कृतिक नाट्य-शैलियों से प्रेरित होकर गाँव आने पर रोजी-रोटी के लिए नाच मंडली बनाई। पहले पहल रामलीला की, फिर बनाया एक तमाशा, जिसे नाम दिया—'बहरा बहार'[2], जो बाद में चलकर 'बिदेसिया' के नाम से लोकप्रिय हुआ। दरअसल उनकी 'बिदेसिया' नाट्य-रचना गाँव और शहर के बीच बँटी जिन्दगी की दास्तान है। नायक बिदेसी गवना कराकर अपनी पत्नी प्यारी सुन्दरी को छोड़ शहर कलकत्ता कमाने चला जाता है। वहाँ कड़ी मेहनत करते हुए अपनी महिला सहकर्मी के साथ पति-पत्नी के रूप में रहने लगता है। तत्कालीन समाज उन स्त्रियों को 'रखैल', 'रखेलिन' या 'रंडी' के रूप में देखता था। इधर गाँव पर प्यारी सुन्दरी पति के वियोग में कलपती है और पति के बिना उसे जीवन पहाड़ लगने लगता है—'केकरा से आग माँगब केकरा से पानी।/खाला-ऊँचा गोड़ परी चढ़ल बा जवानी।'[3] वियोग में भी पति का ही अलख जगाने का वह संकल्प लेती है—'बिरह के कुपवा में, जोगिनी के रूपवा में।/तोहरे के अलख जगाइब हो बलमुआ।'[4] इसी बीच प्यारी सुन्दरी को कलकत्ता कमाने जा रहा

---

1. वीरेन्द्रनारायण यादव व नागेन्द्र प्रसाद सिंह सम्पा. भिखारी ठाकुर रचनावली, (पटना : बिहार राष्ट्रभाषा परिषद्, 2005), पृ. सं. 312
2. 'बहरा-बहार' के अतिरिक्त एक और नाम सुनने को मिला है—'बिरहा बहार'। जाहिर है कि 'बिरहा' भोजपुरी प्रदेश के अहीर (यादव) समुदाय द्वारा गाई जाने वाली एक लोकविधा है। जिसका उद्भव बिरह से हुआ है। स्पष्ट है कि बिरह की स्थिति तब सम्भव होती है जब प्रेमी-प्रेमिका एक दूसरे से दूर हों। परन्तु कालान्तर में यह लोकविधा बिरह के अलावा हर विषय-वस्तु को अपने भीतर समेटने लगी। जहाँ तक 'बहार' के सन्दर्भ की बात है तो 'बहार' उर्दू का शब्द है, जो वसंत ऋतु के लिए व्यवहृत होता है। मुगल काल में 'नौरोजा' नाम से नौ दिनों तक प्रतिवर्ष नाचने-गाने व बजाने का एक आयोजन राज्य की ओर से प्रजा के लिए होता था। इस समय आम लोग अपना दुख-दर्द भूलकर आनंद मनाते थे। उनके जीवन में जैसे बहार आ जाती थी। कालान्तर में यह बात तो रही नहीं, पर अवशेष-स्वरूप मेले आदि भीड़ के स्थानों में डफली-खंजड़ी आदि पर गा-गाकर आम लोगों की समझ और जबान पर चढ़नेवाले गीतों की पुस्तकें 'बहार' विशेषण के साथ बेचने की परिपाटी चलती रही। एक रूप गीतों का दंगल कराकर सार्वजनिक आनंद मनाने का भी था। ठाकुर प्रसाद, कचौड़ी गली, बनारस और लोकनाथ पुस्तकालय, कलकत्ता से प्रकाशित होने वाली पुस्तकों के साथ ढेर सारा नाम 'बहार' शब्द जुड़ा हुआ मिलेगा। खुद भिखारी ठाकुर की अनेक रचनाओं के साथ 'बहार' शब्द जुड़ा हुआ है।
3. वीरेन्द्रनारायण यादव व नागेन्द्र प्रसाद सिंह सम्पा. भिखारी ठाकुर रचनावली, (पटना : बिहार राष्ट्रभाषा परिषद्, 2005), पृ. सं. 31
4. वही, पृ. सं. 31

एक बटोही मिलता है। वह उसे अपनी सारी व्यथा सुनाती है और अपने पति की पहचान भी बताती है—

करिया ना गोर बाटे, लामा नाहीं हउवन नाटे, मझिला जवान साम सुन्दर बटोहिया।
घुठी प ले धोती कोर, नकिया सुगा के ठोर, सिर पर टोपी, छाती चाकर बटोहिया।
पिया के सकल के तूँ मन में नकल लिखऽ, हुलिया के पुलिया बनाईलऽ बटोहिया।[1]

अर्थात् वह न तो काला है, न गोरा; न लम्बा है न छोटा; बल्कि वह मंझले कद की चौड़ी छाती वाला साँवला व सुन्दर जवान है। जिसके घुटने तक धोती है, नाक तोते की चोंच-सी है, सिर पर टोपी पहने हुए है। दरअसल यहाँ भिखारी बिदेसिया के बहाने भोजपुरी प्रवासी श्रमिकों की शारीरिक बनावट और उनके पहनावे की पहचान बता रहे हैं। बटोही प्यारी सुन्दरी को सांत्वना देकर कलकत्ता चल देता है। खोजते-खोजते वह वहाँ पहुँचता है जहाँ बिदेसी अपनी रखैल सलोनी के साथ चौपड़ खेल रहा है। 'बइठि के सलोनी पास, खेलत रहलन तास।'[2] ताश, रंडीबाजी, जुआखोरी इत्यादि उस मजदूर वर्ग की कमजोरियों की ओर भिखारी संकेत कर रहे हैं। पहले तो बटोही उस निर्मोही कलकत्तिया बिदेसी की भर्त्सना करता है और फिर याद दिलाता है कि कैसे सुन्दर साँवरे वर्ण वाली उसकी प्यारी धनिया है—

तोहरा मेहरिया के कटि हो केहरिया के, देखकर होइहें वान हो बिदेसिया।
माथवा के बरवा भँवरवाँ समान बाटे; मुँहवा दीपकवा बरत बा बिदेसिया।[3]

बात बिदेसी को लग जाती है। रखैल को देखकर बटोही बिदेसी से वेश्या के खतरों को सावधान करता है—

छोड़ि दऽ अधरम, मिजाज कके नरम तू, मनवा में कर लेहु सरम बिदेसिया।
धरम के नाव पर, चढ़ि के मउज कर, हर बिरहिनिया के दुख हो बिदेसिया।[4]

बिदेसिया पानी लाने के बहाने रखैल को टरका देता है और फिर चुपके से अपने घर की राह पकड़ता है। इधर गाँव में बिदेसी का दोस्त प्यारी सुन्दरी पर बुरी निगाह रखता है और उससे अनैतिक सम्बन्ध कायम करने के लिए बलजोरी करना चाहता है।

1. वही, पृ. सं. 31
2. वही, पृ. सं. 31
3. वही, पृ. सं. 31
4. वही, पृ. सं. 31

सौभाग्यवश उसका पति कलकत्ता से लौट आता है और पीछे से उसकी उढ़री पत्नी भी अपने दोनों बच्चों को लिये आ पहुँचती है। वो दोनों बच्चे अपने पिता से सवाल करते हैं कि उनकी दो माताएँ कैसे हुईं? लेकिन 'गबरघिचोर' नाटक में कलकत्तिया मजदूर यानी गलीज बहुत दिनों (लगभग 15 वर्षों) के बाद 'गबरघिचोर' को भी कलकत्तिया मजदूर बनाने के लिए घर लौटता है। बिदेसिया में देवर द्वारा प्यारी सुन्दरी से अनैतिक सम्बन्ध बनाने की जो कोशिश हुई थी, 'गबरघिचोर' नाटक में वह कोशिश फलीभूत हो गई है। उसी सम्बन्ध के परिणामस्वरूप 'गरबघिचोर' का जन्म हुआ था। लम्बे समय तक कलकत्तिया मजदूरों के न लौटने के कारण ही गबरघिचोर जैसे बच्चों का जन्म हुआ। भिखारी ठाकुर का यह नाटक प्रवसन-सम्बन्धों को विलेन की तरह खड़ा करता है। गबरघिचोर पर माँ, धर्मपिता या अवैध (असली) पिता में से किसका अधिकार होगा? प्रवसन से उत्पन्न इन सवालों से संस्कृति के इतिहास में टकराते हुए भिखारी ठाकुर ही दिखाई पड़ते हैं। इन सवालों की ओर हिन्दी साहित्य की नजर भी नहीं गई थी। भोजपुरी प्रवासी श्रमिकों का जीवन ही भिखारी ठाकुर के इन दोनों नाटकों में कथानक बना है। यह कथानक उनका अपना था। अपने जीवन की सांस्कृतिक अभिव्यक्ति जितनी अपील करती है, उतनी दूसरे के सांस्कृतिक जीवन की अभिव्यक्ति नहीं। अतः कह सकते हैं कि भिखारी के लोक नाटकों में कलकत्तिया लोग अपने जीवन के सुख-दुःख का साक्षात् करते थे। कलकत्ता में भोजपुरिया लोगों की संख्या बहुत थी और भोजपुरी प्रदेश में उन्हें कलकत्तिया होने का सम्बोधन मिल चुका था। इसलिए उनके गीतों में कलकत्ता की चर्चा वहाँ के लोगों के लिए एक और आकर्षण की चीज थी। उन दिनों कलकत्ता में भिखारी के नाटकों को देखने वाले श्री डी.एन. राय स्मरण करते हुए लिखते हैं—'जिस समय की यह बात है, उस समय 'कोहिनूर ग्रामोफोन कम्पनी' द्वारा शायद बिदेसिया की रिकार्डिंग हो गई थी और कम-से-कम कलकत्ता एवं उसके आसपास बसे भोजपुरी या हिन्दी भाषा-भाषी लोग जान चुके थे कि कुतुबपुर दियारा के भिखारी ठाकुर के हृदय में कलकत्ता रचा-बसा है। थोड़ी-बहुत भोजपुरी समझने वाले अभोजपुरी या अहिन्दी भाषा-भाषी लोग भी उनके गीतों में—'पियवा गइलन कलकत्तवा। तूरि दिहलन पति-पतनी के नातवा' सुनकर कलकत्ता के उल्लेख मात्र से उनका हृदय उल्लसित हो उठता था।'[1] भिखारी का नाट्य-प्रदर्शन या रिकॉर्डिंग साहित्य की अपेक्षा ज्यादा असरदार था।

भिखारी ठाकुर को बिदेसिया की लोक सांस्कृतिक परम्परा की सूचना थी। एक साक्षात्कार में उन्होंने 1965 ई. में कहा था कि 'बिदेसिया का नाम मैंने सुना

1. डी.एन. राय, लोक कलाकार भिखारी ठाकुर : इयादन का खोह से, (छपरा : माधव मुद्रणालय, 2004), पृ. सं. 12

था, 'परदेसी की बात' आदि के आधार पर मैंने बहरा-बहार बनाया।"[1] उनका यह बहरा-बहार पहली बार एक सम्पूर्ण-नाट्य रचना के रूप में आया। भिखारी ठाकुर ने इस नाटक की प्रस्तुति शैली में ही अपने शेष नाट्यों जैसे 'बेटी बेचवा', 'गबरघिचोर', 'कलजुग प्रेम', 'गंगास्नान', 'विधवा विलाप' इत्यादि को प्रस्तुत करने के कारण एक खास नाट्यशैली यानी बिदेसिया नाट्यशैली के रूप में प्रसिद्ध हुआ। इस नाट्यशैली के सांस्कृतिक स्रोत की ओर खोज करने की आवश्यकता पर बल देते हुए परमेश्वरी लाल गुप्त ने लिखा है—'भिखारी ठाकुर के भोजपुरी सांस्कृतिक जीवन में प्रवेश करने के पूर्व उस क्षेत्र का रंगमंचीय स्वरूप क्या था, यह अपने आप में शोध का विषय है। 'नेटुआ का नाच' और 'जोगीड़ा' के मूल में निश्चय ही कोई मूल परम्परा रही होगी। उसी को बीज रूप में ग्रहण कर बंगाल की 'जात्र' से प्रेरणा प्राप्त कर भिखारी ठाकुर ने रंगमंच को पुनर्जीवित किया है।'[2] बिदेसिया के लिए उन्होंने विभिन्न अंचलों की लोककलाओं से अपने अनुभव को समृद्ध किया। बंगाल की यात्रा और असम की अंकिया की रंगरूढ़ियों, बाउल नर्तकों की गतियों और आंगिक संरचनाओं से अपने नृत्य की गतियों और बिम्बों को समृद्ध किया। बीहू की कमर उत्तेजक गतियों, नौटंकी और स्वाँग का प्रभाव भी बिदेसिया में मिलता है। भोजपुरी लोकनाट्य रूपों की रंग युक्तियों, गीति-कथाओं की संवेदना और प्रस्तुति गायन शैली तथा असंख्य संस्कार एवं लोकगीतों तथा उनकी धुनों का उन्होंने अपनी प्रस्तुति शैली में भरपूर उपयोग किया।

पूर्वी उत्तर प्रदेश, पश्चिमी बिहार से लेकर असम, बंगाल, सिंगापुर, नेपाल आदि देश-विदेशों में भिखारी ठाकुर के बिदेसिया की इतनी धूम मची कि उनके नाच दल के कई कलाकार उनसे अलग होकर उन्हीं के नाटकों का मंचन करने लगे। कुछेक ने उस नाट्यशैली में नए तमाशे भी रचे। बिदेसिया नाट्यशैली में नाट्य रचना का मतलब यह नहीं रहा है कि केवल प्रवसन से सम्बन्धित विषय वस्तु ही इसके कथानक बनेंगे, बल्कि भोजपुरी समाज की ज्वलंत समस्याएँ भी इस नाट्यशैली के विषय वस्तु बने। खुद भिखारी ने अपने नाटकों में प्रवास के अलावा अन्य समस्याओं का चयन किया है। बिदेसिया नाट्यशैली की लोकप्रियता ने मुख्यधारा के नाटककारों को भी इस शैली में नाट्यरचना के लिए प्रभावित किया।

---

1. बिदेसिया, अंक-2, (राँची : 1987) पृ. सं. 23 इसे भी देखिए, आजकल, हिन्दी मासिक पत्रिका, (दिल्ली : जुलाई 2006,) पृ. सं. 24
2. भोजपुरी सम्मेलन पत्रिका, (पटना: दिसम्बर 1987,) पृ. सं. 25

रेल : प्रवसन की प्रतीक

सन् '57 के बाद उत्तर भारत में अंग्रेजी सरकार ने कच्चे उत्पादक क्षेत्रों से माल ढोने के वास्ते रेलवे का जाल बिछाया था। 'पहले पहल ईस्ट-इंडियन रेलवे सन् 1857 में कलकत्ते से इधर मिर्जापुर तक चली थी। यहाँ केवल भरवारी स्टेशन तक लाइन बनाने के लिए सामान लेकर रेल आया-जाया करती थी और उसके आगे सड़क बन रही थी, कि इतने में गदर हो जाने से सारा काम बंद हो गया। फिर जब शान्ति स्थापित हुई तो 3 मार्च, सन् 1859 से प्रयाग से कानपुर तक रेल चलने लगी, परन्तु जमुना में पुल न होने से केवल किले के स्टेशन तक गाड़ी आती-जाती थी। पीछे टोंस का पुल तैयार हो जाने से जमुना उस पार तक अप्रैल 1964 से रेल चलने लगी। उसके पश्चात 15 अगस्त, सन् 1965 को जमुना का पुल तैयार होकर खुला। तब इधर प्रयाग के बड़े स्टेशन तक रेल आने लगी। सन् 1867 से नैनी से जबलपुर लाइन खुली और सन् 1897 से बंबई मेल के लिए छिवकी वाली लाइन निकाली गई। दूसरी लाइन सन् 1905 में इलाहाबाद से फैजाबाद तक निकली, जिसके लिए फाफामऊ के निकट दूसरा पुल बना। सन् 1912 में बंगाल नार्थ वेस्टर्न रेलवे की छोटी लाइन प्रयाग से बनारस तक निकली और इसके लिए दारागंज में एक और पुल गंगा के ऊपर बनाया गया।'[1] उधर शाहाबाद में 'कोइलवर सोन' पर विशाल रेल और सड़क पुल है, जो 1855 ई. में रेलगाड़ियों की एकतरफा यात्रा के लिए बनाना आरम्भ किया गया था। 1862 ई. में यह काम पूरा होने के बाद, 1868 ई. दोतरफा रेलयात्रा का काम शुरू किया गया, जो 1870 ई. में पूरा हुआ। सोन की चौड़ाई के बराबर लगभग 4200 फीट लम्बा यह पुल सोन पर अन्तिम पुल है जिसके ऊपरी खंड पर रेलगाड़ियाँ दौड़ती हैं, और निचले भाग पर बैलगाड़ियाँ, साइकिलें, ट्रकें, मोटरकारें और मोटर बसें। पैदल यात्री भी निचले भाग के पक्के मार्ग पर चलते हैं। पूर्वी रेलवे के ग्रैंड कार्ड लाइन को जोड़ने वाले डिहरी रेलपुल की लम्बाई दस हजार फीट से भी अधिक है, जिसकी गणना सोन की अत्यधिक चौड़ाई के कारण, संसार के सर्वाधिक लम्बे रेलपुलों में की जाती है। इसे बनाने के लिए 1853 ई. में काम लगाया गया और 1870 ई. में दुहरी रेल लाइनों के लिए खोल दिया गया।'[2] ठीक उन्हीं दिनों यानी 1880 ई. के मध्य उत्तर बिहार को बंगाल और नॉर्थ वेस्टर्न रेलवे को जोड़ा गया, जो पूर्वी बंगाल राज्य रेलवे से जुड़ी हुई थी। 'इससे पूरे बंगाल में आम लोगों का आना-जाना आसानी से सम्भव हुआ। परिणामस्वरूप, बंगाल में प्रवासियों की

---

1. शालीग्राम श्रीवास्तव, प्रयाग प्रदीप, (इलाहाबाद : हिन्दुस्तानी एकेडमी, 1937), पृ. सं. 202
2. देवकुमार मिश्र, सोन के पानी का रंग, सोनक्षेत्रीय विन्ध्य-गांगेय संस्कृति के जीवन की गाथा, (भोपाल : मध्यप्रदेश हिन्दी ग्रंथ अकादमी, 1983), पृ. सं. 294

गतिशीलता में वृद्धि हुई, प्रवासियों का रेल से लगाव हुआ और रेलवे का विस्तार भी।'[1] इस रेलवे का लगाव लोकसंस्कृति से भी हुआ और इस लोकसंस्कृति में रेल की छवि विविध रूपों में है। उसकी छवि की यह विविधता देश एवं काल के अनुसार बनती गई।

उन दिनों उत्तर भारत के भोजपुरी क्षेत्र से अधिकांशत: बंगाल की ओर ही प्रवसन हो रहा था। इस क्षेत्र से रेल से कलकत्ता जा रहे श्रमिकों के बारे में रामनरेश त्रिपाठी ने एक दिलचस्प घटना का जिक्र किया है, जो रेल, श्रमिक एवं लोकसंस्कृति के अन्त:सम्बन्धों को रेखांकित करती है—'सन् 1914 के आसपास की बात है, मैं जौनपुर से प्रयाग आ रहा था। एक स्टेशन पर कुछ स्त्रियाँ, जो सम्भवत: अहीर या चमार जाति की थीं कुछ मर्दों को, जो कलकत्ते जा रहे थे, पहुँचाने आई थीं और रो रही थीं। ट्रेन स्त्रियों को रोती हुई छोड़कर चल दी। कलकत्ते जाने वाले मर्द संयोग से थर्ड क्लास के उसी डब्बे में आ बैठे थे, जिसमें मैं था। उनके साथ दो-तीन स्त्रियाँ भी थीं, जो अपने परदेसी पतियों के साथ या पास कलकत्ते जा रही थीं। उसकी एक ही कड़ी मुझे याद है। वह यह है—

रेलिया सवति मोर पिया लइके भागे।

रेल की तुलना सौत से होती हुई सुनकर मैं यकायक चौंक उठा। यह तो बिल्कुल नई उपमा है।'[2] लोकगीतों में रेल के शुरुआती दौर में सौतन की उपमा के साथ धीरे-धीरे उसकी आवागमन की दिशा पहचानी जाने लगती है—

पुरवा से रेलिया आवै, पछुआ से जहजिया,
पिया के लादी ले गयो ना।
रेलिया बैरिन मोरी सवतिया,
उहे जहजिया मोरी सवतिया
पिया के लादी ले गयो ना।[3]

इसी संवेदना को थोड़ा और तीव्र रूप में अभिव्यक्त करता निम्नलिखित गीत देखिए—

रेलिया बैरिन पिया को लिये जाय रे।
जउने टिकट से पिया मोर जइहें,

---

1. आनंद ए यंग, पीजेंट ऑन द मूव : ए स्टडी ऑफ इंटरनल माईग्रेशन इन इंडिया, जॉरनल ऑफ इंटरडिसिपल्नरी हिस्ट्री, वाल्यूम 10, सं. 1, (समर 1979), पृ. सं. 535
2. राम नरेश त्रिपाठी, ग्राम साहित्य, भाग-1, (प्रयाग: हिन्दी मंदिर, 1951) 17-18
3. तोताराम सनाढ्य, भूतलेन की कथा, सम्पादक योगेन्द्र यादव एवं ब्रिज वी लाल, (दिल्ली : सरस्वती प्रकाशन, 1994), भूमिका से, पृ. सं. 20

पनिया बरसे, टिकट गल जाय रे।
रेलिया बैरिन पिया को लिये जाय रे।
जउने शहर में पिया मोर जइहें,
अगिया लागे, शहर जरि जाय रे।
रेलिया बैरिन पिया को लिये जाय रे।
जउने सहेबवा के पिया मोर नौकर,
गोलिया लागे, साहेब मरि जाय रे।
रेलिया बैरिन पिया को लिये जाय रे।[1]

बाद में चलकर, लोकगीतों में रेल व जहाज, 'सौतन' या 'बैरन' नहीं बने हैं। बल्कि उनमें घर की गरीबी ऐसी दुश्मन है जिसकी वजह से उनके पतियों को परदेस जाने को मजबूर होना पड़ा। भोजपुरी का यह लोकप्रिय गीत गौरतलब है—

रेलिया बैरी ना जहजिया बैरी, से पइसवा बैरी ना।
सइयाँ के लेके गइल बिदेसवा, से पइसवा बैरी ना।[2]

अर्थात् रेल या जहाज बैरी नही हैं वरन् पैसे का अभाव ही उसका बैरी है, जिस कारण उसके पिया परदेस गए। फिर भी वह चाहती थी कि उसके प्रिय उसके साथ रहते। लेकिन वह नहीं माने। परदेसी हो गए। समझाने को उसने लाख जतन किए थे। पर वो नहीं माने। अब तो उनकी सूरत एवं उनकी बातों को याद करके मोह खाती है और दिल (जियरा) को समझाने में असफल होती जाती है।

भोजपुरिया मजदूर जिस रेलगाड़ी से गाँव और गन्तव्य को आता-जाता रहा है उसे एक बुझौवल (पहेली) में एक ऐसी दुल्हन का रूपक गढ़ा है जो विवाहित होने के बावजूद और दूल्हों की खोज में आगे बढ़ती जाती है—'एक सखी हम आवत देखा। श्याम घटा बदरी में रेखा।/हाथ सिरोही मंगल गावै। व्याही है वर खोजत आवै।'[3] 'चले में रून-झुन, देखे में तक्ता;/चालीस गोड़ पैंतालीस बच्चा।'[4] अर्थात् चलती है तो रूनझुन की आवाज होती है और देखने में तख्ते के समान लगती है। उसके चालीस पैर तथा पैंतालीस यानी अनगिनत बच्चे हैं। अभीष्ट है—रेलगाड़ी। इसी तरह एक अन्य पहेली में उसे राजा की ऐसी बेटी और हूमेले की ऐसी नातिन के रूप में देखा गया है, जो सौ-सौ कपड़ों की गांती[5] बाँधती है, पूरे जंगल में हाथी

1. कमला सिंह, पूर्वांचल के श्रम लोकगीत, (इलाहाबाद : परिमल प्रकाशन, 1991) पृ. सं. 154
2. तोताराम सनाढ्य, भूतलेन की कथा, सम्पादक—योगेन्द्र यादव एवं ब्रिज वी लाल, (दिल्ली : सरस्वती प्रकाशन, 1994), भूमिका से, पृ. सं 20
3. रामनरेश त्रिपाठी, ग्रामसाहित्य, तीसरा भाग, (दिल्ली : आत्मा राम एंड संस, 1952), पृ. सं 288
4. श्रीविक्रमादित्य मिश्र (सम्पादक), पहेली-कोश, (पटना : बिहार राष्ट्रभाषा परिषद्, 1981), पृ. सं. 59
5. जाड़े के मौसम में बच्चों को सर्दी से बचने के लिए गर्दन में बाँधा जाने वाला वस्त्र।

की तरह दौड़ लगाती है। निःसन्देह राजा कोई और नहीं, बल्कि अंग्रेजी सरकार है, जिसकी हिन्दुस्तान रूपी जंगल में हाथी रूपी रेल अपनी ताकत, शौर्य-ऐश्वर्य दिखाती है और राज करती है—'राजा की बेटी, हुमेले के नातिन,/सई-सई कपड़ा के बान्हेली गांती,/सँउसे दंगल में दउरावेली हाथी'[1] इस पहेली की सही व्याख्या इस दूसरी पहेली में देखी जा सकती है—'ऐसा फिरंगी पैसे का लोभी धुएँ की गाड़ी उड़ाए लिये जाए'[2] फिर भी यह ऐसी है कि साथ-साथ आती-जाती तो है परन्तु कुछ खाती-पीती नहीं है और यह पटरियों पर दया तनिक भी नहीं करती है पर, हाँ! वह हमें बिना लिये नहीं जाती है—'साथै आवै साथै जाय। खाय न पियै न परै दिखाय।/कुछ न रेल की करे सहाय। साथ लिये बिन रेल न जाय।'[3] इस रेल की एक और खासियत है—यह ऐसी कुत्ती है जो एक क्षण में यहाँ होती है तो दूसरे क्षण में बनारस में होती है—'इंहवा के कुत्ती, बनारस ढुकी'। यह रेलगाड़ी ऐसी है कि उसके नीचे आने पर वह पहचानती नहीं है बल्कि कुचल डालती है—

'कल में अगिआ लागय ना, कल में बेढ़ा उठे ना।
सइयाँ रेलिआ तर दबलय, कल में अगिआ लागय ना।'[4]

बीसवीं सदी के दूसरे दशक में भिखारी ठाकुर का बिदेसिया नाटक रेल और उससे जनता का लगाव विशेष रूप से श्रमिकों के बीच रेल की छवि एवं तत्कालीन महँगाई का बड़ा मजेदार ढंग से हमारा मनोरंजन करता है—

बटोही—'ए बबुआ, ढबढब!'
समाजी—'काह बाबा?'
बटोही—'हम टीसन पर जाइब ए बबुआ!'
समाजी—'ए बाबा हइहे रास्ता सीधे टीसन पर चल जाई।'
बटोही—'अच्छा, ए बबुआ! इ बतावऽ कि कलकात्ता के मूसल केतना बा?'
समाजी—'कलकात्ता के मूसल ए घरी तीस गो रोपेया लागी।'
बटोही—(चिहाके)—'आंईं! तीस गो लागी! सवा रोपेया में ना फरिआई?'
समाजी—'सवा रोपेआ में तऽ टिकठे ना मिली, महाराज!'
बटोही—'बबुआ! कम सुने लऽ का? हम कहतानी रेल, तू कहतारऽ टिकठ।'
समाजी—'टिकठे ना कटइब त रेल पऽ कइसे चढ़ब?'
बटोही—'का बबुआ? टिकठ पर चढ़ाके रेल में धसोर दिआई?'
समाजी—'ना महाराज, तीस गो रोपेया देम त एगो टिकठ मिली।'

---

1. लेखक की माता श्रीमती (स्व.) रूना देवी, (75 वर्षीय) कुसुम्हाँ, जगदीशपुर, भोजपुर।
2. मन्नन द्विवेदी गजपुरी—रामलाल, उपन्यास, (प्रयाग : इंडियन प्रेस, 1917), पृ. सं. 6
3. रामनरेश त्रिपाठी, ग्रामसाहित्य, तीसरा भाग, (दिल्ली : आत्माराम एंड संस, 1952), पृ. सं. 288
4. कमला सिंह, पूर्वांचल के श्रम-लोकगीत, (इलाहाबाद : परिमल प्रकाशन, 1991), पृ. सं. 31

बटोही—'टिकठ कथी के?'

समाजी—'कागज के।'

बटोही—'कति मुटी के?'

समाजी—'हति मुटी के।'

बटोही—'हमरा के बुरबके समझतार? तीस गो रोपेया लागे जात बा, त नान्ह बार के सुते-बइठे लायक ना होई, त लेके का होई?'

समाजी—'कवनो घर-दुआर ह?'

बटोही—'अच्छा, ए बबुआ! तीस गो रोपेया टिकठ में लाग गईल, त रेल में कतना लागी, हो बबुआ?'

समाजी—'रेल में एको पइसा ना लागी।'

बटोही—'अच्छा, ए बबुआ! रेल में हमार एको पइसा ना लागी, त टिकठ के कवन काम बा? हम रेल में बइठ के दमदमवले चल जाइब।'

समाजी—'ए बाबा! बिना टिकठ लेले रावा रेल में चढ़ब तऽ दोबरी चार्ज लाग जाई। ना त छ महीना जेहल के खिचड़ी खाए के परी।

बटोही—'ए बबुआ! इ त घरो छोड़ला के भारी रोग भइल!'

समाजी—'ए बाबा! खरचे-बरचे रावा पास ना रहे त कलकात्ता का चल देलीं? पगरी बान्ह के, लाठी ले के, सेरवानी झारि के चल देले बानी।'

बटोही—'हम का जानत बानी कि रेल में आ टिकठ में एके हाली दाम बुकनी हो जाई।'

समाजी—'ए बाबा! आजकल मसूल बढ़ गइल बा।'

बटोही—'बढ़ी जाला अधेली सुका कि एके हाली दहाना के दहाना।' [1]

यह जो बटोही है, बिदेसी की तरह रोजी-रोटी की तलाश में कलकत्ता जा रहा है। उसके द्वारा स्टेशन जाने के लिए रास्ता पूछा जाना स्पष्ट करता है कि वह घर से पहली बार निकला है। उसे रेल के बारे में मालूम तो है लेकिन रेल भाड़ा कितना है और उसे कैसे देना है, नहीं मालूम है। रेल भाड़ा सुनकर उसका चकित होना बताता है कि उसके पास पर्याप्त पैसे नहीं हैं और वह रेलभाड़ा की महँगाई से अनजान है। वह अपनी रेल सम्बन्धी जानकारी के अभाव को स्वीकार करता है लेकिन इस जानकारी के अभाव को बुरबकई (मूर्खता) नहीं समझता है। वह बहुत सतर्क रहता है। स्वयं को ठगा जाना नहीं चाहता है। उसे मालूम है कि 30 रुपये में बहुत बड़ी चीज मिलती है या फिर इतने रुपये में कोई बड़ा काम हो सकता है। यानी रेल से कलकत्ता जाने के लिए इतनी रकम खर्च करना ज्यादा समझता है।

1. वीरेन्द्रनारायण यादव व नागेन्द्र प्रसाद सिंह सम्पा. भिखारी ठाकुर रचनावली, (पटना : बिहार राष्ट्रभाषा परिषद्, 2005) पृ. सं. 17

एक छोटे-से कागज (टिकट) की कीमत तीस रुपये का होना उसके निरक्षरता बोध को दर्शाता है। उसके मन में बात बैठ गई है कि शहर (जहाँ नौकरी तो मिलती है लेकिन वहाँ ठगी भी होती है) की शुरुआत रेलवे स्टेशन से ही हो जाती है। इसलिए शहर में हर कदम पर आँखें खोलकर रहना होता है। हमेशा सतर्क रहना होता है। गाँव, घर एवं उसकी संस्कृति ने उसे यही सीख दी है।

भोजपुरी प्रदेश का प्रवासी श्रमिक रेल से अपने गन्तव्य को चला गया और वहाँ से लौटने के लिए फिर उसी से उसे आना है। लेकिन अब तो इतनी भीड़ होने लगी है कि रेल का टिकट मिल भी जाता है तो गाड़ी में बैठने की जगह नहीं मिलती है। किसी तरह बोरे में कोच-कोचकर सामानों की तरह भर-भरकर रेलगाड़ियाँ आती-जाती हैं। यहाँ इस 'चिट्ठीयाँव' 'पियवा के पाती पनमतिया के नाँव' पर नजर डालते ही पता चलता है कि बीसवीं सदी के आठवें दशक में कलकत्तिया श्रमिक लौटते वक्त कौन-से सामान लाता था, रेल से उसकी यात्रा कैसी होती थी? इस प्रकार हम देखते हैं कि रेल लोक स्मृति में कैसे श्रम-प्रवसन की प्रतीक बन गई है।

चिट्ठीयाँव

पियवा के पाती पनमतिया के नाँव

बैदेहीशरण शर्मा

हमार...!

तहरा के काली माई गदराइल राखसु...।

आरे हो, तहार चिठिया त हमार कलेजा हिला देहलस—आ हमरे ना, हमरा लेखा कतना काम करत-करत झूराइल-टटाइल लोग के करेजा झकझोर देहलस।...

बुरा मत मनिह। अच्छा त सुन। हम त रोज सपना में तहरे सूरत देखीला मगर का करीं नौकरी गरदन के फाँस हमनी के परेम हो गइल बिआ—इहे बिछोह हमनी दुनो बेकत के कइ देले बीआ। एकरा के छोड़ते बनता ना करते बनता। तहरा एह चिट्ठी पर मन करता कि पाँख रहीत त आजे उड़के घरे चल अइतीं मगर का करीं। गोसाईं बाबा लिखले बानी 'पराधीन सपने सुख नाहीं'। अपना मेम से छुट्टी माँगे गइनी त कहलस कि 'छुट्टी नहीं मिलेगा'। मन कइलस कि मुँह नोच लीं मगर चुप लगा गइनी। एकनी के नजर में पछीम से पूरब आके पेट का जरले नौकरी करेला। केहू रेकशा चलावेला, केहू टीशन पर कुल्ली के काम करेला, केहू साहेब के मेम के दरवानी करेला, केहू चटकल के माकूट ठेलेला, तबे दू पइसा कमाके बाल बचा के जीआ पावेला। लेकिन एह जमाना में

नीमन आदमी के काम नइखे चलत। तू ठीके कहतारू कि केहू के तीन तल्ला पीटा गइल त केहू का खरची नइखे चलत। ठीक जमाना दू नम्बर के करे वाला के बा। हमनी का त इमानदारी से कमइला पर भी पइसा बाँचल मोहाल हो गइल बा।...

बाबू साहेब के मेम से झगड़ा कइला के बाद जब तैयार होके घरे चललीं आठ दिन के छुट्टी में त तहरा के एगो बंगला के मसहूर ताँती साड़ी मेहीन कीन लेहली, एक डिब्बा नरियर के तेल, आधा किलो जीरा, मरीच, पाँच दरजन दिआसलाई कीन के एगो बक्सा में बंद कइके रख देहनी। एगो दलाल हमरा के कहलस कि टीकस पर दस रूपिआ लागी आ तोहार सीट रिजर्व हो जाई, तूँ दस दिन पहिलहीं टीकस के फाजिल दाम दे द कि हम सीट रिजर्व करा दीं। एक दिन आवे का पहिले जब हम टीकस खातिर ओकरा इहाँ चललीं त बड़ा खोजला पर भेंटाइल मगर कहलस कि टीकस त मिलल मगर सीट रिजर्व ना भइल, कसहूँ जाए के पड़ी। का कहीं हमरा ठाँय दे लागल। हम कपार ध के बइठ गइनी। अब का करीं? फिरू हिम्मत कके आगे बढ़नी। गेठरी-मोटरी उठा के टीशन पर पहुँचलीं। चार आदमी संघतिया पहुँचावे चलले गाड़ी पर। टीशन पर बहुत भीड़ रहे। एगो कुल्ली से तय भइल कि दस रूपिआ लेके ऊ गाड़ी में सीट दे दी। वोकरे भरोसे हमनी के पिलाटफारम पर बइठल रहनी स। बेसुमार भीड़ देखते पड़त रहे। बाप रे, वोह भीड़ में बुझात रहे कि सँऊसे कलकत्ता के बहरवाँसू आजे घरे चल जइहें। देह-देह में फगुआ के मस्ती समाइल रहे। हमनी के इहे तमासा देखत रहीं तबले पंजाब मेल 8 नं. पिलाटफारम पर आ गइल। बाप रे, लागल चढ़े खातिर ठेलाठेली होखे। जेकरा से कुल्ली पइसा लेले रहलन स उनका खिड़के परे उठाके लगलन स फेंके। कहीं सामान त कहीं आदमी। हमनी के खड़ा रहीं तबले कुल्ली दउड़ल आइल आ कहलस जलदी चलीं, बस ओकरा पाछे हमनी का मोटरी-गेठरी लेके चल पड़नी स धउरल। उ आवते एगो डिब्बा में जवना का दुआरी पर चढ़े खातिर मार होत रहे खिड़की परे हमरा के उठा के वोही डिब्बा में जवना में गोड़ धरे के जगह ना रहे ठेलि के ऊपर से हमार गेठरी-मोटरी फेंक देहलस, बस भीतर वाला वोकर संघतिया दस रूपिआ टान लेहलस लेकिन बइठे के जगह मिल गइल। हम जब अस्थिर से बइठ गइनी त गेठरी-मोटरी के चाव भइल। कतनो खोजनी हमार बाकस ना मिलल ना गेठरीये, अब त लेना के देना पड़ गइल। अब का करीं कुछ ना बुझाय। तबले डिब्बा में चारगो रेलवे वाला पुलिस चढ़ गइलन स आ लगले सन हन्टर से लोग के पीट के निकाले। 'बाहर जल्दी निकलो

जनानी डब्बा है...' कतना लोग पिटाइल, कतना गरदनिआवल गइल, कतना धकिआ के गारी का साथ उतारल गइल। वोही में हमहूँ रहीं, तबले गाड़ी खुल गइल, वोही में जे पाँच-पाँच रूपिआ देत गइल उ बइठले रह गइल। एकरा बाद दिल्ली मेलो में इहे हाल रहे। हमार हिम्मत जवाब दे गइल। हमार हियाव ना कइल कि सबकुछ गेठरी-मोटरी बक्सा गँवा के हम फेरू गाड़ी पकड़ीं। मन कचोट के रह गइल। अब बिहान फगुआ बाटे, अब कवन गाड़ी हम पकड़ब कि समय पर पहुँच जाइब।

हमार दिनभर आँखि भर-भर आवे। रह-रह के तहार केवाड़ी का पल्ला ध के राह निहारत चेहरा आँखि में झलक जाय...धक्क से करेज हो जाय। गाँव के लोग...फगुआ की मस्ती में अबीर-गुलाल उड़ा-उड़ा के गावत होई...।

हम जानत बानी बिरहा धनोक से तोर गोर मुँह झाँवर हो गइल होई मगर हमहूँ कोइल लेखा कुहूक के रह जातनी। का करी तेही कह? बोल त नौकरी छोड़ के चल आईं...थोड़े लिखना बहुत समझना। गदेलन के आसिरबाद। कालीमाई तोहनी के जाँगरि बनवले राखसु।

तहरा चिट्ठी का आसरा में पपीहरा...
...तोहार पियवा।

स्रोत : भोजपुरी माटी, पश्चिम बंग भोजपुरी परिषद्, कलकत्ता, अंक-4, वर्ष-1981

लोकसंस्कृति में कलकत्ता : कलकत्ता में प्रवासी मजदूर

पिछले तीन दशक के पहले तक हिंदुस्तान में भोजपुरी क्षेत्र के बाहर भोजपुरियों का सबसे बड़ा अड्डा कलकत्ता था। निःसन्देह उन दिनों कलकत्ता भोजपुरी जीवन और संस्कृति का केन्द्र था। कलकत्ता में प्रति रविवार को कलकत्तिया मजदूर हजारों की संख्या में धरमतल्ला मैदान में 'आक्टरलोनी मॉनुमेंट' के पास एकत्र होते हैं। इस स्थान पर वे कबड्डी, कुश्ती आदि खेलों से तो मनोरंजन करते ही हैं; किन्तु कुछ लोग बिरहे, कजली, फाग और चैता आदि भी ऋतु के अनुसार गाते हैं। भोजपुरी गीतों में प्रचलित लोरिकी, सोभनयका और सोरठी आदि लोककथाओं को भी यहाँ लोग गाते हैं। यही वजह है कि अनेक भोजपुरी की चौपटिया किताबों का प्रकाशन दूधनाथ प्रेस, सलकिया, हाबड़ा से हुआ है।[1] इसी मैदान में अंग्रेजी उपनिवेशों में भारतीय गिरमिटिया मजदूरों पर होने वाले अत्याचारों को लेकर तोताराम सनाढ्य ने 1915 ई. के दौरान कई भाषण देकर अपनी आवाज उठाई थी और भिखारी ठाकुर के नाट्य प्रदर्शन तो जगजाहिर है ही।

1. उदयनारायण तिवारी, भोजपुरी भाषा और साहित्य, (पटना : बिहार राष्ट्रभाषा परिषद्, संस्करण1984)

भोजपुर एवं अवध बेल्ट में एक बहुत ही लोकप्रिय गीत रहा है—'लागल झुलनिया का धाका, बलम कलकत्ता निकल गए'। प्रसिद्ध साहित्यकार राही मासूम रजा अपने उपन्यास 'आधा गाँव' में लिखते हैं—'कलकत्ता किसी शहर का नाम नहीं है। गाजीपुर के बेटे-बेटियों के लिए यह भी विरह का एक नाम है। यह शब्द विरह की एक पूरी कहानी है, जिसमें न मालूम कितनी आँखों का काजल बहकर सूख चुका है। हर साल हजारों-हजार परदेस जानेवाले मेघदूत द्वारा हजारों-हजार सन्देश भेजते हैं। शायद इसीलिए गाजीपुर में टूटकर पानी बरसता है और बरसात में नई-पुरानी दीवारों, मस्जिदों और मंदिरों की छतों और स्कूलों की खिड़कियों की दरवाजों की दीवार में विरह के अँखुए फूट आते हैं और जुदाई का दर्द जाग उठता है और गाने लगते हैं :

बरसत में कोऊ घर से ना निकसे
तुमहिं अनूक बिदेस जवैया...

कलकत्ता, बंबई, कानपुर और ढाका—इस शहर की हदें हैं। दूर तक फैली हुई हदें...यहाँ के रहने वाले यहाँ से जाकर भी यहीं के रहते हैं।'[1] कलकत्ता केवल गाजीपुर के बहू-बेटियों के लिए नहीं, बल्कि पूरे भोजपुर व अवध बेल्ट की बहू-बेटियों के लिए विरह का नाम रहा है। 'पियवा गइलन कलकत्तवा ए सजनी/तूरि दिहलन पति पतनी के नातवा ए सजनी'[2], 'पिया कलकत्तिया लगालऽ आके छतिया' इत्यादि लोकगीतों में विरह के अलावा कलकत्ता के बारे में उनकी यह समझ भी उभरी है कि वहाँ का पानी 'खराब' है, वह 'मलेरिया' का शहर है, वह बदनाम शहर है[3], वहाँ की औरतें जादू-टोना वाली हैं, मर्दों को तोता-भेंड़ा बना लेती हैं और बहुत सुन्दर हैं इसलिए पानी भरवाती हैं। परन्तु कलकत्ता केवल विरह एवं बदनामी का नाम नहीं है बल्कि खुशियों का भी नाम है। जैसे—'एजी पिअवा बसेला कलकत्तवे में, हारवा भरी भरी भेजेला लिफफवे में', 'कलकत्तवा से आवेला झूमत भारी', 'कलकत्तिया के मतारी, मनिआर्डर के आसरा' इत्यादि। खुशी-गम, आशा-

1. राही मासूम रजा, आधा गाँव, उपन्यास (दिल्ली : राजकमल प्रकाशन, 1966), पृ. सं. 10
2. वीरेन्द्रनारायण यादव व नागेन्द्र प्रसाद सिंह सम्पा. भिखारी ठाकुर रचनावली, (पटना : बिहार राष्ट्रभाषा परिषद्, 2005), पृ. सं. 27
3. डब्ल्यू जी. आर्चर और संकटा प्रसाद, भोजपुरी ग्राम्यगीत, (पटना : पटना लॉ प्रेस, 1943), पृ. सं. 171 इस पुस्तक के इस गीत को देखिए—

   'कलकत्ता शहर बदनाम नयना ना माने हो।
   अम्मा के भेजे लिखि-लिखि पतिया जोड़ू के भेजे सलाम।
   कलकत्ता शहर बदनाम नयना ना माने हो।
   अम्मा के भेजे पाँच रूपैया जोड़ू के पूरे पचास।
   कलकत्ता शहर बदनाम नयना ना माने हो।' पृ. सं. 167

निराशा, हर्ष-विषाद की ये आवाजें उनकी हैं, जिन्हें कलकत्तिया घर पर छोड़कर गया था। कलकत्ता से मजदूरों के गहरे रिश्ते को भोजपुरी और हिन्दी के कवि महेन्द्र शास्त्री ने कुछ तरह दर्शाया है—

जिसे कहीं शरण नहीं, उसका भी स्वागत है,
इस महासमर में सबको है खपना।
काम है हजारों जो हजारों प्रकार के हैं,
देर तक किसी को पड़ेगा नहीं अपना।
झरिया से नैहाटी, हबड़ा, सियालदह,
देह न चुराओ तो सुख नहीं सपना।
दिल्ली है हाकिमों की, बम्बई भी मालिकों की,
कलकत्ता मजदूरों का अपना।[1]

मॉरीशस की भोजपुरी लोकसंस्कृति में कलकत्ता की छवि एक तीर्थ के रूप में है। वहाँ जिनके पूर्वज कलकत्ता बंदरगाह से गए, उन्हें कलकत्तिया कहा जाता है। मॉरीशस के एक लोकप्रिय गीत में एक युवती गा रही है—

कलकत्ता से खुलल दहाज भँवरवा धीरे चलो।
उमें आया है सेंदुरा हमार भँवरवा धीरे चलो।[2]

मतलब, कलकत्ता से जहाज चल पड़ा है, ऐ सागर तुम शान्त होकर बहो, क्योंकि उसी में मेरे लिए सिंदूर, हार, बिंदुली, ऐरीन, चुनरी जैसे आभूषण आ रहे हैं।

भोजपुरी प्रदेश से मौसमी प्रवास करने वाला मजदूर जहाँ पहुँचता है, वहाँ की विशेषताओं पर तत्काल टिप्पणी करता है। उसकी टिप्पणियाँ मौखिक साक्ष्यों में मौजूद हैं। वह बम्बई पहुँचा और वहाँ के माहौल को देखा तो टिप्पणी की—'बिन इंजन गाड़ी चले बिन गरजे बरसाति/बिना पुरुष नारी फिरे, ई बम्बई के हालि।'[3] यानी बम्बई में बिना इंजन की गाड़ी चलती है, बिना मौसम की बरसात होती है और बिना पुरुषों के यानी स्त्रियाँ अकेली घूमती हैं। प्रवास में जिन चीजों (आधुनिक लेकिन अजनबीयत लिए हुए) से उसका सामना होता है, उस पर उसकी प्रतिक्रिया को भोजपुरी की मौखिक परम्परा ने बड़े संजीदे ढंग से दर्ज किया है। बंगाल

1. डी.एन. राय, लोककलाकार भिखारी ठाकुर : इयादन के खोह से, (छपरा : माधव मुद्रणालय, 2004), पृ. सं. 12
2. सुचीता रामदीन, संस्कार मंजरी, (मॉरीशस : महात्मा गांधी संस्थान प्रकाशन, 1989), पृ. सं. 363
3. अर्जन डी हैन, कलकत्ताज लेबर माइग्रेंट्स : इनकाउन्टर्स विद मॉडर्निटी, कंट्रीब्यूशन्स टु द इंडियन सोशियोलॉजी, 2003, 37:189 उन्होंने कलकत्ता के जूट उद्योग के प्रवासी मजदूरों पर विविध परिप्रेक्ष्य से बेहतरीन शोध-अध्ययन किया है। लेकिन उनके अध्ययन में भोजपुरी की मौखिक परम्परा में प्रयुक्त होने वाले पदों की व्याख्या करते समय उनसे अनेक चूकें हुई हैं।

पहुँचता है तो उसे 'छाजा, बाजा, केस, तीन बंगला देस'[1] दिखाई पड़ता है और जब कलकत्ता पहुँचता है तब वहाँ उसे ऊँची-ऊँची इमारतें, साफ-सुथरी, चिकनी सड़कें, ट्राम, बिजली बत्ती की रोशनी, तालाबों में स्नान करती औरतें, लाइन/बस्तियों में चहकती-फुदकती स्त्रियाँ दिखाई पड़ती हैं। वहाँ रहते हुए उसे धीरे-धीरे समझ में आने लगता है कि—'घोड़ा गाड़ी, नोना पानी अउर राँड़ के धाका/यह तीनों से बचल रहे त केलि करे कलकात्ता।'[2] यानी यदि कलकत्ता में मौज करना है तो घोड़ा गाड़ी, खारा पानी और बदचलन औरतों से बचे रहना होगा। यह लोकोक्ति ट्राम, मोटर जैसी आधुनिक सवारियों के प्रचलन से पहले की है। 'देह पर ना लाता, चल कलकात्ता' लोकोक्ति दर्शाती है कि पैसे के अभाव में कलकत्ता नहीं पहुँचा जा सकता है। बहुत दूर है। 'इमली के पाता, चल कलकात्ता, दले छू' कबड्डी गीत गाते हुए पहुँच भी गए तो पता चला कि वहाँ की जिन्दगी रेलगाड़ी की तरह तेज दौड़ रही है। इसी तरह वहाँ काम की तलाश में गए, पर आर्थिक संकट और शिक्षा के अभाव में नौकरी नहीं मिली तो सड़कों पर भूखे ही कई-कई दिन गुजारना पड़ा, तब उसकी अभिव्यक्ति निकलकर आई—'जे गइल कलकत्ता, से खेह खाइल अलबत्ता'[3] यानी जो कलकत्ता गया, वह खूब दुर्गति में फँसा। क्योंकि जूट फैक्टरी वाले औद्योगिक क्षेत्रों में बस्तियाँ प्रवासी मजदूरों से भरी रहती हैं। छोटे-छोटे झुग्गी-झोपड़ीनुमा सँकरे घर, खुली व बदबूदार नालियाँ इत्यादि सभी मजदूरों के लिए दुर्गति का कारण थी।[4] वहाँ कलकत्तिया कई सालों से नौकरी कर रहा है। घर पैसा भेजने की फुरसत तो है लेकिन उसे घर जाने के लिए मालिक छुट्टी नहीं दे रहा है। जब घर पर विपत्ति या संकट आया हो और जल्द आने के लिए तार भेजा गया हो, तभी वह घर लौट सकता है। नौकरी में

---

1. इस लोकोक्ति से बंगाल के सामाजिक जीवन, रहन-सहन, खान-पान और गृह-स्थापत्य पर प्रकाश पड़ता है। यहाँ की स्त्रियों के केश बड़े लम्बे होते हैं। प्राकृतिक सुषमा से घिरे रहने के करण बंगालियों की संगीत में विशेष रुचि है। बंगाल में बड़े-बड़े संगीतज्ञ हुए हैं। बंगाल के ग्रामों और नगरों में भवनों या गृहों के निर्माण के समय छज्जों की सुन्दरता पर विशेष ध्यान दिया जाता है। बंगाल धान का क्षेत्र है। इसलिए यहाँ के जनपदीय क्षेत्रों में छावनी प्रायः पुआल की होती है। इस छावनी में वर्षा से बचने के लिए ढालू ओलती बनाई जाती है। भोजपुरी लोकगीतों में (चारि महीना राजा बरखा के दिनवा, दुअरे पर बँगला छवइह मोरे राजा, जब जइह बिदेसवा।) जो 'बँगला' छवाने की बात कही गई है, वह दरअसल बंगाल प्रदेश के ही घरों की बनावट की ओर संकेत करता है। बंगला उस एक मंजिले मकान को कहते हैं, जो चार त्रिभुजाकार छप्परों (चारों) को जोड़कर बनाया जाता है। यह आकार में करीब-करीब वर्गाकार होता है और खुला-खुला होता है। बरसात के दिनों में जब वर्षा नहीं होती है, और हवा भी नहीं चलती है, तब बड़ी उमस होती है। उस समय बँगला हवादार होता है।
2. शशिशेखर तिवारी, भोजपुरी लोकोक्तियाँ, (पटना : बिहार राष्ट्रभाषा परिषद्, 1943), पृ. सं. 65
3. वही, पृ. सं. 65
4. अर्जन डी हैन, अनसेटल्ड सेटलर : माईग्रेंट वर्कर्स एंड इंडस्ट्रीयल कैपिटलिज्म इन कलकत्ता, मॉडर्न एशियन स्टडीज, वाल्यूम 31, सं. 4, (अक्टूबर 1997), पृ. सं. 919-949

बड़ी गुलामी है। इसी गुलामी को दर्शाता है, यह गीत—'कवन संकट धनि परले त अइसन वियोग लिखे/देहु न साहेब हमके तलबिया, त हमहूँ घर जइबो।'[1] नौकरी के लिए तथा नौकरी में व्यक्ति की कितनी दुर्दशा होती है, उसका यथार्थ चित्रण भोजपुरी की लोककथा 'चुम-चटाकी' में हुआ है। नगर में धन के लिए पुरुष अपने सेठ का पाँच लात भी सहर्ष स्वीकार कर लेता है। वह सोचता है कि यहाँ हमें कौन पहचानता है? भले ही पाँच लात पड़ेंगे अपमान होगा किन्तु रुपये तो मिलेंगे।'[2] यह लोककथा प्रवास में श्रम करने की इस मानसिकता को बेहतर ढंग से समझाती है। जैसे भोजपुरी की एक कहावत है न कि 'हँ जी के नोकरी आ ना जी के घर'। मतलब नौकरी में रहो तो हाँ-हाँ करते रहो, घर पर तो इनकार से भी काम चलता है। इन गीतों से एक बात तो साफ हो जाती है कि इनमें नौकर और मालिक जैसे दो वर्ग हैं। मालिक शोषक है और मजदूर शोषित। पर नौकर में वर्गीय चेतना नहीं है। श्रमिक और मालिक के बीच सीधा रिश्ता है। बीच में कोई बिचौलिया नहीं है। बेशक ये असंगठित क्षेत्र के मजदूर हैं। अन्यथा संगठित क्षेत्र में बिचौलिये जैसे सरदारों के शोषण की भूमिका भी इन गीतों में मौजूद होती है। यहाँ भी शोषण है पर राहत इस बात की है कि मजदूरी नगद मिलती है और गाँव के परम्परागत पेशे से कहीं अच्छी मिलती है। लेकिन यह भी सच है कि गाँव की अपेक्षा कारखाने में अधिक श्रम करना पड़ता है। चटकल में काम करते हुए पति कैसे डरपोक बन गया है, इस बिरहा गीत में देखिए—

भोंपू सूनि कलवा के पिया गोदवा में भागे, जे करे चटकलवा में काम।
ईंट के देवालि ऊपर टीन के छवैया, चमड़ा के रसिया समान॥[3]

अर्थात् पत्नी कहती है कि कारखाने में भोंपू की आवाज सुनकर उसका पति डरकर उसकी गोद में भाग आता है। कारखानों में ईंटों की दीवाल है, टीन की छाजन है और चमड़े की रस्सी लगी है। यह गीत चटकल के कारखाने के भीतरी व बाहरी बनावट को हमारे सम्मुख प्रस्तुत करता है। औद्योगिक शहर मजदूर आदमी को इतना डरपोक एवं उबाऊ बना देता है कि कारखानों की भोंपू की आवाज सुनने मात्र से वह पत्नी के साथ संयोग के लिए भाग आता है। इस सम्बन्ध में अख्तरहुसैन रायपुरी की खबरनामा शैली में लिखित 'मजदूर' कहानी हाबड़ा के जूट मिलों की सीटी कैसे मजदूरों को डरपोक बना देती थी, का जीवन्त

1. श्रीधर मिश्र, भोजपुरी लोकसाहित्य : सांस्कृतिक अध्ययन, (प्रयाग : हिन्दुस्तानी अकादमी, 1971), पृ. सं. 182
2. वही, पृ. सं. 183
3. कृष्णदेव उपाध्याय, भोजपुरी लोकगीत, द्वितीय भाग, (प्रयाग : हिन्दी साहित्य सम्मेलन, 1966), पृ. सं. 282

चित्रण करती है—'मुँहअँधेरे 'स्वराज मिल' की सीटी काल किवाड़ के समान वातावरण को कँपा देती थी। भोला चौंककर उठ बैठता और कपड़े पहनकर भागमभाग मिल की ओर चल पड़ता था।'[1]

बीसवीं सदी के शुरुआती दौर में गाँव से निम्न वर्गीय किसानों का भोजपुरी क्षेत्र ही नहीं, वरन् पूरे हिन्दुस्तान से शहर की ओर प्रवसन हो रहा था। यह प्रवसन थोड़ा-बहुत नहीं, बल्कि भोजपुरी क्षेत्र से काफिला का काफिला कलकत्ता जैसे नगरों की ओर हो रहा था। मन्नन द्विवेदी 'गजपुरी' ने 1917 ई. में लिखित अपने उपन्यास 'रामलाल' में इस वास्तविकता को निम्नलिखित शब्दों में बयाँ किया है—'नंगे पैर रामलाल नौकरी की तलाश में शाम को चौक (प्रयाग) में घूम रहा था, घबराया हुआ इधर-उधर देख रहा था, जिसको साफ कपड़े पहने देखता था उसी के पीछे दौड़ा हुआ नौकरी के लिए जाता था।'[2] इसी तरह प्रेमचन्द ने भी अपने उपन्यास 'गोदान' (1936) में शहरों की ओर हो रहे पलायन को दर्ज किया है—'गाँव के और कई आदमी मजूरी की टोह में शहर जा रहे थे।...गोबर हैरान था, इतने आदमी नगर में कहाँ से आ गए? आदमी पर आदमी गिरा पड़ता था।...बाजार में चार-पाँच सौ से कम मजदूर न थे। राज और बढ़ई, लोहार और बेलदार, खाट बुनने वाले और टोकरी ढोने वाले और संगतराश सभी जमा थे। गोबर यह जमघट देखकर निराश हो गया, इतने सारे मजूरों को कहाँ काम मिल जाता है।'[3] बीसवीं सदी के शुरुआती दशकों में इस क्षेत्र से कलकत्ता जाने वालों की संख्या चरम पर पहुँच गई थी। जिसका अन्दाजा इस लाचारी गीत से लगाया जा सकता है—

के हो जइहें हाजीपुर, के हो जइहें पटना। के हो जइहे कलकत्तवा नौकरिया ए बिरना।
ससुर जइहें हाजीपुर, भसूर जइहें पटना। पिया जइहें कलकात्तावा नोकरिया ए बिरना।[4]

इस गीत में परिवार के सभी मर्द सदस्य बाहर कमाने चले गए हैं। कलकत्ता में संगठित क्षेत्र के प्रवासी श्रमिकों पर दीपेश चक्रवर्ती, समिता सेन, अर्जन डी. हैन जैसे इतिहासकारों का शोध-अध्ययन इस बारे में काफी मददगार है। श्रमिकों के प्रवसन के सम्बन्ध में उनके द्वारा संकलित की गई आधिकारिक सूचनाएँ हमारे काम की हैं।

---

1. अख्तरहुसैन रायपुरी, मजदूर (कहानी), 'विश्वमित्र' मासिक हिन्दी समाचारपत्र, अगस्त 1933
2. मन्नन द्विवेदी गजपुरी, रामलाल, उपन्यास, (प्रयाग : इंडियन प्रेस, पृ. सं. 1917), पृ. सं. 43
3. प्रेमचन्द, गोदान, (दिल्ली : राजकमल प्रकाशन, 1936, संस्करण, 2002), पृ. सं. 115
4. श्रीधर मिश्र, भोजपुरी लोकसाहित्य : सांस्कृतिक अध्ययन, (इलाहाबाद : हिन्दुस्तानी अकादमी, 1971), पृ. सं. 181

उनके हवाले से, 1905 ई. में बी. फोले नामक एक अंग्रेज अधिकारी लिखता है—'20 वर्ष पहले जूट मिलों में सारे मजदूर बंगाली थे। अब उनका स्थान संयुक्त प्रान्त और बिहार के हिन्दुस्तानियों ने ले लिया।...जिसका परिणाम यह हुआ कि आज अधिकांश मिलों के दो-तिहाई मजदूर देहाती हैं।'[1] देहात से आए ये संगठित क्षेत्र के प्रवासी मजदूर गाँव के किसान से कम शोषित नहीं थे। 'कलकत्तिया' मजदूरों के शोषण के बारे में आर.एन. गिलक्रिस्ट ने, जो बंगाल का श्रम और सूचना अधिकारी था, लिखा है—'सरदार (बिचौलिया) मजदूरों का किराया और सस्ते में खाने-पीने के लिए थोड़े पैसे दे देता है। य...वही उन्हें कुछ पैसे भी इसलिए पेशगी देता है कि हो सकता है कि उन्हें फौरन काम न मिल पाए। वह उन्हें किसी क्वार्टर विशेष में रहने और खास दुकान से चावल खरीदने की हिदायत करता।...धीरे-धीरे उन्हें यह मालूम हो जाता है कि जिस मकान में वह अन्य छह मजदूरों के साथ रहते हैं और जिसका वे सभी किराया देते हैं, वह सरदार का ही है और जिस दुकान से वह चावल खरीदता है उसका मालिक भी वही सरदार हैं।'[2] कारखानों में जो सरदारी प्रथा थी, वह निःसन्देह साधारण मजदूरों के उनके निरीक्षकों द्वारा शोषण का ही दूसरा रूप थी। 28 मिल मजदूरों द्वारा 1906 ई. में किसी बंगाली वकील को लिखे गए पत्रों से उनके शोषण का और खुलासा होता है—'हमें छुट्टी के लिए साहब से अनुमति लेनी पड़ती है। लेकिन छुट्टी पर जाते समय हमें बाबू और सरदार को घूस देनी पड़ती है; इसके लिए वे हमसे हर महीने रिश्वत लेते हैं और तब भी जब दूर्गापूजा का पर्व आता है। अगर हम रिश्वत नहीं दें तो वे हम पर ठीक ढंग से काम न करने का आरोप लगाकर साहब से जुर्माना लगवा देते हैं या नौकरी से निकलवा देते हैं।'[3] दरअसल सरदार की इसलिए चलती थी कि लोग उससे भयभीत रहते थे। सरदार का प्राधिकार इतना प्रभावी कैसे हो गया था? इसका सटीक उत्तर दीपेश चक्रवर्ती ने देने की कोशिश की है—'संस्कार—इसके तहत सरदार भी आता है और मजदूर भी। असल में यह पूर्व पूँजीवादी संस्कार थे जिनमें धर्म, सम्प्रदाय, नातेदारी, भाषा और अन्य आदिकालीन विश्वासों पर विशेष बल दिया जाता था। इस सम्बन्ध में प्रत्यक्ष प्रमाण तो नहीं मिलता है परन्तु जो हैं वह इसकी ओर निश्चित रूप से संकेत करता है।'[4]

1. दीपेश चक्रवर्ती, रिथिंकिग ऑफ वर्किंग क्लास हिस्ट्री, बंगाल 1890-1940, (दिल्ली : ऑक्सफोर्ड यूनिवर्सिटी प्रेस, 1989), पृ. सं. 102, शाहिद अमीन व ज्ञानेन्द्र पांडेय, सम्पा. निम्नवर्गीय प्रसंग—भाग-1, (दिल्ली : राजकमल प्रकाशन, 2002), पृ. सं. 77
2. वही, पृ. सं. 81-82
3. वही, पृ. सं. 83
4. वही, पृ. सं. 85

प्रवासी मजदूरों का शोषण भोजपुरी लोकसाहित्य में विमर्श के बतौर भले ही न उठा हो परन्तु भिखारी ठाकुर के बिदेसिया नाटक में वह तथ्य अप्रत्यक्ष रूप में जाने-अनजाने जरूर आ गया है। 'बिदेसिया' नाटक का बिदेसी भी प्रवासी मजदूर हैं, कलकत्ता में अपनी सहकर्मी से टेम्पोरेरी दूसरी शादी कर ली है और बच्चे भी हैं। वह अपने घर को भूल गया है। लेकिन बटोही के समझाए जाने पर वह घर लौटने की तैयारी करता है और घर लौटने के लिए जैसे ही वह अपनी 'बाड़ी' से निकलता है, बाड़ी वाला और साहूकार अपना मकान किराया और बकाया राशि लेने के लिए आ धमकते हैं। बिदेसी के पास रुपये-पैसे न रहने पर वे उसको पीट देते हैं और कपड़ा तक उतरवा लेते हैं 'बिदेसिया' नाटक का रंग संकेत देखिए—

> 'बाड़ी वाला आ साहुकार आ के घर-भाड़ा आ कर्जा के तगादा करत बाड़े। भाड़ा आ कर्जा ना चुकवला खातिर रक-झक तोर-मोर होता। बाड़ी वाला आ साहुकार बिदेसी के कपड़ा उतरवा लेत बाड़े। बिदेसी एक गमछी पेन्ह के घर जात बाड़े।'[1]

यहाँ ध्यान देने वाली बात है कि बाड़ी वाला वही मकान मालिक है, वही सरदार है जो मजदूरों से कमीशन के नाम पर रिश्वत लेकर उन्हें कारखानों आदि में काम दिलाता है, अपने ही मकान में रहने के लिए कमरा मुहैया कराता है और अपने मकान की दुकान से ही समान आदि खरीदने के लिए हिदायत देता है। भिखारी ठाकुर से वह सरदारी व्यवस्था जाने-अनजाने नजरअन्दाज नहीं हो पाई है। इससे उस व्यवस्था के शोषण की व्यापकता को समझा जा सकता है।

बीसवीं सदी के दूसरे-तीसरे दशक में लोकसाहित्य में अपनी माँगों को लेकर बड़े भारी पैमाने पर हड़ताल करने वाला या राजनीतिक आन्दोलनों में सक्रिय भागीदारी देने वाला मजदूर भले ही दिखाई न पड़ता हो परन्तु कारखानों में बड़े सबेरे से शाम दीया जले तक खट कर थका-माँदा और अवसाद-ग्रस्त मजदूर भोजपुरी लोकसाहित्य में जरूर दिखाई पड़ता है जो अपनी दैहिक और मानसिक थकान मिटाने के लिए वेश्याओं के कोठों की ओर रुख करता है या फिर नशाखोरी-जुआखोरी की ओर प्रवृत्त होता है। भिखारी ठाकुर के 'बिदेसिया' और 'कलयुग प्रेम' नाटकों में ऐसे ही मजदूर उपस्थित हैं। 'बिदेसिया' का बिदेसी दैहिक और मानसिक थकान मिटाने के क्रम में जुआखोरी का आदी हो गया है। वह 'बैठी के सलोनी पास, खेलत रहलन तास' यानी सलोनी के साथ बैठा रहता है और दिनभर ताश खेलता रहता है। प्रवासी मजदूरों की इन कुप्रवृत्तियों की ओर प्रेमचन्द ने भी गोदान में संकेत किया है—'बड़े सबेरे से मजदूर शाम दीया जले तक खटता है।...सभी श्रमिकों की

1. वीरेन्द्रनारायण यादव व नागेन्द्र प्रसाद सिंह सम्पा. भिखारी ठाकुर रचनावली, (पटना : बिहार राष्ट्रभाषा परिषद्, 2005), पृ. सं. 50

यही दशा थी, सभी ताड़ी या शराब में दैहिक थकान और मानसिक अवसाद को डुबाया करते।'[1] प्रतिष्ठित कथाकार संजीव ने भिखारी के बहाने उस दौर के प्रवासी मजदूरों की तस्वीर कुछ यूँ खींची है—'देसवाली आदमी जो भी मिला, परदेसी मिला, नई-नई ब्याहता पत्नी को छोड़कर पैसा कमाने के लिए आया हुआ जैसे-तैसे जीते हुए, नाच, तमाशा, बतकही में मन भुलाए हुए और बतकही भी क्या...गाँव जवार, पत्नी, माँ-बाप, बच्चों की यादें, सीने की धुकधुकी में हर पल बजता हुआ गाँव। लेकिन देह का भी अपना तकाजा है और जब बाबूलाल के लौंडे या पतुरिया आग भड़का चुकी हो—सुलगते तन-मन में जलकर बर-बुता जाने की चाहत का एक कोना—रंडी!'[2] शहर में प्रवासी मजदूर इन बुरी लतों का शिकार कैसे हो जाता था? इसका उत्तर देना बहुत कठिन है। फिर भी सुविधा के लिए दो बातें कही जा सकती हैं। एक तो यह कि कारखानों के अचानक बंद हो जाने से मजदूरों का बेगार हो जाना, उनके इस बेरोजगारी पर भोजपुरी का एक प्रसिद्ध गीत है—'बरहमसिया तालवा लटकल, हाय रे चटकल।' और दूसरे, कारखानों के खुलने पर बहुपारी पद्धति से मजदूरों के श्रम करने से दैहिक और मानसिक अवसाद और अपने घर परिवार से दूर एलिनेसन की स्थिति उन्हें उन कुप्रवृत्तियों की ओर धकेलती थी।

विज्ञापन

फैक्टरी के मजदूर

भीतरी खबर

हजारों मजदूर फैक्टरी में या मशीन बेंचों पर कई दिनों और कई वर्षों तक घंटों खड़े रहने से थक जाते हैं और स्वास्थ्य के लिए आवश्यक व्यायाम नहीं कर सकते। प्रकृति को अच्छी पाचन शक्ति के लिए कुछ सहायता की आवश्यकता है। कब्जीयत जो स्वास्थ्य का शत्रु है, उसे जरूर रोकना चाहिए। फैक्टरी के हर व्यक्ति के लिए फीन-अ-मिंट सरल आनंददायक निरापद और कम खर्चीली दवा है। हमेशा याद रखिए—

आपका भीतरी स्वास्थ्य आपके काम का स्टैंडर्ड निश्चित करता है।

Feen-a-Mint

चबाने का आदर्श रेचक-2 मिनट चबाने से आप स्वस्थ रहेंगे।

स्रोत : विश्वमित्र, हिन्दी साप्ताहिक पत्र, कलकत्ता, 13 अक्टूबर, 1941

1. प्रेमचन्द, गोदान, उपन्यास, (दिल्ली : राजकमल प्रकाशन, 1936, संस्करण 2002), पृ. सं. 226
2. संजीव, सूत्रधार, उपन्यास (दिल्ली : राधाकृष्ण प्रकाशन, 2003), पृ. सं. 42

प्रवास में भोजपुरिया श्रमिकों के प्रति नेटिव लोगों द्वारा किया जाने वाला बर्ताव भी एक अहम मसला रहा है। वहाँ डेस्टीनेटिव संस्कृति के वर्चस्व के कारण प्रवासी श्रमिकों को हेय समझा गया। जैसे वर्तमान समय में 'बिहारी' शब्द का सम्बोधन एक गाली बना हुआ है वैसे ही बंगाल में उन दिनों इन्हें 'क्षातूखोर' और 'खोट्टा' सम्बोधन से गाली दिया जाता था। इन दोनों ही शब्दों में स्पष्ट रूप से घृणा का भाव है। वजह की संभावना यह हो सकती है कि 'अधिकांश भोजपुरी बंगाल तथा उसके मुख्य नगर कलकत्ता में दरबानी अथवा छोटा-मोटा काम करके ही जीविकोपार्जन करते हैं। इसी कारण इनके लिए 'खोट्टा' शब्द का प्रयोग किया होगा।'[1] इन्हीं व्यवहारों को लेकर 20वीं सदी के चौथे दशक में बंगाली-बिहारी प्रश्न अखबारों तक में बहस का मुद्दा बन गया था। जैसे कि पिछले दो-तीन साल पहले मुम्बई, दिल्ली, गोवा, आसाम, गुजरात जैसे प्रदेशों में क्षेत्रवाद की राजनीति अखबारों की सुर्खियाँ बनी। ठीक इसी तरह उन दिनों पटना से प्रकाशित हिन्दी के एक साप्ताहिक अखबार ने इस मामले में अपने सम्पादकीय में लिखा था—'बड़े दुःख की बात है कि बिहार के कुछ बंगाली सपूतों और बंगाल के कतिपय अखबारों और जननायकों ने बंगाली-बिहारी प्रश्न को बहुत उग्र रूप दे रखा है तथा वे बिहार के लोकप्रिय मंत्रिमंडल पर बिना किसी आधार या औचित्य के कीचड़ उछालने का अनवरत प्रयास कर रहे हैं।'[2] उसी माह में इसी समाचार-पत्र में एक और लेख छपा, जिसमें बंगाल में भोजपुरियों के प्रति किए जाने वाले व्यवहार का पता चलता है। 'बंगाल की पुलिस या कल-कारखानों में हजारों हिन्दी-भाषी भरे हुए हैं। इसमें बंगालियों की उदारता का लेशमात्र भी हाथ नहीं है। असल कारण है कि इस काम के लिए बंगाल में उम्मीदवार ही नहीं मिलते, बंगाल के हिन्दुओं में प्रान्तीयता की विषैली गैस वर्षों से इस तरह भर दी गई है कि वहाँ बिना किसी कानून के बाहर वालों का प्रवेश रोका जा सकता है। कानून का सहारा लेना तो एक नाटक के समान है। उदाहरण के लिए बंगाल में कोई ऐसा कानून नहीं है, जिसमें बाहर वालों को व्यापार-वाणिज्य करने से रोका जाए। फिर भी जहाँ कहीं बंगालियों की आबादी है और यदि वहाँ कपड़े या मोदी (राशन) की दुकान किसी बाहर वाले की है तो उस मुहल्ले के बंगाली आपस में चन्दा इकट्ठा करके साइनबोर्ड पर लिख देते हैं—'बंगाली दुकान'।...बंगाल में बिहारियों का वही स्थान है, जो त्रिनिदाद, मेडागास्कर और मॉरीशस में प्रवासी भारतीयों का। वे तो उसी दिन से बंगाल में अपने को बाहर का समझते हैं; जिस दिन बंगाल के शब्दकोष में उनका नाम 'खोट्टा' दर्ज किया गया।'[3] यही कारण था कि बंगाली

---

1. उदयनारायण तिवारी, भोजपुरी भाषा और साहित्य, (पटना : बिहार राष्ट्रभाषा परिषद्, संस्करण 1984), पृ. सं. 235
2. नवशक्ति (हिन्दी दैनिक अखबार) 8 अप्रैल, 1938 पटना, (माइक्रोकफिल्म, एनएमएमएल)
3. नवशक्ति (हिन्दी दैनिक अखबार) 21 मई, 1938, (माइक्रोकफिल्म, एनएमएमएल)

संस्कृति में भी भोजपुरिया श्रमिकों की उपस्थिति दयनीय रूप में थी। प्रसिद्ध साहित्यकार राजेन्द्र यादव का यह कथन उल्लेखनीय है कि 'हाथ-पैर के काम के प्रति सामन्ती घृणा और पैसा-जीवी साहूकार के चंगुल में फँसा वह (बंगाली) अक्सर ही अपने साहित्य, नाटक या फिल्मों में बिहारी-उत्तर प्रदेशी मजदूर को दरबान, रिक्शाचालक या घरेलू नौकर बनाकर या मारवाड़ी को खून चूसने वाले सूदखोर के गँवार चीज की हास्यास्पदता देकर ही संतोष करता है। मगर जिन्दगी में इन दोनों के बिना काम नहीं चलता है।'[1] यह बड़ी दिलचस्प बात है कि भोजपुरी की मौखिक परम्परा इस मुद्दे पर अतीत से लेकर वर्तमान तक चुप रही है। इस चुप्पी की भड़ास लोकगीतों में परेदशियों के साथ आने वाली 'उढ़री' स्त्रियों के साथ किया जाने वाला पारिवारिक व सामाजिक बर्ताव के रूप में उभरता है।

श्रम-प्रवसन : मिथ का सृजन व पुनःसृजन

औपनिवेशिक भोजपुरी भारत के श्रम प्रवसन से लोकसंस्कृति के दायरे में आने वाले रस्म-रिवाज, संस्कार, विश्वास, गीत-गाथा, नृत्य-नाट्य व कथा-कहानी ही प्रभावित ही नहीं हुए बल्कि मिथ भी प्रभावित हुए एवं कुछ नए सिरे से पैदा भी हुए। मिथकों का सृजन-पुनःसृजन न केवल नेटिव प्रदेश में हुआ बल्कि डेस्टीनेटिव प्रदेश में भी हुआ। यहाँ मैं दो मिथकीय कथाओं का उल्लेख करना चाहूँगा। पहली कथा भोजपुरी क्षेत्र की है, जो इस प्रकार है—

'एक बुढ़िया थी। उस बुढ़िया का जवान बेटा था। जिसका नाम था रमानाथ। वह जीविका के लिए परदेस चला गया। पुत्र के विदेश गमन के पश्चात् उसकी बूढ़ी माँ बहुत ही चिन्तित एवं दुःखी रहा करती थी क्योंकि उसकी पुत्र-वधू (पतोहू) उसे प्रायः नित्य खरी-खोटी बातें सुनाया करती थी। इसलिए बुढ़िया प्रतिदिन अत्यन्त चिन्तित और उदास भाव से घर के बाहर स्थित एक कुएँ की जगत् पर बैठकर आँसू बहाया करती थी।

बुढ़िया का यह क्रम बराबर चलता रहा। एक दिन उस कुएँ में से दीये की माँ नामक एक स्त्री निकली और उसने बुढ़िया से पूछा—'ओ बूढ़ी माँ, तुम इस तरह से बैठकर नित्यप्रति क्यों रोती हो? तुम्हें किस बात का कष्ट है। तुम अपना दुःख मुझसे बताओ। मैं तुम्हारे दुःख को दूर करने का भरसक प्रयत्न करूँगी।' बुढ़िया ने उस स्त्री से ऐसे प्रश्न सुनकर भी उसका कोई जवाब नहीं दिया और उसी तरह बैठकर रोती रही। दीये की माँ द्वारा बार-बार एक ही प्रश्न दोहराए जाने से वह बुढ़िया झुंझला उठी। उस बुढ़िया ने दीये की माँ से कहा—'तुम मुझसे बारम्बार ऐसा

1. राजेन्द्र यादव, अनपढ़ बनाए रखने की साजिश, काँटे की बात—सीरीज, (दिल्ली : राजकमल प्रकाशन), पृ. सं. 70

क्यों पूछ रही हो? क्या सचमुच ही तुम मेरा दुःख जान लेने के पश्चात् उसे दूर कर सकोगी?' बुढ़िया की बात सुनकर दीये की माँ ने उसे उत्तर दिया—'मैं अवश्य ही तुम्हारे कष्टों को दूर करने का प्रयत्न करूँगी।' बुढ़िया ने दीये की माँ का ऐसा आश्वासन पाकर कहा—'मेरा बेटा कमाने के विचार से परदेस चला गया है। उसकी अनुपस्थिति के कारण मेरी बहू मुझे हमेशा बुरा-भला कहकर कोसती रहती है। मेरे दुःख का यही एकमात्र कारण है।' बुढ़िया की बात सुनकर दीये की माँ ने उससे कहा—'यहाँ के वन में संकटा माता रहती हैं। तुम अपना दुःख उन्हें सुनाकर कष्ट से छुटकारा पाने के लिए विनती करो। वे बहुत ही दयालु हैं। उन्हें दुःखियों से बहुत अधिक सहानुभूति है। वे निःसंतानों को सन्तानवान, निर्धनों को धनवान, निर्बलों को बलवान् और अभागों को भाग्यवान बनाती हैं। उनकी कृपा से सौभाग्यवती स्त्रियों का सौभाग्य अचल हो जाता है। कुमारी कन्याओं को अपने इच्छित वर की प्राप्ति होती है। रोगी अपने रोगों से मुक्त हो जाता है। इसके अतिरिक्त और भी जो मनोवांछना हो, उन सभी को पूरा करती हैं। इसमें कोई सन्देह नहीं है।' दीये की माँ की ऐसी विलक्षण बात सुनकर बुढ़िया संकटा माता के पास गई और उनके चरणों पर गिरकर साष्टाग दंडवत् करके विलाप करने लगी।

संकटाजी ने दयार्द्र होकर बुढ़िया से पूछा—'बुढ़िया, तुम किस दुःख के कारण बराबर रोती रहती हो?'

बुढ़िया ने कहा—'हे माता, आप तो सब कुछ जानने वाली हैं। आपसे कुछ भी छिपा नहीं है। आप मेरे दुःख को दूर कर दें, तो मैं अपनी करुणागाथा आपको सुनाऊँ।'

उसकी बात सुनकर संकटाजी ने कहा—'तुम पहले मुझे अपना दुःख तो बताओ। दुःखियों का दुःख दूर करना ही मेरा काम है।'

संकटाजी के ऐसा कहने पर बुढ़िया ने कहा—'मेरा लड़का परदेस चला गया है। उसके घर में न रहने से मेरी बहू मुझे तरह-तरह की बातें सुनाया करती है। उसकी बातें सहन करने के योग्य नहीं होतीं। इसी कष्ट के कारण मैं विवश होकर बराबर रोया करती हूँ।'

बुढ़िया की इस दर्दभरी गाथा को सुनकर माता संकटा ने कहा—'तुम घर जाकर मेरे लिए मनौती मान दो कि, हे संकटा माता, यदि मेरा लड़का सकुशल घर वापस आ जाएगा तो मैं आपकी पूजा करूँगी और सुहागिन स्त्रियों को आमंत्रित करके उन्हें भोजन कराऊँगी।'

संकटा माता के कथनानुसार उस बुढ़िया ने घर आकर लड्डू बनाए। परन्तु विचित्र बात यह थी कि जब भी बुढ़िया सात लड्डू बनाती तो सात की जगह आठ लड्डू बन जाते। इस बात से बुढ़िया बहुत ही असमंजस में पड़ गई कि ऐसा होने का क्या कारण है? कहीं मेरी गलती से कुछ भूल तो नहीं हो रही है अथवा अपने-

आप आठ लड्डू बन जाने का कोई अन्य कारण है। उसी समय वृद्धा स्त्री के वेश में माता संकटा प्रकट हुईं और बुढ़िया से कहा—'क्यों बुढ़िया, आज तुम्हारे यहाँ कोई उत्सव है क्या?'

सुनकर बुढ़िया ने कहा—'हाँ, आज मैंने संकटाजी के लिए सुहागिनें खिलाने का आमंत्रण दिया है। किन्तु जब गिनकर सात लड्डू बनाती हूँ, तो वे लड्डू अपने-आप ही आठ बन जाते हैं। मैं इसी बात से बहुत चिन्ता में पड़ गई हूँ।' बुढ़िया कहने लगी—'नहीं मैंने तो ऐसा नहीं किया है। परन्तु तुम हो कौन?'

संकटाजी ने कहा—'मैं बुढ़िया हूँ। मुझे ही तुम आमंत्रित कर दो।'

ऐसा सुनकर बुढ़िया ने उस संकटरूप धारी बुढ़िया को भोजन के लिए निमंत्रित कर लिया।

इसके बाद बुढ़िया के घर पर सभी आमंत्रित सुहागिनें आ पहुँचीं और बुढ़िया ने सबको लड्डू तथा अन्य मिठाई आदि का भोजन कराया। इससे माता संकटाजी की कृपा से उस रमानाथ के मन में अपनी माता एवं पत्नी से मिलने की प्रबल इच्छा उत्पन्न हो गई। सुहागिनों के भोजन करते ही उस बुढ़िया का लड़का परदेस से अपने घर आ गया। लड़के के आने की सूचना बुढ़िया को दी गई। लेकिन बुढ़िया अपने काम में लगी रही। उसने कहा—'लड़के को बैठने तो दो। मैं सुहागिनें जिमाकर अभी आती हूँ।'

लड़के की बहू ने पति-आगमन का समाचार पाकर पति के स्वागतार्थ वहाँ से तुरन्त प्रस्थान कर दिया। लड़के ने अपनी बहू को देखकर मन में विचार किया कि मेरी पत्नी को मेरे प्रति कितना प्रेम है, जो खबर पाते ही मुझसे मिलने को चली आई, परन्तु मेरी माता को मुझ पर जरा भी स्नेह नहीं है, क्योंकि खबर पाकर भी माता ने आने की बात न सोची।

जब पूजा का काम समाप्त हो गया और सब सुहागिनें भोजन करके अपने-अपने घरों को लौट गईं, तो बुढ़िया अपने बेटे से मिलने के लिए उसके पास आ पहुँची।

माँ के आने पर लड़के ने पूछा—'माँ, तुम अब तक कहाँ रही?'

माँ ने उत्तर दिया—'बेटा, तुम्हारी कुशलता के लिए ही मैंने संकटा माता से मनौती मानी थी और उसी को पूरा करने के लिए सुहागिनें जिमा रही थी।'

संकटा माता की कृपा से लड़के का मन अपनी स्त्री से हट गया। उसने माँ से कहा—'माँ, या तो मैं ही रहूँगा या यही रहेगी।'

बुढ़िया ने कहा—'बेटा, तुम्हें तो मैंने कड़ी-कठिन तपस्या से पाया है। इसलिए तुम्हें मैं कैसे छोड़ सकती हूँ। तुम्हारे लिए चाहे बहू का त्याग भी करना पड़े तो मैं कर सकती हूँ।'

अतः लड़के ने अपनी स्त्री को घर से निकाल दिया। बहू घर से निकलकर बाहर आई और बहुत ही दुःखी मन से एक पीपल के पेड़ पर चढ़कर बैठ गई और

वहीं रोने लगी। उसी समय एक राजा उधर से जा रहा था। उसको रोते देखकर राजा ने पूछा—'तुम क्यों रो रही हो?'

उसने अपनी सारी बात राजा से बताई। राजा ने कहा—'आज से तुम मेरी धर्म-बहन हो। इसलिए तुम रोओ मत, और पेड़ से नीचे उतर आओ। मैं तुम्हारे सभी कष्टों को दूर करने का यथासम्भव प्रयत्न करूँगा।'

राजा के मुख से ऐसी बात सुनकर वह स्त्री पेड़ से नीचे उतर आई और राजा के साथ-साथ उसके महल को चली गई। घर जाकर राजा ने अपनी रानी से सारा वृत्तांत कह सुनाया और रानी को सम्बोधित करते हुए कहा—'देखो, यह आज से मेरी धर्म-बहन है। इसको किसी प्रकार का कष्ट नहीं होना चाहिए।'

राजा के यहाँ पहुँचकर फिर उस रमानाथ की स्त्री ने संकटा के निमित्त सुहागिनों को बुलाकर भोजन कराया। लड्डू बाँधकर रानी को भी न्योता दिया। जब सुहागिनें लड्डू खाने लगीं तो रानी ने कहा—'मुझे तो रबड़ी, मलाई तथा सुस्वादु मिष्ठान्न भी हजम नहीं होते, तो फिर ये पत्थर सरीखे कठोर लड्डू कहाँ से हजम होंगे।' ऐसी अवहेलनापूर्वक बातें कहकर रानी ने लड्डू खाने से इनकार कर दिया।

संकटा माता की कृपा से सुहागिनों के खाते-ही-खाते उस स्त्री का पति अपने घर से उसको लेने के लिए आ गया। यहाँ आकर अपनी पत्नी को माता संकटाजी की पूजा करते हुए उसने देखा। संकटा माता को हाथ जोड़कर उसने अपनी पत्नी से कहा—'प्रिये, मेरे अपराध को क्षमा करो।' पत्नी ने कहा—'पतिदेव, यह सब प्रारब्ध से ही होता है। इसमें किसी का कोई दोष नहीं है। आप मेरे ईश्वररूप हैं। मेरे ही अपराधों को आप क्षमा करें।' यों कहकर उन दोनों ने मिलकर माता की सविधि पूजा की। पूजा की समाप्ति होने पर वे दोनों स्त्री-पुरुष प्रसाद खा-पीकर अपने घर जाने के लिए तत्पर हुए। जाते समय बहू ने उस रानी से कहा—'मुझको जब दुःख पड़ा तो मैं अपने धर्म-भाई के साथ तुम्हारे घर चली आई और यदि तुमको भी किसी तरह का कष्ट पड़े तो तुम मेरे यहाँ निःसंकोच भाव से चली आना।' ऐसा कहकर बहू अपने पति के साथ राजा के घर से विदा हो गई। संकटा माता का निरादर करने के कारण रानी पर संकटा माता का कोप हो गया और बहू के जाने के बाद ही उसका सारा राज्य तहस-नहस हो गया।

ऐसी विपत्ति में पड़कर रानी ने राजा से कहा—'न मालूम वह तुम्हारी धर्म-बहन कैसी थी कि, उसके यहाँ से जाते ही यहाँ का सब कुछ नष्ट-भ्रष्ट हो गया।'

राजा ने रानी से कहा—'वह जाते समय कह गई है कि मेरे ऊपर कष्ट पड़ने से मैं तुम्हारे यहाँ आई और कदाचित् तुम्हारे ऊपर भी कोई कष्ट आ पड़े, तो मेरे घर चली आना। इसमें जरा भी संकोच न करना।' इसलिए अब हमलोगों को उसके यहाँ ही चलना चाहिए।

ऐसा निश्चय करके राजा-रानी दोनों ही अपनी धर्म-बहन के घर गए।

वहाँ जाकर रानी ने कहा—'बहन, तुमने हमारे यहाँ ऐसा क्या कर दिया कि, तुम्हारे आते ही हमारी सारी सम्पत्ति नष्ट हो गई और हम लोग बहुत ही परेशानी में पड़े हुए हैं।'

रानी की ऐसी बात सुनकर उसने कहा—'बहन, मैं तो कुछ नहीं जानती। मेरी कर्ता-धर्ता तो सब कुछ संकटा माता ही हैं। उनके अतिरिक्त और कोई दूसरा नहीं है। इसलिए मेरी राय से तुम भी संकटा माता से अपनी भूलों के लिए क्षमा-याचना करो। उन्हीं की मान-मनौती से तुम्हारा सारा काम बन जाएगा और तुम्हारा बिगड़ा हुआ दिन सुधर जाएगा।'

उसके कथनानुसार रानी ने श्रद्धा-भक्ति से संकटाजी का व्रत किया और सुहागिनों को जिमाया तथा अनजान में हुई अपनी भूल के लिए संकटा माता से बारम्बार क्षमा माँगी।

रानी के ऐसा करते ही संकटा माता प्रसन्न हो गईं। रात में रानी को स्वप्न दिया कि तुम दोनों कल सुबह अपने घर को चले जाओ। वहाँ जाकर मेरी पूजा और व्रत करो तथा मेरे निमित्त सुहागिनों को जिमाना। ऐसा करने से तुम्हारा गया हुआ राज-पाट तुम्हें वापस मिल जाएगा।

सुबह होते ही राजा-रानी अपने घर को चले आए। घर आकर स्वप्न के अनुसार सब काम किए। ऐसा करने से उनका बिगड़ा हुआ दिन सुधर गया और सारा राज-पाट मिल गया। वे लोग पहले की तरह राज्य का सुख भोगने लगे।

औपनिवेशिक प्रवसन जब अपने चरम पर था, बनारस क्षेत्र में संकटा माता नामक एक देवी प्रकट हुईं। इनके सम्मान में एक भव्य मंदिर भी बना है। जहाँ स्त्रियाँ अपने परदेसी पति या बेटों की लम्बी आयु एवं स्वास्थ्य के लिए पूजा करने आती हैं। मंदिर में सप्ताह के प्रत्येक शुक्रवार को पूजा होती है। मंदिर में स्त्रियाँ 'सम्पूर्ण मनोकामनाओं को पूर्ण करने वाली एवं शीघ्र संकट निवारणी संकटा माता व्रतकथा' का पाठ सुनती हैं और नारियल, लाल चुनरी, मिठाई, फूल और पैसे चढ़ाती हैं।

दूसरी कथा मॉरीशस की है, जो इस प्रकार है—

'सीता हरण के लिए रावण ने मारीच को सोने का हिरण बनाकर राम की कुटिया के सामने भेजा। उसे देख सीता का मन ललच गया और वह सोने के हिरण को पकड़ने के लिए राम से हठ करने लगीं। राम ने उनकी बात मान ली और वह मारीच के पीछे-पीछे कुटी से बहुत दूर निकल गए। अन्त में उन्होंने हिरण पर बाण छोड़ दिया। राम का बाण लगते ही मारीच अपने असली रूप में आ गया और धरती पर गिरकर छटपटाने लगा। इस तरह प्राण छोड़ते-छोड़ते मारीच ने राम से आग्रह किया, 'आपके हाथों यह शरीर छोड़ने का सौभाग्य मुझे मिला है। अब

मेरी एक और इच्छा बाकी रह गई है। आप मुझे ऐसा वरदान दें कि मैं हमेशा आपका नाम सुनता रहूँ।' भगवान ने उसे वरदान दे दिया। मारीच ने खुशी-खुशी प्राण छोड़ दिया। जब मारीच का शव भगवान राम के हाथ लगा तो वह मोतियों के दानों में बदल गया। भगवान ने कुछ सोचते हुए उन्हें दक्षिण दिशा की ओर फेंक दिया। भगवान द्वारा फेंके गए मोतियों के दाने हिन्दमहासागर में जाकर गिरे और छोटे-बड़े द्वीपों में बदल गए। उनमें मॉरीशस, रीनियन, रोद्रिक और मेडागास्कर प्रमुख थे।'[1]

संस्कृति और इतिहास के तनाव में फँसे गिरमिटिया मजदूरों को यह मिथकीय लोककथा उनके ऐतिहासिक सन्दर्भों को पुष्ट करती है। यह लोककथा उन्हें मॉरीशस की जमीन को अपनाने के लिए वैधानिकता की खोज करती है। यह वैधानिकता उन्हें एक तरफ शाश्वत मानसिक बल प्रदान करती है तो दूसरी तरफ एक स्थान से उखड़कर दूसरे स्थान पर बसने के दौरान होने वाले अलगाव व अजनबीपन जैसे भावबोध को दूर करती है। इसमें जिन जातियों की चर्चा की गई है, वह दरअसल पुर्तगालियों, फ्रांसीसियों और अंग्रेजों की ओर संकेत कर रही है। इस देश के उद्‌भव को मजदूर वर्ग ने अपने मिथक के भीतर से अर्जित किया और अपने 'लाल पसीना'[2] से उसको आबाद किया। इससे समझा जा सकता है कि निम्नवर्गीय जनता का अपने मिथकों व किंवदंतियों से आत्मीय लगाव कैसा और कितना होता है। इस तरह हम देख सकते हैं कि औपनिवेशिक घटनाओं के दबाव से मिथकों का न केवल पुनर्सृजन हुआ है बल्कि मिथक नए सिरे से सृजित भी हुए हैं और वे आज इतिहास लेखन का कारण बन रहे हैं। बेशक मॉरीशस में भारतीय मजदूरों का प्रवसन नहीं होता तो मारीच की यह कथा नहीं बन सकती थी। गिरमिटिया मजदूरों ने मारीच की इस कथा से मॉरीशस का नामकरण स्वीकार किया। लेकिन 20वीं सदी के शुरू में भारतीय राष्ट्रवादियों ने वहाँ मजदूरों के साथ हो रहे अमानवीय अत्याचारों की वजह से मॉरीशस को 'मिर्च का मुल्क'[3] कहा।

---

1. रामशरण प्रहलाद, मॉरीशस की शकुंतला, (दिल्ली : सस्ता साहित्य मंडल, 1989), पृ. सं. 94
2. अभिमन्यु अनत, लाल पसीना, उपन्यास (दिल्ली : राजकमल प्रकाशन, 1977)
3. बनारसीदास चतुर्वेदी, प्रवासी भारतवासी, सम्पा., प्रहलाद रामशरण, भारतीय वाङ्‌मय में मॉरीशस की संस्कृति, (दिल्ली : आत्माराम एंड संस, 1994), पृ. 17-26 इन्होंने लिखा है—हमारे देश में मॉरीशस का टापू दो नामों से प्रसिद्ध है—एक 'मारिस' और दूसरा 'मिर्च का मुल्क'। डच लोगों ने अपने राजकुमार 'मारिस' के नाम पर इस द्वीप का नाम मॉरीशस रखा था, लेकिन हमारे यहाँ 'मारिस' नाम की प्रसिद्धि इस टापू से आने वाली चीनी-शक्कर के कारण हुई। 'मिर्च का मुल्क' इसका नाम क्यों पड़ा, इस विषय में एक बार 'भारतमित्र' (एक समाचारपत्र) ने लिखा था—'दो-चार मिर्च खाने से खाने वाले को बड़ा कष्ट होता है और असह्य वेदना से छटपटाने लगता है। मॉरीशस में हिन्दुस्तानी कुलियों के साथ जो कुव्यवहार किया जाता है, वह ऐसा है कि मानो उनके चारों ओर मिर्च ही मिर्च लगा दी गई है। इसलिए इस दारुण कष्ट से दु:खी होकर ही वहाँ जाने वाले हिन्दुस्तानी कुलियों ने इस टापू का नाम 'मिर्च का मुल्क' रख दिया है।', पृ. सं. 17

गिरमिटिया मजदूर

भोली हमें देख अरकाटी भरमाया हो,
कलकत्ता पार जाओ पाँच साल रे बिदेसिया।
डीपुआ में लाए पकरायी कागदुआ हो,
अँगुठवा लगाए दीना हाय रे बिदेसिया।
पाल के जहजुआ में रोई-धोई बैठी,
कैसे होई कालापानी पार रे बिदेसिया।
आई घाट देखा, जब फिजीया के टापुआ हो,
भया मन हमरा उदास रे बिदेसिया। [1]

यह बहुत लम्बा गीत है। जिसमें गिरमिटिया श्रमिकों की प्रवास प्रक्रिया, जहाज यात्रा, प्रवास स्थान, बागानों में अनवरत दमघोंटू काम, बीमारियों का वर्णन हुआ है। बिदेसिया का यह लोकगीत फीजी में न जाने कब गाया या लिखा गया होगा, लेकिन इस गीत में जो वर्ण्य है वह सन् 1916 से पहले का है। यहाँ बिदेसिया का सम्बोधन प्रवासी मजदूरों के लिए नहीं, बल्कि आततायी अंग्रेजी सरकार के लिए है। इस बिदेसिया गीत की व्याख्या के लिए मैं 24 अगस्त, 2009 को मलेशिया में फँसे हुए 54 प्रवासी मजदूरों द्वारा लिखी गई, उस चिट्ठी को प्रस्तुत करना चाहूँगा, जो मलेशिया में भारतीय राजदूत के नाम लिखी गई थी—

---

1. धीरा वर्मा, फीजी के हिन्दी लोकगीत : गिरमिटियों के मौखिक दस्तावेज, गगनांचल-त्रैमासिक पत्रिका, (दिल्ली : भारतीय सांस्कृतिक सम्बन्ध परिषद्, अप्रैल...जून-2000), पृ. सं. 207 पर इस गीत के शेष अंश हैं—
   ‘काली कोठरिया में बीते नाहीं रतिया हो, किसके बताईं हम पीर रे बिदेसिया।
   दिन रात बीती हमरी दुख में उमरिया हो, सूखा सब नैनुआ के नीर रे बिदेसिया।
   खूब पसीने से सींचे हम बगिया, बैठा-बैठा हुकुम चलाए रे बिदेसिया।
   फिरंगिया के रजुआ में छूटा मोरा देसुआ, गोरी सरकार चली चाल रे बिदेसिया।
   कुदारी, कुरबाल दीना, हाथुवा में हमरे हो, घाम में पसीनवा बहाए रे बिदेसिया।
   खेतवा में तास जब देवे कुलम्बरा हो, मार-मार हुकुम चलाए रे बिदेसिया।
   सब सुख खान सी.एस.आर. की कोठरिया,
   छः फुट चौड़ी, आठ फुट लम्बी, उसी में धरी है कमाने की कुदरिया।
   उसी में सील और उसी में चूल्हा, उसी में धरी है जलाने की लकड़िया।
   उसी में महल, उसी में दुमहला, उसी में बनी है सोने की अटरिया।
   सब दुखखान सी.एस.आर. की कोठरिया।
   यहीं में खाना यहीं में सोना, यहीं में बहत पनरिया।
   पास खड़ा सरदरवा देखे सर पै हरदम हनत कुदरिया।
   मूड़ फटत है, देह दुखत है, टूटी जावै सबकी कमरिया।’

प्रबन्धक महोदय

भारतीय दुतावास (मलेशिया)

सेवा मे,

सविनय निवेदन यह है कि हम सब प्रार्थी जिसका विवरण पिछे सनलग्न है सबका अनुरोध यह है कि हमको मुम्बई T&M OFFIC दहिसर वहा से प्रकाशित वारन्ट से आधार पर बुलाकर मलेशिया स्थित पेट्रोनस कम्पनी के लिए न्युक्ति करके एक आदमी से 60.000 रु० वसूल कर मुम्बई से चेन्नई लाया गया और हमारा फ्लाईट दिनांक 16/06/2009 रात 2:30 को फ्लाईट नँ० IX·622 चेन्नई से कोलालमपुर लाया गया और मलेशिया समय 9:15 पर हम लोग पहुंचे यहा पर एयरपोर्ट से बाहर करके जोहर बहरू के लिए रवाना किया गया कोलालमपुर से जोहर बहरू के लिए समय करीब 7 घण्टे लगता है हम लोग को रास्ते मे नास्ता पानी भीं नही मिला समय 5 बजे हम लोग जोहर बहरू पहुचे वहा हम सभी का पासपोर्ट छीना गया और एक रूम में 12 सें 15 आदमी भर दिया उसके बाद भी खाने की कोई व्यवस्था नही थी अगले दिन हमारा बोस एस. ए. नायर जो मैनेजर पेट्रोनस का बताता है। और सुबह पहुंच सोरी बोल कर सभी मामलो को सम्भाल लिया उसके बाद हम लोगो कों खर्चा के नाम पर 50-50 रिंगिट दिय गया और बोला गया इसी पैसे सें सामान खरीद कर बनावो और खाओ कमाने के बाद सब काट लेगे यह पत्र लिखे जाने तक 31 दिन बित चुका है न तो कोई काम है नही काम की कोई उम्मीद है इसीलिए हम सब प्रार्थि मुसीबत से उबरने के लिए अपने वतन हिन्दुस्तान आना चाहते है यह पत्र लिखने के बाद हमलोगो पर और भी मुसीबते आ सकती है इस बात को ध्यान मे रखते हुए करवाई करने की कृपा करे सब आपके आभारी रहेगे

हम सब प्रार्थि

—! जय हिन्द ! —

इस पत्र की हूबहू नकल नागरी लिपि में इस रूप में है—

प्रबन्धक महोदय,
भारतीय दूतावास (मलेशिया)

सेवा में,

सविनय निवेदन यह है कि हम सब प्रार्थी जिसका विवरण पीछे संलग्न है सबका अनुरोध है कि हमको मुम्बई T&M Office दहिसर वहाँ से प्रकाशित वारंट से आधार पर बुलाकर मलेशिया स्थित पेट्रोनस कम्पनी के लिए नियुक्ति करके एक आदमी से 60, 000 रु. वसूल कर मुम्बई से चेन्नई लाया गया और हमारी फ्लाइट दिनांक 16-06-2009 रात 2:30 को फ्लाइट नं. IX 622 चेन्नई से कुआलालम्पुर लाया गया और मलेशिया समय 9:15 पर हम लोग पहुँचे। यहाँ पर एयरपोर्ट से बाहर करके जोहोर बाहरू के लिए रवाना किया गया कुआलालम्पुर से जोहोर बाहरू के लिए समय करीब 7 घंटे लगता है हमलोग को रास्ते में नाश्ता पानी भी नहीं मिला। समय 5 बजे हम लोग जोहोर बाहरू पहुँचे। वहाँ हम सभी का पासपोर्ट छीना गया और एक रूम में 12 से 15 आदमी भर दिये उसके बाद भी खाने की कोई व्यवस्था नहीं थी, अगले दिन हमारा बोस एस.ए. नायर जो मैनेजर पेट्रोनस का बताता है। और सुबह पहुँच सॉरी बोलकर सभी मामलों को सँभाल लिया उसके बाद हमलोगों को एडवाँस के नाम 50-50 रिंगिट दिया गया और बोला गया कि इसी पैसे से समान खरीद कर बनाओ और खाओ कमाने के बाद सब काट लेंगे। यह पत्र लिखे जाने तक 39 दिन बीत चुके हैं न तो कोई काम है नहीं काम की कोई उम्मीद है इसीलिए हम सब प्रार्थी मुसीबत से उबरने के लिए अपने वतन हिन्दुस्तान आना चाहते हैं। यह पत्र लिखने के बाद हमलोगों पर और भी मुसीबतें आ सकती हैं इस बात को ध्यान में रखते हुए कार्रवाई करने की कृपा करें सब आपके आभारी रहेंगे।

हम सब प्रार्थी

:-जय हिन्द:-

FLATE NO. 32
ROOM NO. 58-4
JOHAR MALAYSIYA**

नि:सन्देह पिछले 25-30 वर्षों से खाड़ी व अन्य देशों में एजेंटों के जरिए हिन्दुस्तान विशेष रूप से भोजपुरी प्रदेश एवं केरल प्रदेश से सस्ते मजदूर भेजे जा रहे हैं या फिर स्वेच्छा से जा रहे हैं। अच्छी तनख्वाह पाने के प्रलोभन में ही उपर्युक्त चिट्ठी के निवेदनकर्ता धोखाधड़ी के शिकार हुए हैं। यह भी सत्य है कि खाड़ी व अन्य देशों में इन प्रवासी मजदूरों के शोषण के तरीकों में तयशुदा वेतन या काम न दिया जाना, पासपार्ट जब्त कर लेना, बन्धक बना लेना, खराब सेवा शर्तें, काम के बदले भोजन या स्वास्थ्य सुविधाएँ न मुहैया कराना, बेवजह मारपीट जैसी घटनाएँ शामिल हैं। नर्स या आया की नौकरी के लिए बुलाई गई दक्षिण भारत की कई महिलाओं को वेश्यावृत्ति जैसे पेशे में धकेले जाने के मामले भी सामने आते हैं।[1] पर यह भी सत्य है कि खाड़ी देशों में कानून अत्यन्त सख्त हैं। इसलिए कोई व्यक्ति महिलाओं की ओर आँख उठाकर नहीं देख सकता है। इस प्रदेश से अपना खेत-घर या जेवर गिरवी रखकर, कर्ज लेकर, जमीन बेचकर खाड़ी देशों में कमाई करने वाले इन प्रवासी मजदूरों के पैसों से गाँव में आलीशान मकान बन गया है। केरल में तो इनकी कमाई से सड़कें, अस्पताल एवं स्कूल भी बने हैं।[2] चूँकि ये मजदूर वहाँ बसते नहीं हैं। इसीलिए इनके सारे सपने अपने देश-गाँव से जुड़े रहते हैं और अपने देश-गाँव की मदद करते हैं। लेकिन इसका तात्पर्य यह नहीं है कि ये प्रवासी मजदूर धोखाधड़ी के शिकार नहीं हुए हैं। नि:सन्देह इनके साथ धोखाधड़ी होती है। पर उस हद तक नहीं, जिस हद तक शोषण व धोखाधड़ी का सिद्धान्त प्रतिपादित करता है। ठीक इसी तरह औपनिवेशिक दौर में गिरमिट प्रथा के तहत गिरमिटिया मजदूरों के सम्बन्ध में परस्पर विरोधी प्रमाणों का समूह चित्र बनता है। गिरमिटियों के बारे में खेत-घर या जेवर गिरवी रखकर या कर्ज लेकर, जमीन बेचकर घर से निकलने का कोई साक्ष्य नहीं मिलता है।

उपनिवेशों में गिरमिटिया बनने से पहले बहुत लोग कलकत्तिया, असमिया या बम्बइया बन चुके थे। यानी 'उपनिवेशों में प्रवसन लोगों द्वारा बड़े पैमाने पर किए गए आन्तरिक स्थानांतरण का हिस्सा था।'[3] कहना न होगा, अंग्रेजी साम्राज्य से 1833 ई. में जब दास-प्रथा खत्म हुई, तब मॉरीशस, फीजी, गुयना, वेस्टइंडीज इत्यादि उपनिवेशों में गन्ने के खेतों में काम करने वाले मजदूरों की कमी पड़ी तो उसके एक साल बाद 'ह्यूज टिंकर' के शब्दों में, 'गुलामी का दूसरा रूप कुलीप्रथा'[4] की

1. मनोज कृष्ण, खुदकुशी की खाड़ी, (दिल्ली : जनसत्ता, दैनिक हिन्दी समाचार पत्र, 28 नवम्बर, 2006), अतुल अनेजा (22 मई, 2007), ग्रोईंग एर्स्सन ऑफ एशियन वर्कर्स इन द गल्फ, द हिन्दू, डेली इंग्लिश न्यूजपेपर, दिल्ली
2. गौरीशंकर राजहंस, अपने देश की मदद करते प्रवासी मजदूर, (पटना : प्रभात खबर, दैनिक हिन्दी समाचार पत्र, 1 मई, 2007)
3. ब्रिज वी लाल, फीजी यात्रा : आधी रात से आगे, (दिल्ली : नेशनल बुक ट्रस्ट, 2005) पृ. सं. 6
4. हूज टिंकर, ए न्यू सिस्टम ऑफ स्लैवरी : द एक्सपोर्ट ऑफ इंडियन लेबर ओवरसिज 1830-1920, (ऑक्सफोर्ड : ऑक्सफोर्ड यूनिवर्सिटी प्रेस, 1974)

शुरुआत हुई, जो पाँच साल के लिए थी। इस प्रथा के अन्तर्गत काम करने वाले लोगों को कुली कहा गया, जिन्हें गिरमिटिया भी कहा गया। गिरमिटिया 'एग्रीमेंट' का ही भोजपुरीकरण है। उपनिवेशों में भेजे गए ये लोग न केवल कलकत्ता, बम्बई, चेन्नई जैसे महानगरों के भर्ती डिपो में नामांकित हुए थे बल्कि उनमें से अधिकांश ने अपने प्रान्तों में ही पंजीकरण कराया था और उनमें से कई लोगों ने जाने से मना कर दिया था। यह सत्य है कि जाने से पहले उन लोगों को अपने गन्तव्य के बारे में कुछ भी मालूम नहीं था, यहाँ तक कि उन देशों का नाम भी नहीं।

इन गिरमिटिया मजदूरों की प्रवास प्रक्रिया यानी जहाज-यात्रा के दौरान उनमें भारतीय रीति-रिवाज की जो स्थायी जीवन-शैलियाँ थीं, उनका भी अन्त हो गया। गिरमिटिया इतिहासकार ब्रजलाल की टिप्पणी काबिलेगौर है—'जहाज की यात्रा कई स्थायी जीवन-शैलियों और पुरानी आदतों को तोड़ने में सफल हुई। प्राचीन भारतीय ग्रामीण प्रथाओं और रीतियों का अन्त हुआ।...समुद्री यात्राओं ने सामाजिक अनुक्रम को समतल करने में मदद की और सांस्कृतिक नवाचार का विध्वंस किया। परन्तु विध्वंसता की प्रक्रिया में सृजनशीलता के बीज भी छुपे थे। समान अतीत और समान दशा के अंशों से तथा समान भाग्य और समान लक्ष्यों से, नए रिश्ते कायम हुए। इन सबमें 'जहाजी भाई' का रिश्ता भावनात्मक रूप से सर्वाधिक शक्तिशाली था। यह रिश्ता खून के रिश्ते की तरह प्रगाढ़ और सुख प्रदान करने वाला था। इस रिश्ते को लोग अपने जीवन के संध्याकाल में भी संजोये रहे। यह आपसी सम्बन्ध, अजनबी बाहरी दुनिया की अस्तव्यस्तता और जटिलता के बावजूद एकता का सूचक बना रहा।'[1] ऐसी एकता आन्तरिक प्रवसन का आलम्बन कलकत्तिया और अन्यों में नहीं थी।

हिन्दुस्तान से अपना सब कुछ छोड़कर स्वर्णिम सुखदायी भविष्य की कामना के लिए विदेशी भूमि यानी फीजी, गायना, मॉरीशस, त्रिनिदाद इत्यादि पर उतरे तो उन्हें वहाँ की परिस्थितियाँ एकदम विपरीत दिखाई पड़ीं। उन विपरीत परिस्थितियों की तुलना उन लोगों ने रामचरितमानस में 'राम वनवास', सीता-वियोग जैसे संस्कृति में मौजूद संकटों से की। दिनभर गन्ने के खेतों में हाड़तोड़ मेहनत करने के बाद अपने साथ ले गए रामायण, गीता, सूर, कबीर, मीरा और तुलसी के भजन गाकर अपने दुःखों और चिन्ताओं को कम किया और मनोरंजन भी किया। इस सन्दर्भ में 1893 ई. में गिरमिटिया बनकर गए तोताराम सनाढ्य ने अपनी संस्मरणात्मक पुस्तक 'भूतलेन की कथा'[2] में विस्तार से उन तथ्यों की सूचना दी है कि फीजी के भारतवासी धार्मिक साहित्य से जब मानसिक खुराक की पूर्ति नहीं होती तो वे श्रृंगारिक साहित्य सदावृज-सारंगा, तोता-मैना, इंदरसभा, लोरिकायन, सोरठी बृजभार इत्यादि

1. ब्रिज वी लाल, फीजी यात्रा : आधी रात से आगे, (दिल्ली : नेशनल बुक ट्रस्ट, 2005), पृ. सं. 2
2. तोताराम सनाढ्य, भूतलेन की कथा, सं. योगेन्द्र यादव एवं ब्रिज वी लाल, (दिल्ली : सरस्वती प्रेस, 1994), पृ. सं. 30

से मनोरंजन करते और मानसिक सम्बल प्राप्त करते। कुछ लोगों ने अपने दुखों को लोकगीतों का रूप भी दिया। मॉरीशस के इस क्रियोल[1] लोकगीत पर गौर करें—

मुसे [2] मानस [3] के मुलवा [4] जर गइले राम।
मुसे मानस के मुलवा जर गइले राम॥ 1॥
रुक गइले सिलेनवा [5] हो खाड़ भइले लासेनवा।[6]
बीरो [7] से उधर के ए जी अइले कोलोमवा। [8]
मुसे मानस के मुलवा जर गइले राम॥ 2॥
सोचता कपतानवा एजी बइठल बा कुपेरवा। [9]
गाल पर हाथ धर के रोवता सरदरवा।
मुसे मानस के मुलवा जर गइले राम॥ 3॥
जर गइले मुलवा एजी टूट गइले ढँकवा। [10]
हुवा के लोग सब भइले बेहाल।
मुसे मानस के मुलवा जर गइले राम॥ 4॥
बोलता मानेस साहब 'उ तांदे ला गेते:।[11]
आस्तेर लाओ मुलें लापाई नापा मेते![12]
मुसे मानस के मुलवा जर गइले राम॥ 5॥
फुरना [13] में आग लगल जनातेर में पानी।
सारी जर गइल लछमिनिया[14] निसानी।
मुसे मानस के मुलवा जर गइले राम॥ 6॥[15]

---

1. इस भाषा में भोजपुरी, अंग्रेजी, फ्रांसीसी और अफ्रीकी भाषाओं के शब्दों का समावेश है। क्रियोल शब्द पुर्तगाली भाषा के 'क्रियोलो' शब्द से बना है जिसका अर्थ है—यूरोपीय मूल का व्यक्ति, जिसका जन्म और पालन-पोषण किसी उपनिवेश में हुआ। बाद में यह उपनिवेश में रहने वाले अन्य लोगों के लिए भी प्रयुक्त होने लगा और अन्ततः उसके द्वारा बोली जाने वाली भाषा के लिए इस्तेमाल होने लगा। अब क्रियोल भाषाओं को अंग्रेजी-आधारित श्रेणी और फ्रांसीसी आधारित श्रेणी में बाँटा जाता है।
2. श्रीमान या श्री
3. गोरे मालिक का नाम
4. कारखाना
5. गन्ना पेरने की मशीन, जो लोहे की बनी होती थी
6. जंजीर
7. दफतर (कियोल शब्द)
8. सरदार
9. गन्ना काटने वाले, क्रियोल शब्द 'कुपेर'
10. डेरा, क्रियोल शब्द दां-कां (कैम्प), जो आगे बिगड़कर ढाँका बन गया।
11. आप सुनते हैं, देखिए (क्रियोल वाक्य)
12. अब कारखाने के ऊपर ईख के सूखे पत्ते या पुआल मत डालना
13. चीनी पकाने की मशीन (क्रियोल)
14. क्रियोल 'लासेमिने' का बिगड़ा हुआ रूप जो आगे चलकर 'चिमनी' बन गया।
15. सुचीता रामदीन, संस्कार मंजरी, (मॉरीशस : महात्मा गांधी संस्थान प्रकाशन, 1989), पृ. सं. 388

यानी महोदय मानस के कारखाने में आग लग जाने से गन्ना पेरने की मशीन रुक गई, जंजीर थम गई, जैनेरटर में पानी भर गया, बस एक चिमनी निशानी रह गई। सरदार गाल पर हाथ रखकर बैठा रो रहा है और मजदूरों से कह रहा है कि कारखाने के ऊपर अब पुआल मत डालना। इस गीत में एक ओर मजदूर अपनी नौकरी खोने की वजह से दुखी हैं तो दूसरी ओर कठोर मालिक की सम्पत्ति बर्बाद हो जाने से कुछ शान्त भी हैं।

गिरमिटिया मजदूर निर्धन ग्रामीण पृष्ठभूमि से आए भोलभाले लोग थे, जिन्हें धोखेबाज 'अरकाटियों' ने प्रवसन करने हेतु फँसा लिया था। बागानों में ओवरसियरों और सरदारों द्वारा उनकी औरतों पर जुल्म होते, उनके परिवार टूटकर इधर-उधर बिखर जाते, उनकी 'इज्जत' की धज्जियाँ उड़ा दी जातीं। बागानी व्यवस्था ने गिरमिटिया मजदूरों का 'मिमिआई का तेल'[1] (हाड़तोड़ मेहनत) निकाल दिया था और कोलम्बरों के कोड़ों की मार निःसन्देह उनके लिए गुलामी का दूसरा रूप थी। बीमारियों ने उनकी जीवनलीला समाप्त की, गिरमिटियों के बहू-बेटियों की इज्जत की धज्जियाँ उड़ा दी, मानवहिंसा और लोभ ने भी उनके जीवन को तहस-नहस कर दिया। दुःख और दर्द गिरमिटिया का अभिन्न हिस्सा था।[2] इतिहासकार बृजलाल

1. औपनिवेशिक आधिकारिक रिपोर्टों में 'मिमिआई का तेल' का तात्पर्य हाड़तोड़ मेहनत के सन्दर्भ में है। लेकिन उसके बारे में अफवाह थी, जिसके सम्बन्ध में ग्रियर्सन ने अपनी इनसाक्लोपीडियाई पुस्तक बिहार पीजेंट लाइफ में लिखा है कि 'Mimiyai ke tel, a kind of bitumen brought from Persia and elsewhere. It is is said to be extracted from the heads of coolies who emigrate to the colonies, by hanging them head downwards and roasting them over a slow fire. The treat of extracting it from the head of child is therefore an active deterrent.' पृ. सं. 409 अर्थात् ब्रिटिश द्वीपों को जहाज से भेजे जाने वाले मजदूरों में जिस तरह की अफवाह थी, उस सन्दर्भ में 'सी ऑफ पॉपीज' के उपन्यासकार अमिताभ घोष ने भी यही माना है कि 'सबसे भयानक अफवाह इस बारे में थी कि समझदार, जानकार और अनुभवी लोगों के बजाय गोरे लोग युवाओं और किशोरों को ही क्यों ले जाने पर बजिद हैं : इसका कारण ये था कि वो एक तेल के चक्कर में थे जो सिर्फ इंसान के मस्तिष्क में ही मिलता है—मिमिआई का तेल, वो बहुमूल्य तेल जो सबसे ज्यादा उन इंसानों में पाया जाता है जो हाल ही में वयस्क हुए हों। इस तेल को निकालने का तरीका ये था कि इंसानों को टखनों से उलटा लटकाकर उसकी खोपड़ी में छोटे-छोटे छेद कर दिए जाते थे : इस तरह तेल धीरे-धीरे बर्तन में टपकता रहता था।' (दिल्ली : पेंगुइन बुक्स इंडिया लिमिटेड, 2010), पृ. 201 बेशक अफवाहें मौखिक परम्परा की अंग होती हैं। अफवाहों की सामूहिक चेतना की निर्मिति के सम्बन्ध में विस्तार से जानने के लिए देखिए—जॉन वानसिना की पुस्तक 'ओरल टेडीसन एज हिस्ट्री (विसकिंसन : द यूनिवर्सिटी ऑफ सिकिंसन प्रेस, 1985), पृ. सं. 6-7
2. मॉरीशस के प्रसिद्ध कथाकार अभिमन्यु अनत का 'लाल पसीना', रामदेव धुरंधर का 'पूछो इस माटी से', फीजीयन साहित्यकार सुब्रमनी का 'डउकापुरान', विवेकानंद शर्मा का 'अनजान क्षितिज की ओर' सरीखे उपन्यास गिरमिटिया मजदूरों के कठोर यातनामय जीवन के जीवन्त दस्तावेज हैं। इसी तरह सुरीनाम की साहित्यकार प्रो. पुष्पिता की 'सुरीनाम' पुस्तक भी गिरमिटियों के कारुणिक कहानी की दस्तावेज है। जय शंकर प्रसाद की 'नीरा' एवं प्रेमचन्द की 'शूद्रा' कहानी भी उनके साथ हुए धोखाधड़ी एवं शोषण की दास्तान हैं। प्रेमचन्द का उपन्यास 'गोदान' भी इस ओर संकेत करता है। अभी हाल ही में (2007 ई.) पटना में हरिवंश तिवारी के निर्देशन में 'भिनुसार' नामक भोजपुरी नाटक का मंचन हुआ, जिसमें गिरमिटियों के दुख-दर्द को नास्टेलजिक होकर देखा गया है। चीनी कहानीकार टेन चुन की कहानी 'जहाज पर' गिरमिटियाओं के समुद्री सफर का जीवन्त चित्रण करती है। (विशाल भारत मासिक हिन्दी समाचार पत्र, फरवरी, 1938 हिन्दी अनुवाद—जुगुल किशोर शुक्ल)

फीजी में गिरमिटिया की तीसरी पीढ़ी हैं। उनकी टिप्पणी हमें गिरमिटिया इतिहास के दूसरे पक्ष को सामने लाती है—'पर यह पूरी कहानी नहीं है। कठिनाइयाँ तो थीं परन्तु यह भी सच है कि गिरमिटियाओं को अपने भाग्य निर्धारण का अधिकार भी प्राप्त हो गया था।'[1] अनेक प्रवासियों के लिए गिरमिट की अनेक कठिनाइयों के बावजूद भारत में उनकी दशा से बेहतर थी। यह बात मुख्य रूप से निम्नवर्गों के लिए सत्य साबित हुई। इस सम्बन्ध में तोताराम सनाढ्य ने अपने संस्मरण में सुनाया है कि हिन्दुस्तान की जाति व्यवस्था में किस तरह निम्नजाति वालों के साथ बुरे बर्ताव से तंग आकर भर्ती (कुली में) उपनिवेशों को चले जाते हैं। इन्होंने बताया है कि 'फीजी में भगवना भंगी ने किस तरह ब्राह्मण-क्षत्रियों से बदला लिया'? 'फीजी में लुवलुव कोठी में एक बार मैं गया। वहाँ पर भगवना नाम का भंगी लगभग एक सौ पचास आदमियों के ऊपर था, इस कोठी में सब शर्तबन्धे भारतवासी थे। भगवना अपने मैनेजर का विश्वासपात्र सरदार था। इसी के भरोसे कोठी की देखरेख और शर्तबन्धे मजदूरों से काम लेना साहब ने छोड़ दिया था। यह एक आराम कुर्सी पर इतवार की छुट्टी के दिन पड़ा था और ब्राह्मण-क्षत्रिय जो इसके नीचे काम करते थे, चिलम भरकर उसकी फरसी (छोटा हुक्का) पर रख देते थे। पानी भी पवित्र ब्राह्मण के हाथों ही भरवाकर पीता था। जहाँ कोई चीं-चपड़ करता तो उसी दिन उसका नाम निकाल लिख लेता और एक दिन की गैरहाजिरी का समान निकालकर एक सप्ताह की सजा करा देता था। इस डर के मारे भगवना के काबू में एक सौ पचास लोग रहते थे। यह सब कुली प्रथा का प्रताप था, भगवना की शक्ति नहीं थी। हर किसी से यह अपनी कथा इस प्रकार कहता था : 'मैं फैजाबाद जिले का हूँ। मेरे गाँव में ठाकुर कोई दिन भी बिना जूता लगाए खाली नहीं छोड़ते थे। दिन-भर उनके तगादे (उधार वसूली) में घूमा करता था, शाम को चार मोटी-मोटी रोटी देते थे। गाँव में एक राम जी का मंदिर था, मैं अपनी माँ को दर्शन कराने को ले गया, उस दिन रामनौमी थी। बाहर से दर्शन ठीक से न मिला, मेरी माँ रोने लगी। माँ का रोना देखा न गया। उसको लेकर मंदिर के भीतर बाहरी पौरी (दीर्घा) से दर्शन कराया। माँ तो बड़ी प्रसन्न हुई पर मेरे ऊपर बड़ी मार पड़ी। उसी डर से कि कहीं सवेरे ठाकुर और न पिटवावें, मैं गाँव से भागा और फैजाबाद में भर्ती होकर यहाँ आया हूँ। पाँच वर्ष तक तो चूँ नहीं कर सकते। समय सबका एक-सा नहीं जाता। कभी नाव गाड़ी पर तो कभी गाड़ी नाव पर। मेरे साथ जैसा हुआ, मुझे खूब अभी तक याद है और जिन्दगी-भर नहीं भूलूँगा।'[2] एक और तथ्य का उल्लेख करना गैर-जरूरी नहीं होगा। बात दरअसल अगस्त 1933 की है। बाईस साल पहले गिरमिटिया बनकर

1. ब्रिज वी लाल, फीजी यात्रा : आधी रात से आगे, (दिल्ली : नेशनल बुक ट्रस्ट, 2005), पृ. सं. 4
2. तोताराम सनाढ्य, भूतलेन की कथा, सम्पादक-योगेन्द्र यादव एवं ब्रिज वी लाल, (दिल्ली : सरस्वती प्रकाशन, 1994), पृ. सं. 85-86

फीजी गए पति के पास जगरानी जा रही है। वह अपने पति के प्रवसन की कहानी सुनाती है—'उस समय मैं 18-19 वर्ष की थी। एक दिन रात के समय भोजन करने के बाद मेरे पति (कलपू अहीर) ने अपने भाई से कहा—'मैं झाड़ा फिरने जा रहा हूँ। थोड़ी देर बाद लौटूँगा।'...(उसके बाद) अभी तक नहीं लौटे।...पहले ख्याल हुआ कि महुआ बीनने गए होंगे।...पीछे पता चला कि जमना प्रसाद ब्राह्मण के भाई जगन्नाथ के साथ कहीं लापता हो गए।...चार वर्ष बीत गए तब एक दिन उनकी फीजी से चिट्ठी आई।...अब उन्होंने मुझे अपने पास बुलाने का विचार किया है।...(तब मैं) बेटा-बेटी को कहाँ फेंक देती। इसीलिए मैंने दूसरा विवाह नहीं किया।' जगरानी को फीजी जाने में काफी दिक्कत उठानी पड़ी। पासपोर्ट वह बस्ती (उ.प्र. का एक जिला) से लेती आई थी। लेकिन उस पर बंगाल सरकार के प्राधिकरण के हस्ताक्षर कराने थे। कलकत्ते के पुलिस वालों ने उसे बेहद तंग किया था। अन्तत: फीजी जा रहे अंबिका प्रसाद के साथ वह अपने पति के पास पहुँच जाती है। यह सोचते हुए कि वह शायद ही कभी अपने बेटा-बेटियों से मिल पाएगी।[1] भगवना और जगरानी के प्रवास की कहानी गिरमिटिया इतिहास के अनछुए पहलुओं को उजागर करते हैं। यह कटु सच्चाई थी कि निम्नजातियों को सदैव भारत के ग्रामीण समाज के बाह्य किनारों पर ही रखा जाता था—अछूतों, पट्टेदारों या भूमिविहीन कृषकों के रूप में। इस जन्म या अगले जन्म में भी उन्हें अपने जीवन को सुधारने की कोई आशा नहीं थी। बागानों में नित्य अनवरत काम का दबाव, उनके लिए कोई नई बात नहीं थी। उन उपनिवेशों में मनुष्य के रूप में उनकी व्यक्तिगत योग्यता को पहचान दी गई और उनके प्रयासों को, आरोपण के आधार पर नहीं वरन् उनकी उपलब्धियों के आधार पर पुरस्कृत किया गया। बागानी व्यवस्था के समतल करने की प्रवृत्ति ने, ऐसे लोगों को अपने दमघोंटू अतीत से एक आकर्षक बदलाव दिया और उनको और उनके बच्चों के लिए एक ऐसे भविष्य का वायदा किया, जिसमें उनके पास कुछ कर दिखाने का एक मौका मिला। अन्य लोगों ने, जो बाढ़, अकाल या लोभी भूमिपतियों के शिकार बने थे, नए वातावरण की शान्ति और सुरक्षा का स्वागत किया। मौखिक साक्ष्य और अभिलेखागारों के दस्तावेज, दोनों ही दर्शाते हैं कि कुछ निम्न वर्ग के श्रमिकों ने, मुख्य रूप से जो सरदार बन गए थे, अपने उच्च वर्ग के स्वदेशी भाइयों से, भारत में उनके द्वारा किए गए सामाजिक दमन का बदला लिया। अत: एक स्तर पर सभी गिरमिटिया मटर के दानों की तरह समान थे, बोझा ढोने को जानवर थे, पर वे सामाजिक वर्गों में बँटे हुए एक समूहमात्र भी थे, जिसके सदस्य, विभिन्न पृष्ठभूमियों, भिन्न-भिन्न अनुभवों और जीवन से अलग-अलग अपेक्षाएँ लिए हुए भी एक थे। अत: गिरमिट गुलामी और मुक्ति दोनों

1. मासिक हिन्दी समाचारपत्र 'विशाल भारत' के अगस्त, 1933 अंक में प्रवासी भारतीय स्तम्भ में 'बाईस वर्ष बाद' शीर्षक से प्रकाशित एक सच्ची घटना।

का ही एक साथ परिचायक था। अमिताभ घोष ने गिरमिटिया मजदूरों को अपने विश्वचर्चित उपन्यास 'सी ऑफ पॉपिज' में इसी रूप में देखा है। लोकसाहित्य में गुलामी का सिद्धान्त तो है लेकिन मुक्ति का सिद्धान्त गायब है। आज गिरमिटिया की तीसरी पीढ़ी अपने पूर्वजों के देश (हिन्दुस्तान) की वास्तविकता से वाकिफ होकर अपने साहित्य में उस मुक्ति को देखने लगी है।

निष्कर्ष

निःसन्देह उन्नीसवीं सदी का श्रम प्रवसन अंग्रेजी हुकूमत और प्राकृतिक मार की वजह से चरम पर पहुँच गया था। जिसकी सांस्कृतिक अभिव्यक्ति बिदेसिया के रूप में अपना रूपाकार ग्रहण कर रही थी और 20वीं सदी के दूसरे दशक तक आते-आते एक सम्पूर्ण लोकसंस्कृति बन जाती है।

बेशक बिदेसिया लोकसंस्कृति को लोकप्रिय बनाने में भिखारी ठाकुर का योगदान अभूतपूर्व रहा है। दूसरे शब्दों में, बिदेसिया के पर्याय भिखारी ठाकुर के नाटक 'बिदेसिया' और 'गबरघिचोर' प्रवसन सम्बन्धों की देन हैं। जो भोजपुरी प्रवासी श्रमिकों के इतिहास लेखन का कारण बनते हैं। बतौर नाटक 'बिदेसिया' गाँव और शहर के बीच बँटी जिंदगी की दास्तान है तो 'गबरघिचोर' प्रवसन की वजह से नाजायज सम्बन्धों से उत्पन्न बच्चों की त्रासद गाथा है। 'गबरघिचोर' नाटक में 'गबरघिचोर' मासूमियत से सवाल करता है कि उसके दो पिता कैसे हुए और क्यों उसे दोनों पिताओं में सम्पत्ति की तरह बाँटा जा रहा है? इसी तरह बिदेसिया में उढ़री सलोनी का बेटा सवाल करता है कि उसकी दो माताएँ कैसे हुईं? इन बच्चों का सवाल प्रवसन सम्बन्धों को विलेन की तरह खड़ा करता है। प्रवसन से उत्पन्न इन सवालों से संस्कृति के इतिहास में टकराते हुए भिखारी ठाकुर ही दिखाई पड़ते हैं। उन दिनों इन सवालों की ओर हिन्दी साहित्य की नजर भी नहीं गई थी।

6

देस-परदेस की स्त्री

वैचारिकी के इस संक्रमणशील दौर में जहाँ एक तरफ प्रत्येक चीज के अन्त की घोषणा करके भूमंडलीकृत सांस्कृतिक साम्राज्यवाद को मजबूत किया जा रहा है वहीं दूसरी तरफ दबी अस्मिताएँ न केवल अपने अतीत की खोज कर रही हैं बल्कि अपना इतिहास भी रच रही हैं। गौरतलब है कि भूमंडलीकृत साम्राज्यवाद परम्परागत शक्तियों को ही मजबूत आधार प्रदान कर रहा है। ऐसे में दबी अस्मिताओं का उभरकर आना बहुत जरूरी है। वर्तमान दौर यदि अस्मिताओं को रौंदने का दौर है तो उन अस्मिताओं के उभरने का भी दौर है। अस्मिताएँ अपने अतीत के उत्पीड़नों की खोज कर रही हैं। अतीत का उत्पीड़न उनमें एका की भावना पैदा कर रहा है और प्रतिरोध की ताकत दे रहा है। इसलिए वे अपने स्मृतियों के सहारे अपने इतिहास का निर्माण कर रही हैं। उनमें से स्त्री अस्मिता भी अपने अतीत की स्मृतियों के सहारे यातनाओं की लेखा-जोखा ही नहीं कर रही है बल्कि अतीत में दबी और उठी स्त्री आवाज को बुलंद भी कर रही है। लोकगीत स्मृतियों में पड़े मौखिक स्रोत हैं। इनके भीतर से आज की स्त्री वैचारिकी अपनी शर्तों पर परम्परागत व्यवस्थाओं पर प्रश्नचिह्न लगाते हुए ऐतिहासिक व सामाजिक सच्चाइयों की पड़ताल कर रही है। परन्तु इसकी भी अपनी पेचिदगियाँ हैं और यह कई पदक्रमों में विभाजित है। इस वैचारिकी के केन्द्र में अभी तक सिनेमा, मीडिया, विश्वविद्यालय, स्कूल, कार्यालय, कारखाना, शहर की झुग्गी-झोपड़ी की स्त्रियाँ ही बनी हुई हैं। गाँव घर की चहारदीवारी एवं परदे के भीतर रहने वाली 'अनबोलता' (घर के बाहर मूक) स्त्री अभी तक नहीं आ पाई है। यह अलहदा है कि उसने अपने गीतों में अपनी बोलती तस्वीरों को चित्रांकित किया हुआ है और उन तस्वीरों की आवाज न जाने कितनी सदियों से गूँज रही है। नि:सन्देह ये स्त्रियाँ हाशिए पर हैं। इस सम्बन्ध में स्त्री विमर्शकारों के लिए क्या यह कहकर हम आत्मतुष्टि कर लें कि इनके पास शक्ति एवं संसाधन इतने कम हैं कि उनके पास इनकी पहुँच नहीं हो पा रही है या फिर यह कहना चाहिए कि हाशिए की ये विमर्शकार भी अपने धर्म, अपनी

जाति एवं अपने अभिजातवर्गीय स्वभाव वाली भावना पाले हुए हैं और स्वहितों की सुविधानुसार स्त्री-विमर्श का इस्तेमाल करते या करती रहती हैं। ऐसे में चहारदीवारी के भीतर रहने वाली स्त्रियों के उत्पीड़न एवं उनकी आवाज को सामने लाने का महत्त्व बढ़ जाता है।

प्रस्तुत अध्याय में स्त्री वैचारिकी के तहत यह देखने का प्रयास है कि पति के प्रवसन के दौरान दाम्पत्य जीवन में किस तरह आशा-निराशा की कहानी की नींव तैयार होती है और प्रवास के उपरांत परदेसी की स्त्री के पारिवारिक व सामाजिक सम्बन्धों को निर्धारित करने में उसके वर्ग, धर्म व जाति की भूमिका किस रूप में होती है? उसकी स्मृति और इतिहास के बीच कैसा तनाव रहा है? मौखिक परम्परा में उसके नैतिक आग्रह किस रूप में मिलते हैं? लौटने के उपरांत परदेसी पति उसकी यौन-पवित्रता पर कैसा सवाल करता है? और दूसरे यह जानने का प्रयास किया कि भोजपुरी क्षेत्र से मजबूरीवश पलायन करने वाली 'उढ़री' औरतों की सामाजिक एवं सांस्कृतिक छवि किस रूप में अभिव्यक्त हुई है? और उनके प्रति लोकसमझ की सामाजिक-सांस्कृतिक बर्तावों की भी पड़ताल की गई है। इन महत्त्वपूर्ण सवालों के उत्तर लोकसाहित्य जितनी शिद्दत व जीवन्त रूप में संजोये हुए है, उतने अन्य साहित्य नहीं। लोकसाहित्य विशेष रूप से भोजपुरी लोकगीत को उपजीव्य बनाकर उपर्युक्त सवालों की खोजबीन करना ही इस अध्याय का मूल उपादेय है।

देश में परदेसी का स्त्री परिवार

घर से पुरुष सदस्य के प्रवसन का प्रभाव स्त्रियों पर बड़ा गम्भीर होता है। तब घर में कोई पुरुषोंवाली सारी जिम्मेदारी भी स्त्री पर ही आ जाती है। जिसे निभाने के लिए उसे कई भूमिकाओं से गुजरना पड़ता है। इसी भूमिका निर्वहन की स्थिति में एक तरफ वियोग की पीड़ा झेलती है, तो दूसरी तरफ पारिवारिक व सामाजिक उत्पीड़न की (यौन उत्पीड़न भी) शिकार भी हो जाती है और तीसरी तरफ वह सशक्त भी होती है। यहाँ उसका सशक्तीकरण खेती-बारी और गाँव-घर की सामाजिक जिम्मेदारियों को कुशलता से निभाने के अर्थ में है, न कि आर्थिक रूप से पूरी तरह से स्वावलम्बन के अर्थ में। मौखिक परम्परा में देस में परदेसी की स्त्री का वियोगी एवं उत्पीड़ित रूप ही दिखाई देता है, उसका सशक्त रूप नहीं दिखाई देता है। अगर कुछ मिलता है तो वह निम्न एवं पिछड़ी जाति की स्त्रियों के लोकगीतों में भाषिक रूप से फूहड़ता रूप मिलता है। फूहड़ता कई अर्थों में अपने प्रतिपक्ष के समक्ष सशक्त छवि बनाती है। भले ही प्रतिपक्ष उसे असभ्य, गँवार, पिछड़ा इत्यादि समझता रहे।

मौखिक परम्परा के सभी एजेंसियों की सभी विधाओं पर जब तक निगाह नहीं रखेंगे, परदेसी स्त्रियों की छवि को नहीं समझ सकते। इसलिए पुरुषों द्वारा गाए जाने वाली गाथाओं एवं गीतों में स्त्री का कामुक, आदर्श, सवर्ण स्त्रियों के गीतों में भी स्त्री की छवि भी पुरुषों द्वारा निर्मित ही है। बेशक इनके गीतों में स्त्री का कामुक रूप नहीं दिखाई देता है। यहाँ स्त्री बेहद उत्पीड़ित, छलित व दलित है। दूसरे शब्दों में, उत्पीड़न की आह तो है लेकिन प्रतिरोध का स्वर नहीं। लेकिन निम्नजातीय स्त्रियों के लोकगीतों में कहीं-कहीं बड़े तीखे शब्दों एवं स्वरों में प्रतिरोध है। प्रतिरोध बेहद ही कर्कश शब्दों में है। भाषायी संस्कार तथाकथित अश्लीलता को पार कर गई है।

भोजपुरी की मौखिक परम्परा में स्त्री के किसान मजदूर पति का विवाहोपरांत गवना होते ही परदेस गमन का चित्रण बहुत हुआ है। मौखिक परम्परा में अधिकांश लोकगाथाएँ पुरुषों द्वारा गाई जाती हैं। वहाँ परदेसी की स्त्री की छवि सामान्यत: आदर्श रूप में है। लेकिन अन्य विधाओं में आदर्श के इतर भी है। लोकगीतों में परदेस गमन के दौरान पति-पत्नी के बीच के संवाद बेहद जीवन्त दृश्य के साथ उपस्थित हुए हैं। जरा निम्नलिखित गीत को देखिए—

रून-झुन खोलऽ ना केवड़िया,
हम बिदेसवा जइबो ना।
जो मोरे सइयाँ तुहूँ बिदेसवा जइब ना,
तूँ बिदेसवा जइब ना।
हमरा भइया के बोला दऽ, हम नइहरवा जइबो ना।
जो मोरे धनिया तुहूँ नइहरवा जइबू ना,
नइहरवा जइबू ना।
जाताना लागल बा रूपइया
ओतना देई के जइह ना।
जो मोरे सइयाँ तुहूँ लेबऽ अब रूपइया,
तूँ रूपइया लेबऽ ना।
जइसन बाबा घरवा रहनी,
ओइसन करिके दीहऽ ना।
रून-झुन खोलऽ ना केवड़िया,
हम बिदेसवा जइबो ना।[1]

इस गीत में पति बिदेस जाना चाहता है। वह अपनी पत्नी से किवाड़ी (दरवाजा) खोलवा रहा है। पत्नी किवाड़ी खोलने से पहले पूछती हुई उत्तर देती है कि जब वह

1. उपाध्याय, कृष्णदेव-हिन्दी प्रदेश के लोकगीत, (इलाहाबाद : साहित्य भवन (प्रा.) लि., सं. 1990), पृ. सं. 73-74

बिदेस जा रहा है तो उसे वह उसके नइहर (मायके) पहुँचा दे। पति पत्नी पर अब तक जितना खर्च कर चुका है उसकी कीमत माँगता है, पर जब वह अपने बाबा घर (मायके) से लाई हुई सामानों की याद दिलाती है तो वह निरुत्तर हो जाता है। फिर भी वह बिदेस जाने के वास्ते किवाड़ी खोलवा रहा है। पति के बिदेस जाने के लिए यदि वह स्वीकृति दे भी देती है तब वह पूछती है कि घर पर उसका मन कैसे लगेगा और फिर कलकत्ता जैसे परदेस उसके पति के लिए ठीक नहीं है। निम्नलिखित गीत को देखिए—

कलकत्ता तू जन जा राजा, हमार दिल कइसे लागी।
ओही कलकत्तवा में रंडी बसतु है, मोजरा करै हैं दिन-राति।
हमार दिल कइसे लागी।
ओही कलकत्तवा में मलेरिया बसतु है, गजला करै हैं दिन-राति।
हमार दिल कइसे लागी।
ओही कलकत्तवा में तमोलिया बसतु है, बीरवा लगै हैं दिन-राति।
हमार दिल कइसे लागी।[1]

पत्नी कलकत्ता जाने वाले पति से निहोरा करती है कि वह कलकत्ता न जाए और बताती है कि वहाँ रंडी-वेश्याएँ रहती हैं, दिन-रात मोजरा करती हैं, वहाँ मलेरिया है, वहाँ तमोली हैं जो रात-दिन पान-बीड़ा लगाकर बेचते रहते हैं। गौर करने की जरूरत है कि पान खाना शौकीनी एवं फिजूलखर्ची माना जाता है। इतना कुछ समझाए जाने पर पति मानता कहाँ है? वह कलकत्ता जरूर ही जाता है और उसके साथ-साथ जाती है उसकी संस्कृति। प्रवासोपरांत इधर पत्नी अपने दुखों को किससे कहे। जैसे पति को प्रवास स्थान अजनबी लग रहा है, वहाँ जाकर अपनी जड़ से उखड़ गया है, वहाँ के भूगोल व संस्कृति से अनजान हो गया है। वैसे ही इधर पत्नी भी ससुराल में अजनबीपन महसूस कर रही है। मैके थी तब वह खेत खलिहानों में घूमने चली जाती थी, सहेलियों के साथ झूला झूल आती थी, नहर या नदी में स्नान कर आती थी, बाजार तक घूम आती थी, मनचाहा काम कर आती थी। यहाँ ससुराल में रीति-रिवाज का खास ध्यान रखना पड़ता है। वह घर-आँगन के पर्दे से बाहर नहीं जा सकती है। घर-आँगन ही उसके रंगस्थल हैं। उधर प्रवास में पति पर मालिक का शिकंजा है तो यहाँ पत्नी पर सास, ससुर, देवर, ननद जैसे सम्बन्धी उसकी प्रत्येक गतिविधि पर आलोचनात्मक दृष्टि रखे रहते हैं। मायके से बिछड़न और पति का परदेस गमन उसे ससुराल में प्रवासी जीवन जीने का एहसास करा रहे हैं। अब वह स्मृति और इतिहास के तनाव में झूल रही है। मैके की सुखद स्मृतियाँ क्लेश दे रही हैं—'धन गइल धनबाद कमाए, कटनी बहुत कलेस, अँगनवा

1. डब्ल्यू.एच. आर्चर और संकटा प्रसाद, भोजपुरी ग्रामगीत, (पटना : पटना लॉ प्रेस, 1943), पृ. सं. 171

लागेला परदेस।' वह घर में अपने पहले अतीत की स्मृतियों से मुक्त होने के बाद पति की स्मृतियों में खो जाती है। और जब दोनों ही स्मृतियों से मुक्त होती हैं तो पुनः अकेलापन। ऐसे में वह अपने मायके से ही नहीं बल्कि प्रियतम से भी बात करना चाहती है। परन्तु बात कैसे करेगी। उसके प्रियतम कहाँ होंगे? उसकी बातों को उन तक कौन पहुँचाएगा? छप्पर पर कागा आया है। वही उसके दिल के हाल को उन तक पहुँचाएगा। आँगन में लगे पेड़ या छप्पर पर आने वाले ये पंछी ही उसके अकेलेपन के साथी हैं। वह अपने परदेसी पति की खबर लाने के लिए कागा को दूध-भात खाने का लालच दे रही है—

ननदि के अँगना चनन घन गछिया हो रामा।
ताहि चढ़ि बोलेला कागवा सुलच्छन हो रामा।
देबऊ रे कागवा, दुधा भात दोनिया हो रामा।
खबर ना ला दे बलम परदेसिया हो रामा।[1]

अर्थात् हे काग! मेरे परदेसी बालम की खबर ला दोगे तो तुम्हें दूध-भात खिलाऊँगी। अरे! यह कागा क्या सुना रहा है? प्रियतम ने दूसरी स्त्री रख ली है! वह स्त्री मुझसे भी सुन्दर है! मेरा इतना अपमान? अकेलेपन और अपमान की इन्हीं स्थितियों से गुजर रही है। स्त्रियाँ अपने कष्टों को अपने श्रमगीतों में मुखरित करती हैं। घर में बच्चे का जन्म हुआ तब उस माँ का दायित्व और बढ़ जाता है। उस दायित्व को हमारी परम्परागत एवं सनातनी संस्कृति मातृधर्म स्वीकार करती है, उसे उसके श्रम से नहीं जोड़ती है। बच्चा जनने तक बहू का अपने ससुराल में रहते हुए एक लम्बा समय बीत चुका होता है। अब तक वह घर की अच्छाइयों-बुराइयों से अच्छी तरह वाकिफ हो चुकी होती है। इसीलिए अब उसके प्रति परिवार के लोगों का बर्ताव काफी कुछ बदल चुका होता है। परन्तु फिर भी कुछ लाचारियाँ हैं। निम्नलिखित लोरी गीत एक माँ की लाचारी को अभिव्यक्त करता है—

सुत सुत बबुआ, कुई में के ढेबुआ।
बाप गइले नोकरी, मतारी अकसरूआ।
आजा आजी चनन के, पितिया सहोदर के।
मय खिलवना चानी के, बबुआ रे तु कथि के?
अनन चनन कसतुरी के।[2]

1. शाहिद अमीन (सम्पा.), ए कॉनसाइज इनसाइक्लोपीडिया ऑफ नॉर्थ इंडियन पीजेंट लाइफ, (दिल्ली : मनोहर पब्लिशर्स, 2005), पृ. सं. 267
2. http:/www.google.com/search?/vanarsi vaibhav—Bhojpuri lokgeet.

बच्चा सो नहीं रहा है। माँ उसे सुला रही है। अकेली वह क्या करे? बाप तो नौकरी करने गया है। दादा-दादी चन्दन हो गए हैं। पितिया भी अब अपने कहाँ रहे? सारे खिलौने चाँदी के हैं पर बबुआ? बबुआ चन्दन कस्तुरी का है। इस लोरी गीत की स्त्री अपनी जीवनचर्या गा रही है। घर से उसका लगाव धीरे-धीरे हो रहा है। यह बच्चा ही उसे इस घर से जोड़ेगा। जैसे-जैसे बच्चा बड़ा होता जाएगा, उसका इस घर से लगाव बढ़ता जाएगा। उसके दुख-दर्द सब इसी ससुराल में नियत होने लगेंगे। इस लगाव को निम्नलिखित बॉक्स में दिये गए सास-बहू के झगड़े के नमूने[1] को देखकर अच्छी तरह समझा जा सकता है।

बहू—'हतुनी रोटी के दरसन नइखे नू होखत? कोठिला के कोठिला गेंहुम धराता, बाकि रोटी के दरसन नइखे।'
सास—'तू नइखू देखत?'
बहू—'हँ, तहिया आके।'
सास—'केकरा घरे रोटी बन ता?'
बहू—'केकरा घरे रोटी नइखे बनत?'
सास—' हनू! जा ना जा, ओकरे घरे जाके रोटी खा?'
बहू—'उ काहे खातिर, ओकरे घरे का कमा के धइले बानी?'
सास—'ओहि खातिर का हँकार आवता?'
बहू—'हँ त हँकार आई ना। ओहि से का किन के धऽ देली बाड़ू?'
सास—(स्वालाप) 'रोटी पाकि तऽ रोटी खइहें? चाउर ना खइहें?'
बहू—'हँ त खईहन स ना? जब ले रहबू नू, तबले अतूने दुखिया रही।'
सास—'राखऽ। काहे ना लागल रही सन किरी त बेंच दिआइल?'
बहू—'किरीन के खिआवत बाड़ू! सँउसे घरवा किरी ना लागल रही सन, तोहरे घरवा किरी लागल रही सन?'
सास—'हनू!'
बहू—'जाड़ा में लइकन के रोटी खाइल दुलुम कइले रहत बाड़ी।'
सास—'हनू! दुलुम का? आ बन कके अब ना धरबो करहें।'
बहू—'धरबे करम। हाँ, धरम ना धरम। देखिह त धरम कि ना। अब छोड़ला से ना होई।'
सास—'हाँऽऽ।'

---

1. प्रस्तुत सास-बहू के झगड़े को मैंने 27 मार्च, 2008 को अपने गाँव कुसुम्हाँ, जगदीशपुर भोजपुर में रिकॉर्ड किया। चार-पाँच बच्चों को जन्म देकर पति टाटा कमाने चला गया है। बहू देखती है कि कोठिला में गेहूँ रखा हुआ है लेकिन सास गेहूँ नहीं पिसवा रही है। सास चाहती है कि गेहूँ का भाव बढ़ने वाला है, तब बेचा जाएगा। आज भी भोजपुरी ग्रामीण क्षेत्रों में सर्दियों में रोटी खाने वालों को अमीर समझा जाता है। यहाँ उनका नाम नहीं दिया गया है।

बहू—'हँऽ। धरबे करम। अब छोड़ला से ना होई। हम देखत आ गइनी कव साल ले। देखिह एह खातिर चाहे कुछुओ हो जाई।'
सास—'घोटाला का करबू?'
बहू—'(स्वालाप) कादो? तोहरे बबुअन के मुँह बा रोटी खाए के? ना, हमरा बबुअन के मुँह नइखे रोटी खाएके? तोहार मुँह बा कि आइम कोठिला में धरम, ऐहिजा कुल बेंच के धरम, बबुअन के रोटी खिआवेली, सबको सालभर के रोटी नइखे रखात?'
सास—'त अवसों रखिहे।'
बहू—'हँ त रखबे करम।'
सास—'हँकार मत।'
बहू—'ओहिसे का गहुमा छींट के धऽ देत बाड़ू?'
सास—'नइखे कुसुमा में (गेहूँ) केहु के।'
बहू—'के! हम किन लेब। देखऽ आवता (पति आ रहा है तो) नू त किन के धरबे करम।'
सास—'अच्छा!'
बहू—'आपन कमा के खिआइब।'
सास—'हँऽ।'
बहू—'कहते बानी का?'
सास—'आरे डेरवावेलू काहे हो?'
बहू—'डेरवाइम काहे? तोहरे भरोसे जनमवले बानी?'
सास—'ना हो।'
बहू—'हाँ, तब काहे कह ताड़ू?'
सास—'हमरा भरोसे जनमावे के रही त, आज ले अइसने काम करतू?'
बहू—'के? उ काथि के?'
सास—'आ जोह, तोरा से का बोलला में बा?'
बहू—'डेरवाव ताड़ी।'
सास—'कह ना।'
बहू—(स्वालाप) 'आवता भतार कि माई गेहुम पिस के धऽ दिहे, रोटी खाए के। आ माई, कवनो चीज लइकन के खाए के होता त लाग ताड़ी झनझनाए। केकरा घरे लइका हई खा ताड़न स? हऊ खा ताड़न सन?'
सास—'अरे त लइकन के छेंकतानी हम?'
बहू—'छेंकबू! का खिआताड़ू?'...

संयुक्त परिवार से यदि वह अलग हो गई तो उसे सास-ननद के ताने नहीं मिलेंगे, बल्कि गोतिनियाँ ताना मारते हुए मिलेंगी—

छोटकी गोतिनिया मारे तनवा के बतिया,
पतिया रोई-रोई ना, लिखावे रजमतिया। पतिया...
सोस्ती श्री चिठी राउर भेजनी तेमे लिखल,
सौ पचे अस्सी रोपेया, भेजनी तवन मिलल,
ओतना से नाहीं कटी, भारी बा बिपतिया। पतिया...
छोटकी के झूला फाटल, जेठकी के नाहीं;
बिटिया सेयान भइल ओकरो लूगा एगो चाहीं,
अबगे धरत बाटे कोहंड़ा में भतिया। पतिया...
रोज-रोज मंगरा मदरसा जाला,
एक दिन तुरले बा मोलवी के ताला,
ओकरा भेंटाइल बा करीमना संघतिया। पतिया...
पाँडे जी के जोड़ा बैला गइले सऽ बिकाइ,
मेलवा में गइले त पिलवा भुलाइल,
चार डंड मरले मंगरू, भाग गइल बेकतिया। पतिया...
जाड़ा के महीना बा, रजाई लेम सिआई,
जाड़ा में मर गइल दुरपतिया के माई,
बड़ा जोर बीमार बा, भिखारी काका के नतिया। पतिया...
कबरी बकरिया रात भर मेमिआइल,
छोटका पठरूआ लिखी कतना में बिकाई,
दुखवा के पटल खिंचत बानी जँतिया। पतिया...[1]

यह चिट्ठी के रूप में गीत है। एक परदेसी की पत्नी रजमतिया को उसकी छोटी गोतिनी (देवरानी) ने ताना मारा है। इसलिए चिट्ठी लिखवा रही है। वह लिखवा रही है कि सौ अस्सी रुपये जो भेजे थे वह मिल गया है। इतने से भी काम नहीं चलने वाला अभी और जरूरत पड़ेगी। लड़कियाँ सयानी हो गई हैं। किसी के पास झूला नहीं है तो किसी के पास लूगा नहीं है। हाँ, अब कोहड़ा में बतिया धरने लगा है। कबरी बकरी जाड़े की ठंड की वजह से रात भर मेमिआती है। छोटे वाले पठरू (बकरी का बच्चा) को कितना में बेचा जाए। जल्दी बताइये। मंगरा रोज स्कूल जाने

1. http:/www.google.com/search?/vanarsi vaibhav—Bhojpuri lokgeet. इसे भी देखें—केकरा से कहाँ मिले जाला, कैसेट गायिका शारदा सिन्हा, (नोएडा : टी सीरीज सुपर कैसेट इंडस्ट्रीज लि., 1986), साइड ए, पहला गीत। मिथिलेश्वर, भोजपुरी लोककथा, (दिल्ली : नेशनल बुक ट्रस्ट, 2009), पृ. सं. 10. इस पुस्तक में पति द्वारा दस-पाँच रुपये भेजे जाने का जिक्र है।)

लगा है। लेकिन मौलवीजी का ताला तोड़ दिया था। उसको करीमना साथी मिल गया है। वह पूरे मुहल्ले भर की खबर लिखवा रही है। इस गीत से मालूम होता है कि परदेसी पति अपने घर से कितना नाभिनलबद्ध है। उसकी सारी चिन्ताएँ व आशाएँ घर की ओर लगी रहती हैं। वहीं से वह निर्णय करता है। यहाँ तुलसीराम की आत्मकथा मुर्दहिया से उन पंक्तियों के उल्लेख से गाँव पर रहने वाली परदेसियों की पत्नियों का दर्द बहुत मार्मिकता से उभरकर आता है। 'सन् 1959 की गर्मी... गाँव के कई लोग बंगाल की अनेक कोयलरियों तथा कलकत्ता में मजदूरी करते थे। परिवारों के लिए ये मजदूर अकाल में बादल जैसे आशा के प्रतिरूप थे। विशेष रूप से जब गाँव की औरतें अपने पति मजदूरों को मुझसे चिट्ठियाँ लिखवातीं, तो मेरे सामने एक विचित्र स्थिति प्रकट हो जाती थी। कई औरतें भुखमरी का वर्णन करते-करते रोने लगती थीं। मैं तो स्वयं अपने दुख में डूबता-उतराता फिरता था, किन्तु गाँव की रोती हुई मशीनों जैसी इन महिलाओं से मैं अत्यन्त विचलित हो जाता था। अनेक बार उनके आँसुओं में मेरे आँसू भी दाखिल हो जाते थे। इन रोती मशीनों में एक थी—किसुनी भौजी। उसका पति कतरास की कोइलरी में कोयला काटता था। नाम था मुन्नी लाल। किसुनी भौजी दो बच्चों की माँ थी, किन्तु उम्र मुश्किल से बाईस साल। उसके अन्दर दुखड़ा सुनाने की अद्‌भुत वर्णनात्मक शैली थी। जब वह चिट्‌ठी लिखवाती थी, तो लगता था कि दुखड़ा स्वयं अपना आत्मविवेचन कर रहा है। यदि वह पढ़ती तो शायद दुखांत साहित्य में बहुत कुछ गढ़ती। उसके द्वारा लिखवाई गई अकाल की एक चिट्‌ठी आज भी मुझे अच्छी तरह याद है, जिसकी कुछ पंक्तियाँ इस प्रकार हैं : 'हे खेदन के बाबू! हम कवन-कवन बतिया लिखाईं? बबुनी बहुत बिलखइले। ऊ रोई-रोई के मरि जाले। हमरे छतिया में दूध ना होला। दूहै जाईला त बकेनवाँ लात मारै ले। बंसुवा मजूरी में खाली सड़ल-सड़ल सावाँ दे ला। उप्पर से ओकर आँख, आँखि बड़ी शैतान हौ। संझिया क रहरिया में गँवुवा क मेहरिया सब मैदान जा लीं, त ऊ चोरबती बारै ला। रकतपेनवा हमहूँ के गिद्ध नाई तरेरैला। चोटवा से पेटवा हरदम खराब रहेला। हम का खियाई, का खाईं, कुछ समझ में ना आवेला। बबुनी के दुधवा कहाँ से लिआई? जब ऊ रोवैले, त कब्बो-कब्बो हम वोके लेइ के बहरवाँ जाइके बोली ला कि देख तोर बाबू आवत हउवैं, त ऊ थोरी देर चुप हो जाले। तूँ कइसे हउवैं? सुनी ला कि कोयलरी में आग लाग जालें। ई काम छोड़ि दा। गंवुवैं में मजूरी कइ लेहल जाई। सतुवै से जिनगी चल जाई। येहर बड़ी मुश्किल में बीतत हौ। अकेलवैं जियरा ना लागेला, उपरा से खइले क बड़ा टोटा हौ। हो सके त बीस रोपेया भेजि दा। जब अइहा त तुलसी बाबू के एक जिस्ता कागद जरूर लेहले अइहा, ई है सब कर चिठिया लिखै लँ। ई बड़ा तेज हउवैं। अउर का लिखाई हम? थोर लिखना, ढेर समझना।' इस चिट्‌ठी में खेदन किसुनी भौजी के चार साल के बेटे थे तथा बबुनी डेढ़ साल की बेटी थी।

बँसुवा यानी बंसू पांडे जमींदार थे जिनके यहाँ किसुनी मजूरी करती थी। चोरबत्ती टार्च को कहते थे। बकेनवाँ यानी बकेना भैंस थी, जो दुहते समय छटक जाती थी, क्योंकि उसका दूध खतम हो चुका था। ऐसे ही मिलते-जुलते अनेक प्रकरण उस अकाल के दौरान मुझसे लिखवाए गए। मैं स्वयं से सारी 'बैरन' चिट्ठियाँ उसी अपने स्कूल पर स्थित एक पोस्ट बॉक्स में डाल देता था।'[1]

भारतीय विवाह व्यवस्था के नैतिक मूल्यों में से स्त्री के लिए सतीत्व का आदर्श बहुत महत्त्वपूर्ण है। एकनिष्ठ प्रेम के आदर्श से भोजपुरी लोकसाहित्य बहुत समृद्ध है। सीता, सावित्री, पार्वती, हेवन्ती, सती बिहुला, लचिया रानी, देवसुन्दरी, लोरिकायन की मंजरी, शोभनायक बंजारा की जसुमतिया, भगवती जैसे स्त्री मिथक और लोकगाथा चरित्रों के माध्यम से भोजपुरी लोकसाहित्य ने अपने समाज को खूब उपदेश दिया है। अपने सतीत्व की रक्षा के लिए स्त्रियों ने न केवल पर-पुरुषों के प्रेम प्रस्ताव को ठुकराया है बल्कि जब भी उसके आत्मसम्मान को किसी ने रौंदना चाहा है, उसने सशक्त होकर उस अत्याचारी को खत्म कर दिया है या फिर अनासक्त होकर स्वयं को खत्म करके सतीत्व के महत्त्व को कायम रखा है। पति परदेस चला गया है। वह बारह वर्ष तक वापस नहीं आया है। पत्नी उसकी प्रतीक्षा में सतीत्व को बचाए रखी है। 12 वर्ष बाद उसका पति लौट रहा है, रास्ते में उसे अपनी स्त्री दिखाई पड़ती है। पत्नी पति को नहीं पहचानती है। पहचानेगी भी कैसे? छोटी उम्र में ही पति जो परदेस भाग गया था। ठीक से इसने उसकी शक्ल भी नहीं देखी थी। पति मजाक में 'डाल भर सोना', 'मोती के हार' आदि देकर उससे विवाह का प्रस्ताव करता है। पत्नी पति को परपुरुष समझकर जलभुन जाती है। उसके विवाह प्रस्ताव और धन पर आग लगाने को उद्यत हो जाती है—'आग लागे डाल भर सोनवा में, बजर परे मोतिया के हारवा।' दुनियाबाई के तमाशे की प्यारी सुन्दरी और भिखारी ठाकुर के बिदेसिया नाटक की प्यारी सुन्दरी भी कई वर्षों से पति की प्रतीक्षा कर रही हैं। पड़ोसी देवर उससे अनुचित सम्बन्ध बनाना चाहता है। उसके वासनापरक प्रेम प्रस्ताव को ठुकराकर बिदेसी के आगमन तक अपने सतीत्व की महत्ता को कायम रखतो है। ऐसा बहुत कम देखने को मिला है जिसमें देवर एवं भाभी के रिश्ता की अभिव्यक्ति सीता एवं लक्ष्मण के समान हुई है।

मौखिक परम्परा में यह बड़ी दिलचस्प बात दिखती है कि पुरुष कितनी भी स्त्रियों से सम्बन्ध बना सकता है परन्तु अनबोलता स्त्री के लिए अन्य पुरुष से सम्बन्ध बनाना तो दूर की बात है। अपनी पवित्रता का निर्भीक होकर सबूत देना भी उसके लिए चुनौतीपूर्ण काम है। लोकसाहित्य साक्षी है कि इधर पत्नी अपने आत्म सम्मान को पति की इज्जत समझकर अपने सतीत्व की रक्षा करती रही, उधर प्रवास में पति दूसरी स्त्री भी रखता है और घर लौटकर पत्नी के सत की परीक्षा भी लेता है।

1. तुलसीराम, 'मुर्दहिया' आत्मकथा, (दिल्ली : राजकमल प्रकाशन, 2010) पृ. सं., 90

मिथकीय चरित्र शिव व्यापार करके बारह वर्षों के पश्चात घर लौटे हैं। गौरा से कुशल क्षेम पूछने की बजाय उनकी यौन पवित्रता पर सन्देह करते हुए नाना सवालों से परीक्षा ले रहे हैं।

इसे हम पिछले अध्याय में समझ चुके हैं। हम यह भी देख चुके हैं कि यौन शुचिता के प्रति निम्न जातियों में वैसा भाव थोड़ा कम होता है। इसकी वजह स्त्री-पुरुष का एक साथ कर्मस्थल पर काम करना हो सकता है। हालाँकि यहाँ भी स्त्री की स्वतंत्रता को दबा के रखा गया है। परदेसी पति के स्त्रियों को अक्सर घर से बाहर निकाला गया है।

भोजपुरी की मौखिक परम्परा ने इस तरह की स्त्रियों को गाँव के बाहर बाग में गोड़िन (पत्तियाँ बुहारने) का काम करने की सजा को बेहद संवेदनशीलता से अभिव्यक्त किया है। पुरुषों और उच्च जातीय स्त्रियों द्वारा गाए जाने वाले गीत-गाथाओं में परदेसी की स्त्री की छवि प्रतिरोध करने वाली नहीं है, प्रतिरोध एवं विद्रोह करती हुई वह स्त्री निम्न-जातीय स्त्रियों के गीतों में दिखाई देती है। निम्नलिखित लोकप्रिय गीत में खाड़ी देश में कमाने गए परदेसी की पत्नी का उद्गार देखिए—

केकरा खातिर करब भौजी, अबकी के परब, सैया अरब गइले ना।
सेज पर अब केकरा संगे लड़ब, सैंया अरब गइले ना।
हम नाहीं जननी जे बाड़े जउवहनना, ममी से कहिके हमारो क देती गवना।
कब ले इयाद कके हम तकिया के धरब, सैंया अरब गइले ना।
सेज पर अब केकरा से लड़ब, सैंया अरब गइले ना।
ससुरा में तेल बिना सूखता अचार हो, उनका ले निमन बाटे नइहर के इयार हो।
हमरो मन बिगड़ी त जाके छूटा चरब, सैंया अरब गइले ना। रजउ अरब गइले ना।
सेज पर केकरा संगे लड़ब, राजा अरब गइले ना।
य सहले सहात नइखे हमरा जे जवनिया, उनका ना बुझाला घरे छोड़ के गइले कनिया।
कृश्ना महेश के वियोग में कतना ले हम छूटा चरब, सैंया अरब गइले ना।
केकरा के खातिर करब भौजी, अबकी के परब, सैंया अरब गइले ना।[1]

गोड़ऊ नाच और गायन के लिए लोकप्रिय खेसारीलाल यादव का यह गीत भारत से लेकर खाड़ी देशों में बहुत चर्चित रहा है। इस गीत की नायिका साफ-साफ कह रही है कि अगर उसके पति नहीं आते हैं तो वह अपने मैके जाकर अपने 'यार' के संग मौज-मस्ती करेगी। वियोग की पीड़ा नहीं सहेगी। यह आज की भोजपुरी लोक की निम्नवर्गीय स्त्री है।

1. https://www.youtube.com/watch?v=YL7XgCG9cUA

लेकिन लोक परम्परा में भोजपुरी समाज विवाह पूर्व ही स्त्री की मानसिकता को इस रूप में तैयार कर देता है कि ससुराल में कष्टों को झेलना है, यदि कोई ताना मारता है या उसके मैके वालों को गाली देता है, उसके कामों में कमियाँ ढूँढ़ी जाती है तो भी पलटकर उसे भरमुँह जवाब नहीं देना है। भोजपुरी समाज दुल्हन की ऐसी दीनहीन चरित्र को अपने लोकसाहित्य के जरिए आदर्श रूप में प्रस्तुत करता है। स्त्री का यह आदर्श चरित्र भोजपुरी समाज के कमोबेश सभी जातियों व वर्गों के लिए अच्छा माना जाता है। परन्तु भोजपुरी प्रदेश में कई ऐसी जातियाँ हैं, जो गरीबी की वजह से अपनी नई दुल्हनों को अपने परम्परागत पेशे में लगा देता है। जहाँ बराबर श्रम करने से पुरुष एवं स्त्री के बीच एक अलग तरह का मानसिक रिश्ता बनता है। फिर भी उनकी सामाजिक व सांस्कृतिक मान्यताएँ तो होती ही हैं जो उनके बीच के रिश्तों को निर्धारित करने में अहम भूमिका निभाती हैं। गौड़, नट या अन्य दलित जातियों की स्त्रियाँ परिवार में समान श्रम करती हैं, इसलिए कष्ट मिलने पर कह-बोल लेती हैं। परन्तु पिछड़ी जातियों की स्त्रियों में पर्दा प्रथा वैसी ही है, जैसी अगड़ी जातियों में।

प्रवासी पतियों के घर लौटने पर स्त्रियों के साथ यौन शुचिता का सवाल अक्सर उठता है। स्त्री उत्पीड़न की आवाज स्त्रियों द्वारा गाए जाने वाले संस्कार गीतों, श्रम गीतों यथा—जँतसारी, रोपनी, सोहनी, निरवाही करते समय गाए जाने वाले गीतों में सुलगती है। इन गीतों में अधिकांशत: उत्पीड़न की आह तो है मगर प्रतिरोध का स्वर नहीं।

देस-परदेस में उढ़री नारी की सामाजिक एवं सांस्कृतिक छवि

भोजपुरी की एक बहुत लोकप्रिय लोकोक्ति है कि 'उढ़री औरत, टेम्पोरेरी नोकरी आ टटिहर घर के ओर छोर ना ह।' मतलब उढ़री औरत, टेम्पोरेरी नौकरी और झुग्गी-झोपड़ीनुमा घर का कोई भरोसा नहीं होता है। भोजपुरी बेल्ट के लोककवि घाघ ने भी उढ़री औरतों से सावधान रहने की शिक्षा दी है। उन्होंने कहा है कि 'मुये चाम-से-चाम कटावै, भुइँ सँकरी माँ सोवै।/कहै घाघ ये तीनों भकुवा, उढ़र पर रोवै।'[1] अर्थात् जो तंग जूता पहनता है, और जमीन पर भी तंग जगह में सोता है और अपना घर छोड़कर पराई स्त्री को लेकर भाग जाता है और फिर रोता है; घाघ कहते हैं, ये तीनों मूर्ख हैं।

---

1. राम नरेश त्रिपाठी द्वारा सम्पादित 'घाघ और भड्डरी' (इलाहाबाद : हिन्दुस्तानी अकादमी, 1931), पृ. सं. 31, रामनरेश त्रिपाठी, ग्रामसाहित्य, तीसरा भाग, (दिल्ली : आत्माराम एंड संस, कश्मीरी गेट, 1952), पृ. सं. 207 घाघ भड्डरी की कहावतें (चौपटिया किताब) सम्पा. विष्णुकान्त पाठक (दिल्ली : प्रकाश पब्लिकेशन, अनुमानित प्रकाशन वर्ष 2009), पृ. सं. 53

उढ़री औरतों के साथ किए जाने वाले लोकव्यवहार पर बात करने से पहले हमें 'उढ़री' शब्द के अर्थ पर बात करना जरूरी है। इस सम्बन्ध में इतिहासकार शाहिद अमीन का मानना है—'वह औरत जो परपुरुष के साथ भाग जाती है। हालाँकि उसके साथ रहने वाली वह औरत उसकी पत्नी नहीं होती है।'[1] दरअसल 'उढ़री' शब्द उढ़ार से बना है जिसका अर्थ होता है—भगा ले जाना। उढ़री नारी को 'अरधी' भी कहा जाता है लेकिन दोनों में अन्तर यह है कि 'उढ़री' का विवाह सामाजिक रूप से मान्यता प्राप्त नहीं होता है जबकि 'अरधी' का विवाह सामाजिक रूप से मान्यता प्राप्त होता है। 'उढ़री' का शाब्दिक अर्थ और भोजपुरी लोक साहित्य में इन औरतों की मौजूदगी से पता चलता है कि न केवल परपुरुष के साथ भाग जाने वाली बल्कि भगाकर लाई जाने वाली स्त्री को भी 'उढ़री' कहा गया है। जैसे कि लोकगाथा लोरिकी में नायक लोरिक चनवा को भगा (चनवा का उढ़ार) ले जाता है या फिर जालिम सिंह नाटक में जालिम सिंह डोम की लड़की को भगा ले जाता है। इनके अतिरिक्त बहुत से गीतों में स्त्रियों को भगा लाया गया है। वैसे भी मध्यकालीन या फिर औपनिवेशिक भारतीय समाज व संस्कृति में स्त्रियों को भगा ले जाने की एक लम्बी परम्परा तो रही है। ग्रियर्सन ने अपने एक लेख में एक बिरहा गीत का उल्लेख किया है जिसमें एक स्त्री (प्रिया) को पुरुष (प्रिय) द्वारा भगाए जाने को 'उढ़रले' पद का प्रयोग हुआ है—

हाथवा में डारले रम-रेखवा
गरवा में डारेले उदराछ
ललकी पगरिया बान्ह के यरवा
जानी के उढ़रले बा जात।[2]

अर्थात् राम रेखा नाम की प्रिया ने अपने हाथों में चूड़ियाँ पहन रखी है और गर्दन में उसने उदराक्ष (रुद्राक्ष) पहन रखी है। लाल पगड़ी बाँधे उसका यार अपनी जानी (प्रिया) को भगा लिए जा रहा है। यहाँ गौर करने वाली बात यह है कि स्त्री का भागकर जाने में सारा दोष (चारित्रिक दोष) उसी स्त्री पर आता है। दरअसल उढ़री वह औरत है जो अकेली या अपने बच्चों समेत परपुरुष के साथ रहती है। हालाँकि वह उस पुरुष की विवाहित औरत नहीं होती है। वह या तो

1. शाहिद अमीन (सम्पा.), ए कॉनसाइज इनसाइक्लोपीडिया ऑफ नॉर्थ इंडियन पीजेंट लाइफ, (दिल्ली : मनोहर पब्लिशर्स, 2005), पृ. सं. 47-48 ये लिखते हैं—'To urari, A women who has been enticed away; a women not his wife who lives with a man.'
2. जॉर्ज ए. ग्रियर्सन, सम भोजपुरी फोकसांग्ज, जॉरनल ऑफ रॉयल एशियाटिक सोसायटी, वाल्यूम 58, (1886), पृ. सं. 207-267 ग्रियर्सन ने इस बिरहा का भावार्थ लिखा है—'Ram-Rekha has put bangles on his arm, and on his neck an Ud'rachh. The lover has tied on a red turban, and is carrying off his sweetheart.' पृ. सं. 231

भागकर आई हुई होती है या फिर वह उस पुरुष के द्वारा भगाकर लाई हुई होती है जिसके साथ वह रहती है।

भोजपुरी प्रदेश से जिन महिलाओं का पलायन हुआ, उनमें अधिकतर विधवाएँ, बहिलाएँ (वंध्या औरतें), परित्यक्ताएँ, अत्यन्त निर्धन यानी हर तरह से शोषित-दलित महिलाएँ थीं। उन्होंने स्वेच्छा से कभी भी पलायन नहीं किया। यहाँ पंडित तोता राम सनाढ्य का संस्मरण (सन् 1914) उल्लेखनीय है—एक उन्नीस वर्षीय विधवा को उसकी सास एवं जेठानी मारते-पीटते थे। जेठ ने उसके साथ अवैध सम्बन्ध बनाया। उसको गर्भ रह गया। गर्भ गिराने को कहा गया लेकिन उसने ऐसा नहीं किया। इसलिए उसे मारा-पीटा एवं दागा गया और घर से निकाल दिया गया और धमकाया गया कि अगर वह लौटी तो उसे जान से मार डाला जाएगा। तोताराम बताते हैं कि 'ऐसे समाचार मेरे पास बहुत हैं,...इलाहाबाद, कानपुर, आगरा, फैजाबाद, अयोध्या, बनारस, मथुरा आदि स्थानों में आसपास के गाँवों की कितनी ही विधवाएँ भटकती मिलेंगी। क्या झोपड़ा, क्या कंगूरेदार महल प्रति सैकड़ा चालीस घरों से विधवाओं की आहों से गूँजती आवाज सुनाई देगी।'[1] अतः अकेली महिलाओं के श्रम पलायन के सन्दर्भ में अर्थशास्त्र की 'पुल एंड पुश थ्योरी' में से 'पुश थ्योरी' ही लागू होती है। मतलब, ऐसी महिलाओं ने मजबूरी में ही पलायन किया। परन्तु जो महिलाएँ अपने पतियों के साथ गईं, उनके सम्बन्ध में ऐसी टिप्पणी नहीं की जा सकती। औपनिवेशिक दौर में भोजपुरी क्षेत्र से महिलाओं का पलायन भी आमतौर पर पूरुब यानी कलकत्ता, आसाम जैसे नगरों में ही होता था। इसका मतलब यह नहीं है कि उपनिवेश से पहले ये स्त्रियाँ पलायन नहीं करती थीं। भोजपुरी की मध्यकालीन मौखिक आख्यानों से पता चलता है कि मध्यकाल में भी शोषित-पीड़ित स्त्रियों को बहुधा बलपूर्वक पलायन कराया जाता था। लोककथा कौवाहँकनी की नायिका इन्हीं स्त्रियों की कथा-व्यथा की ओर संकेत करती है। लेकिन इस अध्ययन में मैंने कलकत्ता में भोजपुरी क्षेत्र की प्रवासी औरतों पर ही केंद्रित किया है। कलकत्ता की जूट मिलों में काम करने वाली महिलाओं के सम्बन्ध में इतिहासकार समिता सेन के अध्ययन से हमें मदद मिलती है। कलकत्ता में 'ज्यादातर अस्थायी प्रवासी मर्द थे। जो भी प्रवासी महिलाएँ थीं, वे अधिकतर या तो विधवा थीं या नीची जाति की बाँझ औरतें।...यही महिलाएँ घरेलू नौकर थीं जो खाना पकाने से लेकर घर की साफ-सफाई वगैरह करती थीं।...और बड़ी संख्या में वही महिलाएँ वेश्या बन जाती थीं।'[2] प्रवसन के समय जिन महिलाओं को पारिवारिक संरचना से छिटककर गैर-पारिवारिक माहौल में रहना पड़ा, उन्हें तत्कालीन समाज द्वारा वेश्या का तगमा पहना दिया गया। समिता सेन का यह कथन उल्लेखनीय है

1. तोताराम सनाढ्य, भूतलेन की कथा, (सम्पादक, बृज वी लाल एवं योगेन्द्र यादव), (नई दिल्ली : सरस्वती प्रेस, 1994), पृ. सं. 141
2. समिता सेन, वूमेन एंड लेबर इन लेट कोलोनियल इन इंडिया, जूट इंडस्ट्री इन बंगाल 1880-1940, (कैम्ब्रिज : कैम्ब्रिज यूनिवर्सिटी प्रेस, 1999), पृ. सं. 25

कि 'राष्ट्रवादी, सुधारक, मजदूर संघों के कार्यकर्त्ता, पत्रकार, उपन्यासकार इत्यादि सभी उन प्रवासी महिला श्रमिकों की नैतिक मनोदशाओं को मजबूती देने में लगे हुए थे। इनकी दृष्टि में जूट मिल की औरतें बदनामी और विकृति की प्रतीक बनी हुई थीं। वहाँ जैसे ही कोई औरत टेम्पोरेरी शादी करती, उसे वेश्या का नाम मिल जाता। उन बस्तियों या लाइनों को मलिन मान लिया गया था, जहाँ वेश्यावृत्ति, रखैल और टेम्पोरेरी शादियाँ होती हैं।'[1] इन्हीं की जीवन-स्थितियों के ऊपर गढ़ी गई भोजपुरी की वह पूर्व उल्लिखित कहावत है—'उढ़री मेहरारू, टटिहर घर आ टेम्पोरेरी नोकरी के ओर छोर ना हऽ।' यानी उढ़री औरतों, झुग्गी-झोपड़ीनुमा घर और टेम्पोरेरी नौकरी का कोई भरोसा नहीं होता कि वे कब छोड़ जाए।

औपनिवेशिक संस्थाओं द्वारा बटोरे गए आधिकारिक आँकड़ों से ज्ञात होता है कि भोजपुरी क्षेत्र से प्रवास करने वाले पुरुष अपनी औरतों को बहुत ही कम मात्रा में साथ ले गए। प्रवास में भी उन्होंने अपनी पत्नियों या घर की महिलाओं से मजदूरी करवाना अपने परम्परागत संस्कार के प्रतिकूल (हेय) समझा, लेकिन दूसरे औपनिवेशिक प्रवास में संस्कारों के टूटने व प्लांटरों की ज्यादतियों की वजह से परिवार की स्त्रियों को भी खटना पड़ा। इधर 'रॉयल कमीशन ऑन लेबर इन इंडिया' जैसे आधिकारिक प्रयासों से प्रवासी महिलाओं के काम करने के सन्दर्भ में जिस तरह की सूचनाएँ सामने आती हैं, उनका उल्लेख करना आवश्यक प्रतीत होता है। 'अब्दुल हाकिम' (दरभंगा से आया हुआ जूट मिल वर्कर) ने कहा—'मेरे जिले के लोग अपना परिवार लेकर इस औद्योगिक इलाके में नहीं आते हैं।...यदि मैं अपना परिवार लाता हूँ तो लोग मुझ पर हँसेंगे। एक बंगाली मजदूर ने कहा, 'मेरी पत्नी मिल में काम नहीं करती क्योंकि बंगाल में हमारी पत्नियाँ काम नहीं करतीं।' हावड़ा जूट मिल में काम करने वाली दिगम्बरी नामक मजदूरिनी ने कहा, 'बंगाली-औरतें विधवा नहीं होतीं, तब तक वे मिलों में काम करने के लिए नहीं आतीं।' इनके ठीक विपरीत छपरा (भोजपुरी पट्टी) से आई हुई प्रवासी मजदूरिनी सुकवरिया ने अपनी बात रखी—'वह अपनी पुत्रियों को काम करने के लिए इसलिए लाई है, क्योंकि वह बूढ़ी हो चली है।'[2] इन कथनों से यह निष्कर्ष निकाला जा सकता है कि उपर्युक्त कथनों में अभिव्यक्त किया हुआ सम्मानबोध उनकी सामुदायिकता की ही विचारणा है जिसमें उनकी अपनी पहचान समुदाय की पहचान में तब्दील हो गई है, उसी पहचान के नजरिए से वे अपना सम्मान एवं शर्म जैसी बात बताते हैं। आखिर अपने समुदाय की महिलाओं के बारे में ऐसा आदर्श क्यों गढ़ा जा रहा था? अर्थात् मजदूर समुदाय अपने घर या क्षेत्र की महिलाओं द्वारा काम किए जाने को अपमान क्यों समझता

1. वही, 176
2. रॉयल कमीशन ऑन लेबर इन इंडिया, भाग 2, पृ. सं. 80, समिता सेन की पुस्तक 'वूमेन एंड लेबर इन लेट कोलोनियल इन इंडिया, जूट इंडस्ट्री इन बंगाल 1880-1940' से उद्धृत।

था? जाहिर है कि उस मजदूर समुदाय द्वारा बेशक पुरुष प्रधान होने के कारण अपनी स्त्रियों को 'इज्जत' की वस्तु समझना—प्रवासी श्रमिकों को सामुदायिक सम्मान पर व्यक्तिगत सम्मानबोध भी था और मिलों में काम करने वाली महिलाओं को वेश्यावृत्ति का प्रतीक मान लिया गया था। जैसा कि तत्कालीन आधिकारिक रिपोर्टों में इस सन्दर्भ में सूचनाएँ एकत्रित की गई हैं। रिपोर्ट में 'जूट मिल' के मैनेजर ने कहा था—'मिल में काम करने वाली अधिकतर औरतें काम के साथ वेश्यावृत्ति भी करती हैं।'[1] ये सारी मजदूर औरतें प्रवासी थीं। कलकत्ता में जूट मिल की महिला श्रमिक, जो वेश्या की पर्याय थीं, आगे चलकर इस रूप में परिणत हो गई कि—'अधिकतर महिलाएँ पुरुषों के साथ रहने लगीं, यद्यपि वे उनकी पत्नियाँ नहीं थीं या अधिकतर अकेली महिलाएँ जो उनके साथ रहती थीं और अपने बच्चों के साथ भी रहती थीं। इनकी घरेलू स्थिति परिवार जैसी नहीं थी।'[2] यही औरतें प्रवासी उढ़रियाँ थीं।

उपनिवेश के दिनों में जैसा कि पहले संकेत किया जा चुका है कि इस प्रदेश से घर से मजबूर होकर स्त्रियाँ न केवल कलकत्ता, झरिया, धनबाद, आसाम जैसे तत्कालीन औद्योगिक व बागानी इलाकों में पलायन करती थीं बल्कि अंग्रेजों के अन्य उपनिवेशों में भी लिंगानुपात के सन्तुलन के लिए सस्ते मजदूर के रूप में भेजी गईं। दरअसल, उन दिनों मेलों में खो जाने वाली स्त्रियाँ भी अरकाटियों के लिए आमदनी की एक बहुत अच्छी स्रोत थीं। अरकाटी उन्हें छल से कुली भर्ती डिपो में भेज देते थे।[3] ध्यान रहे कि मेलों में खो जाने वाली स्त्रियाँ देहाती थीं। भोजपुरी

---

1. कर्जेल रिपोर्ट, पृ. सं. 12, समिता सेन की पुस्तक 'वूमेन एंड लेबर इन लेट कोलोनियल इन इंडिया, जूट इंडस्ट्री इन बंगाल 1880-1940' से उद्धृत, पृ. सं. 186-187
2. वही, पृ. सं. 187
3. शाहिद अमीन (सम्पा.), ए कॉनसाइज इनसाइक्लोपीडिया ऑफ नॉर्थ इंडियन पीजेंट लाइफ, (दिल्ली : मनोहर पब्लिशर्स, 2005), पृ. सं. 47-48 उत्तर भारत विशेष रूप से भोजपुरी प्रदेश में विविध नामों से जाने जानी वाली विवाहित स्त्रियों के नामों एवं उनकी स्थितियों के सम्बन्ध में इतिहासकार शाहिद अमीन ने इस रूप में टिप्पणी की है—'These (ahiwati, duah, tiuah, dholkarhi, gharkaili, dhemnani, urhari, etc.,) terms are indications of the ability of some Bhojpuri women to walk out of unhappy homes, whether natal or of the in-laws. The standard police reports about women getting lost in melas never return to home, and the significant migration of single women to the plantations in Assam and in Fijji make sense in terms of a pre-existing mobility of women, which cannot be reduced to the attaractions and enticements of a distant labour market alone.'; विस्तार से देखें, Sameta Sen, 'Unsettling the Household : Act VI (of 1901) and the Regulation of Women Migrants in Colonial Begal', in Shahid Amin & Marcel van der Linden (eds.), internatiuonal Review of Social History, 41 (1960, Supplement 4; Brij V. Lal, Chalo jahaji : a journey through Indenture in Fijji (Australian National University, Canberra 7 Fijji Meuseum, Suva, 2000), Ch. 5 : 'Origins of the Girmitiyas'. अरकाटियों द्वारा छल से स्त्रियों को कुली भर्ती डिपो भेजे जाने की खबर मन्नन द्विवेदी गजपुरी ने अपने उपन्यास 'रामलाल' (1917 ई.) और प्रेमचन्द ने अपने उपन्यास 'गोदान' (1936 ई.) में संकेत किया है।

प्रदेश के ग्रामीण इलाकों से झुंड की झुंड स्त्रियाँ मेला घूमने जाती थीं। उनके झुंड में से अक्सर कोई न कोई मेला में खो जाती थी। इस सम्बन्ध में उन दिनों की पुलिस रिपोर्ट भी गवाही देती है। इन मेलाघुमनी[1] स्त्रियों पर ही भिखारी ठाकुर का प्रसिद्ध नाटक 'गंगा स्नान' और भोजपुरी के सैकड़ों गाथाओं-कथाओं को लिपिबद्ध करने वाले बाबू महादेव प्रसाद सिंह का 'मेलाघुमनी' गीतिकाव्य आधारित है। तो इन्हीं खोयी हुई स्त्रियों को बहला-फुसलाकर अरकाटी रेल से कलकत्ता लेकर चले जाते थे। उस दिनों एक बार नवेली स्त्री घर से बाहर रही कि दूसरे दिन उसे घर में प्रवेश नहीं मिल सकता था। यह समझ इन स्त्रियों को मजबूरन उन्हें गर्त की ओर ले जाता था। प्रेमचन्द की प्रसिद्ध कहानी 'शूद्रा' में अरकाटियों द्वारा छल से उपनिवेशों में भेजी जाने वाली स्त्रियों के जीवन की सुध ली गई है। इस कहानी के प्रमुख तीनों चरित्रों (मंगरू, गौरा और एक सवर्ण घर की विधवा स्त्री) को एक अरकाटी ब्राह्मण धोखा देकर कलकत्ता कुली भर्ती डिपो पहुँचाता है। कलकत्ता से जहाज से मॉरीशस जैसे उपनिवेशों में पहुँचने पर और वहाँ के वातावरण में रहने से उनमें जो चारित्रिक बदलाव आता है और पुनः सौभाग्यवश या दुर्भाग्यवश उन्हें हिन्दुस्तान लौटने का मौका मिलता है, उनके लिए वह भी कम छलावापूर्ण नहीं होता है। अभी हाल ही में अंग्रेजी भाषा के प्रतिष्ठित भारतीय उपन्यासकार अमिताभ घोष की कृति 'सी ऑफ पॉपीज'[2] में अदिति नामक चरित्र के बहाने सामाजिक रूप से बहिष्कृत स्त्रियों की सुध ली गई है। इस तरह हम समझ सकते हैं कि भोजपुरी प्रदेश से स्त्रियों की प्रवसन प्रक्रिया किस तरह 'उढ़री' बनने की प्रक्रिया में तब्दील हो जाती है। इस सम्बन्ध में इसी अध्याय में आगे विस्तार से चर्चा होगी।

प्रवासी उढ़री औरतों के जीवन को समझने में भिखारी ठाकुर का साहित्य हमें पर्याप्त मदद करता है। उनके नाटक 'बिदेसिया' में रंडी (सलोनी) नामक चरित्र की उपस्थिति प्रवासी उढ़री के रूप में है। क्योंकि कलकत्ता में बिदेसी के साथ रहने से पूर्व वह भी एक प्रवासी मजदूरिनी थी। उसने बिदेसी से सामाजिक रूप से विवाह नहीं किया है। वह अपने सहकर्मी, जो भोजपुरी क्षेत्र से आया एक प्रवासी श्रमिक है, 'बिदेसी' के साथ अपने बच्चों समेत रह रही है। दोनों की शादी 'टेम्पोरेरी' है। कुछ सालों से दोनों साथ रहते आ रहे हैं। भिखारी ठाकुर ने सलोनी को 'रखेलिन' नाम से भी सम्बोधित किया है। 'रखेलिन' शब्द 'रखैल' का भोजपुरी है। आज

---

1. तुलसीराम ने अपनी आत्मकथा मुर्दहिया में 'मेलाघुमनी' उन स्त्रियों को कहा है जो नाचने वाली कसबिन होती हैं। खुद उनके शब्दों में—'परम्परा के अनुसार (मन्दिर में) छौनों की बलि के साथ-साथ वेश्याओं का नाच भी देवी के सामने करवाया जाता था।...वहाँ नाचनेवालियों का झुंड भी मौजूद रहा करता था। मेरे गाँव वाले इन्हें 'मेलाघुमनी' कहा करते थे। मेरे पिताजी भी नाच के लिए एक मेलाघुमनी दो रुपये में ढूँढ़ लाए। इन मेलाघुमनियों के साथ एक तबलची हुआ करता था।' (दिल्ली : राजकमल प्रकाशन, 2010), पृ. सं. 100
2. अमिताभ घोष, सी ऑफ पॉपीज, उपन्यास (दिल्ली : पेंगूइन, 2008)

महानगरीय समाज में कुछ इस तरह की 'लिव इन' नाम की संकल्पना आई है। परन्तु दोनों ही संकल्पनाएँ दो समाज और दो समय में निर्मित हुई हैं। हालाँकि दोनों में ही टेम्पोरेरीनेस है। लेकिन जहाँ तक इन दोनों संकल्पनाओं में सामाजिक महत्त्व की बात है तो लिव इन में रहने वाली स्त्री का सामाजिक स्टेटस वही नहीं है जो उस उढ़री स्त्री का था। उसे सदा दोयम दर्जे का सामाजिक व्यवहार मिला है। लोकसाहित्य में उनकी उपस्थिति उसी रूप में है। भिखारी ठाकुर के नाटक में भी उस उढ़री सलोनी के साथ वैसा ही बर्ताव हुआ है। नाटक के नायक बिदेसी की पत्नी प्यारी सुन्दरी का सन्देश लेकर गाँव से एक बटोही आता है। उसे घर की एक-एक बात याद दिलाकर बटोही बिदेसी को घर जाने के लिए व्याकुल कर देता है। परन्तु ज्योंही सलोनी के बारे में पूरे विस्तार से उन्हीं आग्रहों के साथ बटोही बिदेसी को समझाने लगता है, जो बात घर से निकलते समय पत्नी प्यारी सुन्दरी ने उसे समझाई थी यानी पूरब के देश में जादू-टोना जानने वाली औरतें रहती हैं, जादू से मर्दों को सुग्गा या भेड़ा बना लेती हैं इत्यादि वगैरह। बटोही, सलोनी को रंडी नाम से सम्बोधित करता है और उसके साथ व्यवहार भी वैसा ही करता है, जो जादू जानती है। उसके चंगुल से निकलना ही बेहतर है क्योंकि—

रंडी में कुछ ना बाटे, कुत्ता जइसे हाड़ चाटे, एको घाट नाहीं तू हूँ लगबऽ बिदेसिया।
छोड़ि दऽ अधरम, मिजाज कके नरम, तूँ मनवा में कर लेहूँ सरम बिदेसिया।[1]

वह जितनी सारी कसमें-वादे खा-खाकर रो रही है, सब झूठे हैं। अब तक किसी की नहीं हुई। ना पास-पड़ोस की, ना सास-ससुर की। न ससुराल की, न नैहर की। अन्त में बटोही सलोनी को भी समझाता है। 'ऐ बाड़ीवाली। बात मानो, बिना विचार के काम मत करो। थोड़ा कहता हूँ, पूरा समझो। अपना चाल-चलन, रहन-सहन अच्छा बना लो। मेरे कहने से बिदेसी को जाने दो। तुम्हारा बाजार बना हुआ है, तुम्हें बहुत 'छैल चिकनियाँ' (कामी पुरुष) मिल जाएँगे।'[2] पर वह नहीं मानती है क्योंकि वह जिन परिस्थितियों से होकर गुजरती आई है, समाज का क्रूर चेहरा देखती आई है। पति का अभाव उसे कहाँ से कहाँ ले आया। इतना झेलने के बाद अब जब पतिनुमा एक आश्रय मिला है वह भी उससे छीना जा रहा है। भिखारी ठाकुर के बिदेसिया की रखेलिन के साथ जिस दौर में बर्ताव हुआ, बीसवीं सदी का तीसरा दशक है। इस सन्दर्भ में फीजी में 21 वर्षों तक प्रवासी रह चुके और प्रवासियों के हितार्थ संघर्ष करने वाले पं. तोताराम सनाढ्य के लिए प्रवासी

1. वीरेन्द्रनारायण यादव व नागेन्द्र प्रसाद सिंह सम्पा. भिखारी ठाकुर रचनावली, (पटना : बिहार राष्ट्रभाषा परिषद्, 2005), 46
2. वही, पृ. सं. 46

महिलाओं को धोखा देकर घर लौट जाने वाले प्रवासी श्रमिकों का चरित्र भी एक मुद्दा था। उन्होंने सन् 1914 में कहा था कि—'फीजी से वापस लौटकर आने वाले ब्राह्मण, क्षत्रिय और वैश्य लोग देश में आकर यह विचार करते हैं कि फीजी की विवाहित स्त्री को यदि घर ले जाएँगे तो समाज के अनुसार घर में रहने पावेंगे? इस विचार से धोखा देकर फीजी की स्त्री को छोड़कर भाग जाते हैं और अपने घर-गाँव का झूठा पता फीजी की स्त्रियों को बता देते हैं, जिससे वे स्त्रियाँ उनको ढूँढ़ भी नहीं सकतीं। फीजी से चलते वक्त आधा रुपये स्त्री के नाम लिखा देते हैं।'[1] उन्हीं दिनों जरा बाबा रामचन्द्र के इस कथन पर भी गौर करें कि कैसे उन्होंने अपने को पत्नी से अलग किया था—'मैंने अपने मकानों व जमीन को अपने म्यारेज किए हुवे चमारिन के नाम करा कर उसके म्यारेज को भी खारिज कर दिया।...बाकी के कपड़े, बिछोने, बर्तन आदि सांसारिक चीजें व उत्तम फोटो, वह हाथ के लिखे हुए कई कागजों को वहाँ ही छोड़ उस स्त्री को अर्पण कर दिया।'[2] गौरतलब है कि ये वही बाबा रामचन्द्र ही हैं जिन्होंने अवध के किसान आन्दोलन का नेतृत्व किया था। ये मराठी ब्राह्मण थे। रोजी-रोटी की तलाश में ये फीजी पहुँच गए थे। वहाँ एक सुन्दर चमारिन से शादी कर ली। मजेदार बात एक और है कि इन्होंने अपने लेखन में कहीं भी उस 'सुन्दर चमारिन' के नाम का जिक्र तक नहीं किया है। बल्कि बाद के लेखन में उस स्त्री को 'तामसी क्रूर स्वभाव' वाली कहा है। दरअसल तब वे बेहद धार्मिक हो गए थे। गिरमिट का अनुबन्ध खत्म होने और अपने वतन हिन्दुस्तान लौटते वक्त उन्होंने अपनी पत्नी को, जैसा कि पंडित तोताराम ने कहा कि, कुछ सामान देकर अपने को विवाह सम्बन्ध से मुक्त कर लिया। तो प्रवासी स्त्रियों के साथ यह धोखाधड़ी न केवल फीजी देश से लौटने वाले श्रमिक करते थे वरन् अन्य औपनिवेशिक देशों और हिन्दुस्तान में भी कलकत्ता वगैरह में करते थे। इस दृष्टि से 'बिदेसिया' की सलोनी (रंडी) के साथ ठीक वैसी ही धोखाधड़ी हुई है। जैसा कि वह पहले बिदेसी को घर न जाने देने के लिए हर यथासम्भव प्रयास कर रही थी। उसने बिदेसी से कहा था—

घरे चलि जइबऽ लवटि के ना अइबऽ, तूँ आस तुरि के सब नास कइलऽ बलमुआँ।
जइबऽ भवनवाँ परानवाँ तेयागि देहब, पाका जानऽ जनिहँ कहनवाँ बलमुआँ।
असल के हईं बेटी, इरिखे फँसल बा नेटी, कर तूरि घर जनि जइहऽ बलमुआँ॥[3]

अर्थात् हे बालम! घर चले जाओगे, लौटकर फिर नहीं आओगे। तुमने हमारी

1. तोता राम सनाढ्य, भूतलेन की कथा, सम्पा. ब्रज वी लाल व योगेन्द्र सिंह (1994), पृ. सं. 143-44
2. बाबा रामचन्द्र पेपर्स (बीआरपी), स्पीचेज एंड राइटिंग्स (एस डब्ल्यू), सीरियल नं- 2डी पृ. सं. 20
3. वीरेन्द्रनारायण यादव व नागेन्द्र प्रसाद सिंह सम्पा. भिखारी ठाकुर रचनावली, (पटना : बिहार राष्ट्रभाषा परिषद्, 2005), पृ. सं. 46

सारी आशाएँ नष्ट कर दीं। गाँव जाओगे, प्राण त्याग दूँगी। मेरी बात को पक्का समझना। 'असल' की बेटी हूँ। ईर्ष्यावश मेरी गर्दन फँसी हुई है। हाथ तोड़कर घर मत जाओ। ऐसे उपहासास्पद राही की बात सुनकर अपना मन उदास मत करो। तुम्हारे ही कारण माँ-बाप को छोड़ दिया। अब मैं कौन उपाय करूँ। माता-पिता, भाई-भाभी, घर-द्वार, जाति-कूल, खानदान, परिवार, यहाँ तक कि अपना समस्त समाज छोड़कर तुम्हारे पास आई हूँ। जरा नीति से विचार करके देखो और धैर्य धरो, प्रेम में विलम्ब होता है। हे प्राणपति! बाँह पकड़कर मेरी इज्जत को बहाल रखो।'[1] सलोनी का यह कथन बिदेसी के प्रति उसके प्रेम की गहराई को दर्शाता है। सलोनी जैसी स्त्रियों का प्रेम ही तो होता है, जो उन्हें शराबी पति को छोड़ देना भी गँवारा नहीं होता है। जरा इस लोकगीत को देखिए—

बाबू दारोगाजी कवने गुनहिये बन्हली पियवा मोर।
ना मोर पियवा चर रे चमरवा, ना मोर पियवा चोर।
मोर त पिअवा मधुवा के मातल, रहले सड़किया पर सोई।
अन्नी दुअन्नी सिपाहिया के देवो, पाँच रूपइया जमादार।
ई दुनो जोबना कलटर के देबो, पिअवा के लेबो छोड़ाई।
बाबू दारोगाजी कवने गुनहिया बन्हली पियवा मोर।[2]

अर्थात् ऐ दारोगा बाबू! किस कारण मेरे पिया को आपने बाँध रखा है। मेरे पिया चोर-चमार नहीं हैं बल्कि वे मदिरा पी लिये थे और सड़क पर सो गए थे। देखो! नहीं छोड़गे तो एकनी-दुअन्नी सिपाही को दूँगी, जमादार को पाँच रुपया दूँगी। ये दोनों 'जोबन' कलक्टर साहब को देकर अपने पिया को छुड़ा लूँगी। इसलिए दारोगा बाबू! मेरे पिया को छोड़ दीजिए। जरा इस गीत पर गौर फरमाएँ। औपनिवेशिक शासन ने कुछ जातियों को अपराधी घोषित किया था। पुलिसिया व्यवस्था जातीय आधार पर चोरों को पकड़ती थी। जिन दिनों औपनिवेशिक सरकार जाति विशेष के आधार पर आपराधिक जातियों की सूची तैयार कर रही थी, यानी जो जाति से चमार होगा, वह चोर होगा, उसे पुलिस को पकड़ना चाहिए। यह पूर्वाग्रह भारतीय समाज की सबसे बड़ी सच्चाइयों में से एक रही है। औद्योगिक शहर में पत्नी यदि काम करती है तो पति अधिकतर शराबी, व्यक्तित्वहीन इत्यादि रूपों में सांस्कृतिक रूप से उपस्थित दिखाई पड़ता है और उसकी पत्नी काफी तेज-तर्रार। तेज-तर्रार माने वेश्यावृत्ति भी करती है। इसीलिए उसकी छवि इस गीत में पुलिस-सिपाहियों को रुपया दे देगी और निर्णय देने वाले को अपना जोबन, यानी अपना शरीर देकर अपने पति को छुड़ा

1. वही, पृ. सं. 46
2. दुर्गाशंकर प्रसाद सिंह, भोजपुरी लोकगीत में करुण रस, (प्रयाग : हिन्दी साहित्य सम्मेलन, 1994), पृ. सं. 230

लेगी। यहाँ यह भी गौरतलब है कि शहर में शराबी पतियों की पत्नियों को कितने स्तरों पर लड़ना पड़ता है। उसके संघर्ष को संस्कृतिकर्मियों ने भी उसके साथ वैसा ही परम्परागत व्यवहार के तौर पर रखा है। यह बड़ी ताज्जुब की बात है कि पत्नी पति को परमेश्वर रूप में मानती है, यह स्त्री भी अन्य स्त्रियों की तरह ही मानती हैं तभी तो वह चोरी करने वाले, बेरोजगार शराबी पति को भी छोड़ नहीं पाती है। वह औपनिवेशिक शासन की पुलिस व्यवस्था से लेकर सामन्ती व्यवस्था के अवशेषों से संघर्ष करती है। भिखारी ठाकुर के बिदेसिया की सलोनी उढ़री होते हुए भी स्वयं को 'उढ़री' नहीं मानती है। उसको लगता है कि यदि उसका पति घर लौट जाएगा तो उसका नाम 'उढ़री' अवश्य पड़ जाएगा। इसलिए वह अपनी निहोरा में कहती है—'उढ़री' के नाँव धरवइह मति हो।' यानी मेरा नाम 'उढ़री' रखवाने पर मत मजबूर करना। यहाँ इन पंक्तियों के लेखक को अपनी माँ की वह बात स्मरण आ रही है जिसमें उसकी माँ अपने नैहर के बारे में बात करते हुए कभी-कभार चर्चा करती थी। उनके पिताजी यानी लेखक के नानाजी कमाने गए थे—आसाम। वहाँ उनका किसी औरत से सम्बन्ध हो गया था। वह औरत 'रंडी' थी। और वे उस औरत का सारा जेवर चुरा लाए थे। उसी से गाँव पर पन्द्रह बीघा जमीन खरीदी गई थी। गाँव में हल्ला हो गया था कि इनके घर में 'लक्ष्मी का बास'[1] हो गया है।

बहरहाल, भिखारी ठाकुर की सलोनी 'उढ़री' (रंडी) नाम की सामाजिक पीड़ा को बेहतर ढंग से समझती है। परिवार से उसे संरक्षण और सम्मान मिलेगा। सामाजिक कचोटों से वह मुक्त रहेगी। लेकिन जैसे ही उसका पति उसे छोड़कर गाँव भाग जाता है, उसके सारे सपने चकनाचूर हो जाते हैं। उसको लगा कि उसका नाम अब 'उढ़री' पड़ गया—'आजुए से उढ़री नउवाँ परल हो राम।' बड़ा दिलचस्प है कि सलोनी एक उढ़री का जीवन जी रही थी लेकिन वह स्वयं को उढ़री के रूप में नहीं देख रही थी। यहाँ यह कहना बेमानी नहीं होगा कि मनुष्य तथाकथित सामाजिक रूप से कितना भी निम्न क्यों न हो उसके आदर्श भी उच्च वर्गीय आदर्शों के अनुकूल ही होते हैं। अर्थात् 'इन प्रवासी उढ़रियों का आदर्श परिवार का आदर्श अवश्य था और अपने समुदाय के संस्कार-आदर्श भी।'[2] चूँकि संस्कार अत्यन्त प्रतिकूल वातावरण में भी जीवित रहना जानते हैं। अपने संस्कारों के कारण ही वेश्यालयों की वेश्याएँ भी अपने खानपान में भेद-भाव रखती थीं। उन दिनों कलकत्ता से निकलने वाले हिन्दी साप्ताहिक समाचार पत्र 'विश्वमित्र' में श्री

1. गाँव में किसी के घर लक्ष्मी का बास होने का तात्पर्य है—अमीर होना। लोगों में यह भी लोकविश्वास रहा है कि गाँव में अमीर वही होता है जिसके घर लक्ष्मी का बास होता है। लक्ष्मी उसी के घर बास करती है जो पुण्य कर्म करता है। पुण्य कर्म से ही घर में लक्ष्मी रूप में सोने या चाँदी के घड़े स्वमेव लुढ़कते हुए आते हैं और बाबा (कुल देवता) घर में जाकर बैठ जाते हैं।
2. धनंजय सिंह, भोजपुरी प्रवासी श्रमिकों की संस्कृति और भिखारी ठाकुर का साहित्य (नोएडा : वी. वी. गिरि राष्ट्रीय श्रम संस्थान, 2008), पृ. सं. 44

ए. पी. मिश्र ने लिखा था—'वेश्यालयों में विभिन्न हिन्दू जाति की स्त्रियाँ रहती हैं। इस सम्बन्ध में एक विचित्र बात यह है कि यद्यपि ये स्त्रियाँ पेशे को अख्तियार करने के बाद हिन्दू समाज के उत्पीड़न से मुक्त हो जाती हैं, फिर भी खान-पान के मामले में हम पेशेवर होते हुए भी एक-दूसरे के प्रति जाति-भेद रखती हैं। यद्यपि उनके यहाँ सब जातियों के आदमी आते हैं। यहाँ तक कि मुसलमान भी, फिर भी खान-पान के मामले में वे अपनी कट्टरता अक्षुण्ण बनाए रखती हैं।'[1] इस कथन के आधार पर कह सकते हैं कि जब विशुद्ध वेश्यालयों में हिन्दुस्तानी समाज के प्रत्येक समुदाय का संस्कार जीवित रह सकता है तो फिर बस्तियों या लाइनों में रहने वाली, बहुत कुछ परिवार की तरह रहने वाली इन प्रवासी उढ़रियों में वह संस्कार जीवित कैसे नहीं रह सकता है? बहरहाल, बिदेसिया की सलोनी समझती है कि वह इस 'उढ़री' नाम से मुक्ति के लिए संघर्ष कर रही है। वह किसी तरह बिदेसी के गाँव का पता लगाती है और गाँव जाते समय रास्ते में पति के साथ रहने के लिए वह हर तरह से मजबूरी में भी जीने के लिए मन-ही-मन स्वयं से समझौता करती जाती है।

करब टहल महल के निसि-दिन देखब नजर भर-भरके।
लुगरी पहिरब, सतुआ खाइब, निजे मजूरी कर करके।[2]

अर्थात् वह सौतन की सेवा टहल रात-दिन करेगी, सत्तू खाएगी, मेहनत, मजूरी भी करेगी, पर पति के साथ ही रहेगी। लेकिन इस 'उढ़री' जीवन को नहीं जीएगी। इन्हीं विचारों का संकल्प लेती हुई वह अन्तत: बिदेसी के गाँव पहुँचती है। सौभाग्यवश उसे वहाँ सौतन बनने का अधिकार मिल जाता है।

पूरब से लाई जाने वाली औरतों के प्रति किया जाने वाला व्यवहार भी एक गम्भीर मसला रहा है। इन स्त्रियों का आगमन सबसे पहले पारिवारिक ढाँचे पर असर डालता है। लोकसंस्कृति में जिनकी छवि विविध रूपों में चित्रित है। जब कोई परदेस से अपने गाँव लौटता है तो सिर्फ रुपये-पैसे या सामान इत्यादि लेकर ही नहीं लौटता है बल्कि वह प्रवास से विचारों को भी लाता है। जैसा कि हरभजन सिंह ने अपनी आत्मकथा चोला टांकियावाला में लिखा है—'अपना गाँव छोड़कर परदेस जाने वाला आदमी जब वापस आता है तो अपने साथ कुछ सचेत या अचेत ब्यौरे लेकर आता है कि चाहे-अनचाहे गाँव और शहर के रहने वालों के बीच एक फासला बना रहता है। एक नूर आदमी, हजार नूर कपड़ा (एक तरह का आदमी, हजार तरह के कपड़े) को शहर के सुन्दर लिबास वाले आदमी का गुण कहा जाता है, पर गाँवों में किसी-किसी के लिए कपड़ों की भिन्नता ही जान का रोगी

1. विश्वमित्र, नवम्बर, (दिल्ली : माइक्रोफिल्म, एनएमएमएल, 1934)
2. वीरेन्द्रनारायण यादव व नागेन्द्र प्रसाद सिंह सम्पा. भिखारी ठाकुर रचनावली, (पटना : बिहार राष्ट्रभाषा परिषद्, 2005), पृ. सं. 312

बन सकती है।'[1] और इन विचारों के साथ कई लोग स्त्री भी लाते हैं। उपनिवेश पूर्व या उपनिवेश के दिनों में बहुत लोग (श्रमिक-व्यापारी, सिपाही व श्रमिक) पत्नी के रूप में स्त्रियों को भी लेकर आए। वे नारियाँ अपनी स्थानीय संस्कृति के साथ शहर में रहने के कारण कुछ शहरी मूल्यों को भी लेती आईं। लोकसाहित्य विशेष रूप से स्त्रियों के गीतों से पता चलता है कि उन नारियों के प्रति भोजपुरी लोक समाज ने बेहद बेरहमी की है। यह बेरहम व्यवहार भोजपुरी की निम्नवर्गीय समाज के लोकसाहित्य में ज्यादा दिखाई देता है। लोक समाज ने उसे सदा हीन समझा है और यहाँ तक कि 'रंडी' भी कहा है। उसे हेय देखे जाने की वजह है, उसकी जाति का पता न होना और यह मान लेना कि वह निम्नजाति की ही होगी। हीन-ग्रंथि या शोषण से तंग आकर कुछ स्त्रियाँ बंगाल यानी वे जहाँ से आई थीं, वहाँ लौट गईं[2] तो कुछेक ने तालाब या कुएँ में अपनी जान दे दी और कुछेक ने जहर खाकर मुक्ति की शरण ली। भोजपुरी लोकगीतों में बंगाल या मोरंग से आई हुई ऐसी नारियों की तस्वीरों के प्रमाण बहुतायत मात्रा में मौजूद हैं। यहाँ इस बात का उल्लेख करना बहुत दिलचस्प है कि प्रवासी श्रमिक-व्यापारी या सिपाही या फिर श्रमिक कहीं से भी अपने घर स्त्री लाता है, गाँव-घर उस स्त्री को 'बंगालिन' नाम से ही सम्बोधित करता है। परिवार समाज की पहली इकाई है। उन नारियों के प्रति दोयम दर्जे का व्यवहार अधिकांशतः समाज की पहली इकाई द्वारा ही हुआ है। जरा इस लोकगीत को देखिए—

बोअलों में गोहुआँ उपजि गइली अँकरी, मेड़वा बइठल प्रभु झंखेली रे की।
जनि प्रभु झंखहु जनि प्रभु झुरवहु, अँकरी बदलि गोहुवाँ पीसब रे की॥ 1॥
पीसत कुटत मोरा धनि दुबरइली, कहतू त चेरिया ले अइतो रे की॥ 2॥
चेरिया आने गइले सवत ले अइले, सवति बिरहिया कइसे सहब रे की॥ 3॥
पूरिया पकइह ए गोतिनी जाउरी जे रिन्हिह, परत परत महुरा लगहइहु रे की॥ 4॥
एक छिपा खइली सवत, दुई छिपा खइली, अँचवे के बेरिया कपरा घुमरल रे की॥ 5॥
जऊँ तोरा बहुआ रे घुमरेला कपरा, सुति रहु प्रभु धवरहर रे की॥ 6॥
हर जोति अइले कुदारी झामि अइले ओरि तर बइठे मानवा मारी रे की॥ 7॥
सभ के हुके देखे ले अँगना से घरवा में, पुरुबी बंगालिन नाही लउके रे की॥ 8॥
तोरी बहुअवा गरभी गुमनिया, सुतल बाड़ी धवरहर रे की॥ 9॥
एक पैना मरले दुसर पैना मरले, पुरुबी बंगालिनि नाहीं बोली ली रे की॥ 10॥[3]

1. हरभजन सिंह, चोला टांकियावाला, अनुवाद—नरेश नदीम, (दिल्ली : सारांश प्रकाशन,), पृ. सं. 31
2. तुलसी राम, मुर्दहिया, आत्मकथा (दिल्ली : राजकमल प्रकाशन, 2010)
3. दुर्गाप्रसाद सिंह, भोजपुरी लोकगीतों में करुण रस (प्रयाग : हिन्दी साहित्य सम्मेलन, 1944), पृ. सं. 78

इस जँतसारी लोकगीत में पति एक और पत्नी पूरुबी बंगालिन को घर में ले आया है। वह खेत पर काम करने चला गया है। इधर घर में सौतिया डाह से पहली पत्नी ने अपनी बड़ी गोतिनी की सलाह से उस बंगालिन सौतन को खाना में जहर दे दिया। जहर से बंगालिन का माथा घूमने लगा तो वह धवरहर पर जाकर सो गई। पति खेत से हल चलाकर लौटा तो पूछा कि वह सभी को तो देख रहा है परन्तु उसकी पूरब देस की बंगालिन नहीं दिख रही है। जेठानी ने उत्तर दिया—'तुम्हारी नई बहू गर्व और गुमान में माती हुई है वह धवरहरे पर सो रही है।' क्रोध में आकर वह धवरहरे पर सोई अपनी बंगालिन को एक पैना (जिससे बैल को हल चलाते वक्त हाँका जाता है।) मारा, दूसरा पैना मारा लेकिन वह नहीं बोली। वह बोले भी कैसे, वह तो मर चुकी थी। यह बड़ी मजेदार बात है कि बंगाल में जो औरतें प्रवासी मर्दों को अपने जादू-टोना से सुग्गा या भेड़ा बना लेती थीं, वही उनके (जिन मर्दों के साथ प्रवास में रहती थी) गाँव लौटने पर उनके सारे जादू-टोना फिस्स हो जाते हैं। इसी तरह का एक और गीत देखिए—

गवना करवली ए पीअवा, घर बइठली नू रे की॥ 1॥
मोरंग जीव रे अपने चले ले उतरी बनिजिया नू रे की॥
बारहो बरिस पर अइले ए मोरंग जीव हो ढारे जिरवा गोनिया नू रे की॥
माई लेई धावे हो रामा आरे पीठवा से पनिया नू रे की॥
मोरंग जीव हो बहिनी ले अइली नवरंग बेनिया नू रे की॥ 2॥
सभ के त देखी ए आमा अँगना से घरवा हो रामा।
मोरंग जीव हो पतरी तिरिअवा नाहीं ले हों की॥ 3॥
तोहरी तिरियवा हो ए बबुआ। गरभी गुमनिया हो राम॥
मोरंग जीव हो—सूतल बाड़ी जा घवरहर हो की॥ 4॥
जब आमा रहिती हो जाँघ के तिरियवा नू रे की॥
मोरंग जीव हो झांकि झुकी देखती आपन, पिअवा नू रे की॥ 5॥
तोहरो तिरियवा ए बाबू! गरभी गुमनिया नू रे की॥
मोरंग जीव हो डूबि मरली ओही रे सगरवा नू रे भी॥
कहाँ गइलू सत के तिरिअवा बिहरे मोर छतिया नू रे की॥ 6॥ [1]

इस जँतसारी गीत में पति मोरंग से नारी ले आया है। पति उत्तर बनिजिया चला गया था। वह बारह वर्ष बाद घर लौटा है। माता बैठने के लिए पीढ़ा (काठ का आसन) और पीने के लिए पानी लेकर दौड़ी आई और बहन रंगीन पंखा लेकर आई। पुरुष ने पूछा कि वह सबको देख रहा है लेकिन उसकी सुकुमार पत्नी कहाँ है? माँ कहती है कि वह स्त्री बड़ी गर्वीली है। वह धवरहर पर सो गई है। पुरुष

1. दुर्गाप्रसाद सिंह, भोजपुरी लोकगीतों में करुण रस (प्रयाग : हिन्दी साहित्य सम्मेलन, 1944), पृ. सं. 78

फिर कहता है कि मोरंगवाली रहती तो झाँक-झूँककर अपने पिया को जरूर देखती। माता फिर कहती है कि तुम्हारी स्त्री बड़ी गर्वीली थी। वह सागर में जाकर डूब मरी। पुरुष विलख उठता है कि हे त्रिया। तुम्हारे बिना मेरी छाती व्याकुल हो रही है। इसी भाव-संवेदना को दर्शाने वाला एक और गीत देखिए—

झँझरे झरेखवा चढ़ि बिअही निरेखेले, मोर प्रभु उढ़री ले आवे नू रे की।
उढ़री-उढ़री जनि करू रे बिअहिया गोबर कारन उढ़री अइलि नू रे की।
बिअही जे रीन्हेली धनवा के भतवा, ऊपर रहरिया के दलिया नू रे की।
जेंवहि बइठेले पियवा परदेसिया, आजु के जेवनवा नाहीं नीमन नू रे की।
उढ़री जे रीन्हेली कोदई के भतवा, ऊपर जोन्हरिया के सगवा नू रे की।
जेवही बइठेली पिया परदेसिया, आजु के जेवनवा नाहीं नीमन नू रे की।
बिअली जे डासेली लालि पलंगिया, ऊपरा से फुल छितरावेले रे की।
सोवहीं जे चलेलें पिया परदेसिया, आजु के सेजरिया नाहीं नीमन रे की।
उढ़री जे डासेले कोदई के पुअरा, ऊपर रेंगनिया के कँटवा नू रे की।
सोवहीं जे चलले पिया परदेसिया, आजु के सेजरिया बड़ नीमन नू रे की।
दुनों रे सवति मिलि झोंटा-झोटी कइली, दुअरा बइठल-कुबजा झंखेला नू रे की।
केकरा के मानिलें केकरा गरिआई; केकरा के गुंजरी गढाइब नू रे की।
बिअही के मारब बिऊही गरिआइबि, उढ़री के गुंजरी गढ़ाइब नू रे की।
बिअही के डँडिया राम नव सूप माछी, उढ़री के डँडिया चँवर झुले रे की।
बिअही के डँडिया राम ओहि पर गइले, उढ़री के रहे मझधार नू रे की।
गोड़ तोरा लागी ला बिअही तिरिअवा, तोहरे धरमवा पार उतरबि रे की।
बिअही तिरिअवा राम बोलबो ना कइली, दूनों बेकति गोता खइले नू रे की।[1]

इस जँतसारी गीत में कोठा के झरोखा पर बैठी हुई ब्याही स्त्री अपने पति को उढ़री (रखैल) औरत लाते हुए देखती है और उसके बारे में पति से वह पूछ बैठी। पति ने जवाब दिया कि इस औरत को वह उढ़री-उढ़री न कहे बल्कि वह माल मवेशियों का गोबर हटाने के लिए आई है। ब्याही स्त्री ने जब भात और अरहर की दाल बनाई तो पति ने खाकर कहा कि उसे अच्छा नहीं लगा लेकिन जब उढ़री ने कोदो का भात और जोन्हरी का साग पकाया तो पति ने खाकर बहुत तारीफ की। ब्याही स्त्री ने जब लाली पलंग बिछाकर उस पर फूल डाले तो पति ने सोकर कहा कि उसे अच्छा नहीं लगा। परन्तु उढ़री ने जब कोदई का पुआल बिछाया और ऊपर से रेंगनी का काँटा बिछाया तो उस पर पति ने अपनी उढ़री की खूब तारीफ की। औरतों ने खूब झोंटा-झोटी (बाल पकड़ लड़ाई) की, पर कुबड़ा पति बाहर झंखता रहा। सोचा कि वह किसे मारे या गाली दे। तय किया

1. दुर्गाप्रसाद सिंह, भोजपुरी लोकगीतों में करुण रस (प्रयाग : हिन्दी साहित्य सम्मेलन, 1944), पृ. सं. 78

कि ब्याही स्त्री को मारेगा, गाली देगा और उढ़री के लिए नथिया बनवाएगा। ब्याही स्त्री के लिए उसने जो पालकी मँगाई, उस पर नौ सूप मक्खियाँ भिनभिना रही थीं जबकि उढ़री के पालकी पर चँवर झूल रहे थे। ब्याही स्त्री की पालकी उस पार पहुँच गई, उढ़री की पालकी मझधार में फँस गई। उस समय पति ने ब्याही स्त्री के धर्म से पार उतरने के लिए कहा। ब्याही स्त्री कुछ नहीं बोली। दोनों प्राणी नदी में डूब कर मर गए।

पूरूब देसवा से आवेले सवतिया रे ना॥1॥
नकिया में लावेले लवंगिया रे ना॥2॥
दाँतावा में जड़ेले मिसिया रे ना॥3॥
अँखिया में करेले सुरूमिया रे ना॥4॥
हँसेली त झलकेला बतिसिया रे ना॥5॥
रोवेली त झरेली सुरूमिया रे ना॥6॥
सोरहोंसिंगार करके चलली बजरिया रे ना॥7॥
भोर भइल चउक बजरिया रे ना॥8॥
आगि लागे पियवा तोर रहनिया रे ना॥9॥
अइले पियवा दिनवा बिताई के रे ना॥10॥
बुढ़वा बेमार बाड़े जियरा डेरइले रे ना॥11॥
रिन्हली हम कटोरा के भतिया रे ना॥12॥
एक कवर बुढ़वा खअहुँ न पवले रे ना॥13॥
फेरे बुढ़वा छतिया पर हथवा रे ना॥14॥[1]

यह कहरवा गीत है। गाँव की स्त्री कहती है कि उसकी सौत पूरब देश (बंगाल) से आ रही है। वह नाक में लौंग पहने हुए है, दाँतों में मिस्सी और आँखों में सुरमा लगाए हुए है। वह हँसती है तो उसके दाँत झलकने लगते हैं और रोती है तो सुरमा गिरने लगता है। वह सोलहों श्रृंगार करके बाजार चली गई। चौक बाजार में उससे मेरी भेंट हो गई। वह पति से कहती है कि तुम्हारे चाल-चलन में आग लगे। तुम क्रीड़ा का समय बिताकर अब आए हो। वह स्त्री अपनी सखी से कहती है कि मेरा बूढ़ा पति बीमार है। इससे डर लगता है। उसे खाने के लिए मक्का का भात बनाया है। अभी बूढ़े ने एक कौर खाया भी नहीं था कि वह मेरी छाती पर हाथ फेरने लगा। इस गीत की नैरेटर नायिका ने पूरब देस यानी बंगाल से सौतन रूप में आने वाली नारियों की तस्वीर पेश की है। यह गीत एक भावनात्मक तर्क पैदा करता है कि पूरब देस से आने वाली स्त्रियाँ सिर्फ शौक-श्रृंगार एवं बाजार घूमने वाली होती हैं, बड़े-बुजुर्गों की सेवा-सुश्रुषा नहीं करतीं।

1. कमला सिंह, पूर्वांचल के श्रम लोकगीत, (इलाहाबाद : परिमल प्रकाशन, 1991), पृ. सं. 201

निष्कर्ष

भोजपुरी की मौखिक परम्परा ने स्त्रियों की बहुत-सी घटनाओं को दर्ज किया है। ये स्त्रियाँ भी कई अर्थों में प्रवसन की पीड़ा सह रही हैं। भिखारी ठाकुर ने अपने नाटक 'बिदेसिया' में गाँव पर रहने वाली पत्नी सुन्दरी को धर्म और दूसरी पत्नी (उढ़री) को माया के रूप में चित्रित किया है। उन्होंने दूसरी पत्नी को धार्मिक व्याख्या के सन्दर्भ में माया के रूप में ही दर्शाया है। लेकिन उन्होंने नाटक में दूसरी पत्नी (रखैल) सलोनी को सामाजिक मान्यता देकर अपने से पूर्व की लोकसंस्कृति से प्रगतिशील कदम उठाया है। सलोनी पहली पत्नी को बड़ी बहन के रूप में स्वीकार करती है और प्यारी सुन्दरी दूसरी पत्नी सलोनी को छोटी-बहन के रूप में स्वीकार करती और फिर दोनों प्रेमपूर्वक रहती हैं। भोजपुरी की मौखिक परम्परा में 'पूरब देस' से आई नारी को वह स्थान प्राप्त नहीं हुआ था।

इस तरह हम समझ सकते हैं कि भोजपुरी की मौखिक परम्परा ने समाज से परित्यक्त, विधवा, बंध्या व शोषित-दलित स्त्रियों के प्रवसन करने एवं प्रवास में पुरुषों के साथ उढ़री जीवन जीने का मार्मिकता से उल्लेख किया है। पुरुषों के घर लौटते समय भिखारी ठाकुर के साहित्य में ये स्त्रियाँ पारिवारिक जीवन आदर्शों को ही अपना आदर्श समझती हैं। भिखारी प्रवासी उढ़रियों को पारिवारिक संरक्षण देकर, उन्हें जो सम्मान देते हैं वह भोजपुरी साहित्य तो क्या, तत्कालीन मुख्यधारा के समग्र साहित्य में वह सम्मान देखने को नहीं मिलता है। प्रवासी उढ़रियों को पारिवारिक मर्यादा देकर भिखारी ठाकुर ने तत्कालीन समाज एवं संस्कृति के लिए बहुत बड़ा प्रगतिशील एवं क्रान्तिकारी कदम उठाया था। उनके साहित्य के अतिरिक्त समग्र भोजपुरी संस्कृति व समाज ने उन्हें सदैव हेय दृष्टि से देखा था। उनके बाद भोजपुरी संस्कृति में प्रवासी उढ़रियों की उपस्थिति देखने को नहीं मिलती है।

उपसंहार

प्रवसन इतिहास की एक बड़ी परिघटना रही है। इसका चक्र-सिद्धान्त बेहद जटिल है। इसे उत्थान-पतन के सिद्धान्त की तरह नहीं समझा जा सकता है, बल्कि इसके लिए अजीब विडम्बना के रूप में देखते हुए यह कहा जा सकता है कि प्रवासियों के लिए जो मुल्क देस था, वही मुल्क अगली पीढ़ी के लिए परदेस हो जाता है और इसके साथ वह परदेस भी उसके लिए परदेस ही रहता है। अपने खून-पसीने से उसे अपना बनाता है तब तक उसकी अगली पीढ़ी के लिए किसी अन्य देस की ओर प्रस्थान करने की नियति तैयार हो जाती है। ऐतिहासिक परिस्थितियों का दबाव किसी अन्य परदेस की ओर जाने को विवश कर देती है। प्रवसन का यह चक्र वृत्ताकार या होरिजेंटल नहीं, उत्थान-पतन की तरह नहीं, बल्कि इसकी दिशा बहुआयामी होती है, जिधर दाना-पानी दिखा या दिखाया गया या फिर भगा दिया गया। इस तरह प्रवसन-चक्र एक जटिल पद मगर बहुआयामी व सतत गतिशील प्रक्रिया है। इसमें विभिन्न समय एवं स्थानों पर होने वाली अविरल गतिशीलता की प्रभाव प्रक्रिया अन्तर्गुंथित है। इसकी अवधारणात्मक समझ में जो वैचारिक पहलू उभरते हैं, वो हैं—देस से परदेस की ओर और परदेस से देस की ओर; 'लेबर' से 'वर्क' की ओर एवं 'माईग्रेशन' से 'सर्कुलेशन' की ओर बढ़कर देखना। कुछ इस तरह भी कहा जा सकता है कि प्रवसन-चक्र के केन्द्र में बेशक परदेसी और उसके लोग हैं लेकिन उनके साथ-साथ हैं वो सारी चीजें जिन्हें वह अपनी व्यक्तिगत-सोच, सामाजिकता, आचार-विचार, घर-परिवार, भाषा-संस्कृति इत्यादि के जरिए समुदाय, जाति, धर्म, देस-परदेस की संस्कृति इत्यादि को प्रभावित करता चलता है और उनसे प्रभावित भी होते चलता है। प्रभावन की गतिशीलता भूमंडलीकरण के दरम्यान जितनी तेजी से फैली है, उतनी तीव्रता से उसके पहले कभी नहीं फैली। प्रवसन का यह विस्तारण स्थान से लेकर पेशे तक में हुआ, जिससे लोकसंस्कृति भी जनसंस्कृति और लोकप्रिय संस्कृति में घुसने लगी और इस तरह घुस गई कि इनके बीच का फाँक खत्म-सा हो गया।

भारतीय इतिहास में भोजपुरी प्रदेश श्रमिक उत्पादन के लिए बहुत सस्ता एवं उर्वर क्षेत्र रहा है। आजीविका की खोज में इस क्षेत्र से लोगों का सुदूर प्रदेशों में प्रवसन बहुत लम्बे समय से होता रहा है। इस प्रदेश से जितने भी प्रकार के लोगों का प्रवसन हुआ है, उनमें छोटे व्यापारी, सैनिक और श्रमिक वर्ग प्रमुख हैं। इन तीनों के श्रम प्रवसन ने संस्कृति के दायरे में आने वाले रस्म-रिवाज, संस्कार, विश्वास, गीत, गाथा, नृत्य नाट्य, कथा-कहानी, देवी-देवता इत्यादि को प्रभावित ही नहीं किया बल्कि बहुत कुछ नए सिरे से उन्हें पैदा भी किया है। अर्थात् श्रमिकों के प्रवसन से विविध प्रकार की लोकसंस्कृतियों का जन्म हुआ—जिसमें बनिजिया लोकसंस्कृति, सिपहिया लोकसंस्कृति एवं बिदेसिया लोकसंस्कृति प्रमुख हैं। इन लोकसंस्कृतियों की एक लम्बी मौखिक परम्परा रही है। इनमें प्रवसन के यात्रा अनुभव बेहद संवेदनशीलता से अभिव्यक्त हुए हैं। इस मौखिक परम्परा ने जिन लोगों की प्रवसन यात्रा एवं डेस्टीनेटिव अनुभवों को अपनी गोद में सहेजा है उनकी कई श्रेणियाँ हैं, जैसे—अपने घर की कुछ सम्पत्ति बेचकर-बाचकर या पास-पड़ोस से उधार लेकर 'बनिजिया' (व्यापार) को जाने वाले व्यापारी, सैनिक, मजदूर एवं वे औरतें, जिन्हें मजबूरीवश गाँव-घर छोड़कर बाहर जाना पड़ा या गाँव-घर पर नवेली स्त्रियों को अकेले रहना पड़ा इत्यादि प्रमुख हैं। इन तीनों लोकपरम्परा की संवेदनाएँ आपस में आदान-प्रदान करती रहती हैं और भोजपुरी लोकसाहित्य में से यदि इनके अनुभव से निर्मित लोकसाहित्य को निकाल दिया जाए तो उसका आधा से ज्यादा भाग खाली हो जाएगा।

भारतीय मौखिक परम्परा में प्रवसन के शुरुआती दौर में देस और परदेस के बीच संवाद कायम करने के लिए पवन, बादल जैसे गतिशील प्राकृतिक स्रोत संचार माध्यम के रूप में दिखाई पड़ते हैं। मध्यकालीन मौखिक परम्परा में काग, भौंरा, कबूतर, बाज, हिरणी, सुग्गा, घोड़ा जैसे पशु-पक्षी सन्देश वाहक के रूप में मिलते हैं। लेकिन जब लेखन संस्कृति लोक के पास पहुँचती है तब लोक परम्परा में जाति विशेष (कायस्थ जाति) चिट्ठी लिखने व वाचन का काम करती हुई दिखाई पड़ती हैं। कालान्तर में धीरे-धीरे साक्षरता जाति, पास-पड़ोस एवं घर के पुरुष सदस्य में आती है। साक्षरता की बयार उस स्त्री तक भी पहुँचती है, जो घर की चहारदीवारी में कैद रहती थी। जिसे अपने पति को हाले-दिल सुनाने थे। फिर आती है सूचना प्रौद्योगिकी। सूचना प्रौद्योगिकी पुनः उसे मौखिक परम्परा की ओर ले जाती है परन्तु साक्षरता के साथ। फिर भी उसे अलगाव का बोध बना हुआ है। इस तरह लोकसंस्कृति में संचार माध्यमों के क्रमिक विकास के साथ आवागमन के साधनों में भी हुए परिवर्तन को देखा जा सकता है।

भोजपुरी प्रदेश के श्रमिक-व्यापारियों, सिपाहियों, मजदूरों के प्रवसन की परम्परा को समझने में उनकी यात्रा सम्बन्धी लोकविश्वास एवं लोकसंस्कार भी महत्त्वपूर्ण

भूमिका निभाते हैं। भोजपुरी की मौखिक परम्परा में प्रवास यात्रा के लिए उनकी लोकविश्वासों एवं संस्कारों की जानकारी में घाघ और भड्डरी जैसे लोक कवि हमें मदद करते हैं। इन दोनों लोक कवियों ने यात्रा सम्बन्धी विश्वासों एवं संस्कारों की जो समझ बनाई है, उनका समस्त भोजपुरिया समाज अनुपालन करता रहा है। लोकसमाज में प्रचलित घाघ एवं भड्डरी की कहावतें जिन विश्वासों का निर्माण करती हैं एवं जिस तरह संस्कारित करती हैं, उनसे पता चलता है कि किस दिन किस दिशा में यात्रा करनी चाहिए, किस दिशा में किस समय और क्या खाकर जाना चाहिए? प्रस्थान करते समय कौन-सा दृश्य किस बात का प्रतीक होता है?

भोजपुरी क्षेत्र के सार्थवाह अपनी बुद्धि, धैर्य, वीरता और गतिशीलता के लिए सदा से ही प्रसिद्ध रहे हैं। इस प्रदेश का व्यक्ति, वह चाहे किसी भी जाति, धर्म, वर्ग या समुदाय का हो या फिर वह किसी भी चीज का व्यापार के लिए प्रवास करता हो, भोजपुरी लोकसंस्कृति में उसे 'बनिजरवा' के नाम से जाना गया है और उसकी व्यापारिक क्रिया को 'बनिजिया' कहा गया है। वस्तुतः 'बनिजिया' शब्द व्यापारिक प्रक्रिया का भोजपुरीकरण है। बनिजरवा के अलावा उन्हें भोजपुरी लोक परम्परा ने 'सवदागर', 'छयल वैयपारी', 'बनजरवा' इत्यादि नामों से भी सम्बोधित किया गया है। हालाँकि बंजारा नाम की एक जाति भी है जो घुमन्तू जाति के रूप में जानी जाती है।

भोजपुरी के मौखिक आख्यान समुदाय विशेष द्वारा प्रस्तुत किए जाते रहे हैं, वो भी पिछड़ी दलित जातियों (श्रमशील समुदाय) द्वारा। इन मध्यकालीन आख्यानों में सोरठी बृजाभार, राजा भरथरी, गोपीचन्द, लोरिकायन, आल्हा-ऊदल, कुँवर-विजई, शोभनायक बनजारा, रानी सारंगा के गीत, सती बिहुला उर्फ बाला लखंदर, लचिया रानी के गीत, राजा अहेरी और रानी बलकी का किस्सा, रेशमा चुहड़मल, हिरनी-बिरनी या पोसन सिंह का गीत इत्यादि प्रमुख हैं। उन्नीसवीं सदी के उत्तरार्द्ध में औपनिवेशिक ब्रिटिश अधिकारियों ने इनमें से कुछेक लोक आख्यानों का संकलन कर प्रकाशित किया था और बाद में चलकर भारतीय राष्ट्रवादियों ने भी संरक्षण हेतु इनका संकलन एवं प्रकाशन किया। बीसवीं सदी पूर्वार्द्ध से लोक आख्यानों के प्रकाशन ने एक उद्योग का रूप ले लिया और वह उद्योग चौपटिया किताबों के रूप में उभरा, जिसका व्यापक पैमाने पर व्यापार होने लगा। दरअसल भोजपुरी के लोक गीत एवं लोक आख्यान, उनके गायकों का पेशा एवं उनकी सामाजिक पहचान, लोक आख्यानों के लेखक, प्रकाशक एवं उनके विक्रेता इत्यादि सब प्रवासी श्रमिक-व्यापारियों के सामाजिक-सांस्कृतिक इतिहास की छवि निर्मित करते हैं।

भोजपुरिया जवान नौकरी की खोज में पश्चिमी पंजाब से लेकर पूर्वी बंगाल तक अपने घर से बहुत दूर तक सफर करने के लिए सदैव तैयार रहता था। वह

रोजी-रोटी के लिए बढ़-चढ़कर साहसिक कार्य के लिए शामिल होता था एवं सर्विस की माँग होने पर उपलब्ध हो जाता था। इतिहासकार प्रो. डी.एच.ए. कोल्फ ने इन मुगलकालीन सिपाहियों को एक किसान जमा सिपाही माना है। ये लोग स्थानीय जमींदारों के यहाँ दरवान के रूप में सर्विस करते थे। जमींदारों की वजह से शेरशाह एक बड़ी शक्ति के रूप में उभरा था। मुगलिया सल्तनत के मिलिट्री श्रम बाजार में इनकी भारी संख्या थी। अकबर के राज्यकाल में या उसके बाद भी भोजपुरी इलाके के स्थानीय जमींदारों का नेतृत्व था। इस मामले में भोजपुरी उज्जैनिया परिवार अधिक उल्लेखनीय है क्योंकि उन लोगों ने मिलिट्री की ठेकेदारी सँभाली हुई थी। इसके साथ ही एक सच्चाई यह भी है कि सिपाही श्रम बाजार का राजपूतीकरण कर दिया गया था। जिसके बारे में डी.एच.ए. कोल्फ ने बड़ी तफसील से ब्यौरेवार विश्लेषण किया है। भोजपुरी प्रदेश का ब्राह्मण, निम्न या पिछड़ी जाति का व्यक्ति भी 'राजपूत' जाति की 'आईडेंटिटी' पर नियुक्त होता था। इस सम्बन्ध में विलियम इरविन ने लिखा है कि 'मुगलों के राजत्वकाल में दिल्ली और पश्चिम में, भोजपुरियों—विशेषतः भोजपुरी क्षेत्र के तिलंगों—को 'बक्सरिया' कहा जाता था। 17वीं तथा 18वीं शताब्दी में भोजपुर तथा उसके पास में ही स्थित बक्सर, फौजी सिपाहियों की भर्ती के दो मुख्य केन्द्र थे। 18वीं शती में जब अंग्रेजों के हाथ में देश का शासन-सूत्र आया तो उन्होंने भी मुगलों की परम्परा जारी रखी और वे भी भोजपुर तथा बक्सर से तिलंगों की भर्ती करते रहे।' सिपाहियों के श्रम बाजार में भोजपुरिया जवानों को 'पुरबिया', 'बक्सरिया' एवं 'तिलंगवा' जैसे सम्बोधनों से जाना जाता रहा है। वस्तुतः भोजपुरिया सैनिकों की क्रान्तिकारी भूमिका भारतीय इतिहास में 17वीं शताब्दी से शुरू होती है और सन् 1857 के स्वाधीनता संग्राम में 'सैनिक विद्रोह' के रूप में अपने चरम उत्कर्ष पर पहुँचती है।

बेशक भारतीय इतिहास के विभिन्न कालों में भोजपुरिया जवानों के अदम्य साहस, दुर्द्धर्ष शक्ति और अद्‌भुत रण-कौशल का उदाहरण मिथकीय एवं लोक-आख्यानों से लेकर इतिहास तक में मिलता है। भोजपुरिया जवानों के शौर्य की मानसिकता के निर्मिति में उनके प्रिय देवी-देवताओं यथा—काली, शिव, राम, हनुमान इत्यादि की अपेक्षा लोकगाथाओं के नायकों जैसे—आल्हा-ऊदल, विजयमल, लोरिक, पोसन सिंह, वीर क्षत्री घुघुलिया, छँवड़ा चोर, चुहणमल, कुँवर सिंह इत्यादि के ओजस्वी व्यक्तित्व की भूमिका अधिक रही है। इनके रहन-सहन की तरह उनके साहित्य और बोलचाल में भी उनकी वीर-भावना विशेष रूप से झलकती है। भोजपुरी समाज अपने लोक आख्यानों में बड़े उल्लास के साथ शीलवान राम से अधिक दर्प में जागते हुए राम, शौर्यपूर्ण कामों का अंजाम देने वाले हनुमान और नटनागर कृष्ण का स्मरण करता है। लोक आख्यानों के नायकों का खड्ग लेकर शत्रु के दल में पिल पड़ना, निरन्तर लड़ते रहना तथा शत्रु को

मौत के घाट उतार देना, उनके लिए बायें हाथ का खेल था। ये सभी मध्ययुगीन भोजपुरिया वीर थे जो अपनी प्रतिज्ञा पर मर मिटे और चुनौतियों का डटकर सामना किया। उन्होंने स्त्रियों एवं निहत्थों पर कभी शस्त्र नहीं चलाया। मगर मनभावन स्त्रियों का उद्धार (भगाया) जरूर किया। बड़े-बड़े प्रतापी राजाओं को जीतने के लिए उन्होंने अनेक उपाय एवं षड्यंत्र किए परन्तु राजपूती वीरता एवं आदर्श को नहीं छोड़ा। वे शत्रु के वचन पर विश्वास करते थे। निर्भय होकर लग्नमंडप में विवाह विधि सम्पन्न कराने के लिए चल देते थे। विश्वासघात का प्रचंड बदला लेते थे। युद्धभूमि ही उनके खेल का मैदान था और इस खेल के मैदान में सबसे विश्वसनीय पात्र एवं हथियार उनका घोड़ा होता है। यह घोड़ा वीरता, अदम्य साहस, शक्ति एवं प्रतिष्ठा का प्रतीक रहा है। आज भी भोजपुरी प्रदेश ही नहीं बल्कि समस्त उत्तर भारत में वह प्रतिष्ठा का प्रतीक है। निःसन्देह इन गाथाओं के नायकों के प्रचंड परन्तु मध्ययुगीन वीरता ने ही भोजपुरी जीवन को आकर्षित किया है। इन गाथाओं के अलावा भोजपुरी लोककहावतें भी एक महत्त्वपूर्ण स्रोत के रूप में उभरती हैं। इनके अवलोकन से पता चलता है कि भोजपुरिया लाठी के धनी होते हैं। ये किसी भी परिस्थिति में टूट सकते हैं लेकिन दुश्मन के आगे झुक नहीं सकते। भारतीय स्वाधीनता आन्दोलन हो या फिर गदर, सबमें भोजपुरियों ने तन-मन से सक्रिय भाग लिया है। भोजपुरियों की इस विशिष्टता का उल्लेख करते हुए ग्रियर्सन ने लिखा है कि यह हिन्दुस्तान की लड़ाकू जातियों में से एक है। यह जाति एक सतर्क और सक्रिय जाति है। भोजपुरी युद्ध के लिए युद्ध को प्यार करते हैं। ये सम्पूर्ण भारत में फैले हुए हैं। इस जाति का प्रत्येक व्यक्ति किसी भी स्वतः उपस्थित सुअवसर से अपना भाग्य बनाने को तैयार रहता है। पूर्वकाल में इन्होंने अधिक संख्या में हिन्दुस्तानी सेना में भर्ती होकर उसे सशक्त बनाया था। साथ ही, दूसरी ओर इन्होंने सन् 1857 ई. की क्रान्ति में महत्त्वपूर्ण भाग लिया था।... आयरलैंड की निवासियों की तरह लाठी से प्रेम करने वाले, मजबूत हड्डियों वाले और लम्बे-तगड़े इन भोजपुरियों को हाथ में लाठी लिए हुए घर से दूर खेतों पर जाते हुए प्रायः देखा जा सकता है। दरअसल ग्रियर्सन ने जिसे वीर जाति कहा है, उसमें उन्होंने भोजपुरी समाज की अधिकांशतः उन जातियों को वीर जाति के रूप में देखा है, जो आमतौर पर चारागाही संस्कृति से जुड़ी रही हैं। क्योंकि वीर रस के अधिकांश मौखिक आख्यान उन्हीं पिछड़ी जातियों द्वारा प्रस्तुत किए जाते हैं। इस प्रदेश की प्रत्येक जाति की अपनी-अपनी लोकगाथाएँ हैं। सबके अपने-अपने वीर हैं। इस प्रदेश की प्रत्येक जाति की अपनी शौर्य की अपनी अवधारणाएँ हैं। शौर्य मानसिकता की निर्मिति में भोजपुरी की मौखिक परम्परा में लोकोक्तियों की भूमिका भी कम नहीं हैं। निःसन्देह मौखिक परम्परा के गीत, गाथाएँ, कथाएँ, कहावतें, पहेलियाँ, बाल गीत इत्यादि सब नाम, दिनाँक, स्थान वगैरह की क्रम से भले ही

जानकारी नहीं दे पा रही हैं परन्तु सभी जीवन्त रूप में बड़े पैमाने पर भोजपुरिया समाज के शौर्य निर्मिति की व्याख्या करने में मदद करती हैं और कुछ आँकड़ों को परिप्रेक्ष्य भी प्रदान करती हैं। अधिकांश इतिहासकारों में से सन् 1857 के किसान एवं सैनिक विद्रोह के आकलन के लिए किसी ने औपनिवेशिक आधिकारिक स्रोतों का ही उपयोग किया है तो किसी ने केवल मौखिक स्रोतों का ही इस्तेमाल किया है। ये दोनों यानी लिखित स्रोत (आधिकारिक रिपोर्ट) एवं मौखिक स्रोत परस्पर एक-दूसरे के अन्तर्विरोधी दिखाई पड़ते हैं। अर्थात् मौखिक आख्यान से लेकर राष्ट्रवादी एवं मार्क्सवादी इतिहास लेखनों में इन सैनिकों की बहादुरी का ही मूल्यांकन किया गया है, उनके धार्मिक एवं जातीय संस्कारों की संकीर्णता की चर्चा लगभग न के बराबर की गई है। दूसरे, कुछेक इतिहासकार दलितवादी विमर्श के तहत कम्पनी सरकार के दस्तावेजों से उत्तर-भारत के इन सिपाहियों को पलटन में बेहद धर्मभीरुता एवं सवर्ण जातीयता के सन्दर्भ में व्याख्यायित करते हैं। एक तरह से ये सभी एकरेखीय अध्ययन के हिस्सेभर रह जाते हैं।

श्रमिक-व्यापारियों एवं सिपाहियों की गतिशीलता दर्शाती है कि उपनिवेश के बहुत पहले से ही भोजपुरी प्रदेश से श्रम प्रवसन की एक लम्बी परम्परा रही है, लेकिन सन् 57 के विद्रोह के बाद अंग्रेजी सरकार ने इस प्रदेश के जमींदारों व नवाबों को सबक सिखाने के लिए उनके भाग्य पर छोड़ दिया। इसका फल आम जनता को भुगतना पड़ा। अंग्रेजों व जमींदारों की दोहरी मार और प्राकृतिक प्रकोपों की वजह से लोग बड़ी संख्या में भारत के बड़े नगरों जैसे कलकत्ता की जूट मिलों, आसाम की चाय बागानों, बिहार की कोयला खदानों और मुम्बई की सूती मिलों में मजदूरी के लिए एक जगह से दूसरी जगह भटकने लगे। इन्हीं में से कुछ दूसरे उपनिवेशों में गए या भेज दिये गए। उन दिनों श्रम प्रवसन अपने चरम पर पहुँच गया था। बिदेसिया लोकसंस्कृति औपनिवेशिक श्रम प्रवसन की देन है। वह जितनी बड़ी आर्थिक फेनोमिना है उतनी ही बड़ी सामाजिक-सांस्कृतिक फेनोमिना भी है।

बिदेसिया लोकसंस्कृति के विकास में एक बड़ा मोड़ तब आता है जब भोजपुरी लोकमंच पर 1920 ई. के दौरान भिखारी ठाकुर का आगमन होता है। लेकिन इनसे पूर्व गोपालगंज जिला के मीरगंज के मियाँ रसूल का नाम आता है। बीसवीं सदी के पहले दूसरे दशक में भोजपुरी समाज के आमंत्रण पर वे नाच दिखाने कलकत्ता जाया करते थे। नि:सन्देह भिखारी ठाकुर की महानता में कुछ योगदान रसूल का भी है। वे भिखारी ठाकुर से दस पन्द्रह वर्ष बड़े थे। रसूल की तरह भिखारी ठाकुर भी रोजी-रोटी के लिए बंगाल गए थे। उन्होंने लिखा है—'गइली मेदिनीपुर के जीला।/ ओहिजे देखली कुछ रामलीला।' वहाँ की लोकसांस्कृतिक नाट्य-शैलियों से प्रेरित होकर गाँव आने पर रोजी-रोटी के लिए नाच मंडली बनाई। पहले पहल रामलीला किया फिर बनाया एक तमाशा, जिसे नाम दिया—'बहरा बहार', जो बाद में चलकर

'बिदेसिया' के नाम से लोकप्रिय हुआ। दरअसल उनकी 'बिदेसिया' नाट्य-रचना गाँव और शहर के बीच बँटी जिन्दगी की दास्तान है। नायक बिदेसी गवना कराकर अपनी पत्नी प्यारी सुन्दरी को छोड़ शहर कलकत्ता कमाने चला जाता है। वहाँ कड़ी मेहनत करते हुए अपनी महिला सहकर्मी के साथ पति-पत्नी के रूप में रहने लगता है। तत्कालीन समाज उन स्त्रियों को 'रखैल', 'रखेलिन' या 'रंडी' के रूप में देखता था। इधर गाँव पर प्यारी सुन्दरी पति के वियोग में कलपती है और पति के बिना उसे जीवन पहाड़ लगने लगता है—'केकरा से आग माँगब केकरा से पानी।/खाला-ऊँचा गोड़ परी चढ़ल बा जवानी।' वियोग में भी पति का ही अलख जगाने का वह संकल्प लेती है—'बिरह के कुपवा में, जोगिनी के रूपवा में।/तोहरे के अलख जगाइब हो बलमुआँ।' इसी बीच प्यारी सुन्दरी को कलकत्ता कमाने जा रहा एक बटोही मिलता है। वह उसे अपनी सारी व्यथा सुनाती है और बटोही सुन्दरी को सांत्वना देकर कलकत्ता चल देता है। खोजते-खोजते वह वहाँ पहुँचता है जहाँ बिदेसी अपनी रखैल सलोनी के साथ चौपड़ खेल रहा है। ताश, रंडीबाजी, जुआखोरी इत्यादि उस मजदूर वर्ग की कमजोरियों की ओर भिखारी संकेत कर रहे हैं। पहले तो बटोही उस निर्मोही कलकत्तिया बिदेसी की भर्त्सना करता है और रखैल को देखकर बटोही बिदेसी को वेश्या के खतरों से सावधान करता है—'छोड़ि दऽ अधरम, मिजाज कके नरम तू, मनवा में कर लेहु सरम बिदेसिया।/धरम के नाव पर, चढ़ि के मउज कर, हर बिरहिनिया के दुख हो बिदेसिया।' बिदेसिया पानी लाने के बहाने रखैल को टरका देता है और फिर चुपके से अपने घर की राह पकड़ता है। इधर गाँव में बिदेसी का दोस्त प्यारी सुन्दरी पर बुरी निगाह रखता है और उससे अनैतिक सम्बन्ध कायम करने के लिए बलजोरी करना चाहता है। सौभाग्यवश उसका पति कलकत्ता से लौट आता है और पीछे से उसकी उढ़री पत्नी भी अपने दोनों बच्चों को लिये आ पहुँचती है। वो दोनों बच्चे अपने पिता से सवाल करते हैं कि उनकी दो माताएँ कैसे हुईं? लेकिन 'गबरघिचोर' नाटक में कलकत्तिया मजदूर यानी गलीज बहुत दिनों (लगभग 15 वर्षों) के बाद गबरघिचोर को भी कलकत्तिया मजदूर बनाने के लिए घर लौटता है। बिदेसिया में देवर द्वारा प्यारी सुन्दरी से अनैतिक सम्बन्ध बनाने की जो कोशिश हुई थी, 'गबरघिचोर' नाटक में वह कोशिश फलीभूत हो गई है। उसी सम्बन्ध के परिणामस्वरूप 'गबरघिचोर' का जन्म हुआ था। लम्बे समय तक कलकत्तिया मजदूरों के न लौटने के कारण ही 'गबरघिचोर' जैसे बच्चों का जन्म हुआ। भिखारी ठाकुर का यह नाटक प्रवसन-सम्बन्धों को विलेन की तरह खड़ा करता है। गबरघिचोर पर माँ, धर्मपिता या अवैध (असली) पिता में से किसका अधिकार होगा? प्रवसन से उत्पन्न इन सवालों को लेकर संस्कृति के इतिहास से टकराते हुए भिखारी ठाकुर ही दिखाई पड़ते हैं। इन सवालों की ओर हिन्दी साहित्य की नजर भी नहीं गई थी।

औपनिवेशिक भोजपुरी भारत के श्रम प्रवसन ने संस्कृति के दायरे में आने वाले मिथक को प्रभावित किया। इसने कुछ मिथ को नए सिरे से सृजित किया तो कुछेक को पुन:सृजित किया। सृजन-पुन:सृजन की वह प्रक्रिया उसके नेटीव और डेस्टीनेटिव दोनों ही स्थलों पर हुई। बनारस में संकटा माता का उद्‌भव औपनिवेशिक दौर की श्रम प्रवसन की चरमावस्था में ही हुआ था और मॉरीशस में गिरमिटिया श्रमिकों के सन्दर्भों में लोककथा 'मारीच का शव' मिथक के नए मायने गढ़ती है। यह लोककथा उनके भीतर वैधानिकता की मानसिकता तैयार करती है।

भोजपुरी भारत से श्रम प्रवसन करने की नौबत अधिकांशत: उन स्त्रियों के लिए आई, जो हर तरह से शोषित-दलित स्त्रियाँ थीं। उन्होंने स्वेच्छा से कभी भी पलायन नहीं किया। इन स्त्रियों के पलायन के बारे में औपनिवेशक दौर से पहले जो लिखित या मौखिक प्रमाण मिलते हैं, वह लगभग न के बराबर हैं। हालाँकि भोज़पुरी की मध्यकालीन मौखिक आख्यानों से पता चलता है कि मध्यकाल में भी शोषित-पीड़ित स्त्रियों को बहुधा बलपूर्वक पलायन कराया जाता था। लोककथा कौवाहँकनी की नायिका इन्हीं स्त्रियों की कथा-व्यथा की ओर संकेत करती है। लेकिन मेरा अध्ययन उपनिवेश के दिनों में विशेष रूप से कलकत्ता की ओर पलायन करने वाली और वहाँ जूट उद्योग में काम करने वाली स्त्रियों के ऊपर मौखिक एवं लिखित स्त्रोतों पर केन्द्रित है। भोजपुरी की मौखिक परम्परा में ऐसी स्त्रियों को 'उढ़री' का सम्बोधन मिला हुआ है। इस 'उढ़री' सम्बोधन में वेश्या-भावना का सम्मिश्रण है। ये परिवार से छिटकी हुई स्त्रियाँ थीं, इसलिए इनके प्रति लोक व्यवहार बेहद नकारात्मक रूप में था। औद्योगिक नगरों में इन महिला श्रमिकों की नैतिक मनोदशाओं को उन दिनों राष्ट्रवादी सुधारक, मजदूर संघों के कार्यकर्ता, पत्रकार, उपन्यासकार इत्यादि सभी मजबूती देने में लगे हुए थे। इनकी दृष्टि में भी जूट मिल की औरतें बदनामी और विकृति की प्रतीक बनी हुई थीं। जूट मिलों की बस्तियों या लाइनों को मलिन मान लिया गया था, जहाँ वेश्यावृत्ति, रखैल और टेम्पोरेरी शादियाँ होती थीं। बड़ी चिन्ता की बात थी कि गिरमिट प्रथा के तहत बाहर गईं ऐसी स्त्रियों को भी पुरुषों द्वारा अक्सर धोखाधड़ी का शिकार होना पड़ता था। इस बारे में लिखित एवं मौखिक दोनों के स्त्रोत हमें पर्याप्त जानकारी देते हैं। औद्योगिक नगर भोजपुरी प्रदेश से पूरब दिशा में रहे हैं। इसलिए पूरब से लाई जाने वाली औरतों के प्रति किए जाने वाले व्यवहार को लोकसंस्कृति ने बेहद संवेदनशीलता से दर्ज किया है। लोकसंस्कृति में वह व्यवहार विविध रूपों में चित्रित है। जब कोई परदेस से अपने गाँव लौटता है तो सिर्फ सामान, रुपये-पैसे ही नहीं लाता है बल्कि विचार भी लाता है और विचारों के साथ कई लोग तो स्त्री भी लाते हैं। लोकसाहित्य में प्रवासी श्रमिकों के साथ आने वाली स्त्रियाँ भी दिखाई पड़ती हैं जो अपनी स्थानीय संस्कृति के साथ कुछ शहरी मूल्यों को भी लेती आई हैं। मौखिक परम्परा में स्त्रियों के गीतों से पता

चलता है कि उन नारियों के प्रति भोजपुरी लोक समाज ने बेहद बेरहमी की है। यह बेरहम व्यवहार भोजपुरी की निम्नवर्गीय समाज के लोकसाहित्य में ज्यादा दिखाई देता है। लोक समाज ने उसे सदा हीन समझा है और यहाँ तक कि 'रंडी' भी कहा है। उसे हेय दृष्टि से देखे जाने की वजह है, उसकी जाति का पता न होना और यह मान लेना कि वह निम्नजाति की ही होगी। हीन-ग्रंथि या शोषण से तंग आकर कुछ स्त्रियाँ बंगाल लौट गईं तो कुछेक ने तालाब या कुएँ में अपनी जान दी और कुछेक ने जहर खाकर मुक्ति की शरण ली।

यह बात बड़ी दिलचस्प है कि प्रवासी मजदूर कहीं से भी अपने घर स्त्री लाता है तो गाँव-घर उसे 'बंगालिन' नाम से ही पुकारता है। एक जँतसारी लोकगीत में पति एक बंगालिन स्त्री घर लाया है। वह खेत पर काम करने चला गया है। इधर घर में सौतिया डाह से पहली पत्नी ने अपनी बड़ी गोतिनी की सलाह से उस 'बंगालिन' सौतन को खाना में जहर दे दिया। जहर से बंगालिन का माथा घूमने लगा तो वह धवरहर पर जाकर सो गई। पति खेत से हल चलाकर लौटा तो पूछा कि वह सभी को तो देख रहा है परन्तु उसकी पूरब देस की बंगालिन नहीं दीख रही है। जेठानी ने उत्तर दिया—'तुम्हारी नई बहू गर्व और गुमान में माती हुई है और धवरहरे पर सो रही है।' क्रोध में आकर वह धवरहरे पर सोई अपनी बंगालिन को एक 'पैना' (जिससे बैल को हल चलाते वक्त हाँका जाता है।) मारा, दूसरा पैना मारा लेकिन वह नहीं बोली। वह बोले भी कैसे, वह तो मर चुकी थी। यह बड़ा दिलचस्प है कि बंगाल में जो औरतें प्रवासी मर्दों को जादू-टोना से सुग्गा या भेड़ा बना लेती थीं, वही उनके गाँव लौटने पर उनके सारे जादू-टोना फिस्स हो जाते हैं। ऐसी बहुत-सी घटनाओं को मौखिक परम्परा ने दर्ज किया है। ये स्त्रियाँ प्रवसन के कई स्तरों पर संघर्ष कर रही हैं। भिखारी ठाकुर के बिदेसिया नाटक में दूसरी पत्नी सलोनी को सामाजिक मान्यता मिली है। नायक बिदेसी की दोनों पत्नियाँ एक दूसरे को बहन के रूप में स्वीकार करती हैं। अर्थात भिखारी प्रवासी उढ़रियों को पारिवारिक संरक्षण देकर, उन्हें जो सम्मान देते हैं वह भोजपुरी साहित्य क्या, तत्कालीन मुख्यधारा के समग्र साहित्य में कहीं देखने को नहीं मिलता है। उनके साहित्य के अतिरिक्त समग्र भोजपुरी संस्कृति व समाज ने उन्हें सदैव हेय दृष्टि से देखा था। उनके बाद भोजपुरी लोकसंस्कृति में प्रवासी उढ़रियों की वैसी उपस्थिति देखने को नहीं मिलती है।

समग्रता में लोकसंस्कृति में अपार जिजीविषा दीखती है। अब तक वह लगातार हर तरह के परिवर्तनों को झेलती आई है। औपनिवेशिक साम्राज्यवाद की मार हो या उद्योगवाद की आँधी या फिर उत्तर-उद्योगवाद की प्रौद्योगिकी हो। सभी के साथ वह सन्तुलन कायम करती आई है। उसका बाहरी ढाँचा भले ही बदलता रहा हो, लेकिन उसकी अन्तरात्मा नहीं बदली। उसकी मानवीय दृष्टि, लोकमंगल की भावना,

मानवीयता के प्रति गहरा आस्तिक बोध, उसकी प्रकृत राग उसे बचाएगा। उसकी श्रम चेतना प्रकृति के साथ उसके सम्बन्ध को अक्षुण्ण रखेगी। बेशक लोकसंस्कृति की कतिपय रूपात्मक संरचनाएँ मास कल्चर या पॉप कल्चर की उदग्र भंगिमाओं में अभिव्यक्ति पा रही है या यह भी कहा जा सकता है कि उसका सारा रूप-पक्ष बाजार के पॉपुलिस्ट मुहावरों की भेंट चढ़ गया है, लेकिन मानवीय जिजीविषा हमेशा बाजार में सक्रिय नव-डार्विनवाद का विरोध किए बिना नहीं रह सकती, इसमें शक नहीं। आज उसको अश्लील कहकर उससे किनारा कर लेने या हिकारत का भाव भले ही आए लेकिन उसके साथ ऐसा व्यवहार हमेशा होता रहा है। इसका मूल कारण है—प्रतिवाद, उसकी शक्ति और परिवर्तन के लिए सहयोग देना। आज उसने वर्चस्व की संस्कृति के विरुद्ध सक्रिय रह कर ही अपनी पहचान कायम की है। इतिहास में लोकसंस्कृति को प्रवसन ही बदलते आया है, उसकी संवेदना को नवीन करते आया है, उसके अनुभवों को विस्तार देते आया है, परम्परागत पेशों में बदलाव करते आया है, पारम्परिक मूल्यों पर चोट करते आया है, साथ ही नए मूल्यों को निर्मित भी किया है। इस प्रक्रिया में प्रवसन ने लोकसंस्कृति को विविध आयाम दिया है। ये आयाम ही ऐतिहासिक लेखन के लिए परिप्रेक्ष्य प्रदान करते हैं।

सन्दर्भ-सूची

प्राथमिक स्त्रोत

लोकसाहित्य का निजी संकलन (मौखिक, लिखित, ऑडियो व वीडियो)

गजेटियर

Bengal District Gazetteer, Shahabad, L.S.S. O, Melley, (Calcutta : The Bengal Secretariat Book Depot, 1906)

Archeological Survey of India (1878)—Report of A Tour through the Bengal provinces of Patna, Gaya, Moungir, and Bhagalpur; the Santhal Pargana, Manbhum, Singbhum and Birbhum, Bankura, Raniganj, Bardwan, and Hugali in 1872-73 by J. D. Beglar, Vol. VIII, Under the Superindence of Major-General A. Cunningham, Office of the Superintendent of Government Printing (OSGP), Calcutta

...(1879)—Report of A Tour in the Central Provinces in 1873-74 and 1874-1875 Vol. IX by Alexander Cunningham, OSGP, Calcutta

औपनिवेशिक आधिकारिक रिपोर्ट (अप्रकाशित)

Grierson, G.A. and Major Pitchers Inquiry into Emigration Proceedings Nos. 9-15, Revenue and Agricultural Department, Aug-1883, P.P. 1020-21

सहायक स्त्रोत

हिन्दी पुस्तकें

अनत अभिमन्यु (1977), लाल पसीना, उपन्यास, राजकमल प्रकाशन, दिल्ली

अमीन, शाहिद और पाँडे, ज्ञानेन्द्र (2004), निम्नवर्गीय प्रसंग, भाग-1, राजकमल प्रकाशन, दिल्ली

अर्याणी, सम्पत्ति (1965), मगही लोकसाहित्य, हिन्दी साहित्य सम्मेलन, पटना
नजीर, अकबराबादी (1992), बंजारानामा, वाणी प्रकाशन, नई दिल्ली
आर्चर, डब्ल्यू. एच. और प्रसाद, संकटा (1943), भोजपुरी ग्रामगीत, पटना लॉ प्रेस, पटना
उपाध्याय, कृष्णदेव (1957), भोजपुरी और उसका साहित्य, राजकमल प्रकाशन, दिल्ली
...(1960), हिन्दी साहित्य का बृहद् इतिहास, षोड़श भाग, ना.प्र.स., वाराणसी
...(1966), भोजपुरी लोकगीत (द्वितीय भाग), हिन्दी साहित्य सम्मेलन, प्रयाग
उपाध्याय, रमेश और उपाध्याय, संज्ञा, (सं. 2004), श्रम का भूमंडलीकरण, (आज का सवाल-8), शब्द संधान, दिल्ली
ओझा, सत्यदेव (2005), भोजपुरी कहावतें : सांस्कृतिक अध्ययन, वाणी प्रकाशन, राजकमल प्रकाशन, दिल्ली
गंगु, उदयनारायण (2002), मॉरीशस का भोजपुरी लोकसाहित्य एवं भारतीय संस्कृति, महात्मा गांधी संस्थान, मोका, मॉरीशस
चतुर्वेदी, जगदीश प्रसाद (1985), फीजी में प्रवासी भारतीय, भारतीय सांस्कृतिक सम्बन्ध परिषद्, दिल्ली
चिचेरोव, ए.आई. (1965), मुगलकालीन भारत की आर्थिक संरचना, (अनु. मंगलनाथ सिंह), ग्रंथ शिल्पी प्रकाशन, दिल्ली
चौधरी, केदार (1993), भिखारी ठाकुर के नाटकों में लोकजीवन, एम.फिल. (शोध कार्य), जे.एन.यू., (अप्रकाशित), दिल्ली
जैन, शान्ति (1999), लोकगीतों के सन्दर्भ और आयाम, विश्वविद्यालय प्रकाशन, वाराणसी
तुलसीराम (2010), मुर्दहिया, आत्मकथा, राजकमल प्रकाशन, दिल्ली
तिवारी, उदयनारायण (1984), भोजपुरी भाषा और साहित्य, बिहार राष्ट्रभाषा परिषद्, पटना
तिवारी, शशिशेखर (1970), भोजपुरी लोकोक्तियाँ, बिहार राष्ट्रभाषा परिषद्, पटना
तिवारी, बद्रीनारायण (1994), लोकसंस्कृति और इतिहास, लोकभारती प्रकाशन, इलाहाबाद
तिवारी, हीरालाल (1980), गंगाघाटी के गीत, विश्वविद्यालय प्रकाशन, वाराणसी
दहिया, पीयूष (सम्पा. 2001), लोक, भारतीय लोक कला मंडल, उदयपुर
दास, नारायण (व्याख्याकार 2002), बदमाश दर्पण तेग अली रचित, विश्वविद्यालय प्रकाशन, वाराणसी
दास, श्रीकृष्ण (1957), लोकगीतों की सामाजिक व्याख्या, साहित्य भवन, इलाहाबाद
द्विवेदी, मनन गजपुरी (1917), रामलाल (उपन्यास), इंडियन प्रेस, प्रयाग
दूबे, श्यामाचरण (ती.स. 2008), परम्परा और परिवर्तन, भारतीय ज्ञानपीठ, दिल्ली
दुबे, श्यामसुन्दर (2003), लोक परम्परा, पहचान और प्रवाह, राधाकृष्ण प्रकाशन, दिल्ली
दुबे, श्यामचरण (ती.सं. 2008), परम्परा और परिवर्तन, भारतीय ज्ञानपीठ, दिल्ली
पुष्पिता (2003), सूरीनाम, राधाकृष्ण प्रकाशन, दिल्ली
प्रसाद, जयशंकर, नीरा (कहानी)
प्रेमचन्द (1925), शूद्रा कहानी, (सम्पा. सुनीता शर्मा), भारती प्रकाशन, दिल्ली, 2001
प्रेमी, नाथूराम ((सं. 1947), बनारसीदास विरचित अर्द्धककथानक, हिन्दी ग्रंथ रत्नाकर (प्रा.) लि., बम्बई

बहरदार, छोटेलाल (2000), लोकगीतों का समाजशास्त्रीय अध्ययन, भारती प्रकाशन, दिल्ली
बर्नियर, फैंकिस (2001), बर्नियर की भारत यात्रा, (अनु. गंगाप्रसाद गुप्त) एन.बी.टी., नई दिल्ली
बुद्धू, सरिता (2003), मॉरीशस में भोजपुरी की परम्पराएँ, प्रभात प्रकाशन, दिल्ली
भट्टाचार्य, सव्यसाची (1990), आधुनिक भारत का आर्थिक इतिहास, राजकमल प्रकाशन, दिल्ली
भास्कर, भुवनेश्वर (2007), भोजपुरी लोकसंस्कृति और परम्पराएँ, प्रकाशन विभाग, दिल्ली
महेश्वराचार्य (1964), जनकवि भिखारी ठाकुर, भोजपुरी परिवार, सालिमपुर अहरा, पटना
मिश्र, श्रीधर (1970), भोजपुरी लोकसाहित्य : सांस्कृतिक अध्ययन, परिमल प्रकाशन, इलाहाबाद
मिश्र, श्रीधर (1961), भोजपुरी लोकगीतों के विविध रूप, प्रकाश प्रिंटिंग प्रेस, इलाहाबाद
मोतीचन्द (1953), सार्थवाह, बिहार राष्ट्रभाषा परिषद्, पटना
मोहन, अरविंद (1998), प्रवासी मजदूरों की पीड़ा, वाणी प्रकाशन, दिल्ली
यादव, वीरेन्द्रनारायण और सिंह, नागेन्द्र प्रसाद (सं. 2005), भिखारी ठाकुर रचनावली, बिहार राष्ट्रभाषा परिषद्, पटना
यादव, योगेन्द्र और लाल, ब्रिज वी (1994), तोताराम सनाढ्य-भूतलेन की कथा, सरस्वती प्रेस, दिल्ली
राय, डी.एन. (2004), भिखारी ठाकुर : यादन का खोह से, माधव मुद्रणालय, छपरा
रामदीन, सुचीता (1989), संस्कार मंजरी, महात्मा गांधी संस्थान, मोका, मॉरीशस
रामशरण, पहलाद (1988), मॉरीशस : हिन्दमहासागर में एक नवोदित राष्ट्र, राजपाल एंड संस, दिल्ली
...(1989), मॉरीशस की शकुंतला, सस्ता साहित्य मंडल, नई दिल्ली
...(1990), मॉरीशस : लोकसाहित्य और संस्कृति, राजेश प्रकाशन, दिल्ली
...(सम्पा. 1994), भारतीय वाङ्.मय में मॉरीशस की संस्कृति, आत्माराम एंड संस, दिल्ली
लाल, ब्रिज वी (2005), फीजी यात्रा : आधी रात से आगे, नेशनल बुक ट्रस्ट, दिल्ली
संजीव (2003), सूत्रधार, राधाकृष्ण प्रकाशन, दिल्ली
सतीशचन्द्र (2001), मध्यकालीन भारत, जवाहर पब्लिशर्स एंड डिस्ट्रीब्यूटर्स, दिल्ली
सनाढ्य, तोताराम (1973), फीजी में मेरे 21 वर्ष, (सं. बनारसीदास चतुर्वेदी), वाराणसी
सांकृत्यायन, राहुल (1954), घुमक्कड़ शास्त्र, किताब महल, इलाहाबाद
...(1975), अकबर, किताब महल, इलाहाबाद
सिंह, दुर्गाशंकर प्रसाद (1944), भोजपुरी लोकगीतों के करुण रस, हिन्दी साहित्य सम्मेलन, प्रयाग
...(2001), भोजपुरी के कवि और काव्य, बिहार राष्ट्रभाषा परिषद्, पटना
सिंह, धनंजय (2008), भोजपुरी प्रवासी श्रमिकों की संस्कृति और भिखारी ठाकुर का साहित्य, वी.वी. गिरि राष्ट्रीय श्रम संस्थान, नोएडा, उ.प्र.

सिंह, विद्याविन्दु (1983), अवधी लोकगीत : समीक्षात्मक अध्ययन, परिमल प्रकाशन, इलाहाबाद

सिंह, कमला (1991), पूर्वांचल के श्रम लोकगीत, परिमल प्रकाशन, इलाहाबाद

सिन्हा, सत्यव्रत (1957), भोजपुरी लोकगाथा, हिन्दुस्तानी अकेडमी, प्रयाग

सुब्रमनी (2001), डउका पुरान (उपन्यास), स्टार पब्लिकेशन, दिल्ली

हबीब, इरफान (सं. 1993), मध्यकालीन भारत, भाग-3 और 7, राजकमल प्रकाशन, दिल्ली

त्रिपाठी, रामनरेश (1943), कविता कौमुदी (भाग-3), हिन्दी मंदिर, प्रयाग

...(1952), ग्रामसाहित्य (तीसरा भाग), आत्मा राम एंड संस, दिल्ली

अंग्रेजी पुस्तकें

Alavi, Seema (1995), The Sepoy and the Company : Tradition in Northern India , 1770-1830, Oxford University Press, Delhi

Bayly, C.A. (1983), Rulers, Townsmen and Bazars : North Indian society in the Age of British Expansion, 1770-1870, Cambridge University Press

Behal, Rana P. & linden, marcel Van Der (2006), Coolies, Capital, and Colonialism : Studies in Indian Labour history, Cambridge University Press, Cambridge

Buchanan, Francis Hamilton (1934), Account Of The District Of Shahabad In 1812-1813, Patna Law Press, Patna

Crooke, William (1989), The Popular Religion and folklore of Northern India, Oxford University Press, Delhi

...(1975), The Tribes and Castes of the North–Western India, Cosmo Publication, new Delhi

...(1971), The North-Western Provinces of India, their History, Ethnology and Administration, Indological Book House, Delhi

Chakraborthy, Dipesh (1989), Rethinking of Working Class History, Bengal-1890-1940, OUP, Delhi

Chatterjee, Kumkum (1996), Merchants, Politics and Society in Early Modern India, Bihar, 1733-1820, E.J. brill, Leiden

Christian, John (1891) , Behar proverbs, Kegan Paul, Trench, Trubner & Co. Ltd., London

Dube, S.C. (1947), Field Songs of Chhattisgarh, The Universal Publishers Ltd., Lucknow

Fraser, Hugh (1883), Folklore from Eastern Gorakhpur (N.W.P.), J.A.S. B., Vol. LII, Part I, (Nos. I. to IV.—1883 : with 23 plates.), pp.1-32

Grierson, G.A. (1975), Bihar Peasant Life, Cosmo Publication, Delhi

... (1978), The Song of Manikchand, J.A.S.B. Part. I, No. 3, pp.1-107.

...(1884), The Song of Bijai mal, J.A.S.B, iii, Special Number, pp. 94-150
... (1884), Some Bihari Folksong, J.R.A.S. pp.196-246
...(1885), The Song of Alha, Indian Antiquary, Vol. XIV, pp. 209-227
...(1885), Two Versions of Song of Gopichand, J.A.S.B., Vol. LIV, Part I, pp. 35-54
...(1886), Some Bhojpuri Song, J.R.A.S. XVIII, pp. 207-267
...(1889), Selected Specimens of the Behari Language, Part-II, The Behari Dialect. the Git Naika Banjarwa, Z.D.M.G. Vol. XLIII, p. p. 468-501
Haan, Arjan De (May, 2002), Migration and Livelihood in Historical Perspective : A Case Study, Saran, Bihar, Journal of Development Studies, 38:5, PP. 115-142
... (Oct.1997), Unsettled settler : Migrant Workers and Industrial Capitalism in Calcutta, Modern Asian Studies, and Vol. 31 No. () PP. 919-949
...(2003), Calcutta labour Migrants : Encounters with Modernity, Contributions to Indian Sociology, 37, pp. 189-215
Habib, Irfan (1990), Merchant Communities in Pre Colonial India, (Ed. by James D. Tracy—The Rise of Merchant Empires), C.U.P., pp. 1371-399
Hauser, Walter (2004), from Peasant to Soldering to Peasant Activism : reflections on the Transition of a Martial Tradition in the Flaming Fields of Bihar, Journal of the Economic and Social History of the Orient, Vol, 47, No.3 PP. 401-434
Houlton, Sir John (1949), Bihar the heart of India, Orient Longmans Ltd., Calcutta.
Ian J. Kerr (2006), On the Move : Circulating Labour in Pre Colonial, Colonial and Post Colonial India, IRSH, 51 Supplement p.p. 85-109.
Irvin, Willium, Army of the India Mughals : Its Organization and Administration, Eurasia Publishing House private Ltd.
Jan Vansina, H M Wright, Selma Leydesdorff (1965), Oral Tradition : A Study in Historical Methodology, Aldine publication Co., Chicago,
Kaushal Molly (Edit. 2001), Chanted Narratives : The Living Katha Vachana Tradition, Indira Gandhi National Centre for the Arts for D.K. Printworld
kolf, Dirk H.A. (1990), Naukar, Rajput and Sepoy—The Ethnohistory of the Military Labour Market in the Hindustan, 1450-1850, Cambridge University Press, Cambridge
Long, Rev. J. (1881), Eastern Proverbs and Emblems, Trubner & Co., London
Misztal, Barbara A. (2003), Theories of social Remembering, Pen University Press, Philadelphia, USA

Majumdar, Mausami, Tiwari, Badrinarayan (Edt. 2011), Kahe Gaile Bides, Why Did You Go Overseas? : On Bhojpuri Migration Since the 1870s and Contemporary Culture in Uttar Pradesh and Bihar, Suriname and the Netherlands, Royal Tropical Institute Press (KIT)

Oldham, C.R.A.W. Edit. By (1926), Journal of Francis Buchanan kept During the Survey of the District of Shahabad in 1812-1813, Superintendent, Govt. printing, Bihar and Orissa.

Pike, Nicolas (1873), Sub-Tropical Rambles In The Land Of Aphanapteryx : Personal Experiences, Adventures, And Wanderings In And Around The Island of Mauritius

Prasad, Chandra Shekhar (1993), Subaltern Articulation of Aspirations : Examining the Bidesiya Dance-Drama Form of the Bhojpuri Region, M. Phil. Research Work (JNU), Unpublished

Rae. Babu Jogendra Nath, Baiswari Folksongs, J.A.S.B., Vol. LII, Part I, 1884, No. 2, pp. 232-255

Rai, Rajesh (2004), Sepoys, Convicts and the bazar Contingent: the Emergence and exclusion of Hindustani Pioneers at the Singapore frontier, Journal of southeast Asian studies, 35, (10, pp.1-19, February 2004

Sen, Jahar (1977), Indo-Nepal trade in the Nineteenth Century, Firm KLM Private Ltd., Calcutta

Sen, Samita (1999), Women and Labour in Late Colonial India, Bengal Jute Industry, Cambridge University Press, Delhi

Schrieber, Catherine Servan (2003), The Transmission of Bhojpuri Epics Towards Nepal and Bengal Oral performance and Selling of Chapbooks editions, (Edit. By Molly Kausal-Chanted Narratives the Living' Katha Vachna Tradition, INGCA, New Delhi pp. 43-61

...(2006), Singing Texts and Reading Chapbooks: the Bhojpuri Tradition, Indian Folklore, Serial No. 24. p.p. 12 -14

Sharma, Ramesh Chandra (1970), The Ardha-athanak a neglected Source of the Muhal History, India Vol. 7, pp. 49-73

Tinker, Hugh (1974), A New System of Slavery: The Export of Indian Labour Overseas 1830-1920, OUP, London & New York

Tiwari, Laxmi G., (May-1989), An Elementary Reading of the Alhakhand, South Asia Research, Vol. 9, No. 1, pp. 3-16.

Vansina, Jan (1985), Oral tradition as History, The University of Wisconsin press, Wisconsin

Varady, Robert Gabriel (1979), North Indian Banjaras: Their Evolution as Transporters, South Asia, Journal of south Asian Studies, New Series, Vol. II, Nos. 1 & 2, March and September, p.p. 1-18

White, David Gordon (2009), Sinister yogi's, University of Chicago, Chicago

Yang, Anand A. (1989), The Limited Raj — Agrarian Relation in Colonial India, Saran District, 1793-1920, OUP, Delhi
...(1999), Bazaar India Markets, Society, and the Colonial State in Gangetic Bihar, University of California Press, Oxford

विश्वकोश

Amin, Shahid (2005), A Concise Encyclopaedia of North Indian Peasant Life, Manohar Publication, Delhi
An Encylopaedia of the arts, Vol. 6(1) : 12-18 (2006) Oral Tradition As History, ALO, Lawrence Kolawole
Henry Yule & A.C. Burnell, Hobson-Jobson A Glossary of Anglo-Indian Colloquial Words and Phrases and of Kindred Terms, New Edited by William Crooke, (London : John Murrary, 1903)
Encyclopaedia of Religion and Ethics, 1955, vol. 6, G.L. Gomme Folklore

प्राइवेट चिट्ठियाँ (निजी संग्रह)

गिरधर गोपाल की चिट्ठी (सकोला, 2 दिसम्बर, 1950)
चौपटिया किताबों के लेखक महादेव प्रसाद सिंह की चिट्ठी (19 अप्रैल, 1951)
प्रकाशक कन्हैया महाराज की चिट्ठी महादेव प्रसाद सिंह के नाम (बनारस, 10 अगस्त, 1955)
रामअवधेश शर्मा की चिट्ठी महादेव प्रसाद सिंह के नाम (पसउर, शाहाबाद, 5 मार्च, 1958)
उमाशंकर सिंह की चिट्ठी (सिंधौनी, 10 मार्च, 1959)
सुरेन्द्र प्रसाद की चिट्ठी (लेवरूआ, 3 अप्रैल, 1959)
प्रकाशक ताराचन्द गुप्ता की चिट्ठी महादेव प्रसाद सिंह के नाम (नासरीगंज, 30 मार्च, 1965)
लालधारा मौर्य की चिट्ठी महादेव प्रसाद सिंह के नाम (आजमगढ़, 12 मई, 1968)
नरेन्द्र सिंह की चिट्ठी पिता महादेव प्रसाद सिंह के नाम (कलकत्ता 11 जून, 1968)
सिपाही नरेन्द्र सिंह की चिट्ठी महादेव प्रसाद सिंह के नाम (कलकत्ता, 12 नवम्बर, 1968)
सुरेन्द्र प्रसाद की चिट्ठी अपने पिता महादेव प्रसाद सिंह के नाम (घुंघुटी, 20 मार्च, 1971)
सिपाही एस. पी. सिंह की चिट्ठी (घुंघुटी, सहडोल, 6 जुलाई, 1971)
सिपाही विश्वकर्मा सिंह की चिट्ठी (बंगलौर, 8 मई, 1980)
सिपाही शर्मा सिंह की चिट्ठी (15 जनवरी, 1984)
सिपाही बी. के. सिंह की चिट्ठी (22 मई, 1987)
ऊन्न कारखाना में श्रमिक दीनानाथ सिंह की चिट्ठी (लुधियाना, 4 फरवरी, 1990)

पत्र-पत्रिकाएँ

आजकल—जुलाई 2006, दिल्ली
गगनांचल—(जनवरी-मार्च-1996, अप्रैल-जून-2000), दिल्ली
परिषद् पत्रिका—लोकसंस्कृति अंक (1999), बिहार राष्ट्रभाषा परिषद्, पटना
भोजपुरी अकादमी पत्रिका-(जनवरी-फरवरी-1985), पटना
भोजपुरी माटी—(अक्टूबर-नवम्बर 1881, 1985), कोलकात्ता
भोजपुरी सम्मेलन पत्रिका—(1987), पटना
बिदेसिया—(1987, 1988), राँची
विश्वमित्र—(दिसम्बर 1934) कलकत्ता
विशाल भारत—(जनवरी-1941) कलकत्ता
स्मारिका—(2006), भिखारी ठाकुर सामाजिक शोध संस्थान, आरा
हंस—(मई 2007)

वेबसाइट्स

http/www.google.co.in/search?/banarsi bhaibhav/bhojpuri lokgeet.
http/www.iias.newsletter.co/bedesiya.
http/www.nlb.gov.sg/biblioasia/vol.3, issue-3, oct.2007
http:/www.jstor.org/stable/40037882 (The Scope of Folklore and History))
http/www.jstor.org/stable/25165055
http/www.jstor.org/stable/833816/ Edward O. Henry-Music in the Thinking of Northern Indian Villagers, Asian Music, Vol.1, Second India Issue ()1977, pp. 1-12
http/www.jstor.org/stable/8367786/ Edward O. Henry-Social Structure and music : correlating Musical Genres and Social Categories in Bhojpuri speaking India, International Review of the Aesthetic and Sociology of Music, Vol.19, No. 2, (Dec.1988), PP. 217-227
http/www.jstor.org/stable/Edward O. Henry—Jogis and Nirgun Bhajans in Bhojpuri Speaking India : intra-Genre heterogeneity, Adaptation, and functional Sift, Ethnomusicology, Vol.35, No.2, (Spring-Summer, 1999), PP 221-242.
http://youngistaan.com/music-song Piya% 20Base%20 Purubi%20 Banijiya-333370

फिल्म, डाक्यूमेंट्री फिल्म एवं वीडियो नाटक

बिदेसिया (फिल्म, 1963) बच्चुभाई शाह
Jahaji Music—India in the Caribbean (Documentarys Film by Shurbhi Sharma), April 2007

Bidesiya in Mumbai Film by Shurbhi Sharma (2014)
बिदेसिया (वीडियो नाटक), निर्देशक—संजय उपाध्याय 2001
सती बिहुला, वीडियो नाटक (दिल्ली : गंगा कैसेट्स, 2005), भोजपुरी नाच प्रोग्राम, लल्लन राम एंड पार्टी
सोरठी बृजभार, वीडियो नाटक (दिल्ली : एंगल म्यूजिक), भोजपुरी देहाती नाच प्रोग्राम, देवेन्द्र साहनी एंड पार्टी
अमरजीत का विवाह उर्फ नटवरगढ़ की लड़ाई (आल्हा), वीडियो रिकॉर्डिंग, सत्यनारायण (अल्हैत), बक्सर, महुअरी, बिहार

कैसेट्स

केकरा से काहाँ मिले जाला, (गायिका—शारदा सिन्हा), टी-सीरीज सुपर कैसेट इंडस्ट्रीज लि., नोएडा, उ.प्र. 1985
पिरितिया, (गायिका—शारदा सिन्हा) टी-सीरीज सुपर कैसेट इंडस्ट्रीज लि., नोएडा, उ.प्र. 1987
सुनऽ हो परदेसिया, (गायिका—शारदा सिन्हा) टी-सीरीज सुपर कैसेट इंडस्ट्रीज लि., नोएडा, उ.प्र. 2002
भोजपुरी पचरा गीत, (पारम्परिक, गायक—बेचनराम राजभर), टी-सीरीज सुपर कैसेट इंडस्ट्रीज लि., नोएडा, उ.प्र. 1991
भोजपुरी लाचारी, (पारम्परिक, गायक—बेचनराम राजभर), टी-सीरीज सुपर कैसेट इंडस्ट्रीज लि., नोएडा, उ.प्र. 1995
चुनरी से चुएला गुलाब, (गायक—मुन्ना सिंह), टी-सीरीज सु. कैसेट इंडस्ट्रीज लि., नोएडा, उ.प्र. 2003
गुलरी के फुलवा, (गायक—मुन्ना सिंह), रामा कैसेट, रमेश नगर, दिल्ली 1989
सती सुलोचना, (बिरहा गायक—हैदर अली 'जुगनू' एवं साथी), टी-सीरीज सु. कैसेट इंडस्ट्रीज लि., नोएडा, उ.प्र. 1989
भाई का दुश्मन भाई, (बिरहा गायक—हीरालाल यादव), टी-सीरीज सु. कैसेट इंडस्ट्रीज लि., नोएडा, उ.प्र. 2001
सती बिहुला, (बिरहा गायक—रमाशंकर यादव), टी-सीरीज सु. कैसेट इंडस्ट्रीज लि., नोएडा, उ.प्र. 1989
पीछे पड़ी है, (बिरहा गायक—बालेश्वर), टी-सीरीज सु. कैसेट इंडस्ट्रीज लि., नोएडा, उ.प्र. 1988
जोगाड़ चाहीं, (बिरहा गायक—बालेश्वर), टी-सीरीज सु. कैसेट इंडस्ट्रीज लि., नोएडा, उ.प्र. 1989
गोरी नाचे अंगनवा, (बिरहा गायक—बालेश्वर), टी-सीरीज सु. कैसेट इंडस्ट्रीज लि., नोएडा, उ.प्र. 1992

बड़ा मजा रसगुल्ला में (बिरहा गायक—बालेश्वर), टी-सीरीज सु. कैसेट इंडस्ट्रीज लि., नोएडा, उ.प्र. 1996
मुँह में राम बगल में छुरी, (बिरहा गायक—बालेश्वर), टी-सीरीज सु. कैसेट इंडस्ट्रीज लि., नोएडा, उ.प्र. 1997
चल चलीं नदिया के पार, (गायक—भरत शर्मा 'व्यास'), टी-सीरीज सु. कैसेट इंडस्ट्रीज लि., नोएडा, उ.प्र. 1995
हमके साड़ी चाहीं, (गायक—भरत शर्मा 'व्यास'), टी-सीरीज सु. कैसेट इंडस्ट्रीज लि., नोएडा, उ.प्र. 1998
बहे पुरवइया, (गायक—भरत शर्मा 'व्यास'), टी-सीरीज सु. कैसेट इंडस्ट्रीज लि., नोएडा, उ.प्र. 2001
गोपीचन्द राजा भर्थरी, भाग-1 और 2, (गायक—कैलाश), नीलम रिकॉर्डिंग्स, पांडव नगर, दिल्ली
दिल धड़कावले, (गायक—विष्णु ओझा), टी-सीरीज सु. कैसेट इंडस्ट्रीज लि., नोएडा, उ.प्र. 2004
निरहुआ सटल रहे, (गायक—दिनेश लाल यादव और खुशबू राज), टी-सीरीज सु. कैसेट इंडस्ट्रीज लि., नोएडा, उ.प्र. 2004
निरहू की लव स्टोरी, (सुरेन्द्र सुगम व सुरेन्द्र राजभर 'सागर'), नटराज कैसेट, दिल्ली 2005

फुटपाथी साहित्य

असली भरथरी चरित्र, संकलन—बाबू महादेव प्रसाद सिंह, प्रकाश पब्लिकेशन, दिल्ली
असली शुद्ध किस्सा तोता मैना (आठो भाग)—पं. रंगलालजी, प्रकाश पब्लिकेशन, दिल्ली
सत्य कथा बाला लखंदर उर्फ बिहुला विषहरी—महादेव प्रसाद सिंह, प्रकाश पब्लिकेशन, दिल्ली
असली बिहुला विषहरी (सम्पूर्ण नौ खंड), महादेव प्रसाद सिंह, प्रकाश पब्लिकेशन, दिल्ली
वीर कुँवर विजई (सम्पूर्ण पैंसठ भाग)—राम अयोध्या राय व जोगेन्दर प्रसाद, नारायण एंड को, बुक सेलर्स, पटना
लचिया रानी का गीत (बारहों भाग), परमहंस प्रसाद व रामप्रवेश प्रसाद, प्रकाश पब्लिकेशन, दिल्ली
रानी रेशमा चुहड़मल का गीत (बीसों भाग सम्पूर्ण)—परमहंस प्रसाद व रामप्रवेश प्रसाद, प्रकाश पब्लिकेशन, दिल्ली
भोजपुरी सागर—रामचन्द्र भगत, प्रकाश पब्लिकेशन, दिल्ली
सोरठी बृजभार, संकलन—बाबू महादेव प्रसाद सिंह, प्रकाश पब्लिकेशन, दिल्ली
रानी सारंगा सदावृज का गीत, संकलन—बाबू महादेव प्रसाद सिंह, प्रकाश पब्लिकेशन, दिल्ली
गीत रानी सारंगा, संग्रहकर्ता—नितेश कुमार, प्रकाशक, ज्ञान गंगा एंड कं. पब्लिशर्स, दिल्ली

हिरनी-बिरनी या पोसन सिंह का गीत, संकलन-बाबू महादेव प्रसाद सिंह, प्रकाश पब्लिकेशन, दिल्ली
विक्रम बेताल पच्चीसी, संग्रहकर्ता—रविन्द्र कुमार, न्यू रवि प्रकाशन, दिल्ली-6
किस्सा शीत बसंत, संग्रहकर्ता—नितेश कुमार, प्रकाशक—ज्ञान गंगा एंड कं. पब्लिशर्स, दिल्ली-31
जालिम सिंह नाटक—रामधारी सिंह, ठाकुर प्रसाद पुस्तक भंडार, कचौड़ी गली, वाराणसी
घाघ भड्डरी की कहावतें (सम्पादनकर्ता—विष्णुकान्त पाठक) प्रकाश पब्लिकेशन, दिल्ली
आसाम, चीन व बंगाल के जादू (राम प्रसाद अगोही), प्रकाश पब्लिकेशन, दिल्ली
बेताल पच्चीसी, संग्रहकर्ता—पप्पू कुमार, ज्ञान गंगा एंड कं. पब्लिशर्स, दिल्ली
बड़ा भिखारी नाटक—भिखारी ठाकुर, प्रकाश पब्लिकेशन, दिल्ली
निरहुआ कमाल कइले धमाल—दिनेश लाल यादव व खुशबू राज, हीरानंद पब्लिकेशन, दिल्ली-6
बलम भोजपुरिया, देवी व बलमा बिहारी के सुपरहिट भोजपुरी धमाका, (सं. राजीव नयन सिंह), प्रकाश पब्लिकेशन, दिल्ली
कल्पना के गाए भोजपुरी लोकगीत, संग्रहकर्ता—अभय कुमार, मंगला प्रकाशन, दिल्ली-31
मुन्ना सिंह के भोजपुरी लोकगीत, संकलन—बैजनाथ प्रसाद, प्रकाश पब्लिकेशन, दिल्ली-31
पवन सिंह के लोकगीत, सम्पादक—बैजनाथ प्रसाद साह, प्रकाश पब्लिकेशन, दिल्ली-31
मनोज तिवारी मृदुल की भोजपुरी चटनी, भाग-2, सम्पादक—बैजनाथ प्रसाद साह, प्रकाश पब्लिकेशन, दिल्ली-31
गुड्डू रंगीला के सुपरहिट भोजपुरी गीत, संग्रहकर्ता—उमेशनारायण मिश्रा, मंगला प्रकाशन, दिल्ली-31
राधे श्याम रसिया व गुड्डू रंगीला के सुपरहिट भोजपुरी गीत, संग्रहकर्ता—राकेश कुमार, मोहन प्रकाशन, दिल्ली-6
(नोट : मौखिक परम्परा के इन लिखित दस्तावेजों पर प्रकाशन वर्ष अंकित नहीं हुआ है।)

साक्षात्कार

स्व. गौरीशंकर ठाकुर (बिदेसिया के कलाकर और भिखारी ठाकुर के भतीजे), 27 जुलाई, 2011
संजीव, (हिन्दी के प्रसिद्ध कथाकार) दिल्ली, 9 जनवरी, 2007
के.पी. सिंह, पत्रकार (कोलकात्ता), 6 फरवरी, 2005, लिखित, दिल्ली
नागेन्द्र प्रसाद सिंह (भोजपुरी साहित्यकार), 24 अप्रैल, 2007, (रिकॉर्डिंग एवं लिप्यांतरण), पटना
संजय उपाध्याय (बिदेसिया के रंगकर्मी) 29 अप्रैल, 2007, (रिकॉर्डिंग एवं लिप्यांतरण), पटना
नाटककार ऋषीकेश सुलभ, 30 अप्रैल, 2007, (रिकॉर्डिंग एवं संक्षिप्त लिप्यांतरण), पटना

सभाजीत मिश्र (भोजपुरी माटी, भोजपुरी पत्रिका—प्रबन्ध सम्पादक), 9 मई, 2007, (रिकॉर्डिंग एवं संक्षिप्त लिप्यांतरण), कोलकात्ता

शिवकुमार मिश्र (भोजपुरी माटी—सम्पादक), 9 मई, 2007, (रिकॉर्डिंग एवं लिप्यांतरण), कोलकात्ता

रामदास राही, 2 मई, 2007, (रिकॉर्डिंग), आरा

लाल भूखन यादव, (चटकल मजदूर), 20 मई, 2007, लिखित, कोलकात्ता

स्व. हरिफन यादव, (कलकत्तिया गवाला), 20 मई, 2007, लिखित, कोलकात्ता

हरेराम सिंह, (सेवानिवृत्त पलटन के सिपाही), 15 अक्टूबर, 2008, दिल्ली

राजबली सिंह, (फेरहा—पशु व्यापारी) 1 जनवरी, 2011 टिकठी गाँव, भोजपुर, बिहार

वेदिता, किरन और कमलेश (शोध सहायक) 14 फरवरी, 2011 आप्रवासी घाट, पोर्ट लुईस

साधुचरन, दुखिया और रामफल (सुरक्षा गार्ड) 17 फरवरी, 2011, महात्मा गांधी संस्थान, मॉरीशस

प्रहलाद रामशरण (इतिहासकार व साहित्यकार) 25 फरवरी, 2011, बो बाँसे, मॉरीशस

परिशिष्ट-1

राजबली सिंह फेरहा की फेरहई को बनिजिया लोकसंस्कृति के अवशेष के रूप में देखा जा सकता है क्योंकि आज भोजपुरी की मौखिक परम्परा में बनिजिया से सम्बन्धित गीत प्रचलन में नहीं हैं। चूँकि व्यापार की नई तकनीकों से बनिजिया के पेशे का स्वरूप बदल गया, उसका भाव बोध बदल गया, संवेदना बदल गई। लाजिमी है कि वह भावबोध ही नहीं रहा तो उसका लोकसांस्कृतिक उत्पादन कैसे सम्भव हो सकता है। इसलिए राजबली सिंह फेरहा की फेरहई को ऐतिहासिक महत्त्व के रूप में समझा जा सकता है। कैसे परम्परागत पशु व्यापारी का पेशा खत्म होता है और अन्ततः उसे पुनः अपने परम्परागत मरे हुए पेशे खेती की ओर ही लौटना पड़ा।

राजबली फेरहा की फेरहई

मेरा नाम राजबली सिंह है। मेरी उम्र तकरीबन 55 साल है। दस-ग्यारह साल की उम्र से ही मैं फेरहई (गाँव से मेला और मेला से गाँवों में घूम-घूमकर माल-मवेशियों की खरीद-फरोख्त करने) का काम करता था। अब मैं इस पेशे में नहीं हूँ। इस पेशे को छोड़े मुझे छह-सात साल हो गए। क्योंकि रेल की बुकिंग बंद हो गई और ट्रक का भाड़ा भी बहुत महंगा हो गया और ट्रक से लदनी करने में मालों की बहुत क्षति होती थी। कभी माल (मवेशी) की टाँग टूट जाती तो कभी उनका कोई और अंग टूट जाता। इस तरह क्षति हो जाती थी। इसलिए इस पेशे को छोड़ना पड़ा। खैर, बहुत बचपन में ही, इस पेशे में मैं आ गया था। इस गाँव में और भी लोग हैं जो फेरहई का काम करते हैं। लेकिन लोग कहते हैं मैं इस काम को सबसे ज्यादा जानता हूँ।

सबसे पहले मैं पंजाब से पाड़ा-पाड़ी के बिजनेस के लिए गया था। इस पेशे के लिए मैंने 10 हजार रुपये लिया था। उस समय एक हजार का कोई माल आता था तो लोग देखने के लिए उमड़ आते थे। शुरू के दिनों में मैंने छूटा 40 रुपये तक की पाड़ी (भैंस की तीन-चार साल की बच्ची) भी खरीदी

है। वही पाड़ी आज पाँच हजार की हो गई है। मैं अधिकतर माल पंजाब से ही खरीदता था। माल मवेशियों का मेला वहाँ खूब लगता था। मेले में दलाल रहते थे। उन्हीं लोगों की मदद से हम माल खरीदते थे और उन्हीं की भाषा-बोली में लोगों से बातें करनी पड़ती थीं। जो उस भाषा-बोली को नहीं जानता था, उसे ठगा जाने का ज्यादा भय था। पहले सैकड़ा के हिसाब से माल मवेशियों को खरीदने का हिसाब नहीं था। पाड़ी को वहाँ के लोग 'कटिया' कहते हैं। पाड़ा को 'कटरा', भैंसा को 'झोंटा', भैंस को 'झोंटी', साँड़ को 'खगड़' कहा जाता है। खरीदने के लिए जब मैं कहूँगा कि इस कटिया का क्या मूल्य है? तब वो लोग कहते थे कि 'ग्यारह बिंया'। पंजाब की भाषा बिंया में होती थी। एक बिंया का मतलब 20 रुपया होता है। पंजाब में रमड़ा के मेला से कोई बड़ा मेला नहीं है। रमड़ा में सब कुछ का मेला लगता था—पाड़ा, पाड़ी, घोड़ा-घोड़ी, ऊँट, बकरी, भेंड़, बाछा-बाछी माने हरेक चीज का मेला लगता था। जो जिस चीज का ग्राहक होता था, वह उसे खरीदता था। इधर जैसे कि हमलोगों के तरफ बलिया में ददरी का मेला बहुत मशहूर है। रमड़ा के मेला से जो माल खरीद कर लाते थे वही माल बलिया के मेला में बेचा जाता था।

मेला में बैठक भी लगती थी। बैठक में हुक्का रखा रहता था। वहाँ 10-12 लोगों का जमावड़ा लगा रहता था। इस जमावड़े में लोग बतकही, मौज-मस्ती लेते थे। माल मवेशी की खरीद बिक्री करके आदमी निश्चिन्त हो जाते थे तब गपशप और हुक्का का आनंद लेते थे।

इधर के जितने मेले हैं जैसे—ददरी, काराकाट, बिहिया, ब्रह्मपुर, गोरेया स्थान (पटना जिला), बख्तियारपुर, कोलहिया (सीतामढ़ी), कल्याणपुर चौक (समस्तीपुर), बक्सर, बरहज, जौनपुर, अइनखान (बिहिटा के आस-पास) इत्यादि सब जगह हमने मालों की बिक्री की है। बाँसडीह से लेकर मलमलिया तक हमने पाड़ा-पाड़ी की बेचा-किनी की है। एक मेला टूटता था तो दूसरा मेला लगता था। मेले से मेले जाकर हम व्यापार करते थे। घर पर हम तीन या चार महीने पर आते थे। कई बार पाड़ी की लदनी में चार महीना भी लग जाता था। शुरू में तो हमलोग पैदल ही पाड़ी की लदनी करते थे। बाद में चलकर रेलगाड़ी और ट्रक से लदनी करने लगे। पैदल लदनी में बहुत समय बर्बाद होता था। रास्ते में खाते-पीते हुए और गीत गवनई (मनोरंजन) करते हुए जाते थे। इसके लिए हमारे पास थी—लोरिकी। जहाँ पड़ाव डाला वहीं हम अपनी लोरिकी का गायन शुरू कर देते थे। हमलोग की कहानी अधिकतर लूटपाट वाली होती थी। रास्ते में लोगों को पता चल जाता था कि ये लोग यादव हैं तो हमारे माल को क्षति पहुँचाने के बारे में दूसरे लोग कम सोचते थे। और फिर लोरिकी में तो लूटपाट की कहानी खूब हैं। वैसे दूसरी जाति के लोग जैसे कि तेली लोग कुँवरविजयी का गायन करते थे। सोरठी बृजभार तो सभी जातियों के लोग गाते थे। लोरिकी केवल यादव लोग ही नहीं, दूसरी जाति के लोग भी गाते हैं। इधर तो बंजारा नहीं हैं। वे अधिकतर पश्चिम में ही होते हैं।

जैसे बलिया का ददरी मेला है, हाजीपुर में सोनपुर है। ये सब मेले केवल पशुओं के लिए ही नहीं थे बल्कि हरेक चीज का मेला था। कहीं सर्कस हो रहा है तो कहीं डोली वाली चरखी चल रही है। कही मदारी हो रहा है तो कहीं नाच हो रहा है। कहीं दुगोला हो रहा है तो कहीं रामायण हो रहा है। मुझे रामायण बहुत प्रिय है। इसके लिए मैं पहले से ही वहाँ पहुँच जाता था। गीत गवनई के लिए मेरे बारे में लोगों को पता ही है कि मैं खुद गाता भी हूँ। मैं अपने स्कूली दिनों से ही गाता आ रहा हूँ। हमेशा फर्स्ट आता था। संगीत कला में मेरा नाम पहले होता था। मैं गान-बजान का थोड़ा ज्यादा आशिक हूँ।

घर से निकलते समय हम सूर्य भगवान को 'गोड़' लागते थे और फिर उसके बाद घर के बड़े-बुजुर्ग का पैर छूते थे। देवताओं को हमलोग गोड़ तो लागते (छूते) ही थे। लेकिन घर में माता-पिता हैं तो देवताओं का क्या पैर छूना। मेरा तो ऐसा ही विचार है। लदनी के लिए हम सब सुबह चार बजे भोर में ही निकल जाते थे। इसलिए कि किसी से मुलाकात न हो। यात्रा के लिए जरूरी है कि कोई आगे न पड़े। कोई टोके-बोले नहीं। हमारी यात्रा सफल हो। कई बार यात्रा करते समय कोई जानवर रास्ता काट देता था जैसे कि सियार, ऐसे में हम धरती पर पैर से लकीर बनाकर काट देते थे। चाहे हवा में हाथ से घुमाकर काट देते थे। ताकि 'जातारा' सफल हो सके। घर से निकलते वक्त घर की औरत दाहिने साइड में बाल्टी में पानी भर कर रख देती थी और वहाँ से हट जाती थी। यात्रा के लिए एक बड़ी प्रसिद्ध कहावत है न—'करकट बुजकट कतरल केस, राह चलत में लागे ठेस।/जे केहु पूछे जइब कहँवा, बनलो काम नसाई तहँवा' मतलब यात्रा के समय बुजकट (टूटा हुआ) बर्तन, हथकटा और सिर मुँड़ाया हुआ व्यक्ति दिखाई दे और रास्ता चलते ठोकर लग जाए तथा कोई यह पूछकर कि कहाँ जा रहे हो? टोक दे, तो बना काम भी बिगड़ जाता है। तो हम इन सब चीजों का ध्यान रखते थे।

घर से निकलते वक्त खाना में ठेकुआ, मेंथी, तिलवा, लिट्टी वगैरह होता था। यहाँ के लोकल (स्थानीय) बाजार से हम सतुआ और मर-मसाला में जीरा मिर्च, गोल मिर्च, लहसुन, अजवाइन, मंगरैल इत्यादि सब कुछ बाँध लेते थे। ये सब उधर के बाजारों में नहीं मिलता था और यदि मिलता था तो बहुत महँगा होता था। खैनी (तम्बाकू) यहीं से कटवा कर ले जाते थे।

मेला में खरीद-बिक्री की जो भाषा थी, उसके अंक ऐसे बोले जाते थे—10 को असर, 50 को नीमा, 100 को लांग, 200 को इजात, 300 को ढलाई, 400 को रवाई, 500 को खमस, 600 को रिक्खी, 700 को पाइप, 800 को माझी, 900 को उनासठ, 1000 को पक्की ढलाई (पक्की असर), 1250 को पक्की इजात नीमा, 1500 को पक्की खमस। इस तरह आप इस भाषा में जोड़ घटाव कर लीजिए। यह पारसी भाषा है। इसी भाषा में हम लोग लदनी के लिए मालों की खरीद-फरोख्त करते थे। यूपी और बिहार के मेलों में भी हम लोग इसी भाषा में माल मवेशियों को बेचते-खरीदते थे। लेकिन इस भाषा का प्रयोग

व्यापारी ही करते थे। गृहस्थ लोगों को यह भाषा नहीं आती थी। यदि गृहस्थ आदमी मेला में माल खरीदने जाए और वह सीधे फेरहा के पास जाए तो वह कभी ठगा नहीं सकता है। यदि वह दलाल के पास जाएगा तो दलाल अपना 'निखरई' (कमीशन) रखेगा ही।

जब हमारे माल की बिक्री हो जाए तो हम कोशिश करते थे कि बाकी साथी संघतिया लोगों का माल भी जल्दी से एक-दो पैसा ऊँच-नीच में बिक्री हो जाए। कभी-कभी हम उन्हें छोड़कर अगले मेले के लिए चल देते थे। लेकिन तब ही जब साथी संघतिया का माल बहुत सारा बचा है।

घोड़ा-घोड़ी का व्यापार मैंने नहीं किया है। इसलिए इस विषय में मैं ज्यादा नहीं बता सकता। लेकिन घोड़े के व्यापारी हाथ के इशारों एवं अँगुलियों के माध्यम से घोड़ों की खरीद-फरोख्त करते थे। अँगुलियों को पकड़ कर बात करते थे। इस पूरे अँगूठे को पकड़े तो पूरा एक हजार हुआ। इन पाँचों अँगुलियों में से एक को मसका दिए तो पचास रुपये हो गया। इस अँगूठे को पाँच बार दबा दिये तो पाँच हजार हो गया। इस चाल में घोड़ा-घोड़ी की बेचा-किनी की कहानी होती थी। इस व्यापार में सभी अँगुलियों की कीमत है। यह भी पारसी भाषा ही है। हाथी की खरीद-फरोख्त मैंने नहीं देखी है।

मैंने अधिकतर पंजाब में व्यापार किया है। मैं माल पंजाब से खरीदता था और उसकी बिक्री यू. पी. और बिहार में करता था। इधर का कोई भी मेला मुझसे छूटा नहीं है। इधर हम बक्सर, बिहिया, डिहरी जैसे इलाकों में उतारते थे और फिर घूम-घूमकर देहातों में भी बेचते थे। उसमें भी कुछ माल बच जाता था तो उन्हें घर पर लाते थे। घर पर भी कुछ माल चाहिए न। एकाध मालों को घर पर छोड़कर फिर लदनी खातिर चल देते थे।

माल खरीदने के लिए उन दिनों आज की तरह बैंक का एटीएम नहीं था कि मेले के आसपास जाकर ही पैसा निकालेंगे। पैसे को साथ ही रखते थे। पैसा कोई लंगोटा में बाँध कर ले जाता था। कोई डोड़ा में तो कोई जाकिट के भीतर पॉकिट में। पैसा रखने के लिए मैंने टीन या लोहे का एक बक्सा बनाया हुआ था। यह और लोगों के पास भी होता था। यह बक्सा नोट के साइज का होता था। उसमें ताला बंद करके चाभी कहीं जेब में रख लेते थे। उसमें पॉकीट कटाने का भय नहीं होता था। पैसा लेकर चलने पर भय तो होता ही था। लेकिन हमलोगों का एक बड़ा समूह होता था। हाँ, मेला में कोई भय नहीं होता था। रेलगाड़ी में हमलोग टॉप (तगरी और टॉप—मवेशियों को पानी पिलाने का टीन का बर्तन है।) में पैसा रखकर उस पर बैठ जाते थे। व्यापारी आदमी साफ-सुथरा कपड़ा नहीं पहनते थे। कोई नहीं जानता था कि ये लोग व्यापारी हैं। लेकिन जब हमारे पास टीना, तगरी आदि होता था तो उसे देखकर लोग समझ जाते थे कि ये लोग व्यापारी हैं।

परिशिष्ट-2

बाबू महादेव प्रसाद सिंह की आत्मकथा भारतीय स्वाधीनता आन्दोलन, तत्कालीन सैनिकों की देशभक्ति, गांधी का नौजवानों पर असर, गाँव-घर की सेवा की भावना, भोजपुरी लोक साहित्य को लिखित रूप देकर उसको स्थायी रूप की प्राप्ति, लेखक-प्रकाशक के सम्बन्ध, प्रकाशकों का लेखकों से छल जैसे अनेक अनछुए तथ्यों एवं आयामों को पाठक के सामने लाती है।

'आत्म-परिचय'

लेखक

श्री महादेव प्रसाद सिंह 'घनश्याम'

ग्राम नचाप (शाहाबाद) की

आत्मकथा

प्रकाशक

ईश्वरदत्त त्रिपाठी

सोशलिस्ट पार्टी

नवरतन बाजार, सासाराम (शाहाबाद)

श्री महादेव प्रसाद सिंह 'घनश्याम' की आत्मकथा

सन् 1961 में प्रकाशित बिहार राज्य के शाहाबाद जिलान्तर्गत बक्सर अनुमंडल के डुमराँव थाने में पूर्व रेलवे के रघुनाथपुर स्टेशन से लगभग चार मील दक्षिण, पश्चिम कोने पर नचाप नामक मेरा ग्राम है। इस ग्राम में एक न एक कवि और लेखक होते आए हैं। इतिहास साक्षी है। प्राचीन काल के लेखकों में स्वर्गीय श्री बाबा शिवजन्म दास जी का नाम विशेष उल्लेखनीय है।

मेरे पिता श्री हरिकृष्ण सिंह जी एक साधारण चित्त के सीधे-सच्चे आदमी थे। हमलोग पाँच भाई क्रमशः मैं, श्री लक्ष्मण सिंह, श्री रामजन्म सिंह, श्री शिवपूजन सिंह तथा श्री रामपूजन सिंह।

मेरा जन्म सन् 1894 ई. के 5 अक्टूबर को हुआ। बचपन में प्राथमिक पाठशाला में भर्ती हुआ और पढ़ने में परिश्रम शुरू किया।

सन् 1910 ई. में मैं कलकत्ता जाकर जे. एच. इलिस्ट कम्पनी कैनिंग हाउस स्ट्रीट में नौकरी करके अपना जीवन निर्वाह करने लगा। इसी बीच प्रथम विश्वयुद्ध की आग भड़की, और उस भड़की हुई आग की लपट में मैं भी आ गया। सन् 1915 ई. में 19 नवम्बर को बंगाली रेजीमेंट में भर्ती हो गया। भर्ती होने के बाद ही मुझे करांची बंदर पर भेज दिया गया, जहाँ दो वर्ष तक रहा। सन् 1918 ई. में जब विश्वयुद्ध समाप्त हुआ, उस समय सरकार ने मुझे फौजी सिपाहियों के साथ अच्छा चाल-चलन का प्रमाण देकर बरखास्त कर दिया। इसके बाद मैं घर वापस आया।

एक तरफ युद्ध की समाप्ति हुई और दूसरी तरफ ब्रिटिश साम्राज्यशाही का खूनी पंजा देश को दबोचने लगा। सारे देश में असंतोष की आग फैल गई और देश के बच्चे-बूढ़े और नौजवानों के खून गर्म हो उठे। रोलेट बिल के काले कानून के कारण सर्वत्र विरोधी सभाएँ होने लगीं और सरकारी दमन चक्र भी चलने लगा। उसी समय पंजाब सूबे के अमृतसर स्थित जालियाँवाला बाग में बेरहम और बेदर्द लार्ड डायर की गोली से जमीन रंग दी गई। हजारों नौजवान शहीद हुए और उस सहादत ने देश में असंतोष की अग्नि जला दी और सारे देश के नौजवान अपने सर से कफन बाँधकर आजादी के जंगे मैदान में कूद पड़े। राष्ट्र के सूत्रधार राष्ट्रपिता महात्मा गांधी की आँधी में देश के बच्चे, बूढ़े, नवजवान तूफान बनकर आगे बढ़ने लगे। ऐसे अवसर पर अपनी भरी हुई जवानी में मैं भी चुप कैसे बैठ पाता। भारत माता की पुकार पर आजादी की लड़ाई में शामिल हो गया। गाँव-गाँव में कांग्रेस का प्रचार कर जनता में राष्ट्रीयता की भावना पैदा करना था। आजादी की लड़ाई के जोर पकड़ते ही साम्राज्यवादी शासन के छक्के छूटने लगे। उसके दीवार की एक-एक ईंट हिलने लगी, और उस ईंट हिलाने में मुझसे भी जितना बन पड़ा, किया।

1919 ई. के अन्त में पुनः कलकत्ते पहुँचा और राष्ट्रीय आन्दोलन में जम कर हिस्सा लेने लगा। ब्रिटिश सरकार के खिलाफ पर्चे छपाकर, गाने बनाकर वितरित करता और अपने गानों द्वारा जनमानस को आजादी की लड़ाई में शामिल करने की कोशिश करता। उस समय की मेरे लिखे गाने की किताबें भारत पुकार, देश सुधार, भारत का गुलाब, बेदर्दी, दीन पुकार, राष्ट्रीय झंकार, देश घतिया, अंग्रेजवा तथा भारत सुधार आदि हैं। 'भारत पुकार' नामक पुस्तक के प्रकाशित होते ही सरकार के कान खड़े हो गए और सरकार ने उस किताब के एक-एक गीतों को कौन बतावे एक-एक लाइन भी जब्त कर ली और

कलकत्ते के अंग्रेजी 'स्टेट्समैन' ने जब्ती को उचित बताकर अपनी अंग्रेजीयत का परिचय दिया था।

1920 ई. में मैं पुन: अपने घर आ गया और यहाँ गोशाला में गौमाता की सेवा करने लगा। परन्तु गोशाला में व्याप्त भ्रष्टाचार ने मुझे अधिक दिन वहाँ ठहरने नहीं दिया। कुछ माह बाद ही मैं पुन: कलकत्ता चला गया। वहाँ आर्य समाज में शामिल होकर वैदिक धर्म का प्रचार करना शुरू किया। कांकी नाड़ा लाल कोठी के पास में आर्य समाज मंदिर की स्थापना कराई। सभा और प्रचार तो जारी रहा। कांकी नाड़ा तथा चौबिस परगना में आर्य समाज का वार्षिक अधिवेशन भी कराया। इसके साथ-साथ मुझे भोजपुरी तथा लोकसाहित्य लिखने की आदत-सी पड़ गई थी। छपवाते रहे तथा बेचते रहे। मेरी सभी लिखित पुस्तकें श्री पं. रामनारायण त्रिवेदी नियोजक दूधनाथ प्रेस, सलकिया, हावड़ा ने सन् 1924 ई. से लेकर 1934 ई. तक छपवाई—भारत का गुलाब, रसीली पूर्वी, पूर्वी गले का गजरा, सोरठी बृजभार सोलह भाग, बृजभार की बंगाल यात्रा सोलह भाग, रविदास रामायण 5 भाग, राधेश्याम नाटक, ठग मामा, राजा और दैत्य, काठ का घोड़ा, उल्लू की पूँछ, चार यार, माटी का घोड़ा, रूई का घोड़ा, सेख चुलिया, राजकुमार बलिदान, भूत की हाँड़ी, शीत बसंत, फूल सरोवर, लालमन सुग्गा, वीर कुँअर विजई 16 भाग, बृजभान, नयकवा बनजारा, शोभा बनजारा, ढोलन के गीत, छत्री घुघुलिया, रेशमा चूहड़मल, सोनवा का ब्याह, जोगी जमुनी का गीत, हिरनी-बिरनी, भाई-बहन का गीत, लोरिकायन एक भाग, दूसरा भाग, लोरिकायन तीसरा भाग, बाला लखंदर, रानी सारंगा का गीत, देवकी बनिसार, लैला-मजनूँ का गीत, बरसाती चाँद, बारह सखी का बारहमासा, ओझाई का मंत्र, सपेरा नाच, त्रिलोकीनाथ व्रत कथा, ज्ञान मुदरी, मेला घुमनी, कुँवरी वियोग, गाय बेंचवा, विनय वियोग, गिरधारी झूमकर, दूध बेचनी बहार, सीता की विदाई, घास गढ़नी, प्रजापुकार, मैना की जँतसारी, भरथरी का गीत छोटा, चूड़िला का गीत, बाढ़ का तूफ़ान, सीता पताल, बिहार भूकम्प, निर्गुण संग्रह, छैलवा, अबला पुकार, बाला वियोग, राधिका वियोग, जागरण घंटा, दीन पुकार, बेदर्दी, सहेली सुन्दरी, राष्ट्रीय झंकार, कानी गदही, ठुमरी बहार, विष्णु स्तुति, विधवा विलाप, गौरी पुकार इत्यादि एक सौ के करीब।

दस साल तक श्री पं. रामनारायण त्रिवेदी के यहाँ रहकर भोजपुरी तथा लोकसाहित्य की सेवा उपरोक्त पुस्तकें लिखकर मैं करता रहा। एक तरफ प्रकाशक उन पुस्तकों से लखपति बने और दूसरी तरफ लेखक भुखमरी का शिकार।

मेरी कुछ पुस्तकें श्री शम्भू प्रसाद मिश्र, हरिसन रोड, कलकत्ता ने भी छपवाई और काफी पैसा पैदा किया।

कलकत्ते से पुन: मैं गाँव चला आया और गाँव से करीब बारह मील की दूरी पर बिमवाँ की मठिया नामक स्थान पर रहने लगा, जो पूर्व रेलवे के

बिहियाँ स्टेशन से 4 मील दक्षिण पूरब कोने पर है। वहाँ असहाय, अनाथ से लेकर सभी तरह के रोगियों की सेवा-सुश्रुषा करता था। लोग खुश थे और मुझ पर इतनी कृपा की कि उस गाँव का नाम बिमवा का मठिया से बदल कर मेरे नाम पर 'महादेव नगर' हो गया। उपरोक्त कार्यों के साथ-साथ मेरी लेखनी लोकसाहित्य की सेवा में जुटी रही और मुझसे वहाँ भी चुप नहीं बैठा गया। इस अवधि में भार्गव पुस्तकालय गायघाट प्रेस ने भी मेरी कुछ पुस्तकें छापीं, जिनमें एक नमकीन दुनिया और चानवा का उद्धार नामक किताबें भी हैं। श्री गुल्लू प्रसाद केदारनाथ बनारस वाले ने भी मेरी पुस्तकें, बेटी की बिदाई, जर्मन की लड़ाई, लक्ष्मण परशुराम नाटक, बड़ा भरथरी का गीत, दिलदार मोहनी, चम्पा चमेली, जालिम सिंह नाटक छोटा आदि छापा है।

1932 ई. में श्री ठाकुर प्रसाद गुप्त, राजा दरवाजा, बनारस वाले से मेरी बातचीत हुई और महाजनी विश्वास के नाम श्री ठाकुर प्रसाद गुप्त को पुस्तकें लिखकर देना शुरू किया, लेकिन विश्वास आगे चलकर विश्वासघात हो गया। श्री ठाकुर प्रसाद गुप्त द्वारा प्रकाशित पुस्तकें ये हैं—सोरठी बृजभार 4 भाग, सोरठी बृजभार 36 भाग, सोरठी बृजभार 33 से 64 भाग, सोरठी बृजभार 96 भाग, सोरठी बृजभार 74 भाग, चाँदो का पँवारा 16 भाग, लोरिकायन (हरदीगढ़ की लड़ाई), सुरवा नाटक, शोभानायक बनजारा, राजा ढोलन का गीत, महादेव रत्न प्रकाश, उत्तमचन्द नाटक, कुँवर विजयमल 32 भाग, कुँवर विजयमल 20 भाग, गढ़ पर्वत की लड़ाई 12 भाग, केवट अनुराग कीर्तन, कर्मकूट नाटक, नेउरा भइया की कहानी, दगाबाज मंत्री, दैत्य राजकुमार, राजा भोज, रानी सारंगा का गीत छोटा, छली सौदागर, रूपतारा, कौवाहँकनी, मोती का पेड़, दानवा की सात बेटी, शीत बसंत, पुत्रवध नाटक, नाथूराम की फाँसी, घरेलू वैद्य, पशु चिकित्सा, बिहुला बाला लखंदर बड़ा, जालिम सिंह नाटक छोटा, त्रिलोकीनाथ व्रत कथा, बाला लखंदर बड़ा, भक्त चन्दा नाटक, सातो भाई घाटम (कुँवर घुघुलिया), कुँवर सिंह का गीत, काला जादू, उत्पाती कुमार, सोने का पहाड़, ठग और डाकू, मान सिंह डाकू, भूत की बेटी, राजा की बेटी, झंझट की कहानी, इंद्रासन की परी, राजकन्या लकड़हारा, इसके अलावा छोटी-बड़ी पुस्तकें कुल 130 मेल के करीब हैं। दिन-रात अथक परिश्रम कर इधर मैंने उपरोक्त पुस्तकें लिखीं और एक तरफ प्रकाशक लाखों लाख रुपया कमाए। कई कीता मकानें खरीदा, बगीचा खरीदा, जगह-जगह प्रेस खोला, दुकानों का विस्तार किया, जमीन खरीदा, कई लाख सम्पत्ति के मालिक बने, दूसरी तरफ लेखक भिखारी ही बना रहा। न रहने का ठौर-ठिकाना ही हुआ और न बच्चों की शिक्षा-दीक्षा का प्रबन्ध हो सका। मुझे इस 67 साल की उम्र में भी नौकरी करके दाल-रोटी का इंतजाम करना पड़ता है।

खंडेवाल प्रेस मान मंदिर बनारस वाले ने 1952 ई. में मेरी छह पुस्तकें शीत-बसंत नाटक, केशर कुमारी, देव कुमारी, रूप कुमारी, छठ व्रत कथा

प्रकाशित की। इन पुस्तकों को भी श्री ठाकुर प्रसाद गुप्त ने मुझसे लेकर प्रकाशित करा लिया।

मेरी हेवली केवली का गीत, फूलिया फूलकुँवरी का गीत, रानी लचिया का गीत, कुँवर नंदलाल का गीत, जमींदारी खतम के गाने, छठ का गीत, जमाना बहार, राम विवाह का गीत आदि पुस्तकें श्री विन्देश्वरी प्रसाद बुकसेलर, आस भैरव, बनारस ने भी प्रकाशित की हैं।

इधर मेरी पत्नी का स्वर्गवास सं. 2010 में हो गया और अपने परिवार में मेरे अलावा मेरे तीन पुत्र सर्व श्री नगेन्द्र प्रसाद सिंह, महेन्द्र प्रसाद सिंह, सुरेन्द्र प्रसाद सिंह हैं।

श्री घनश्याम उपनाम से भी मुझे लोग जानते हैं। लोक साहित्य एवं भोजपुरी साहित्य से सर्वदा से दिलचस्पी रही है। मेरी अधिकांश पुस्तकों के पचासों पचास संस्करण तक प्रकाशित हो चुके हैं। किन्तु मेरी गरीबी ने अभी तक मेरा साथ नहीं छोड़ा। मैं अपनी इस छोटी-सी राम कहानी को समाप्त करना चाहता हूँ। मेरे प्रयासों से भोजपुरी साहित्य और भोजपुरी जन मानस का कितना हित-अहित हुआ है, उसका फैसला तो जनता-जनार्दन पर ही छोड़ना पड़ेगा। किन्तु चाहे जो भी हुआ हो मैंने अपने जाने इस बात की भरपूर कोशिश की है कि इस अंचल के जन सागर में जो मोती इधर-उधर बिखरे पड़े थे, जो सिर्फ जनता की जबान पर थे, उन्हें इकट्ठा करके माला में पिरो दिया जाए। इसी प्रयास से मैंने ये सब पँवारे लिपिबद्ध किए हैं।

समाज को मेरे जैसे तुछ आदमी की क्या देन हो सकती है, किन्तु एक बात सबको स्वीकार करनी पड़ेगी कि मेरी सीधी-सादी कहानी को जनता ने चाव से सुनकर मुझे अपनी कृपा प्रदान की है और उस कृपा का फल हमारे प्रकाशकों ने भी उठाया है, मैं भले ही अकिंचन का अकिंचन बना रहा।

फिर भी मुझे संतोष है कि जो कुछ साकार होकर समाज में आ चुका है, वह चलता रहेगा और वह जनमानस का मनोरंजन करता रहेगा। रही बात उससे पैसे पैदा करने की, सो मैं नहीं कर सका तो आगे की पीढ़ी अवश्य ही उचित हकदारों को मेरे परिश्रम का फल देगी। विश्वासघातक प्रकाशकों ने मेरी पुस्तकों की राइलिटी आज तक मुझे न दी। इसलिए सोच-समझकर भविष्य के लिए अपने लड़कों को अपनी लिखित सभी पुस्तकों की कॉपीराइट की रजिस्ट्री कर दिया। इतना ही बस...

मुद्रक : प्रिंटिंग प्रेस, नवरतन बाजार, सासाराम (शाहाबाद)

परिशिष्ट-3

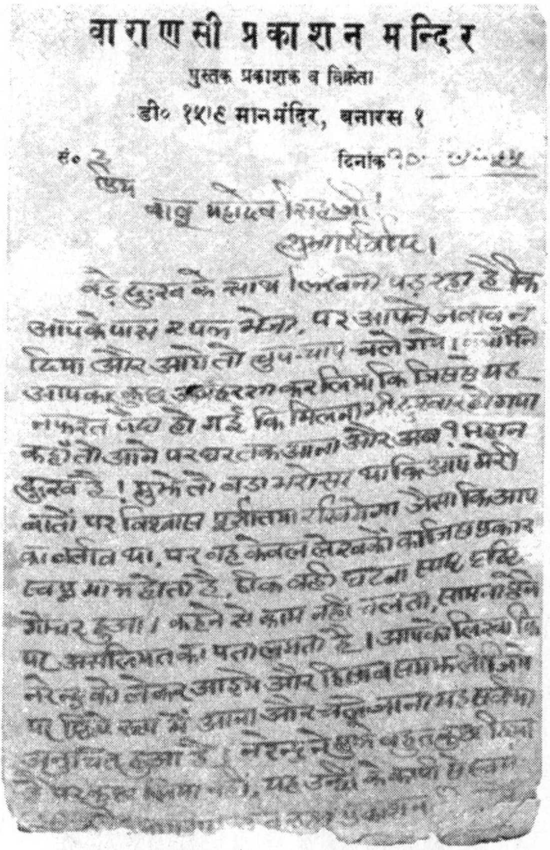

असंख्य चौपटिया पुस्तकों के लेखक बाबू महादेव प्रसाद सिंह को प्रकाशक का सन् 1955 में लिखा हुआ पत्र लेखक एवं प्रकाशक के सम्बन्धों पर अच्छी तरह से प्रकाश डालता है।